DU DONG SHANGSHIGONGSI XINXI

孙金钜 著

Understand the information of listed company

读懂上市公司信息

—中小盘研究框架探讨

经济日报出版社

QIAN YAN

前序：变与不变

一

每年研究所都有针对专业机构投资者的研究框架培训，有同事开玩笑说，从宏观策略、债券金工到各个行业都有各自成熟的研究方法体系，中小盘研究好像谈不上研究框架，就挖挖个股，学着“会跟上市公司一起玩”。

实际上，如果中小盘研究能构建起正确的研究分析框架，就可以在A股3000多只股票中比较轻松地寻找到不错的标的，甚至做到预见性投资；反之，找公司就会变得很累，且效率低下，特别是对公司选择面很广需要考虑投入产出比的中小盘研究员而言。从这个角度讲，中小盘研究是卖方中最接近买方的研究领域，需要更多地从投资的角度来全盘思考问题，“会跟上市公司一起玩”，好像只对了一小半。

中小盘研究，之所以不同于一般行业研究，就因为它是策略思想的延伸，需要根据策略思维去选股。一方面优选主题和产业链择股，另一方面跟踪公司公告变化（会计信息、非会计信息等）去筛选，最终殊途同归落实到个股分析。当然，前提是解决大小盘风格的问题，投资案件要和市场风格共振，才能发挥最大威力。还有一点深刻体会是，个股的选择路径不能太长，从宏观经济直接落地到个股显然不太现实，宏观、策略、行业、个股判断成功的概率本来就不高，几个相乘估计一半的正确概率都没有。所以，中小盘研究分析框架应该是：以风格分析为起点，通过中观层面的主题产业链和特定策略选股，最终落实到个股分析。本书即是向读者介绍通过特定策略选股分析的方法，这种选股分析方法更多关注公司变化。

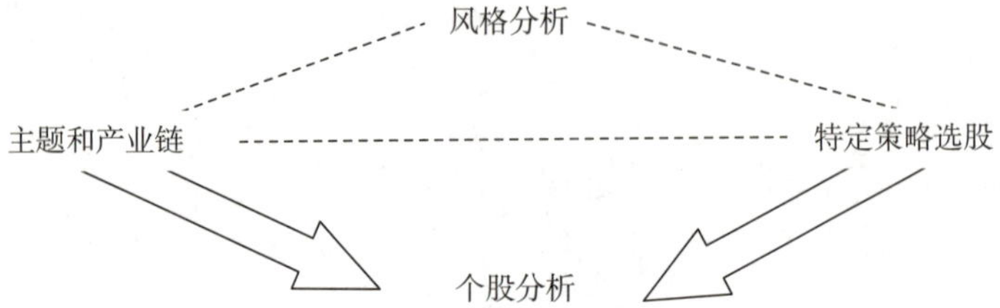

本书讨论的是如何自上而下选股，这也是中小盘研究的精髓所在。中小盘研究是以策略思维去选股，从众多上市股票中寻找合适标的，框定一个股票池，再根据公司研究和行业研究框架，挑选出个股。乔尔·格林布拉特在《股市天才：发现股市利润的秘密隐藏之地》中讲述了一则管道修理师傅的小故事：一名管道修理师傅来到你家里给你修管道，水管工敲了一下水管，然后说修这个水管要100美元。你说："要100美元？你随便敲下水管就值100美元？"水管工说："敲下水管只要5美元，知道敲哪里要95美元。"这个故事告诉我们，知道研究哪家公司比知道怎么研究一家公司更重要，即如何在海量的公司中找到值得研究的标的。本书上半部分重点讨论中小盘的研究分析体系，更多是个性化的内容讨论，共性分析（如公司和行业分析等）所述较少。

从重要程度来讲，基于公司竞争优势、商业模式等展开的个股分析要占到中小盘研究一半的内容。如前所述，自上而下选股是中小盘研究的精髓，但不是全部，中小盘研究还要花大量的时间用于公司研究。这条研究路径可以通过本书提及的主题产业链和特定策略，去选择符合那个投资方向最优的股票，再进行个股分析。当然，也可以跳过中观层面的分析，直接自下而上分析个股。只不过公司太多，寻找有核心竞争力的公司是有一定难度的。一个通常做法就是对市场上各类公司进行分类，可以按业绩增速的高低波动分类，也可以按业务模式、竞争优势、投资故事等分类，这是另外一种研究思路。关于公司研究框架，有大量非常优秀的投资大师心得书籍可以参阅，同时考虑到差异化研究的因素，本书中就不再展开。

二

读懂上市公司信息，透过公告“找变化”。但这里的“找变化”，不能简单地理解为就公告（如业绩、并购重组等）本身的变动去做抉择，而是要看到市场对公告认知的变动时间和方向去挖掘投资机会。就像包括金融学在内的社会科学和自然科学存在本质的分野，金融学研究的事件中包含了认知参与者，这就决定了它不像自然科学的传导链，直接从事实导向事实，而是中间多了一层认知的环节，即从存在到认知，再从认知到符号。而且这里的认知，不是简单的实验者的观察或者测量。在量子力学中，微观的观测会被观察对象所影响，人类的主观意识成为客观物质世界的基础，意识促成了物质世界从不确定到确定的转移，包括薛定谔的猫和海森堡的测不准原理都描述了这一现象。而金融学涉及的则是认知过程本身，且是众人的认知。所以，读懂上市公司信息，关键是去读懂市场认知的变动时间和变动方向。

举一个很多人都知道的猜数游戏。请班上每个学生在 0 到 100 中选写一个整数，学生中写到最接近所有数平均数二分之一的最终赢得这个游戏，比如所有人写数的平均数是 80，那么写到最接近 40 的学生赢得游戏。这里面会有行为博弈，比如第一层的人推测其他人都是随机填数，那么平均数会接近 50，于是他会选择写 25。但如果大家都是第一层人，那么写 12.5 的第二层人就会赢得游戏。以此类推，第三层的人会写 6.25……“第无穷层”的人理论上应该填 0。而实际中大家都明白，填 0 的那个人很难有机会赢得游戏，因为不是每个人都会那么聪明。最佳决策要求你对其他选手所处的认知层级有一个很好的认识，根据认知变化相应地调整自己的策略，“你只要比游戏桌上绝大部分人刚好高一个层次就够”。就如达尔文所说的，具备持续生存的物种，不是最强壮的，也不是最聪明的，而是对变化反应最快的物种。霍华德·马克斯在他的著作《投资最重要的事》中做了很好地总结：投资的第一层次思考来自大众的认识，第二层次思考来自有别于大众的正确的认知，超额投资收益有赖于第二层次思考。

执着于对客观世界的认知，只看上市公司的业绩，根本无法知晓股票价格为什么会涨跌。但是要完全读懂众人认知的内心世界，又很容易因纯粹的复杂性推诿陷入不可知论，就如波普尔的证伪主义哲学。我们只能在一个不断批判的过程中接近真理，要想使基于有效市场理论的金融学成为物理学那样精确的科学是不可能的。研究框架的搭建和完善，是帮助投资者如何去掉噪音，去接近事物最核心的本质。我们通过研究框架试图去解决大部分问题，至于长尾部分的不可知论就保持开放的心态吧。

三

持格物之志，怀畏道之心。每个人做研究投资要找适合自己的分析体系，本书的中小盘研究体系，这个框架适合我，但却未必适合所有人。同时，没有一个研究体系是一成不变和一劳永逸的，“美林投资时钟也能被玩成电风扇”。投资策略的有效性会被特定的制度和规则所约束，一旦现有制度发生变化，相应的上市公司行为也会发生变化，我们的投资策略也需要革新，但人性和市场本质不变。希望本书能在帮助专业投资者接近中小盘研究核心本质的道路上贴砖加瓦，贡献一份力量。另外，中小盘研究最好的辅助手段就是通过案例去学习回顾，本书每章节都列举了不少案例，我们相信，历史不会简单地重复，但是历史总是惊人的相似。

本书章节构成：

本书分为上下两篇。

上篇主要是中小盘研究框架探讨，主要围绕DDM模型展开。第一章探讨大小盘风格问题，主要从DDM模型来定义风格轮动以及背后的驱动因素。第二章讨论主题投资方法论，仍基于DDM模型中的分子分母展开，主题投资和产业链投资同属于中观层面的策略选股体系，关于主题、产业链选股本书只介绍了一章，对原有《并购重组投资策略》（孙金钜著，经济日报出版社，2016年1月）一书中的主题投资章节做了补充更新。第三章为了保持框架的完整性，专门从整体层面讨论如何读懂上市公司信息，如何透过公告找变化，并通过定价模型传导到公司价值进而影响股价。

下篇即读懂上市公司信息，以金融学思维看投资机会，第四章和第五章同属于对会计信息的探讨，从第六章开始以非会计信息分析为主展开。第四章会计信息重点讨论了年报披露之前的业绩分为超预期和高送转两条主线。第五章盈余管理讨论了上市公司相关利益方盈余管理的动机、手段和可能的投资机会。第六章股权激励和第七章员工持股计划讨论了两大主要的员工激励方式，股权激励过程对上市公司行为的引导可分为两方面：一方面是公司业绩，另一方面是股权激励对象的个人业绩。员工持股计划重点关注两类机会，一是股价与员工持股均价倒挂，二是员工持股计划与国企改革的结合线索。第八章股东增减持、第九章控制权变更和第十章股权质押同属股权变更的分析，随着大量以民营企业家为大股东的中小创公司上市，重要股东的股权变更行为对公司股价影响越来越大。第八章股东增减持，认为理解重要股东增减持背后原因对于解读其对股价的影响至关重要，因为反转投资者既借势有时也造势。第九章控制权变更，其作为构成借壳的前提条件和替代手段，已成为上市公司后续资本运作（如注入新股东旗下资产、第三方资产注入等）的一个重要信号。股权质押是上市公司股东自身的融资行为，从表面上看和上市公司没有关系，但由于质押方大股东、控股股东在上市公司的地位特殊，一旦面临股权质押危机，就可能会导致上市公司的控制权发生变更，对公司股价、经营业绩、信息披露等都会有较大影响。第十章股权质押，分析上市公司大股东自救带来的投资机会。第十一章并购重组和第十二章定向增发，两者经常作为资本运作手段一同展开。并购重组的投资机会可以从行业属性、协同效应、财务信息、舆情分析等来按图索骥，寻找具备并购基因的公司，也可以从市值、股权集中度、债权债务关系、主营等指标来判断哪些是壳公司。定向增发利益相关方会有不同的动机与行为，从定增全流程中一二级联动寻找二级市场投资机会，包括定向增发前、中、后三个阶段。第十三章讨论股票回购，股票回购看上去是与定向增发相反的交易行为，但回购和定增实际上起到的作用是一样的——股票定价，股票回购的机会来自于信心修复，可关注大比例回购个股的机会。可交债和可转债分别于 2016 年、2017 年爆发，第十四章可转债的投资机会存在于可转债生命周期的关键时点中，并伴随着条款博弈出现。第十五章可交债，认为挖掘投资机会既要选债，也要择时，选债是为了挑选出以换股为目的的可交换债，择时是为了把握最恰当的投资时点。第十六章投资者信息披露，是对前述会计信息和非会计信息的一次总结回顾，但是重点放在“披露”两字，与盈余管理类似，管理层可以运用自愿性信息披露来传递信号和满足自身利益要求。本书将大宗交易放在最后一章来讲，因为大宗交易属于交易所信息披露范畴，上市公司在公告中不会披露。但大宗交易反映了股东的最新动向，特别是成交价格背后会透露大宗交易的意图，蕴藏一定投资机会。

目录 CONTENTS

上篇

SHANG PIAN

中小盘研究框架探讨

1. 起点：风格判断

1.1 风格分类和历史回溯

本节导读

我们从 DDM 模型定义风格轮动。（1）价值 / 成长维度的风格分类更多是从分子端（企业盈利增速）展开讨论。对成长股而言，EPS 增长率 g 可能对 DDM 模型的分子端产生较大影响，因此个股业绩增速 g 的高低以及是否内生（可持续）是投资者相对关心的问题；对价值股而言，分红比率 d 直接决定了投资者获得的回报收益，具有稳定高股息率的行业和个股容易受到青睐；（2）高 / 低风险特征维度的风格分类则更多是围绕分母端（风险偏好）指标来进行探讨。风险偏好的指标衡量很难量化（从投资角度我们更多从风险偏好的驱动因素出发去寻找），本章会从行业分类的角度出发思考，根据行业整体承担的高低风险特征进行分类；（3）大盘 / 小盘风格因按市值划分在研究统计上较为方便，同时能与价值 / 成长维度和高 / 低风险特征维度简单做对应。近几年情况看，2002 年 ~ 2008 年大盘蓝筹是市场主导力量；2009 年 ~ 2011 年小盘成长股风生水起；2012 年 ~ 2016 年市场大小盘风格以几乎一年为周期快速轮动，奇数年小盘活跃，偶数年大象起舞。

1.1.1 DDM 模型定义风格轮动

风格是什么？

风格是指资本市场中具有共同属性或特征的一类股票。历史经验表明，同一种风格的股票具有较高的收益相关性，因此，风格投资就是在资产组合管理过程中投资于特定风格股票的行为。如果依据一定维度（如市值、业绩和风险等）标准进行区分，则可以形成 A 股市场常见的大盘 / 小盘、价值 / 成长、高 / 低风险特征等不同风格，此外特定风格还包括高 / 低 PE、高 / 低 PB、高 / 低价等。

表 1–1：市值、业绩和风险特征三个维度看风格

风格维度	风格分类	风格特点	代表
市值维度	大盘	（主要依据市值划分，结论导向型） 大盘股上市公司通常规模大、发展成熟、盈利稳定、市场信用和知名度高，周期型、类债券型企业多属此类。	申万大盘指数成分股
	小盘	小盘股上市公司通常规模小、成长性差异较大，很多新兴产业企业属于此类。	申万小盘指数成分股
业绩维度	价值	（主要依据增长或分红划分） 价值风格股票上市公司通常利润分配较多，投资该类公司股票可以通过分红而获得投资收益（关注分子端分红 d）； 价值风格股票具有低市盈 / 市净率、高股息率等特点； 常见价值因子包括市盈率、股息率、ROE、ROA 等。	主板蓝筹股
	成长	成长风格股票上市公司通常具备较高增长潜力，投资该类公司股票可以通过股价随业绩上涨而带来投资收益（关注分子端增长率 g）； 成长风格股票具有高市盈率/市净率、高利润增长等特点； 常见成长因子包括归母净利润增长率等。	增速较高的中小创股票
风险特征维度	低风险特征	（这里主要从行业分类角度思考，描述股票所属行业的风险特性） 低风险特征股票行业具有企业发展成熟、股价波动较小等特点。	公用事业、家电、金融、食品饮料等
	高风险特征	高风险特征股票行业具有高年化波动率、高 Beta 等特点。	传媒、计算机、电子、通信、国防军工等

研究框架：DDM 模型

股票定价，常见的绝对估值方法包括 DDM 股利折现模型、FCFF 企业自有现金流折现模型、FCFE 权益自有现金流折现模型，从匹配角度，不同模型采用不同现金流、不同贴现率（DDM 和 FCFE 对应的权益资本成本率、FCFF 对应的加权平均成本率）。本文主要采用 DDM 模型（Dividend Discount Model，股利贴现模型），作为进行风格分析判断的主要依据。

模型基本公式为：$V=\sum_{t=1}^{\infty}\frac{D_t}{(1+r)^t}$

其中 V 为股票的内在价值，D_t 是第 t 年每股股票股利的期望值，r 是股票的期望收益率。我们对模型的分子分母项进行进一步的拆解，分子端 D_t 可以拆分为资本项（企业净资产）、盈利能力项（净资产收益率 ROE）和分红项（分红比率 d）；分母端期望收益率 r，参照资本资产定价模型（CAPM）则可以进一步拆分为无风险利率（r_f，代表资金成本）、杠杆项（β，代表企业杠杆率或风险程度）和风险偏好项（通常可以用 $r_m - r_f$，即风险溢价）。因此，完整的 DDM 分析中，涵盖了包括企业盈利、资金成本、杠杆率和风险偏好等多项要素，在风格判断研究中可以作为较好的理论研究模型。

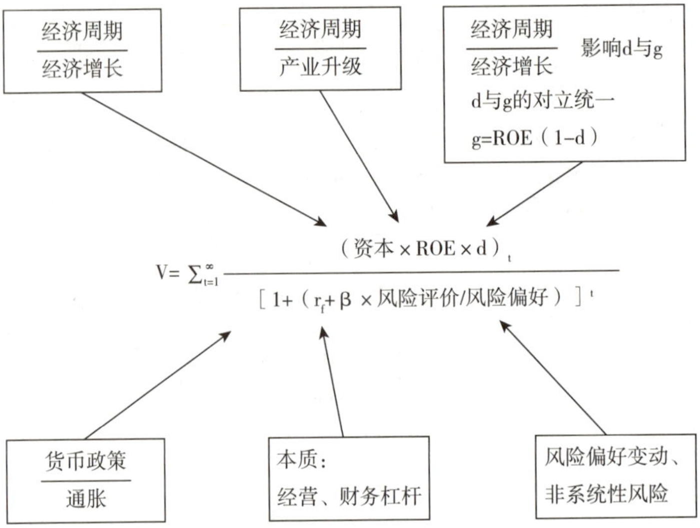

图 1.1：DDM 模型构成及影响因素

资料来源：国泰君安证券黄燕铭培训资料

结合 DDM 模型来看股票市场风格分类，我们看到：（1）价值 / 成长维度的风格分类更多是从分子端（企业盈利增速）展开讨论。对成长股而言，EPS 的增长率 g 可能对 DDM 模型的分子端产生较大影响，因此个股业绩增速的高低以及是否内生（可持续）是投资者相对关心的问题；对价值股而言，分红比率 d 直接决定了投资者能获得的回报收益，具有稳定高股息率的行业和个股容易受到青睐。（2）高 / 低风险特征维度的风格分类则更多是围绕分母端（风险偏好）指标来进行探讨。风险偏好的指标衡量很难量化，从投资角度我们更多会从风险偏好的驱动因素出发去寻找。如果从风险特征角度考虑市场风格，我们将从行业分类的角度出发思考，根据行业整体承担的高低风险特征进行分类。在实际操作中，成长股与高风险特征的股票接近，价值股与低风险特征的股票接近。

行业的风格属性

从行业角度出发看风格，A 股各行业在股息率、市盈率、风险特征等多项指标上特征迥异。通常来说，大盘股和小盘股在行业分布上具有显著的差异性，银行、非银等行业股票市值普遍较大，而通信、电子、计算机、传媒、医药等行业则存在众多高成长小市值公司。在股息率和市盈率方面，行业特征也很明显。银行、家电、汽车、公用事业等行业具有较高的股息率（银行超过 4%，家电、汽车、公用事业等均超过 2%），市盈率都相对较低；而军工、传媒、计算机等在各行业中股息率最低（均小于 0.5%），却因为自身的高成长特性（A 股还有壳价值存在）享受到市场给予的较高估值。因此通过对行业各自风格特征属性进行比较，我们可以将行业按风格大致归类，从而对风格进行另一维度的探讨。

综合市值、股息率、业绩增速和估值水平等指标，我们可以把 A 股 28 个主要行业（申万一级分类）参照风险特征高低进行如下划分：典型的高风险特征行业包括：国防军工、传媒、通信、电子、计算机等，典型低风险特征行业包括：银行、非银金融、家用电器、公用事业、食品饮料、交通运输等。

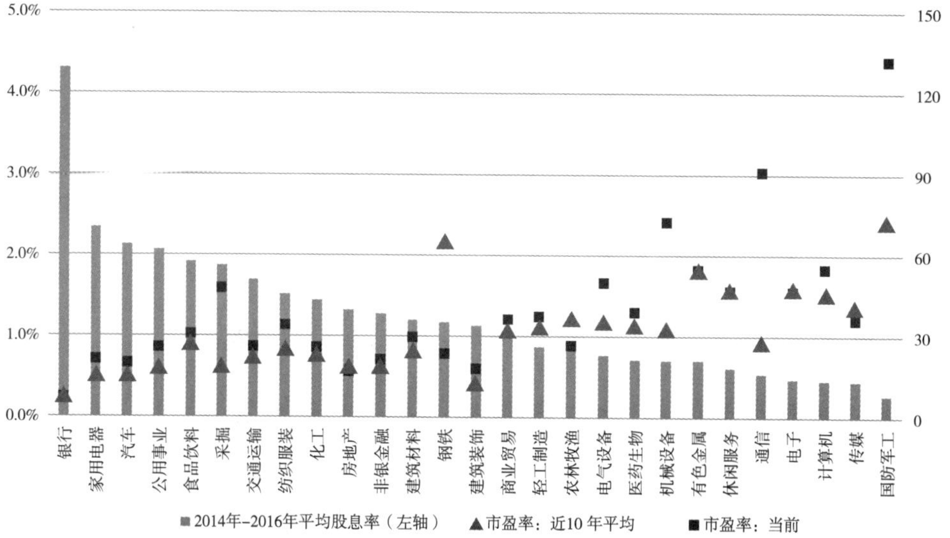

图 1.2：A 股各行业平均股息率及估值水平相对情况

数据来源：Wind

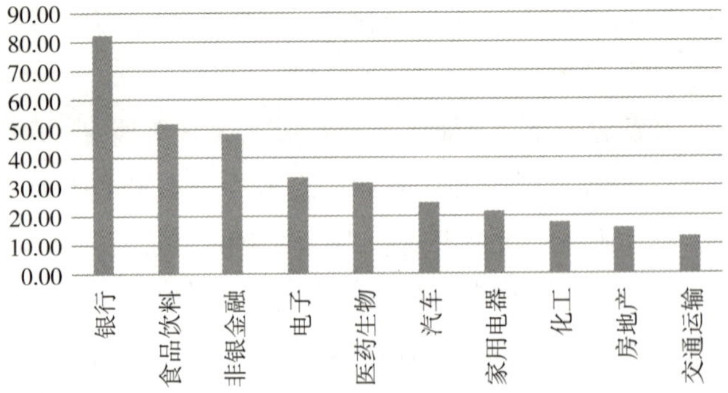

图 1.3：低风险偏好的代表——打新基金 2017 年三季度末行业持仓排名

数据来源：Wind。单位：亿元。注：打新基金配置的行业偏好相对稳定，具有较强的防御性等特征，也符合打新基金追求底仓稳健的特点。

1.1.2 A 股风格轮动历史回溯

这一部分，我们采用历史数据对 A 股过往风格轮动情况进行回顾。

代表指标选择：申万大小盘风格指数

考虑到中小板和创业板指数设立较晚，我们选择 2000 年设立的申万风格指数作为市场风格表征指数，通过对 2000 年以来申万大小盘指数的走势特征对比，来对特定时点市场风格做一个判断和回溯。之所以采用申万大小盘指数，主要有以下原因：指数严格依照市值划分；指数成分股风格属性特征明显；权重行业风险特征显著。

申万大小盘指数主要依据公司市值大小进行划分。在剔除上市不满 3 个月股票、ST 股票、流动性较差股票后，将剩余符合条件股票按平均市值排序，选取得到申万大盘指数成分股 200 家、中盘指数 400 家、小盘指数 800 家，成分股每年调整两次，兼具市场覆盖面广和时效性等优点，能够准确反映市场中大市值与小市值公司的阶段性股价走势。

申万大小盘指数成分股风格属性特征显著。通过对指数成分股的各类风格属性指标统计分析后我们发现，大小盘指数虽然是依照市值维度划分，但其成分股在价值 / 成长维度和风险特征维度上也呈现出了比较明显的差异性。例如，申万大盘指数成分股估值相对便宜（14 倍 PE VS 32 倍 PE），股息率也明显更高（2.13% VS 0.54%），表现出较强价值属性；而小盘指数成分股净利润增长率更高，表现出高成长特性。虽然不能完全将大盘小盘股与价值成长股等同，但我们认为，申万大小盘指数在一定程度上可以作为价值 / 成长指数的代表。

申万大小盘指数成分权重行业在风险特征方面差异显著。从指数成分股中行业所占权重来看，大盘指数行业分布前三位分别是银行（20.34%）、非银金融（19.48%）、食品饮料（6.49%），小盘指数前三位分别是电子（8.79%）、医药生物（8.37%）、计算机（6.93%）。整体来看，大盘指数成分构成以传统低风险特征行业，如银行、非银金融等为主；小盘指数成分构成则主要以电子、医药、计算机等新兴行业为主。

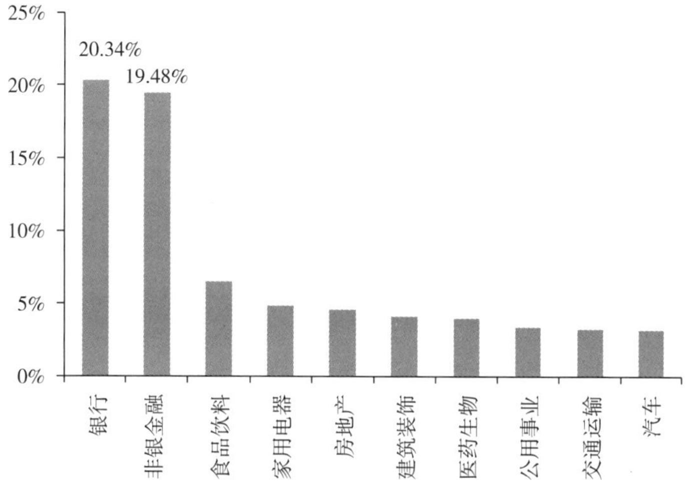

图 1.4：大盘指数权重行业：低风险蓝筹为主

数据来源：Wind

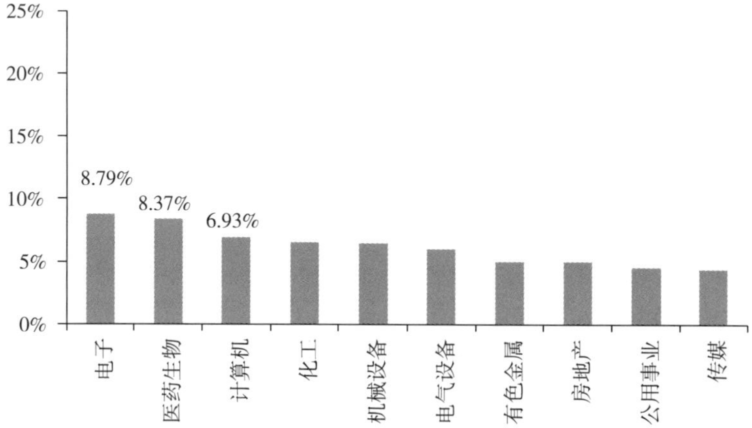

图 1.5：小盘指数权重：电子、医药、计算机等位居前列

数据来源：Wind

A 股风格历史：大小盘交替轮动

A 股市场存在明显大小盘轮动现象，2011 年之后逐年交替特征明显。观察申万大盘 / 小盘指数 2000 年以来的相对走势，2002 年以前市场小盘风格相对占优，2002 年 ~ 2008 年大盘风格主导，2009 年以来随着创业板设立，私募大发展，小盘风格再次占优。中长期看，大小盘风格以 5 年 ~ 10 年的长周期轮换，这一点可能受到经济周期影响。

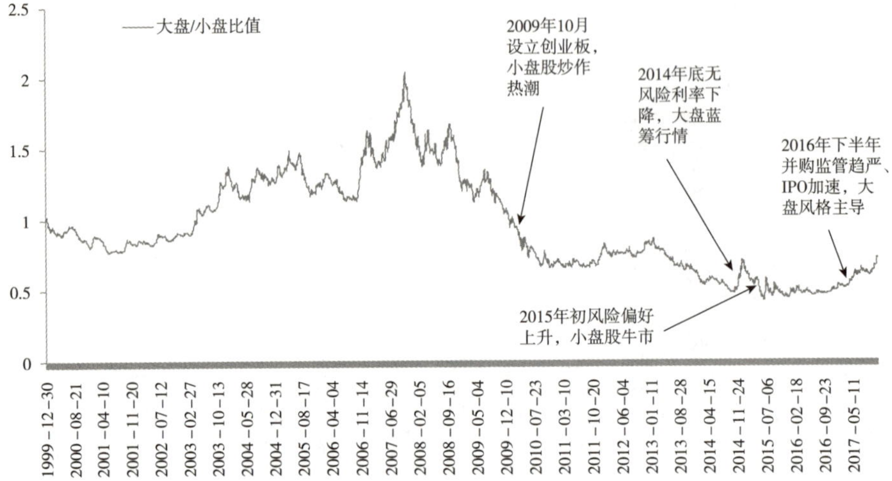

图 1.6：受多种因素影响，A 股市场存在明显大小盘风格轮动现象

数据来源：Wind

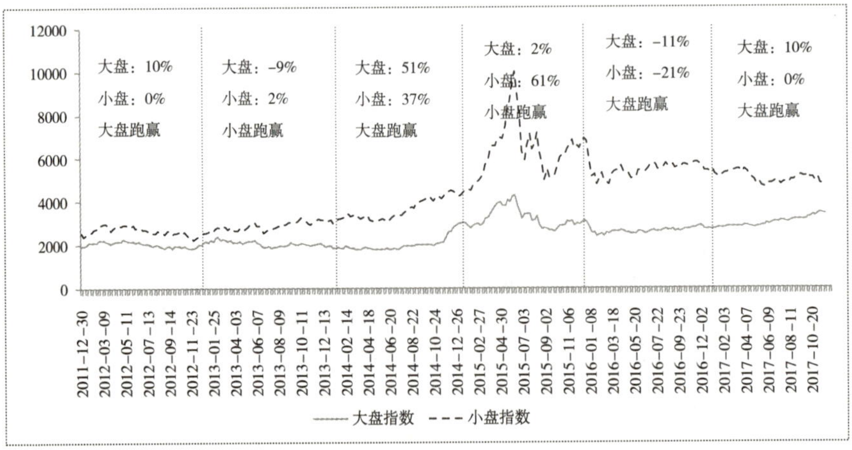

图 1.7：2012 年 – 2016 年，大小盘风格逐年切换

数据来源：Wind

2012 年 ~ 2016 年，A 股大小盘风格轮动更加迅速，呈现一年一换特征。从图 1.7 中可以看出，2012 年大盘指数上涨 10%，表现较小盘股优异；2013 年情况逆转，大盘下跌，小盘微幅收涨；2014 年下半年，银行等板块发力掀起大盘蓝筹行情；2015 年上半年小盘股一飞冲天；2016 年以来，大盘风格再次跑赢小盘。2017 年则延续了 2016 年的龙头白马行情，大盘风格仍跑赢小盘。

1.2 风格背后的驱动因素

本节导读

DDM 模型可以拆解为三个风格影响变量。(1) 分子端企业盈利：整体来看企业盈利与股价走势显著正相关。受到宏观经济周期影响，经济上行时（可观察 GDP、产出缺口、工业增加值等指标）大盘更强，下行时小盘占优；此外板块盈利表现（观察业绩增速和 ROE，更注重趋势）的变化也会在股价上提前反应。代表案例：2016 年下半年以来主板盈利显著回升，创业板高增长预期难以为继，大盘风格走强；(2) 分母端无风险利率：反映市场资金的成本，可观察十年期国债收益率指标。市场无风险利率下行时，信托理财、非标等竞争性产品收益率随之降低，此时类债券型（低风险、高股息率等特征）股票配置价值相对凸显，容易得到市场资金青睐，大盘（价值）风格相对占优。代表案例：2014 年下半年，无风险利率下行，银行等大盘蓝筹股行情；(3) 分母端风险偏好：反映市场投资者承担风险的意愿，可观察融资融券余额、证券客户保证金余额和信用利差等指标。整体来看市场风险偏好上升时小盘走势较好，下降时则切换到大盘风格。代表案例：2015 年上半年市场风险偏好持续走高，场外资金入场，小盘弹性更大。

1.2.1 围绕 DDM 模型拆解风格影响变量

围绕着 DDM 模型逐项拆解，寻找可能对市场风格切换产生影响的因子。如前所述，DDM 模型分子端可以拆为资本项（企业净资产）、盈利能力项（净资产收益率 ROE）和分红项（分红比率 d），其中影响资本项的因素主要是宏观层面经济增长情况，影响盈利能力的因素主要在行业产业层面，包括经济周期与产业升级带来的 ROE 提升等；分红项主要与股票所属行业有关。DDM 模型的分母端可以拆分为无风险利率项（r_f，代表资金成本）、杠杆项（β，代表企业杠杆率或风险程度）和风险偏好项（通常可以用 r_m-r_f，即风险溢价）。

因此，围绕 DDM 模型可以初步建立市场风格判断框架：

（1）分子端企业盈利：整体来看企业盈利与股价走势显著正相关。受到宏观经济周期影响，经济上行时（可观察 GDP、产出缺口、工业增加值等指标）大盘更强，下行时小盘占优；此外板块盈利表现（观察业绩增速和 ROE，更注重趋势）的变化也会在股价上提前反应。代表案例：2016 年下半年以来主板盈利显著回升，创业板高增长预期难以为继，大盘风格走强。

（2）分母端无风险利率：反映市场资金的成本，可观察十年期国债收益率指标。市场无风险利率下行时，信托理财、非标等竞争性产品收益率随之降低，此时类债券型（低风险、高股息率等）股票配置价值相对凸显，容易得到市场资金青睐，大盘（价值）风格相对占优。代表案例：2014 年下半年，无风险利率下行，银行等大盘蓝筹股行情。

（3）分母端风险偏好：反映市场投资者承担风险的意愿，可观察融资融券余额、证券客户保证金余额和信用利差等指标。整体来看市场风险偏好上升时小盘走势较好，下降时则切换到大盘风格。代表案例：2015 年上半年市场风险偏好持续走高，场外资金入场，小盘弹性更大。

1.2.2 分子端：企业盈利

宏观经济基本面情况影响风格，经济上行阶段大盘股相对更强。相较而言，大盘股成分权重金融行业、周期性行业等与经济周期则密切相关，经济上行周期内基本面数据改善，市场不确定性降低，大盘股多数情况下跑赢小盘股。指示性指标方面，GDP 增长率、产出缺口、工业增加值都有一定的参考意义。

2016 年以来，非牛非熊的震荡市环境下，风险偏好下降驱动投资思路回归业绩主线，龙马行情演绎。我们看到 2013 年 ~ 2015 年创业板净利润实现高速增长，但 2016 年下半年以来，随着并购重组趋严，创业板增速逐渐下降，同时主板业绩则触底回升，至 2017 年一季度板块增速已经超过创业板。随着主板创业板盈利趋同，创业板企业长期以来获得高估值所依赖的高成长性优势在缩小。创业板企业如果不能摆脱对外延并购增长的依赖，提高内生增长能力，则在估值方面可能会遭遇进一步下杀。二级市场股价也对各板块盈利增速的变化趋势做出了提前反应：2016 年以来大盘价值股持续跑赢小盘成长股，众多业绩增长有保障的行业龙头白马在震荡市中表现优异，市场风格由成长转为价值。

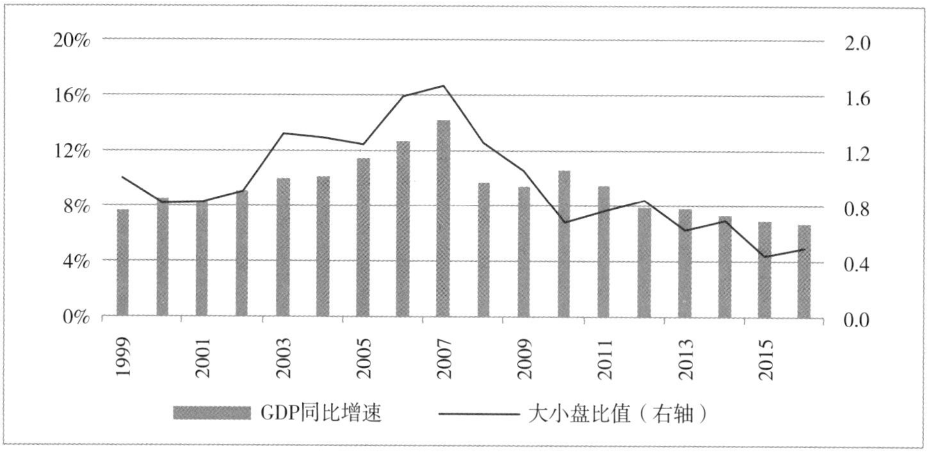

图 1.8：1999 年 – 2016 年 GDP 增速与大小盘比值

数据来源：Wind

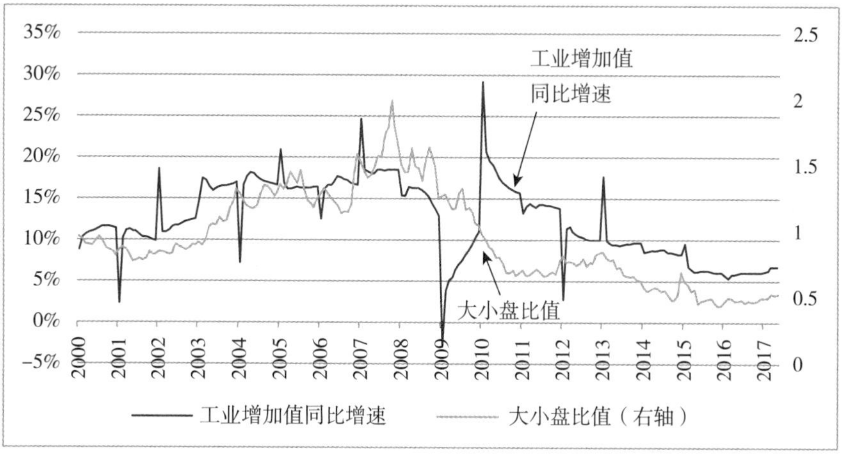

图 1.9：2000 年 – 2017 年工业增加值增速与大小盘比值

数据来源：Wind

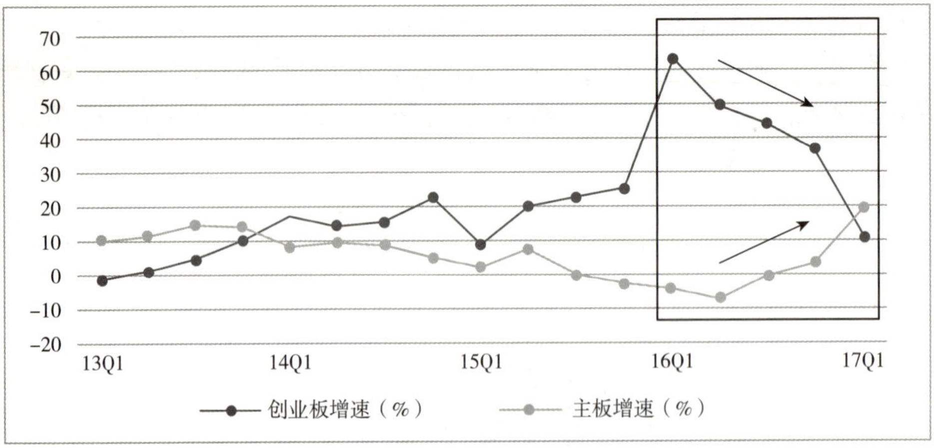

图 1.10：2016 年二季度以来，主板、创业板盈利增速趋同

数据来源：Wind。注：图中创业板业绩未剔除温氏股份和乐视网。

1.2.3 分母端：无风险利率

无风险利率是用来描述宏观环境中资金价格的重要指标，通常包含两个层面内容：无风险利率绝对水平和利率相对水平（即期限结构）。在 DDM 模型中，股票价格受到无风险利率影响，分母端无风险利率 r_f 的上升会使得股票估值 V 出现下降。但对于不同风格类型股票，利率变动对估值的影响程度存在显著差异。当代表资金成本的无风险利率抬升时，财务杠杆较高、资金成本敏感性较高的股票更容易受到影响；如果从资金流向的角度考虑，由于市场对大盘股投资更注重分红等价值因素，因此当无风险利率下降时，具有类债券型（低风险、高股息率等特征）的大盘股对市场资金吸引力将更强。因此整体而言，在低利率环境下，市场风格会倾向大盘股。

2014 年下半年，无风险利率下行驱动低风险特征的大盘价值股行情。2014 年 11 月 22 日，央行时隔两年半后首次降息，10 年期国债到期收益率从年初最高 4.6% 一路下降至年底的 3.6%。市场降息预期下，大量资金从非标资产流出，涌向债券市场及类债券的大盘蓝筹股。2014 年上证 50 指数全年涨幅 64%，领跑各大指数；行业方面，高股息率代表性行业银行股在年末两个月内大涨 46%，非银板块全年涨幅超过 100%，并占据行业涨幅榜榜首。

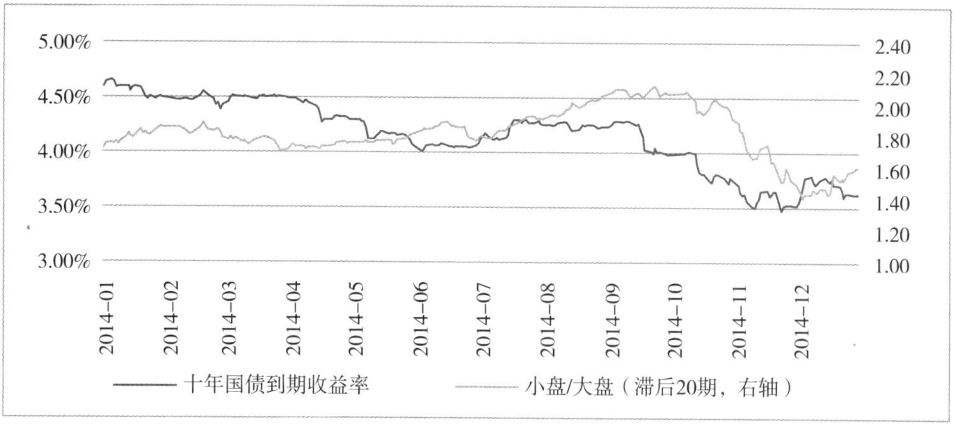

图 1.11：无风险利率下行驱动大盘蓝筹行情

数据来源：Wind

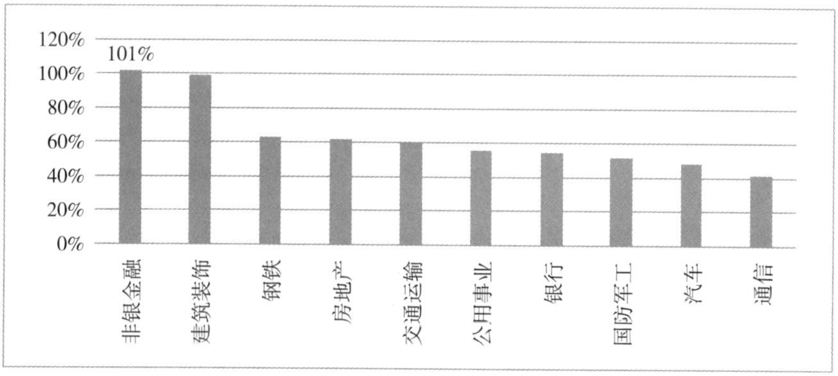

图 1.12：2014 年行业涨幅榜，非银金融位居榜首

数据来源：Wind

此外，无风险利率的期限结构也会对市场风格有所影响。从 DDM 模型看，大小盘股业绩（预期股利）在时间轴上的分布形态有所差异。大盘价值股企业发展成熟稳定，股利分布较为均匀；而小盘成长股增长率较高，预期股利分布就会向远端时间倾斜。当利率期限结构出现倒挂时（远期利率较低），远端股利贴现因子相对较大，那么采用股利贴现模型来估计股票价值的结果就是，小盘股由于业绩重心分布在远端，贴现被打的折扣会相对较小，因此，相对大盘价值股会更有利。

1.2.3 分母端：风险偏好

风险偏好一般指市场投资者为实现投资目标而承担风险的意愿，因个体风险承受能力、投资目的等差异而各有不同。总体来说，当对市场未来趋势预测乐观时，投资者会倾向于承担高风险来换取高收益；当市场情绪悲观时，投资者则会倾向于配置防御型资产来规避损失。因此，当市场风险偏好提升时，资金会更愿意流入具备高弹性的小盘股，以博取小盘股戴维斯双击带来的潜在高收益，各类主题概念的炒作也会更加猛烈，市场将整体转向小盘成长风格。

2015 年上半年，市场风险偏好提升驱动高风险特征的小盘成长股行情。2015 年初，A 股持续上涨，带动整体市场风险偏好持续提升，场外资金加速入场，投资者信心指数始终在高位（>50%），融资融券余额及证券客户保证金余额高速增长（2015 年 6 月保证金余额达到峰值 3.85 万亿元，较年初上涨 204%）。在高风险偏好驱动下，市场投资者大量炒作中小盘股票，智能汽车、互联网金融等主题概念表现优异，传媒、计算机、通信等 TMT 行业领跑市场，年涨幅均超过 130%。整体来看，风险偏好抬升，场外资金入场，驱动了 2015 年上半年的成长股行情。

风险溢价用于衡量市场风险偏好情况，信用利差指标可做一定参考。一般来说，市场风险溢价是对投资者承担市场风险的补偿，在市场有效时，市场风险溢价可以理解为市场组合的超额收益。信用利差指标有一定的参考性，它主要代表用于补偿信用风险而增加的收益率，当信用利差收窄时，表明市场投

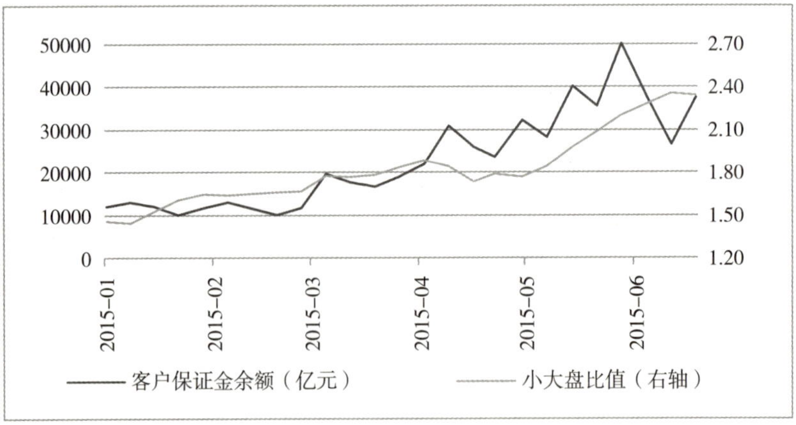

图 1.13：2015 年上半年客户保证金余额高速增长

数据来源：Wind

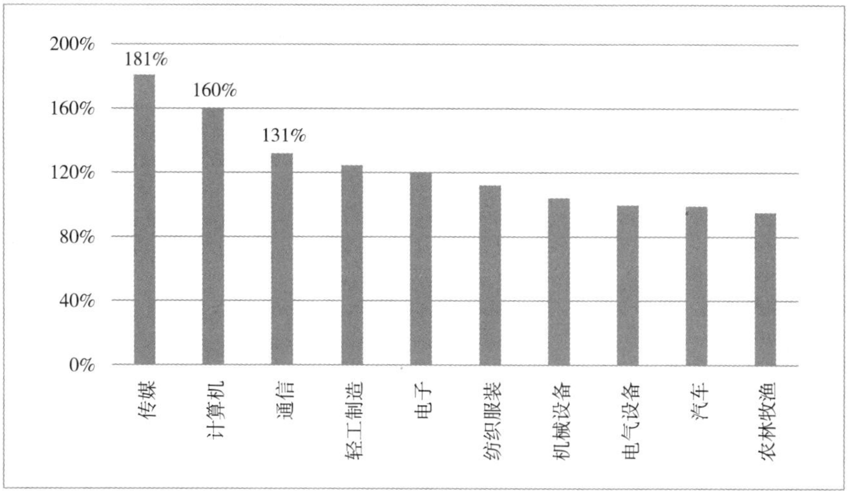

图 1.14：2015 年行业涨幅榜，TMT 行业领跑

数据来源：Wind

资者对单位风险所要求的（补偿）回报率减小，即市场风险偏好抬高。我们选取十年期 AA 级企业债券和国债收益率的信用利差数据，结合申万大小盘指数比值数据进行研究。整体来看，2015 年上半年信用利差出现明显下行趋势，由 2015 年 1 月初的 2.62% 一路缩窄至 6 月初的 2.12%。反映出当时市场投资者情绪高涨，在极高的风险偏好推动下，小盘成长股得到热捧，各类概念炒作活跃。

图 1.15：2015 年上半年信用利差大幅缩窄，小盘风格占据主导

数据来源：Wind

总结来看，我们已经围绕DDM模型建立起了市场风格的判断框架，包括分子端企业盈利、分母端无风险利率、分母端风险偏好。但现实市场中对风格的判断难度不亚于大势研判，每个时间点都会出现对风格判断大大小小的分歧，因为几个变量会同时发生变化。这个时候，学会做减法就非常重要（大拇指规则），把握DDM模型的核心驱动要素和主要矛盾所在，能做减法，方显真章。

1.3 DDM模型之外的影响因素

本节导读

各类外部事件性因素，常以催化剂的姿态出现在风格转换的进程中。改革预期、金融衍生工具推动、增量资金偏好、监管政策变动等都在A股市场的风格转换历史上扮演过重要角色。而这些模型外的因素，很多通过间接影响DDM模型框架中的风险偏好、盈利等因子，最终影响市场风格。（1）政策因素变化是风格切换重要催化剂：新股发行节奏变化影响市场供需结构，进而影响风格。历史数据统计表明，A股IPO历次暂停期间，小盘风格全部跑赢大盘；而2016年底以来随着IPO持续加速，大盘风格再次成为市场主导。而再融资和并购监管趋严，则从风险偏好和外延并购业绩两方面压制了小盘股的市场表现；（2）筹码分布与增量资金偏好影响风格：市场预期通过交易反映为股价，研究表明机构仓位与大小盘走势基本同步，但板块大幅超低配时会影响后市风格走向；（3）股票是边际定价，除市场存量资金博弈外，边际增量资金的偏好也会显著影响市场风格。如2007年公募大规模发行带来的蓝筹股行情，2009年阳光私募崛起助推创业板成长股行情，2016年北上资金外资偏好龙头白马股。

1.3.1 政策因素

新股发行和并购重组等政策因素变化，是风格切换的重要催化剂。A股IPO历史上先后8次暂停/重启，每一次发行节奏的变化都对A股市场投资生态产生影响；2016年以来，并购重组、再融资等监管政策的变动也对市场风格产生了显著影响。

历次新股发行节奏的变化，通过影响市场供需结构进而影响市场风格。

A 股上市公司仍然是市场上的稀缺品，壳价值依然存在。因此，A 股市场历次 IPO 的减速或者暂停，在逻辑上是对小盘股稀缺性的一种强化；反之，若 IPO 重启或加速时，小盘股稀缺性下降，壳价值缩水，则风格可能再次转向大盘。对 A 股历次 IPO 暂停 / 重启期间的小、大盘指数表现进行回溯的结果印证了我们的观点：2000年以来，IPO先后5次暂停，暂停时间在4个月至14个月不等，期间小盘指数无一例外均跑赢大盘指数；而随着 2016 年底以来 IPO 持续加速，大盘指数再次成为市场风格主导。未来，如果新股发行制度或退市制度出现重大改革（如注册制实施加快小盘股供给速度、壳资源贬值或业绩亏损公司严格退市等），那么市场风格将进一步强化（或改变）。

表 1.2：A 股 IPO 历次暂停重启期间市场风格特征

暂停时间	重启时间	时间跨度	暂停期间风格特征	重启后风格特征
1994 年 7 月 21 日	1994 年 12 月 7 日	5 个月	–	–
1995 年 1 月 19 日	1995 年 6 月 9 日	5 个月	–	–
1995 年 7 月 5 日	1996 年 1 月 3 日	6 个月	–	–
2004 年 8 月 26 日	2005 年 1 月 23 日	5 个月	小盘跑赢 5.58%	大盘跑赢 8.03%
2005 年 5 月 25 日	2006 年 6 月 2 日	12 个月	小盘跑赢 16.79%	大盘跑赢 14.76%
2008 年 12 月 6 日	2009 年 6 月 29 日	8 个月	小盘跑赢 9.07%	小盘跑赢 71.11%
2012 年 11 月 3 日	2014 年 1 月 17 日	14 个月	小盘跑赢 24.01%	小盘跑赢 20.85%
2015 年 7 月 4 日	2015 年 11 月 6 日	4 个月	小盘跑赢 5.42%	大盘跑赢 21.54%

数据来源：Wind。注：申万风格指数从 2000 年开始编制，因此前 3 次 IPO 暂停重启期间大小盘数据暂缺。

对并购重组、再融资等的趋严监管，会从风险偏好和外延并购业绩两方面对小盘股形成压制。2016 年 5 月监管层规范中概股回归，6 月最严借壳标准草案发布，都使得小盘股壳价值炒作大幅降温。同时，2016 年 5 月证监会叫停涉及互联网金融、游戏、影视、VR 四个行业的跨界定增并购，2017 年 2 月多维加码规范再融资等，也进一步限制了上市公司外延并购的资金来源和方向。监管趋严后，若小盘股相应盈利质量和内生增速无法跟上，则可能遭遇业绩和估值的双杀，市场风格将显著倒向大盘股。

表 1.3：2016 年以来增发并购监管趋严，对市场风格产生较大影响

时间	事件	市场影响
2016 年 5 月	中概股回归受到关注	2016 年 5 月，中概股回归相关交易被基本叫停，搜房网借壳万里股份、世纪华通收购中手游、银润投资非公开发行募集资金收购学大教育等都宣告终止。这类企业回归 A 股市场有较大特殊性，一定程度上会出现境内外市场的明显价差套利、壳资源炒作等现象。规范或控制中概股回归，有利于推动股市健康发展，化解市场扩容压力，稳定市场。
2016 年 5 月	跨界并购受到关注	媒体报道证监会叫停涉及互联网金融、游戏、影视、VR 四个行业的跨界定增，但从实际情况来看，采取一事一议的原则，并非是“一刀切”的全部叫停。游戏、VR、影视等板块受此影响均有回调。有关并购重组和再融资监管政策的预期，对市场风险偏好产生了较大影响。
2016 年 6 月	最严借壳标准发布，壳投资降温	2016 年 6 月，证监会发布了关于修改《上市公司重大资产重组管理办法》的决定（征求意见稿，正式稿在 2016 年 9 月正式颁布），对借壳控制权变更日起向收购人及其关联人累计购买资产的追溯期确定为 60 个月。对 60 个月内的借壳从上市公司自身要求、实际控制人变更认定、购买资产体量和配套融资等多个维度全面提升了借壳难度。
2017 年 2 月	定增严监管，多维加码规范再融资	证监会修订《上市公司非公开发行股票实施细则》，同时发布了发行监管问答—《关于引导规范上市公司融资行为的监管要求》，主要从市场化定价和引导合理化融资对上市公司定增进行规范。再融资新规进一步促进 A 股投资风格由外延并购炒作转向回归公司业绩基本面。
2017 年 5 月	减持新规	2017 年 5 月，证监会发布《上市公司股东、董监高减持股份的若干规定》，同时上交所、深交所发布配套《实施细则》，多角度、全方位的加严规范上市公司大股东、特定股东和董监高的减持行为。新规主要从拓展监管范围和新增减持要求两方面对减持行为进行规范。

1.3.2 筹码分布

市场预期通过交易反映为股价，因此筹码分布对大小盘风格存在影响。研究表明机构配置仓位情况与大小盘走势整体同步，但出现板块大幅超低配时可能对后市风格走向有所影响。我们定义机构小盘配置强度 = 机构持仓市值的大小盘比例 / 股市流通市值的大小盘比例，分析历史数据发现机构大小盘配置仓位整体而言是市场大小盘风格的同步指标，既不领先，也不滞后。若如果考虑“95%：5% 效应”，则机构超配板块，因加仓潜力小，后续表现可能较疲软；而低配板块后续博弈空间大，表现反而容易超预期。2014 年底，机构大幅增持银行等蓝筹股，大幅减持中小创，基金持仓里中小创股票占比已低于 30%

（2014 三季度末为 46%），但到了 2015 年初，先前被持续低配的计算机、传媒板块得到大量增仓后深蹲起跳，引领中小创大涨。

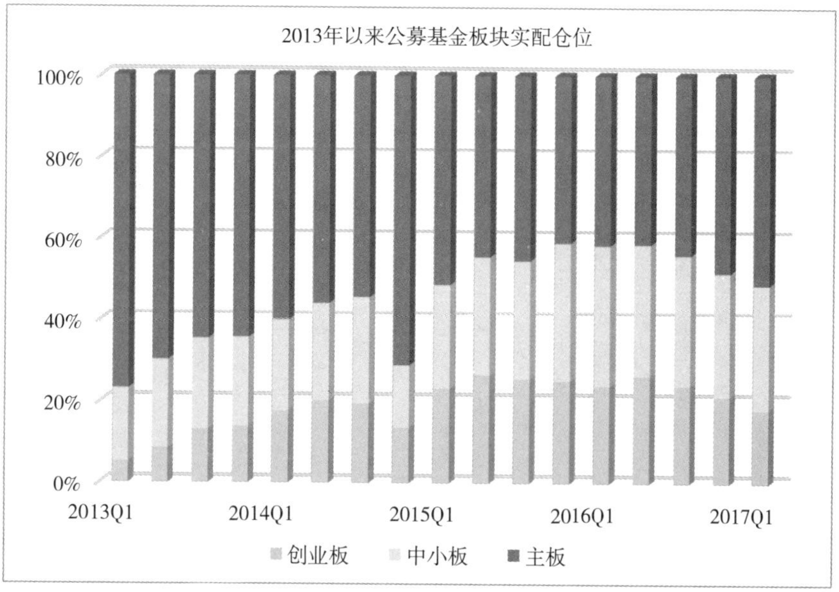

图 1.16：公募基金大小盘仓位配置变动与大小盘风格走向一致

数据来源：Wind

1.3.3 增量资金

股票边际定价，增量资金的偏好会显著影响市场风格切换。除市场存量资金博弈外，边际增量资金的偏好也可能对市场风格产生影响。2007 年公募基金大量发行上市，基金平均发行份额由 2006 年的 37 亿份快速上升至 120 亿份，公募追求稳健的相对收益，因此大幅加仓金融、采掘、交运等大盘蓝筹股板块，进一步助推了 2007 年的蓝筹行情。2009 年，阳光私募、专户、信托等私募型资金悄然兴起，在追求绝对收益的投资思路下，精选个股重于行业配置，对高增速、高弹性的小盘成长股青睐有加，助推了 2009 年 ~ 2011 年的成长股行情。而从 2016 年下半年以来，A 股金融市场对外开放的步伐再次加快。2016 年 8 月证监会宣布取消陆股通总额度限制，同年 12 月，深港通正式启动，2017 年 6 月 A 股正式纳入 MSCI，7 月债券通正式开通，香港 RQFII 额度大幅扩大。外资成边际定价者，助推 2016 年以来的龙头白马行情。

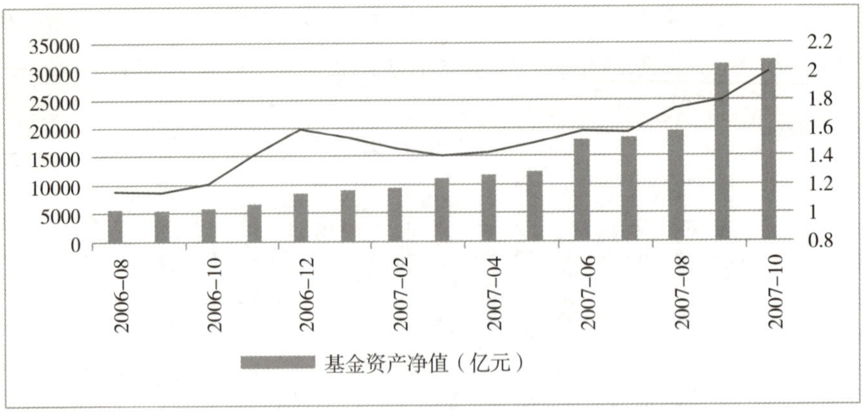

图 1.17：2007 年公募基金大规模发行上市，蓝筹崛起

数据来源：Wind

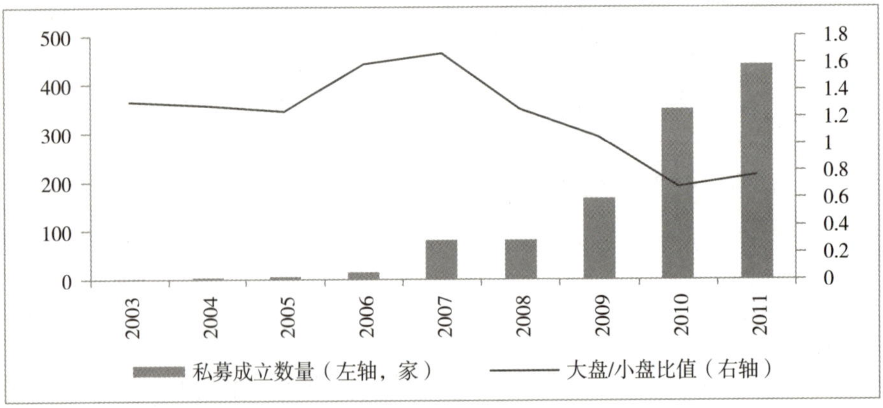

图 1.18：2009 年私募崛起助推创业板成长股行情

数据来源：Wind

表 1.4：陆股通（沪港通和深港通）北上资金净买入和净卖出排名（2016.11.28–2017.11.28）

排名	股票代码	股票简称	净买入（亿元）	排名	股票代码	股票简称	净卖出（亿元）
1	000333.SZ	美的集团	233.18	1	600519.SH	贵州茅台	–29.11
2	002415.SZ	海康威视	217.72	2	600585.SH	海螺水泥	–16.50
3	000651.SZ	格力电器	160.23	3	600482.SH	中国动力	–8.32
4	601901.SH	方正证券	84.57	4	600816.SH	安信信托	–7.91

续表

排名	股票代码	股票简称	净买入（亿元）	排名	股票代码	股票简称	净卖出（亿元）
5	601318.SH	中国平安	56.14	5	601336.SH	新华保险	−6.18
6	002304.SZ	洋河股份	42.80	6	600016.SH	民生银行	−5.73
7	600276.SH	恒瑞医药	40.37	7	603589.SH	口子窖	−4.21
8	000538.SZ	云南白药	39.43	8	600309.SH	万华化学	−3.97
9	600900.SH	长江电力	36.67	9	601601.SH	中国太保	−3.91
10	000858.SZ	五粮液	34.81	10	601628.SH	中国人寿	−3.73

数据来源：Wind

1991 年我国台湾地区首次推出 QFII 政策，逐步放松对外资投资包括总额、持股比例、汇入汇出限制、投资范围和身份等的各类限制，并在 2000 年年底全面取消外资持股比例上限。外资进入台湾地区之后偏爱电子、金融等行业，这些行业龙头持股中外资、机构投资者的比例不断提高，并成为价格主导者。2003 年 ~ 2008 年，代表大盘蓝筹的台湾 50 指数表现较为强劲，整体波幅也相对稳定。

20 世纪 80 年代美国养老金入市对美股风格产生重大影响，大盘股迎来长牛。我们对美国市场 20 世纪 80 年代养老金入市产生的影响做简单回顾。1981 年成立的美国 401k[①] 养老金计划批准了私企养老金存款可投资于股票等金融产品，这一制度改革使得长期资金流入美国股市，驱动美股 20 世纪 80 年代的十年牛市。养老金的投资特点为追求长期投资价值，偏好稳定业绩与分红，结果就是 1982 年 ~ 1990 年间，美股大盘股代表指数标普 500[②] 上涨 134.0%，小盘股代表指数罗素 2000[③] 仅上涨 72.4%，大盘股整体跑赢小盘股。

---

① 401k 计划是指美国《国内税收法》新增的第 401 条 k 项条款的规定。按该计划，企业为员工设立专门的 401k 账户，员工每月从其工资中拿出一定比例的资金存入养老金账户，而企业一般也按一定的比例（不能超过员工存入的数额）往这一账户存入相应资金。与此同时，企业向员工提供 3 到 4 种不同的证券组合投资计划。员工可任选一种进行投资。员工退休时，可以选择一次性领取、分期领取和转为存款等方式使用。

② 标准普尔 500 指数成分股由 400 只工业股票、20 只运输业股票、40 只公用事业股票和 40 只金融业股票组成，具有采样面广、代表性强、精确度高、连续性好等特点，可以作为美股大盘股的代表指数。

③ 罗素 2000 指数成分股 2000 家，由罗素 3000 指数中市值最小的 2000 只股票构成，为小企业股价表现的衡量工具之一。

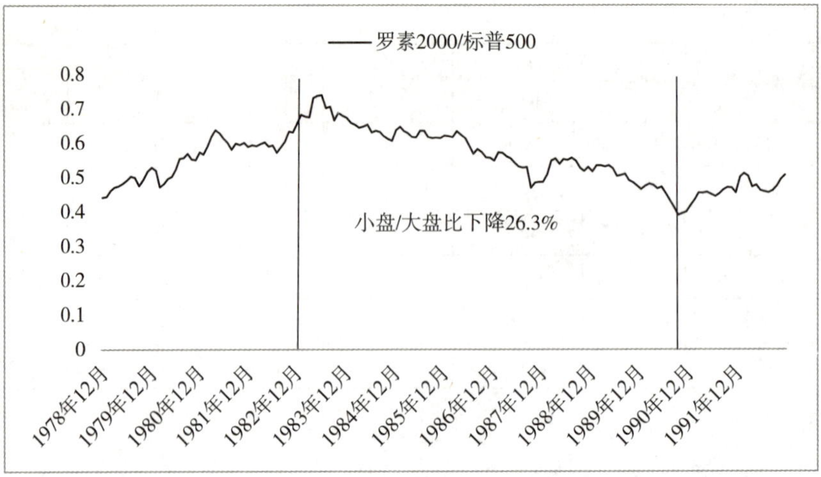

图 1.19：养老金入市，罗素 2000/ 标普 500 比值下跌 26%

数据来源：Wind

海外借鉴：美股风格演变

我们选取标准普尔 500 指数和罗素 2000 指数作为代表，对美股大小盘风格的变化历史及影响因素进行研究。历史数据显示，1987 年～2000 年，美国保持了较高的经济增长，大小盘股均现较大涨幅；2000 年互联网泡沫破裂时，科技股受到较大影响；2008 年美国爆发金融危机，美股整体随经济下行，但由于大

图 1.20：2000 年开始，美股风格切换到小盘

数据来源：Wind

盘金融股受冲击更为显著，小盘股仍跑赢大盘股。整体来看，从 2000 年以来，小盘股走势更强，但波动幅度也更大。

从规律特征来看，美国市场也没有“标准答案”：美股大小盘分化相较 A 股并不明显。多数情况下美股大小盘指数共同受到经济周期等因素影响，呈现同涨同跌态势，但在特定条件下也会有小幅分化。相较而言，大盘股走势表现与企业盈利水平相关度较小盘股更高。此外，信用违约、利率、政策监管和市场情绪等因素也会影响美股风格。

2. 主题和产业链投资：把握核心逻辑

2.1 基于 DDM 模型的主题投资方法论

本节导读

（1）主题投资同成长投资、价值投资、逆向投资等一样，也是股票市场的主要投资策略之一。主题投资建立在有效市场理论之上，它以对某一事件发展趋势核心逻辑（信息）的判断把握，通过寻找超预期或制造预期，来挖掘具有共同属性特征股票的投资机会。从 DDM 模型看，任何一个 DDM 的指标变动都可以形成主题投资，包括分子端现金流的大小改变和分母端现金流的不确定性（风险）评价改变。从过程来看，主题形成和股票价格形成一样，是人们预期交换的结果。只是主题投资的短时噪声信号更多，羊群效应表现更为明显；（2）好的投资主题要满足以下三要素：前瞻性、灵活度和影响力。前瞻性涉及主题的超预期策划，灵活度涉及主题的时间和跨度，影响力要求有龙头股和足够大的想象空间；（3）从中小盘的研究框架看，主题投资和产业链投资同属于中观层面的选股体系，方便起见，本书将两者都归到了主题投资章节。两者有很多共通之处，而且边界上也比较模糊。2017 年市场追捧的特斯拉产业链、苹果产业链，仍属于主题投资的范畴，其核心还是基于对产业的认知。这样的案例先前我们也碰到过很多，环保、军工、教育、体育、养老，等等，从原先的主题概念发展为一个产业，当然这个过程会一波三折；（4）主题投资和中小盘风格轮动：存在明显的正相关性，因为高风险特征的股票主要表现为成长股，形式上会借助主题投资。主题投资和行业配置：由于主题投资和行业配置同属中观层面，主题投资和行业配置会有交叉重叠。但相比行业配置，主题投资以定性的逻辑推理为主，定量跟踪较难。

2.1.1 从有效市场理论出发定义主题投资

有效市场理论是现代金融学理论的立身之本，是预期学说在资产定价中的应用。它有几个假设前提：包括市场信息是被充分披露的、信息成本为零、完全理性假设等。也就是说，只要市场认识到的信息，都已经完全体现在股票价格之中。如果一种投资策略要跑赢市场，它必须要走到市场没有反映的预期前面。

主题投资是以对某一事件发展趋势核心逻辑（信息）的判断把握，通过寻找超预期或制造预期，来挖掘具有共同属性特征股票的投资机会。这里给的定义有三层含义：第一，主题投资的重点是梳理事件发展逻辑，把握驱动主题的关键变量（亦可以是信息上的优势）。第二，主题投资建立在有效市场理论之上，包括寻找与众不同和与前不同（超预期）的投资机会。第三，主题投资最终落实到投资标的的选择。需要指出的是，一个好的主题，它的逻辑必须简单鲜明，这样更有利于大众的理解和传播（事实上对于个股推荐也一样）。

从 DDM 模型看，任何一个 DDM 的指标变动都可以形成主题投资。包括分子端现金流的大小改变和分母端现金流的不确定性（风险）评价改变。回顾 2014 年和 2015 年的主题投资行情，主题板块上涨主要由 DDM 分母端投资者风险溢价快速下降所致，而决定风险溢价下降的是投资者风险偏好的快速上升。风险偏好是投资者承担风险的意愿，反映了投资者对未来风险收益比率的预期。同时，风险偏好是整个 DDM 模型里波动比较剧烈的一个变量，具有不稳定性，也是主题投资往往有爆发性的主要原因。在主题起来的时候，投资者往往会忽视下跌风险而高估向上的收益，导致风险偏好上升，整个市场风险偏好又会推高价格。这种相互加强的过程会在某一事件出现时被突然打断，投资者对风险重新评估后风险偏好迅速下降，主题开始自我加强式的下跌过程。以上描述了风险偏好主导的主题形成和消退过程。事实上对一般投资者来讲，他们持有的股票数量不多，所以出售时的决策相对简单。但当面临购买决策时，由于信息处理能力有限，投资者面对的是上千只股票，会面临选择困境。这样，吸引注意力的事件（如主题事件、涨停板等）就可以帮助个人投资者缩小搜寻范围。从狭义的市场微观结构看，主题的形成和消退是一种市场价格发现过程，它和股票价格形成一样，是人们预期交换的结果。只是主题投资的短时噪声信号更多，羊群效应表现更为明显。

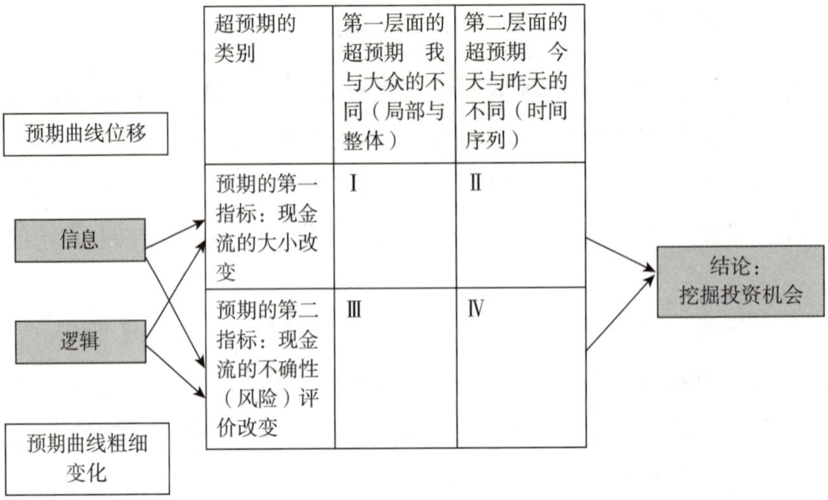

图 2.1：主题投资和个股推荐一样，关键是寻找超预期

资料来源：国泰君安证券研究所黄燕铭培训资料

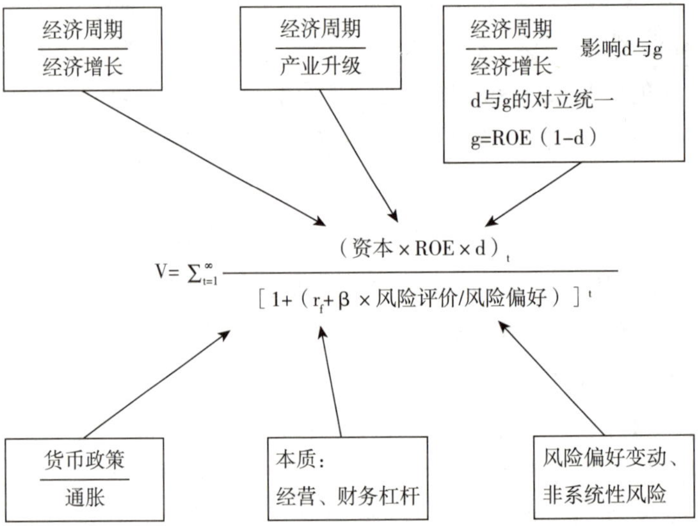

图 2.2：2014 年和 2015 年主题上涨是投资者风险偏好上升所致

资料来源：国泰君安证券研究所黄燕铭培训资料

从上来看，主题投资与股价炒作存在不同之处，主题投资有核心逻辑做背后支撑，而不是纯粹的资金游戏。像奥巴马当选总统，澳柯玛涨停（2008 年 10 月 15 日，美国总统候选人奥巴马和麦凯恩举行完最后一场电视辩论后，10 月 17 日至 22 日，A 股澳柯玛连续三个涨停；2008 年 11 月 4 日美国总统大选当日，澳柯玛继续上涨），则是纯粹的资金炒作。这种谐音、重名等无厘头的“神逻辑”，背后并无逻辑支撑，会迅速过气。

2.1.2 主题投资三要素

好的投资主题要满足以下三要素：前瞻性、灵活度和影响力。

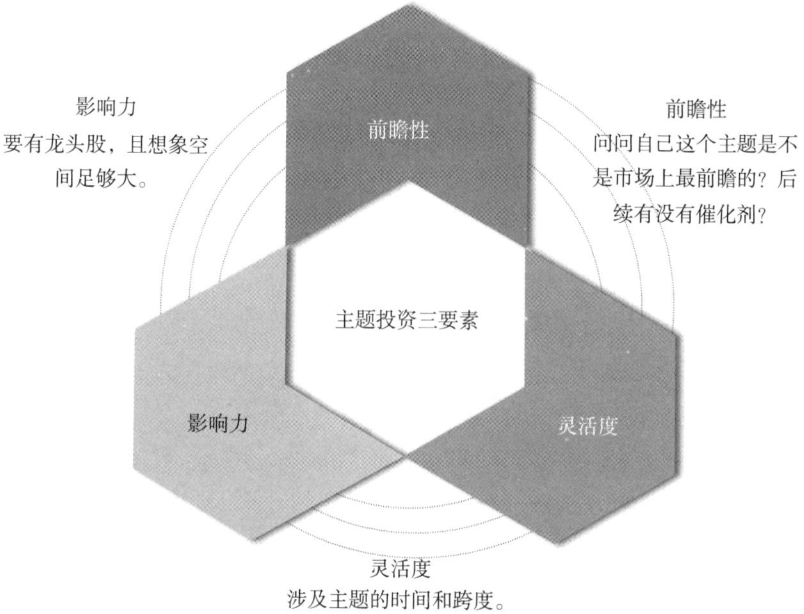

图 2.3：主题投资三要素

前瞻性：涉及主题的超预期策划。（1）前瞻性要求主题投资要有事件催化剂，没有预期创造市场预期。（2）前瞻性也要求主题的新颖性，当一个主题第二次出现或被大面积关注时，它的催化效果就会边际减弱。所以好的主题一定是市场上最先提出来的——问问自己这个主题是不是市场上最前瞻的？后续有没有催化剂？

灵活度：涉及主题的时间和跨度。（1）灵活度要求主题投资打完就走，跟主题投资的周期相关。（2）主题投资可以突破传统的行业配置，可以跨市场、跨行业的灵活配置。

影响力：龙头股 + 想象空间足够大。（1）一个主题要有影响力必须有 3 ~ 4 家的龙头。龙头股就是每个主题的领涨品种，所谓射人先射马，擒贼先擒王。如 2013 年上海自贸区主题的外高桥、上港集团、上海物贸，2014 年底上海迪士尼主题的界龙实业、陆家嘴、中路股份，2017 年雄安新区主题的冀东装备、京汉股份等。龙头股是这个主题板块涨幅最大的股票，也是板块内逻辑相关度最高最直接的标的。龙头股很可能不是最具价值的个股，而是盘子小、无机构和研究报告、无基本面支撑的这类股票。（2）另外，影响力要求这个主题的想象空间足够大，只有拥有非常大的想象空间（研究机构乐观预计市场空间，比照海外市场龙头等），且未来市场空间短期内无法证实也无法证伪，这个主题的持续性才能更好。

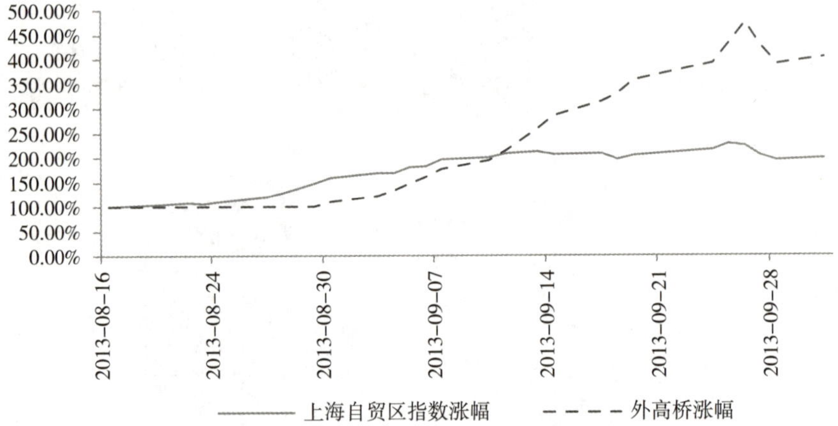

图 2.4：2013 年上海自贸区龙头股外高桥

数据来源：Wind

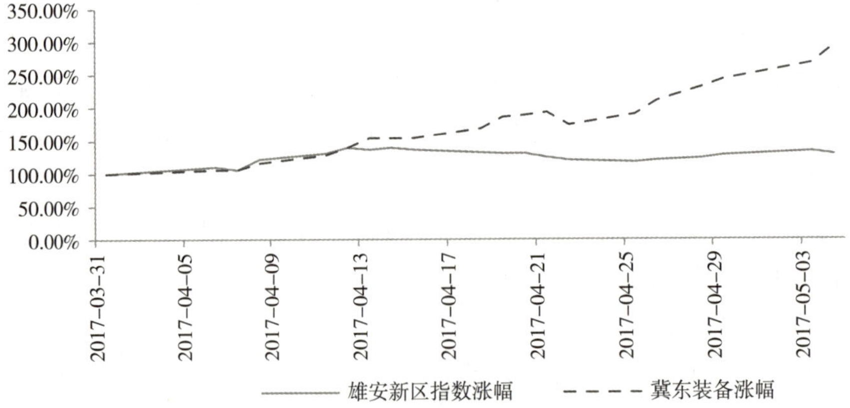

图 2.5：2017 年雄安新区主题包括冀东装备

数据来源：Wind

2.1.3 主题投资和产业链投资

从中小盘的研究框架看，主题投资和产业链投资同属于中观层面的选股思路，方便起见，本书将两者都归到了主题投资章节。两者有很多共通之处，而且边界上也比较模糊。一个明显的感受，在 2017 年市场转向价值研究之后，很多人对 A 股各式各样的主题炒作深恶痛绝，弃之如敝履。但 2017 年市场追捧的特斯拉产业链、苹果产业链，虽核心已慢慢侧重于对产业发展的认知，仍带有主题投资的烙印。特斯拉和苹果都是行业的颠覆者，特斯拉重新定义了新能源汽车，苹果重新定义了智能手机，两者既有主题属性，也兼具产业成长。这样的案例先前我们也碰到过很多，环保、军工、教育、体育、养老，等等，从原先的主题概念发展为一个产业，当然这个过程会一波三折。

案例 1：新能源汽车：从主题（博弈）到产业（成长）

新能源汽车主题从 2009 年年初科技部、财政部、发改委、工业和信息化部推动的“十城千辆”工程正式启动，中间由于政策和销量数据的变动，二级市场新能源汽车主题反复炒作。考察 Wind 新能源汽车指数相对上证指数的超额收益，我们以 2015 年 1 月 4 日数据为基准对两个指数的涨幅进行比较，可以看出，存在两段涨幅明显走阔的阶段，分别为 2015/9/15–2015/12/31 以及 2016/1/29–2016/7/7，中间由于 2016 年年初股市熔断和市场担心销量透支，新能源汽车板块在 2016 年年初出现大幅回调。

2015/9/15–2015/12/31 行情：

2015 年整体行情起伏较大，下半年的一波行情对于政策等的依赖程度也较高。十二五即将结束，为了完成 50 万辆的目标（2012 年出台的《节能与新能源汽车产业发展规划》提出，2015 年，中国纯电动汽车和插电式混合动力汽车累计产销量 50 万辆），各级政府显著加大了对于新能源汽车的推广力度。

2015 年 7 月 8 日，国务院办公厅发布《关于加快新能源汽车推广应用的指导意见》，积极引导企业创新商业模式，加快售后服务体系建设，支持社会资本进入新能源汽车充电设施建设和运营，积极鼓励新能源汽车融资租赁。9 月 7 日，国务院办公厅发布《关于加快融资租赁业发展的指导意见》，提出在公交车、出租车、公务用车等领域鼓励通过融资租赁发展新能源汽车及配套设施，成为二级市场行情催化剂。此后政策层面利好不断。李克强总理 9 月 23 日主持召开国务院常务会议，部署加快电动汽车充电基础设施和城市停车场建设，鼓励民间资本参与汽车充电设施与停车场建设，补公共服务短板扩内需惠民生。9月29日，李克强总理主持召开国务院常务会议，决定推出一系列简政放权放管结合的举措，其中在汽车行业覆盖了新能源、小排量汽车和黄标车三个领域。9月29日，国家制造强国建设战略咨询委员会发布《〈中国制造2025〉重点领域技术路线图》（又称《中国制造2025》重点领域技术创新绿皮书），路线图包括十大重点领域，23个重点方向，其中节能与新能源汽车包括3个方向：节能汽车、新能源汽车、智能网联汽车。10月9日，国家发改委等联合印发《电动汽车充电基础设施发展指南（2015–2020年）》。巴黎时间12月12日晚，《联合国气候变化框架公约》协议达成，为2020年后全球应对气候变化做出安排，新能源汽车作为应对气候变化挑战的有效措施被再次关注。

与此同时，新能源汽车产销也连续超预期。2015年10月中国新能源汽车产量达到5.2万辆（含铅酸电池纯电动车511辆），同比增长5.9倍；2015年中国前10个月新能源汽车累计总产量达到21.6万辆，累计同比增长3.7倍，全年产量有望突破30万辆。2015年11月新能源汽车销量达2.47万辆，再创新高。

综合来看，2015年下半年政策利好不断叠加产销大幅上升带来一波新能源汽车行情，以主题投资为主。

2016/1/29–2016/7/7 行情：

2016年初财政部等五部委联合发布《关于"十三五"新能源汽车充电基础设施奖励政策及加强新能源汽车推广应用的通知》，对于不同地域的新能源汽车（标准车）推广数量及占本地区新增及更新的汽车总量的比例，都做出了明确的五年规划。但同时仅相隔一天发布的《关于开展新能源汽车推广应用核查工作的通知》中明确将打击偏补行为对市场造成一定的冲击。2月份，负面新闻效果减弱，且1月新能源汽车产量达1.6万辆，同比增长1.4倍，而2月24日李克强总理在召开的国务院常务会议中又明确进一步支持新能源汽车，此后各地相继出台相关政策，为板块持续注入推力。3月13日，工信部部长苗圩在两会期间表示，新能源汽车代表着汽车工业产业结构调整的方向。相比去年，预计今年新能源汽车的产销还会有一倍以上的增长（对应约70万辆以上规模）。3月17日，《十三五规划纲要》正式对外界公布，新能源汽车位居新兴产业第二位，重点在于动力电池性能提升，充电网络建立以及完善政策扶体系。各类利好消息推动板块持续上行。

4月1日上午，特斯拉发布Model 3，基础售价3.5万美元，两天之内订单达27.6万辆，总金额已接近特斯拉2015年全年销售额的3倍。此后一段时间特斯拉产业链主题投资应运而生带领行情上行。与此同时，4月新能源汽车产销继续走高，全年预计产销翻倍增至64.5万辆。据中汽协统计数据，4月新能源汽车产销31266/31772辆，同比增178.3%/190.6%，1月~4月累计产销94442/90529辆，同比增126.8%/131.1%，销量持续超预期。6月1日，财政部发布公告称“新能源汽车推广骗补”现场核查已完成，年初负面新闻基本出清。

2016年7月开始，由于新能源汽车推广应用推荐车型目录、补贴政策等迟迟未见出炉，新能源汽车板块出现大幅回调。

综合来看，2016年的行情整体来看对政策利好、重大信息等主题依赖程度较高。

2017年：新能源汽车从政策和补贴驱动，逐步演变为成长驱动

2017年年初，我国新能源汽车产业受到国家补贴大幅退坡和《新能源汽车推广应用推荐车型目录》（原有）目录重申影响，新能源汽车板块经历一段时间的低迷。随后随着新批次《新能源汽车推广应用推荐车型目录》按时发布，并不断更新，市场负面情绪逐渐出清。5月销量触底反弹（据乘联会数据，2017年5月新能源乘用车实现3.8万台销量，同比增长45%，1月~5月累计销量约11.7万，同比增长35%），开启板块回暖行情。双积分制发布（6月12日，发改委和工信部发布《完善汽车投资项目管理的意见》。6月13日，工信部发布《乘用车企业平均燃料消耗量与新能源汽车积分并行管理办法（征求意见稿）》公开征求意见。双积分制明确2018年~2020年新能源乘用车积分比例要求，相较原本的补贴激励制度，双积分制对车企的生产提出了强制要求，新能源乘用车生产相关政策由“奖励驱动”向“法规驱动”转变，为新能源乘用车未来产销提供一定保障），明晰未来政策方向。政策强化（7月4日，中共中央政治局委员、国务院副总理马凯在北京调研新能源汽车产业发展，并召开了新能源汽车推广应用座谈会。并在会上做出重要表态，要继续按照“市场主导、创新驱动、重点突破、协调发展”的要求，始终坚持发展新能源汽车国家战略不动摇），成为行情催化剂。而相比此前更重要的变化是，7月特斯拉Model 3准时发售，低售价引爆全球新能源汽车市场，随之而来的是各大汽车巨头纷纷明确投产计划，新能源汽车全球化浪潮拉开序幕，全球汽车电动化、节能化和智能化的趋势不可逆转。新能源汽车板块逐步从政策和补贴驱动，逐步演变为成长驱动，板块属性也从主题博弈向产业成长转变。

表 2.1：特斯拉 Model 3 准时发售，低售价引爆全球市场

准时发售：7 月 3 日凌晨，Elon Musk 确认特斯拉 Model 3 量产时间为 7 月 28 日，并预计 8 月量产 100 台，9 月量产超过 1500 台，至 12 月可达月产 2000 台。
低售价：特斯拉 Model 3 基础定价仅 3.5 万美元，远低于 Model S 的 6.6 万美元，这一价格骤减引爆全球新能源汽车市场。
准时交付：7 月 28 日晚上，在特斯拉加州弗里蒙特的工厂外，Elon Musk 主持交付仪式，将首批 30 款 Model 3 交付给车主。
一季度销售超预期：从公布数据看，特斯拉一季度全球共交付 2.5 万台车辆，环比增长 13%，同比大增 69%，超市场预期，创有史以来最高单季销量（一季度营收 26.96 亿美元）。Model S 以 13450 台继续领跑，环比增长 6%，同比增长 8%；Model X 销量提速，11550 台环比增 22%，同比大增 481%，销售火爆超预期。市场对低售价策略的 Model 3 销量预期乐观。

表 2.2：国际汽车巨头纷纷明确新能源汽车投产计划，全球化浪潮拉开序幕

大众、CATL、嘉能可达成三角协议，CATL 将从嘉能可购买两万吨钴产品，而大众将从 CATL 处购买电池。
沃尔沃方面表示，将会在不久之后停止生产纯汽油动力的汽车，并计划于 2019 年全面展开新能源汽车计划，届时沃尔沃全系车型将只推出纯电动车、混合动力车以及轻型混合动力车。
奔驰计划在 2017 年法兰克福车展上公布一款全新氢燃料电池车，续航达 483 km。
宝马、大众、福特、通用、本田、现代等世界各国汽车巨头均有明确新能源汽车投产计划并稳步推进。

2.1.4 主题投资和中小盘风格轮动、行业配置

主题投资和中小盘风格轮动存在明显正相关性

主题投资是一种积极的投资策略，它能穿越熊牛市。在主题投资的带动下熊市也能走出一大批牛股，所以主题投资在时间段上没有有无之说，只有多和少的区别。在经济转型期，主题产生的价值对经济结构调整是一种润滑剂和助推剂，股市的“理性泡沫”对创新科技和模式是一种激励，有助于经济结构转型。

主题投资和中小盘风格轮动存在明显的正相关性。主题投资盛行阶段也是中小盘股非常活跃的时期，因为主题投资的标的主要集中在高风险特征较为明显的中小盘股票。2013 年开始，一系列改革政策不断落地，导致市场的风险偏好上升，使存量投资者的投资积极性提高。存量投资者买高风险特征的股票，主要表征为成长股或中小盘股票，形式上借助主题投资。所以主题投资和中小盘风格轮动存在明显的正相关性。

主题投资和行业配置形成互补融合

主题投资在投资策略里的位置：主题投资介于大势研判和个股挖掘之间，它与行业配置共同构成中观层面的投资策略。相比行业配置，主题投资以定性的逻辑推理为主，定量跟踪较难。

由于主题投资和行业配置同属中观层面，主题投资和行业配置会有交叉重叠。主题投资和行业配置是互补和融合的关系。中国经济进入转型攻坚期，跨界融合的背景下行业配置独力难支，需要主题投资作为补充。从融合的角度看，一方面新经济和新模式的发展方向是行业配置和主题投资共同关注的。另一方面，像 3D 打印、工业 4.0 等产业转型为代表的主题投资机会，其实质是传统行业的升级和替代，很难脱离原有行业的基本属性，也是策略研究中行业配置所要重点关注的。

2.2 体系性与事件性主题投资漫谈

本节导读

主题投资可分为体系性主题和事件性主题。体系性主题关注宏观总量的驱动因素和宏观结构的边际变化，最终落实到受益标的，包括通货膨胀 / 紧缩、人口周期、人民币升值、降息受益、大宗原材料价格上涨下跌、城镇化、消费升级等。事件性主题由下往上走，包括制度变革（制度变革红利将引发较大的投资机会）、事件驱动（某些事件将引发市场对特定板块未来获得投资、政策扶持、市场关注度和订单业绩提高的遐想）、产业升级（同产业链投资，偏行业和个股，包括获得政策扶持、开辟出新的应用市场等）等细分类别。（2）与经济周期一样，主题投资也可以分为长周期（1 年以上）、中周期（3 个月 ~ 12 个月）和短周期（3 个月以下）。主题的时间长短不仅跟催化剂和业绩相关，更与市场信心相关。体系性主题的时间周期较长，甚至可以跟大类资产配置相挂钩。而事件性主题大多受制于明显的时间节点的限制。从传播学角度，创新扩散模型里最后 16% 的参与者（落后采用者）入场，一个主题周期终结。

2.2.1 体系性主题

体系性主题关注宏观总量的驱动因素和宏观结构的边际变化，最终落实到受益标的。比如从宏观总量的驱动因素看2014年的特征非常明显，上半年的驱动因素是稳增长，下半年的驱动因素是改革，导致两个时间段的宏观热点完全不同。体系性主题包括通货膨胀/紧缩、人口周期、人民币升值、降息受益、大宗原材料价格上涨下跌、城镇化、消费升级等。

案例2：降息受益主题（体系性主题案例）

参考报告国泰君安策略团队《降息利好“三高”行业，风格转向价值股》2014.11.23

事件：2014年11月21日，中国人民银行宣布自今起金融机构一年期贷款基准利率下调0.4个百分点至5.6%；一年期存款基准利率下调0.25个百分点至2.75%，同时结合推进利率市场化改革，将金融机构存款利率浮动区间的上限由存款基准利率的1.1倍调整为1.2倍。

利好“三高”行业，行业配置风格转向价值型股票。从利息负担（狭义的财务杠杆）、资产负债率（广义的财务杠杆）、分红与股息率（用以和其他大类资产收益率进行对比）三个角度出发，非银、房地产（及链条上的钢铁、建材）、化工、公用事业、交运等有望集中受益，此外，光伏风电、汽车经销商及部分通信企业都具有高杠杆高负债属性，随降息迎来“实实在在”的利好。

利率下降直接减小财务费用，为净利润提升释放弹性。庞大的利息支出成为企业的沉重负担，并大幅蚕食利润。选取净利息支出/净利润这一指标（其中净利息支出=利息支出－利息收入），作为最能直接体现利率下降财务负担减轻的测度方式。净利息支出在净利润中占比越大的公司，利润增长弹性更为显著。净利息支出占比接近100%的前100家公司多分布在化工、机械、房地产、交运、公用事业等行业。值得注意的是，若净利息支出为正，利率下降，利息收入减少，将损害公司利润，短期产生利空，该类公司主要分布在计算机、传媒、通信、电子等TMT行业和以家电、食品饮料为代表的大消费板块。

利率下行对资产负债率高的行业将产生系统性利好。资产负债率是广义的财务杠杆测量指标，其优点在于能够将企业的各种隐性负债（未列入有息负债科目，但实际上受到利率变动影响）也纳入考虑，是基于资产负债表（前一指标基于利润表）、综合性高的指标。建筑、房地产、公用事业、钢铁、家电五个行业资产负债率明显高于整体。

具备高分红能力和高股息率的公司在利率下降中配置价值凸显。分红率和股息率是我们重点考察的第三个指标，用以和其他大类资产收益率横向对比。基准利率下降会带动信托、理财、非标等竞争性产品收益率降低，居民资产配置向股票倾斜，高股息率公司更易受到资金关注。高股息率公司主要分布在公用事业、房地产、交运、纺织服装、商业贸易、银行、化工等行业。连续三年分红率高于30%的公司多分布在化工、医药生物、电气设备、机械设备、交通运输等行业。

2.2.2 事件性主题

事件性主题由下往上走，包括制度变革、事件驱动、产业升级等细分类别。

制度变革类：制度变革红利将引发较大的投资机会。包括股权分置改革、沪港通、国企改革、IPO新股改革、并购重组制度、退市制度、新三板转板制度等。

案例3：交易所内部市场分层（制度变革类主题案例）

参考报告国泰君安中小盘团队《从海外映射到国内映射："未盈利互联网板块"推出带来的投资机会》2015.01.20

表2.3：证监会关于创业板建立专门层次的有关公开发言

时间	媒体	核心相关内容
2014年1月22日	人民日报	《健全多层次资本市场体系》：在创业板建立专门层次，允许尚未盈利但符合一定条件的互联网和科技创新企业在创业板发行上市，并实行不同的投资者适当件管理制度。
2014年5月30日	证监会新闻发布会	证监会研究在创业板建立单独层次，支持尚未盈利的互联网和高新技术企业在新三板挂牌一年后到创业板上市。
2014年6月27日	证监会新闻发布会	证监会正在研究股票发行注册制改革方案，计划今年底以前提出具体方案。注册制改革的实施，要以修订《证券法》为前提。
2014年10月30日	深交所"加快创业板改革，服务创新驱动战略"的创业板五周年论坛	中国证监会正在积极研究在创业板设立专门层次，支持尚未盈利的互联网企业、科技创新企业上市，进一步拓展创业板对创新经济、新兴产业的覆盖面。
2014年12月3日	加快发展多层次资本市场主题座谈会	证监会按照中央的要求，11月底已将股票发行注册制改革的方案上报，明年将公开征求意见，讨论取消股票发行的持续盈利条件、降低小微企业和创新型企业的上市门槛。

资料来源：人民网、证监会网站、新华网

三箭齐发共指"未盈利互联网板块"。我们预计注册制会试点推出，且不会全面推行，将在创业板建立单独层次来推行注册制，支持尚未盈利的互联网和高新技术企业在新三板挂牌一年后到创业板上市。即新股注册制、创业板的单独分层、新三板转板制度可能同步推进，并同时聚焦于推出“未盈利互联网板块”。这里的“未盈利互联网板块”股票初期来源于新三板挂牌满一年的公司，行业分布以互联网企业为代表的高新技术企业为主。

四大指标筛选首批登陆“未盈利互联网板块”企业。我们认为优先转板到创业板的新三板企业需要满足以下几个方面条件：（1）取消盈利要求，但出于投资者的保护对公司规模会适当考虑。（2）选择在新三板成交活跃（做市），挂牌满1年的企业。考虑到证券法修改后制度细则的准备时间，我们选取2014年9月1日之前挂牌的企业。（3）选择互联网和高新技术行业的企业，要求公司有较为明显的技术创新或商业模式创新优势。（4）充分考虑转板公司的股权分散度和交易流动性。筛选出的包括先临三维（3D打印）、新眼光（医疗设备数字化/医疗信息化）、四维传媒（数字出版/数字营销）、新产业（体外诊断）等20家公司。

从海外映射到国内映射，“未盈利互联网板块”可能成为2015年重要的市场线索和主题。随着“未盈利互联网板块”的推出，我们认为A股公司（已经盈利）中有跟转板公司类似业务的，或者有一块业务相同的会受益于此。

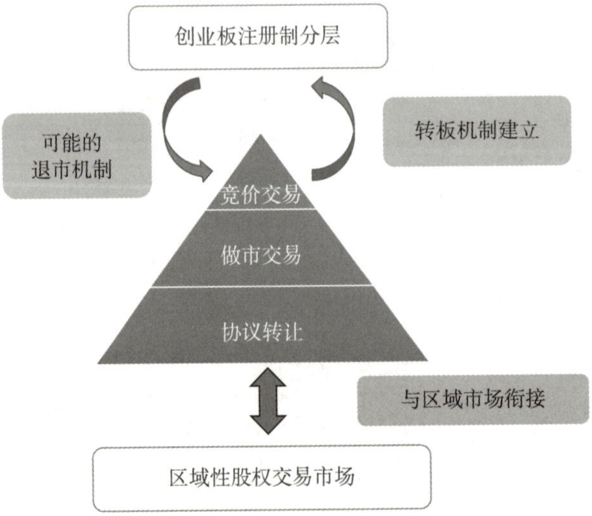

图2.6：创业板建立专门层次与新三板对接

事件驱动类：某些事件将引发市场对特定板块未来获得投资、政策扶持、市场关注度和订单业绩提高的遐想。包括奥运会、世博会、自贸区、迪士尼、厄尔尼诺、流行疾病等。

案例 4：上海迪士尼（事件驱动类主题案例）

参考报告国泰君安中小盘团队《A 股邂逅魔法王国：掘金 2015 上海迪士尼》2014.11.03

上海迪士尼进入开园倒计时。根据华特迪士尼年报披露的信息，上海迪士尼乐园预计于 2016 年春季正式开园。作为全球第 6 个，中国第 2 个迪士尼乐园，上海迪士尼一期面积就是香港的三倍，将为上海国际旅游度假区建设提供核心支撑。它的建设与开放将对我国旅游经济特别是长三角“泛迪士尼”地区的经济带来巨大的辐射带动作用。

投资驱动、消费拉动和品牌效应三大引擎推动多个行业受益。（1）投资驱动。根据规划，迪士尼项目耗资预计约 300 亿元人民币，我们按照迪士尼配套基础设施建设的间接投资为直接投资 7 ~ 10 倍的杠杆测算，则迪士尼建设带动的间接投资约 2100 亿元 ~ 3000 亿元左右。（2）消费拉动。根据上海迪士尼与全球各迪士尼乐园在区位、规模以及市场空间等方面对比，我们保守预计上海迪士尼乐园 2016 年将吸引国内外旅游人次达 1200 万以上，且每年以 300 万 ~ 500 万旅游人次持续增加。按 400 元门票 / 人和保守按照 10 倍杠杆测算，迪士尼开园每年将带来 480 亿以上经济增量。（3）品牌效应。从源头的动画制作，到第二轮次的主题公园创收，到最后的品牌产品和连锁经营，迪士尼公司经营模式凸显“乘数效应”，文化传媒、特需经营权等领域将受益品牌驱动。从行业受益顺序来看，我们认为投资驱动型产业（房地产、建筑建材、交运等）最先受益，其次是消费拉动型产业（餐饮旅游酒店、商贸零售、交运等），最后是品牌驱动型产业（广告传媒、特许经营等）。

三主线掘金 2015 上海迪士尼主题机会。主线一：存在股权关联关系的公司。主要为中方股东上海申迪集团四大出资方上海陆家嘴集团（股权占比 45%）、上海锦江国际集团（25%）、上海文广集团（20%）以及上海百联集团（10%）旗下所属的上市公司。主线二：直接受益迪士尼乐园经济辐射效应影响的公司。包括受益投资驱动的房地产、建筑建材、交通运输等行业公司，受益消费拉动的旅游、商贸零售等行业公司。主线三：与上海迪士尼或迪士尼公司拥有战略合作或特许经营权的公司，这些公司将借助迪士尼的品牌效应来提升公司的企业形象，间接受益于上海迪士尼项目。

表 2.4：上海迪士尼乐园从项目规划至今历经 10 余年

时间	项目进展
2002.7	迪士尼公司宣布拟在上海建立一家主题公园。
2002.10	迪士尼称由于与上海市政府谈判出现分歧，放弃该计划。
2006	迪士尼再次表示正与上海市政府磋商在沪建主题公园。
2008.6	迪士尼和上海市政府再次否认双方合作，落户上海再次遇否。
2009.1	美国华特迪士尼公司正式宣布，计划联同上海市政府在浦东兴建全球第 6 个迪士尼乐园。迪士尼公司现正拟定一份申请报告，将提交中国政府审批。1 月 9 日，中美相关方面已在上海东效宾馆签署相关协议。
2009.9	上海市政府称与迪士尼就具体细节仍在谈判中。
2009.11	上海市人民政府新闻办公室宣布：上海迪士尼项目申请报告已获国家有关部门核准。
2009.11	上海迪士尼乐园项目通过发改委核准，该项目由中方公司和美方公司共同投资建设。
2010.11	时任上海市市长韩正为负责上海迪士尼项目管理和开发的上海国际旅游度假区管委会、上海申迪（集团）有限公司两家单位揭牌。当日，上海申迪集团与美国华特·迪士尼在上海签署上海迪士尼乐园项目合作协议。
2011.3	上海国际旅游度假区核心区控制性详细规划（草案）已上网公示，上海迪士尼乐园也在此规划中。
2011.4	上海迪士尼乐园项目正式开工。
2011.8	上海迪士尼度假区方案设计工作已经接近尾声。
2012.11	上海迪士尼度假区项目行政楼主体钢结构首根框架柱吊装完成。
2013.1	上海项目的设计阶段已进入尾声，即将启动主体设施的实质性施工。
2013.1	上海迪士尼度假区演出布景制作中心将支持主题乐园建设。
2013.5	城堡的第一根永久混凝土桩被打入地基，迪士尼乐园奇幻童话城堡施工正式启动。
2013.9	度假区的两家主题酒店正式启动混凝土浇筑作业。
2013.10	上海迪士尼地上建筑主题乐园的首根钢柱安装完毕，乐园地上建筑工程正式启动。
2014.5	上海迪士尼项目将增资约 50 亿元，在主题乐园中新增海外乐园中广受欢迎的大型景点和娱乐演出、餐饮零售设施。
2016 春季	上海迪士尼开园。

资料来源：上海国际旅游度假区网站

产业升级类：这类主题同产业链投资，偏行业和个股，包括获得政策扶持、开辟出新的应用市场等。什么样的公司符合“开辟新市场”主题？可以归纳为三点：（1）公司拥有核心产品（先发优势），同时具备技术（技术领先）、资金（上市公司）的有利条件。（2）新市场比原有市场规模要大。（3）新市场比原有市场增速要快。产业升级类的主题包括互联网、生物识别技术、超级电容器、3D 打印、工业 4.0、5G、芯片国产化、汽车后市场等。

案例 5：金刚石切割线（产业升级类主题案例）

参考报告国泰君安中小盘团队《金刚石切割线：行业 + 成本 + 技术，三相驱动》2017.08.14

金刚石切割线，简称金刚线，即以金刚石微粉和钢丝为原料，通过电沉积使金刚石和金属在钢丝（胚线）表面形成复合镀层。金刚石线可以用于晶体硅、蓝宝石、磁性材料、精密陶瓷等硬脆材料切割，将逐步替代传统的内外圆及砂浆切割。晶体硅和蓝宝石是最主要下游应用。2007 年，金刚石线最开始应用于蓝宝石切割，三年后才应用于晶体硅片的切割。

图 2.7：金刚石切割线产业链环节

为什么此时关注金刚石切割线？我们认为，目前有三个原因驱动行业整体的机会：（1）行业方面受政策鼓励，2017 年至 2020 年光伏装机量预期中枢提升，金刚线作为耗材，需求攀升；（2）金刚线替代砂浆钢线，大幅降低切割成本，看好渗透率的提升。与传统游离砂浆线对比，金刚线在切割硅片的厚度、耗时和耗线量等多项指标中都有大幅提升，可以提高单位硅晶的出片量，大幅降低成本。我们认为，金刚线对光伏行业的全面渗透是必然趋势，国产金刚线的产能释放将推进渗透进程；（3）金刚线切割多晶硅技术突破，即将实现量产，为金刚线带来成倍空间。多晶硅硅棒的主流切割方式依然是砂浆钢线切割技术，金刚石线切割多晶硅片的主要障碍在于断线风险和制绒困难两大问题。而金刚线制备和操作技术的优化可以有效降低金刚线切多晶硅时铸锭晶体硬点导致的断线风险，同时黑硅制绒技术成功解决了多晶电池表面反射率高的难题。

行业需求：目前来自单晶硅切片，潜在市场是多晶硅切片。预计 2017 年全球新增装机容量为 80.5 亿瓦特，我国将贡献约 30 亿瓦特，未来五年内每年新增装机容量会持续增长。以156mm×156mm的单晶硅片为例，假设电池片功率为4瓦特，1亿瓦特则对应约2.5亿件硅片。据估计，156×156单晶硅片需要耗材1.5米～1.8米，目前35%新增功率是单晶硅。如果只计算单晶硅片切割，可得2017年全球共需要金刚线1120万千米。如果考虑多晶硅或者截断等工艺，整体市场容量约为1730万千米。我们认为电镀金刚线未来的增长靠三个边际因素驱动：（1）在存量的单晶硅市场中金刚线替代砂浆钢线，截至2016年，单晶硅切片中金刚线渗透率为50%，预计将增长到70%；（2）单晶硅份额的提升，单晶硅市场份额在30%左右，未来保守估计将达到50%。（3）多晶硅切割带来的成倍增量空间，金刚线在多晶硅上应用的技术障碍已经扫除，我们预计可以在近期实现量产。金刚线在多晶硅中的渗透率不到10%，预测渗透率会达到60%，市场容量达单晶硅的4倍。

投资机会：国产金刚线实现量产，供给依然存在缺口。金刚线产能扩展较快，国内领先厂商在技术研发成功后，正在迅速建设生产线。这其中，三超新材、东尼电子、岱勒新材、杨凌美畅最具竞争优势。三超新材和岱勒新材是国内金刚线的先行者，东尼电子凭借深厚的超细合金技术储备横向拓展金刚线业务，杨凌美畅深度绑定下游重点客户。

2.2.3 主题投资周期

常见的经济周期。基钦周期：存货周期。1923年英国经济学家约瑟夫·基钦（J·Kitchen）《经济因素中的周期与倾向》中指出一种现象，即厂商生产过多时，就会形成存货，从而减少生产，他把这种2年～4年的短期调整称之为存货周期。朱格拉周期理论：中周期。1862年法国的克里门特·朱格拉（C·Juglar）在《论法国、英国和美国的商业危机以及发生周期》一书中首次提出，认为市场经济存在着9年～10年的周期波动。朱格拉周期一般从设备投资占GDP的比例可以判断，也称投资周期。库兹涅茨周期：长周期。1930年美国经济学家西蒙·库兹涅兹（Simon·Kuznets）在《生产和价格的长期运动》一书中提出，他认为存在一种为期15年～25年，平均长度为20年左右的经济周期。由于该周期主要是以建筑业的兴旺和衰落现象为标志加以划分，所以也被称为建筑周期。康德拉季耶夫周期：长周期。长周期是1926年俄国经济学家康德拉季耶夫（Kondratieff）提出的一种为期50年～60年的经济周期。该理论指出，从18世纪末期以后，共经历了三个长周期。即1789年～1849年，其中上升部分 25 年，下降部分 35 年，共 60 年。1849 年 ~ 1896 年，其中上升部分 24 年，下降部分为 23 年，共 47 年。第三个长周期从 1896 年起，其中上升部分为 24 年，并在 1920 年以后进入下降期。

与经济周期可分为基钦周期（存货周期）、朱格拉周期（投资周期）、库兹涅茨周期（建筑周期）、康德拉季耶夫周期（长周期）等一样，主题投资也可以分为长周期、中周期和短周期主题。经济周期通过美林投资时钟指导大类资产的配置轮动，主题周期对主题投资择时的指导把握也非常重要。但一般而言，主题投资的周期长度要比宏观经济研究中的周期短很多，所以这里的长、中、短都是要打引号的。

长周期主题时间跨度在 1 年以上，如股改、人民币升值、消费升级、进口替代、手机智能化（2009 年开始）、移动互联（2011 年开始）、并购重组（2013 年开始）、国企改革（2013 年开始）等。长周期中主题个股会有反复波动，但整体趋势向上。中周期主题时间跨度在 3 个月 ~ 12 个月，如垄断行业管制放松、沪港通等。短周期主题时间跨度在 3 个月以内，如雄安新区、上海自贸区、厄尔尼诺事件、流行疾病、奥运会、世博会等。

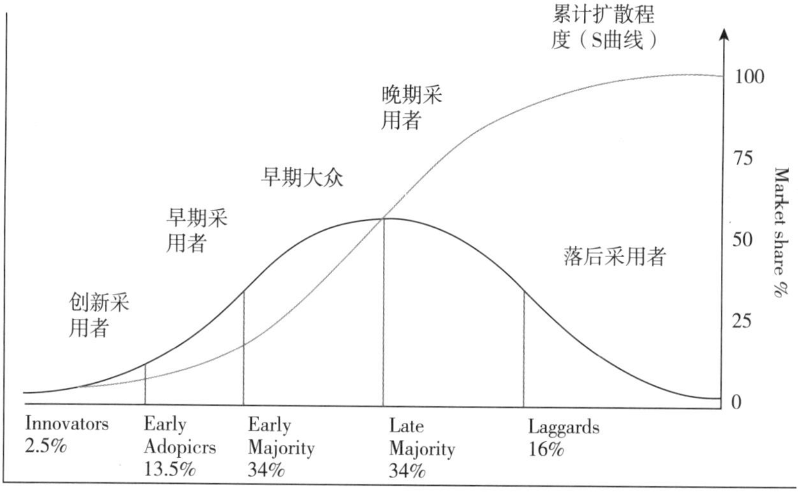

图 2.8：从传播学角度，创新扩散模型①中最后 16% 的参与者（落后采用者）入场，一个主题周期终结

① 创新扩散理论由美国学者埃弗雷特·罗杰斯（E.M.Rogers）提出，他认为创新扩散是一个过程，有 4 个要素，即一项【创新】，通过特定的【渠道】，花一定的【时间】，在某一【社会系统】的成员中传播。同时他把创新的采用者分为革新者、早期采用者、早期追随者、晚期追随者和落后者。

主题的时间长短不仅跟催化剂和业绩相关，更与市场信心相关。长周期主题是对投资大趋势的把握，会体现在上市公司业绩上，这一点成长投资和主题投资一致。但是主题投资和成长投资又不一样，主题投资是边际思维，业绩（收入、净利润）和股价（市值）不会对等起来。与本书对主题投资的分类相对应，体系性主题的时间周期较长，甚至可以跟大类资产配置相挂钩。而事件性主题大多受制于明显的时间节点的限制。就如第一波的雄安新区主题，2017 年 4 月 5 日，伴随着雄安新区的横空出世，A 股市场也诞生了一个全新的主题板块。当日开盘，雄安概念股几乎全线达到涨停位，随后几个交易日，雄安主题股票表现也是一骑绝尘。但过热的反应随即引发监管层的担忧，雄安概念股集体停牌自查，交易所也从上市公司信息披露和异常交易行为两方面展开联动监管，对炒作行为进行遏制。4 月 12 日，雄安主题放量见顶，第一波主题投资热潮结束。

2.3 主题投资策略操作路径

本节导读

主题投资策略的实践步骤包括明确主题来源、把握驱动主题的关键变量、主题的时间和空间判断、构建主题组合等。（1）主题来源与主题投资的分类相对应，宏观热点和制度变革偏宏观逻辑推理，产业转型是没有预期形成预期，来自个股，事件驱动是在没有形成一致预期之前提前布局。主题来源从另一个维度还可以分为归纳推理（从特殊到一般）和演绎推理（从一般性前提出发）；（2）把握驱动主题的关键变量即对主题进行逻辑（信息）上的分析，这是主题投资的核心之一；（3）体系性主题的时间跨度会较长，制度转型和产业升级其次，事件驱动最短。空间上则反过来，即事件驱动的爆发力最强，制度转型和产业升级其次，体系性主题的短期爆发力较弱；（4）股票标的组合的构建也是主题投资的核心任务之一，它实现了投资策略从逻辑（信息）、预期、价值最后落实到股票价格的目标。仍要提醒的是一个主题要有影响力必须有 3～4 家的龙头，这些龙头按主题属性不同，既可固定，也可能动态调整。

2.3.1 明确主题来源

与本书对主题投资的分类相对应，从主题来源看，宏观热点和制度变革偏宏观逻辑推理。产业转型是没有预期形成预期，来自个股。事件驱动是在没有形成一致预期之前提前布局。

如十八届三中全会之后的垄断行业管制放松主线，它来自于稳增长的逻辑需求。2014 年中国经济存在下行压力，预计接下来政府会继续出台一系列稳增长措施，来保证经济增速达到 7.5% 的目标值。从 2014 年经济运行的实际情况看，政府投资的边际效用正在递减且存在挤出效应，而内需和出口尚不足以支撑整个经济发展，面对稳增长调结构的考验，中国经济急需新的增长动力。而垄断行业管制放松，进而拉动民间投资，是确保经济稳步增长的有力抓手。进一步讲，在中国经济进入到一个相对的中速增长期时，更有利于促使政策出现明显的突破，如垄断行业管制放松的实施。而十八届三中全会恰是垄断行业管制放松的分水岭。在十八届三中全会确认市场在资源配置中起决定性作用以来，政策支持力度变大，管制放松正迎来黄金机遇期。从先前数据看，2013 年国有投资额超过一半的行业中，除了运输、油气开采、公共事业以外，其余行业全部归属于服务业，说明服务业的挖掘潜力空间巨大。国内服务占中国经济 40% 左右，而发达国家占 70%，如果服务业可以通过更好的放松管制，比如在医疗、电信、油气等引入更多的民营企业参与发展，将为稳增长提供持续动力。

生物识别技术的加速普及来自安全需求的提升。生物识别技术是通过计算机与光学、声学、生物传感器和生物统计学原理等高科技手段密切结合，利用人体固有的生理特性（如指纹、人脸、虹膜等）和行为特征（如笔迹、声音、步态等）来进行个人身份的鉴定。安全需求是生物识别技术市场发展的核心驱动力。一方面是个人安全需求层次：生物识别技术在手机等智能终端市场应用的爆发。另一方面是公共安全需要层次：政府主导下大中型应用系统将加速推进。随着全球经济发展和城市化进程的推进，各国均在加大对暴恐等公共安全监管的投入力度，以美国、欧盟、印度等为代表的全球主要地区政府相继实施生物识别技术相关大型系统工程，推动生物识别技术在公共安全领域的加速普及。根据模型测算，预计以指纹识别、人脸识别以及虹膜识别“三驾马车”为主的生物识别市场规模 2018 年将达到 370.2 亿美元。分结构看，指纹识别和虹膜识别的驱动力主要来自智能终端应用市场的爆发，人脸识别的驱动力主要来自公共安全市场的需求提升。人脸识别由于基数小爆发力强，其在整个生物识别市场的占比，将从2013年的11.4%提高至2018年的22.4%。而作为人口大国的中国，在信息安全需求、公共安全需求、生物特征识别标准化推动等多重因素的推动下，生物识别潜在市场空间正在加速打开。

2014年的厄尔尼诺事件主题在当年上半年已有苗头。厄尔尼诺现象是指赤道东太平洋海水温度大范围、长时间、不间断的周期性异常增温情况，它会造成赤道西太平洋干旱、赤道东太平洋洪涝。对中国，从1998年特大洪水、2010年西南地区特大干旱等事件形成机制看，厄尔尼诺现象主要通过影响副热带高气压带的移动方向及气压强度，间接影响我国气候。近30年历史数据表明，厄尔尼诺现象平均4年发生1次，最近1次发生在2009年~2010年。美国国家海洋和大气管理局、世界气象组织等多家机构的结论显示，2014年发生厄尔尼诺现象是大概率事件。而且随着时间推移，机构还在上调发生厄尔尼诺现象的概率。

另外一个维度，可以把主题来源分为归纳推理和演绎推理。归纳是根据部分个股具有某种性质（主题），推出某一特定范畴所有股票具有这种性质，是从特殊到一般的过程。演绎法就是从一般性的前提出发，通过推导演绎，得出具体陈述或个别结论的过程，从主题到主题，也可以从主题到个股。

主题投资和海外映射

海外映射（中美对比/美股映射）是证券主题投资的方法之一，特别是在2013年全球科技股牛市中颇为有效，许多券商研究所成立了专门小组做这方面的研究。海外映射通过对美股及海外市场的研究，捕捉、解读海外技术变革和新兴商业模式，来挖掘其对应的A股投资标的。如苹果（智能机产业链）、特斯拉（新能源汽车产业链）、绿山咖啡（商业模式创新，九阳单杯豆浆机），等等。

案例6：怪兽来袭，运动饮料市场的投资机会

20世纪60年代以来，美国市场上传统碳水化合物饮料的增速不断放缓。观察可口可乐年销售额的变化趋势，2011年以来可口可乐北美地区的年营业收入增长乏力，传统的碳酸饮料面临行业的天花板。与此同时，美国功能饮料行业从2001年开始则长期保持两位数以上的增速。据Euromonitor统计，美国功能饮料2004年的销售额为16亿美元，到2014年增长至91亿美元，增长

了 5 倍多，预计未来美国功能饮料市场仍可维持 7% 左右的增速。在功能饮料市场规模不断扩大的背景下，美国资本市场上出现了一只大牛股——怪兽饮料（Monster），其股票（MNST.O）在 2007 年～2016 年的十年间涨幅近 690%，而同期标普 500 涨幅约为 57%。怪兽饮料的崛起体现了运动功能饮料细分市场的广阔前景，它的成功值得借鉴。

怪兽饮料公司（Monster Beverage）原名为汉森天然公司（2012 年更名），成立于 1990 年 4 月，总部位于美国特拉华州。公司于 2002 年正式进入功能饮料市场，公司旗下品牌有 Monster Energy、Burn、Nos、Full Throttle、Relentless、Mothers 等。2015 年可口可乐以资产互换的方式，用 21.5 亿美元取得 Monster Beverage 公司 16.7% 股权，成为怪兽饮料第一大股东。

与红牛错位竞争，定位于更剽悍的美国文化。红牛于 1987 年进入美国，而怪兽饮料则是在 2002 年才瞄准功能饮料细分市场，两者采用了非常相似的营销手法，包括赞助排名赛、冠名运动队、善用名人和举行音乐会等。两者的不同之处在于，红牛采取单一品牌策略，在美国有 3 款产品并主推其中 2 种；而怪兽饮料则采取了多品牌策略，产品众多且口味多样，相对于红牛性价比更高。此外，为了与红牛错位竞争，怪兽饮料专注于极限运动的细分市场，在定位上更加符合"强悍"的美国文化，超高的咖啡因含量、立竿见影的功能饮料效果是其标志性特点。Monster 强调"释放野性"，通过赞助越野摩托车赛、自由式越野摩托车、一级方程式赛车、综合格斗等充满了速度、力量和本能的赛事，怪兽饮料的品牌文化满足了年轻一代消费者对于极限体验、彰显叛逆的心理诉求。

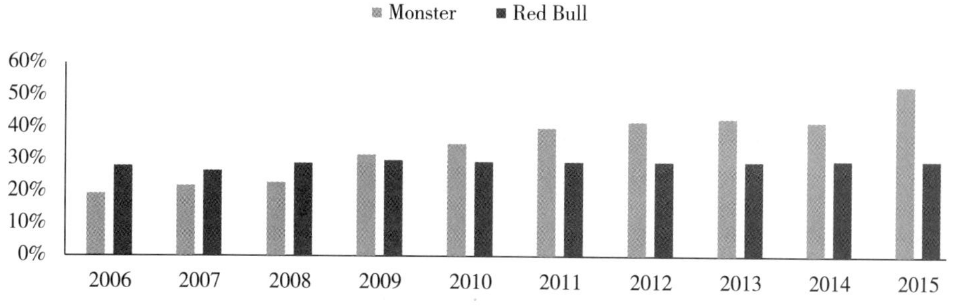

图 2.9：怪兽饮料在美国市场份额已经超越红牛

数据来源：Euromonitor

通过采取赞助极限运动赛事等营销事件活动，怪兽饮料在美国消费者心中成功树立了剽悍的品牌形象，在与昔日老大红牛的竞争过程中不断壮大，尽管红牛在全球功能饮料市场是无可争议的霸主，但其在美国市场地位近年来已经逐渐被怪兽饮料所挤占。据Euromonitor数据显示，2009年怪兽饮料反超红牛，成为美国功能饮料市场份额第一；2015年与可口可乐资产置换之后，其在美国功能饮料市场份额达到52.8%，而红牛近年来则一直维持在30%左右。

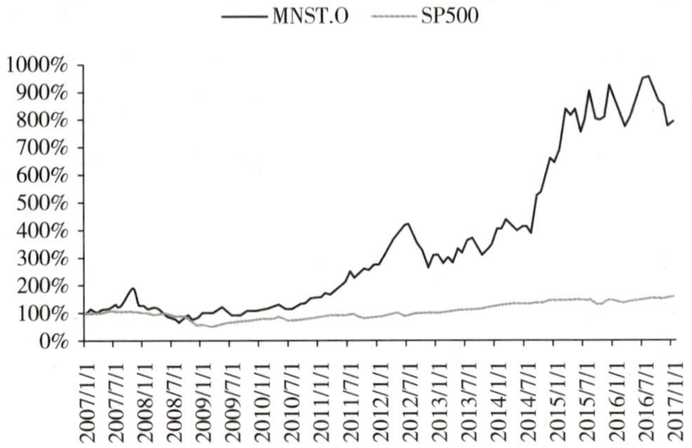

图 2.10：怪兽饮料股价涨幅远超标普指数

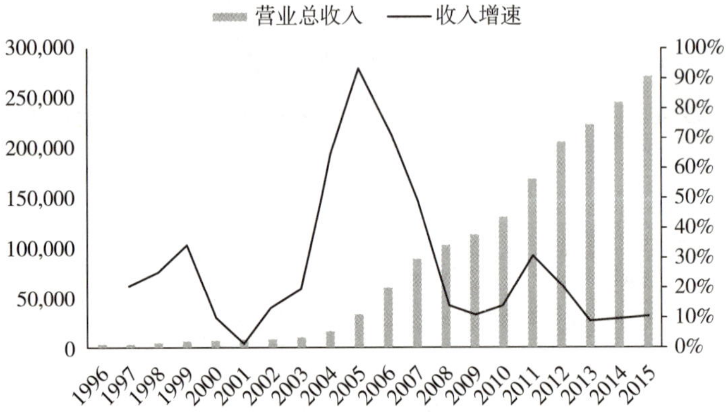

图 2.11：怪兽饮料营业收入长期高速增长

数据来源：Wind

与市场份额持续上升的成功相比，怪兽饮料的股价表现则更加吸人眼球。1995年怪兽饮料在纳斯达克上市，2002年进入功能饮料市场，2004年公司营业收入剧增93%，同时股价开始起飞。2012年，公司进入成熟期，收入增速维持在 10% 左右，股价涨幅保持稳定。2014 年 8 月可口可乐宣布入股，Monster Energy 股价又跳涨了一倍多。2009 年以来公司复权后股价累计涨幅达到 705.5%（同期标普 500 指数累计涨幅为 149.02%），市值从 2009 年初的 31 亿美元增长到现在的 257 亿美元，增长了 7 倍多。

借鉴美股经验，我们认为以下几家公司将明显受益于国内运动功能饮料市场巨大的发展潜力：运动功能饮料主要原料、添加剂供应商，如永安药业（全球最大的牛磺酸生产基地，通过红牛、可口可乐等客户质量审计）；已进入运动功能饮料市场的灌装供应商，如奥瑞金（食品饮料金属包装产品供应商，中国红牛长期战略合作伙伴）；港股市场涉及功能饮料的上市公司，如达利食品（旗下拥有“乐虎”功能饮料品牌）。

2.3.2 把握驱动主题的关键变量

即对主题进行逻辑（信息）上的分析，这是主题投资的核心之一。像最常见的供给需求变动分析，就包括价格和需求两条主线。价格主线有大宗商品价格（原油价格的产业链相对较长，涨跌都有受益标的；镍涨价；黄金涨价；限制稀土出口等）、化工产品价格（染料、草甘膦、钛白粉等）、医药（三七、人参、维生素等）。国内的需求主线分两类，一类是自发性的，如消费电子，另一类是政府主导的，如家电、汽车、高铁、保障房等。涨价主题。国际原油价格大幅上涨（2008 年、2011 年），替代品新能源的利用价值就会凸显，最直接的是核能、风能、太阳能以及生物质能，下游的新能源汽车也会受益。同时像生物质能中利用玉米生产乙醇替代汽油变得有价格优势，会导致玉米等农产品价格的上涨。跌价主题。国际原油价格大幅下跌（2014.7 ~ 2015.1 一路下跌），航运、海运、有色金属矿采选、化学原料制造、化学纤维制造、橡胶制品、塑料制品等几个行业因成本下降将受益于油价下跌。

上文的垄断行业管制放松主题在选股上把握进入管制放松和价格管制放松两条主线。投资主体的自由进退和通过价格手段调节供需是市场经济的本质所在，相应的有两种管制放松方式：进入管制（如投资审批、行政许可）和价格管制。垄断行业管制放松必须分步骤循序渐进，时间上进入管制优先于价格管制。消费者在自然垄断行业上的价格弹性较小，如果没有形成有效市场竞争结构（进入管制放松），而先放松价格管制，那么提高产品或服务价格是垄断企业的必然选择，导致消费者剩余被进一步“掠夺”。目前来看，石油、电信、电力、资源开发、金融、铁路等领域进入管制放松的机会较大。医疗、水、石油、电力、交通等正在向价格管制放松发展，但除医疗等个别领域外，很多行业并没有经历过真正地进入放松管制阶段。生物识别技术推荐细分行业龙头。生物识别是一个技术壁垒极高的行业，需要长时间的研发投入和积累。看好该行业的技术先导者，虽然目前我国生物识别技术产业处于成长初期，但一旦技术得到下游应用市场的有效嫁接，其爆发性和空间潜力巨大。如语音识别和教育产业，指纹识别、虹膜识别和消费电子，人脸识别和视频监控，等等。2014年厄尔尼诺投资主题把握需求增加和供给减少两条主线。厄尔尼诺现象往往会造成多个地区的旱涝灾害，相关地区的农产品、资源产品和价格会受到较大影响。对中国，厄尔尼诺现象造成的旱灾主要集中在西南、黄淮海、西北等地区（典型案例为2010年我国西南地区百年不遇干旱），水灾则主要集中在长江中下游、东北等地区（典型案例为1998年长江特大洪水灾害）。国外部分，旱灾主要集中在西太平洋地区，水灾则主要集中在中、东太平洋地区。需求增加主线：在救灾和灾后重建的过程中，部分产品的需求增加，会对上市公司短期乃至未来2~3年业绩带来一定的提升。包括：（1）灾中的需求增加：抗旱器材、抗旱化肥、人工降雨、抗生素药物等。（2）灾后的需求增加：水利工程投资加大、生态建设投资加大等。供给减少主线：（1）厄尔尼诺现象带来的旱涝灾害会导致部分农产品、工业品的产量锐减，带来价格的上升，利好上市公司短期业绩；（2）同时产量锐减还会使替代品的需求和价格上升。

2.3.3 主题的时间和空间判断

在满足主题投资前瞻性要求基础之上，一般而言体系性主题的时间跨度会较长，制度转型和产业升级其次，事件驱动最短。空间上则反过来，即事件驱动的爆发力最强，制度转型和产业升级其次，体系性主题的短期爆发力较弱。

案例7：香港迪士尼主题的经验

香港迪士尼乐园从项目规划至开园历经6年。由于主题时间跨度长，掀起过五波投资热潮，对理解主题的时间和空间判断非常有益。

香港迪士尼是全球第5个和亚洲第2个，也是中美合资的第1个迪士尼乐园，由香港特区政府（股权占比52%）及华特迪士尼公司（股权占比48%）合资成立的香港国际主题乐园公司拥有，并由华特迪士尼负责日常管理。

表 2.5：香港迪士尼乐园从项目规划至开园历经 6 年，至今已 10 余年

时间	项目进展
1999.2	迪士尼公司与香港政府进行迪士尼乐园建设谈判。
1999.10	迪士尼公司与香港政府达成建设协议，合资成立香港国际主题公园公司。
1999.11	香港迪士尼乐园的相关协议正式宣布（项目规划在大屿山竹篙湾填海建设，投资规模为 141 亿港元）。
2000.6	香港迪士尼在大屿山竹篙湾填海动工。
2002.7	竹篙湾铁路线开始修建。
2002.11	大屿山竹篙湾填海工程完工。
2003.1	迪士尼与香港政府携手主持动土仪式。
2004.9	香港迪士尼乐园内地标睡公主城堡举行平顶典礼。
2004.11	迪士尼公司联同香港政府宣布香港迪士尼乐园将于 2005 年 9 月正式开幕。
2005.5	香港迪士尼乐园参与为期 18 个月的迪士尼乐园 50 周年庆祝活动。
2005.6	乐园内部试运营。
2005.9	乐园正式对外开放。
2009.7	香港政府与华特迪士尼公司就乐园扩建达成协议，乐园将新增 3 个全新的主题园区，预计于 2014 年年中前分阶段完成。
2009.12	香港迪士尼扩建工程开工建设。
2013.5	扩建工程基本完工。

资料来源：香港迪士尼网站

香港迪士尼乐园经过两段建设期。（1）一期建设：项目于 2000 年动工至 2005 年完工，面积为 1.26 平方公里。（2）扩建期：2009 年，香港政府与迪士尼公司达成扩建协议，乐园将新增 3 个全新的主题园区（扩建区域面积为一期的 23%），并已于 2013 年 5 月前分阶段完成。香港迪士尼的建成不但成为香港经济特别是旅游业发展的新引擎，而且带来了资本市场的投资盛宴。我们选择香港迪士尼主题重点受益公司拟合的迪士尼主题指数（按照市值加权平均计算）与恒生指数对比，可以清楚看出迪士尼主题指数拥有相当喜人的涨幅。

回顾香港迪士尼从 1999 年项目谈判到 2009 年扩建的 10 余年，多次标志性事件曾点燃资本市场对迪士尼主题的投资热情。我们选取 4 个标志性事件将香港迪士尼发展期人为划分为协议签订期、建设期、开园前、开园后以及扩建期 5 个阶段。分阶段来看，迪士尼重点受益个股多数有很好的绝对收益和超额收益。

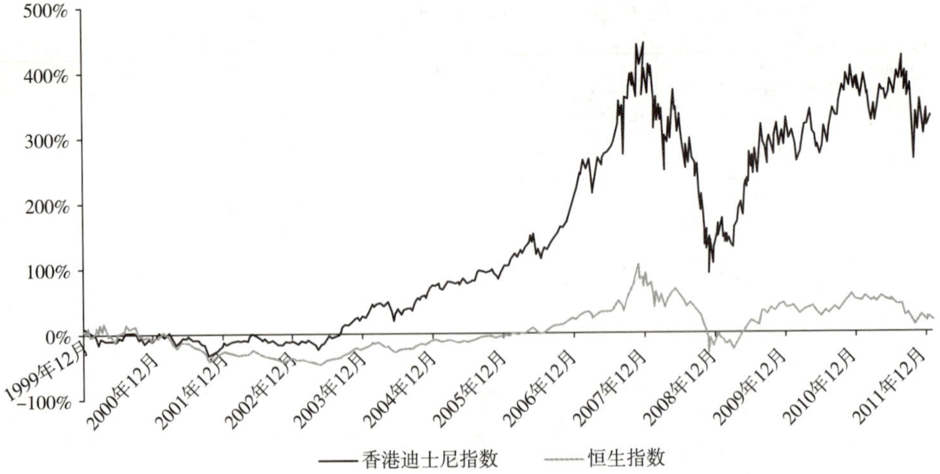

图 2.12：香港迪士尼主题指数累计超额收益超过 400%

数据来源：Wind。注：基准日选择为 1999 年 12 月 1 日；选取概念相关的成分股包括中国海外发展、嘉里建设、大酒店、港铁公司、香格里拉（亚洲）、信和置业、周生生、莎莎国际、国泰航空、冠忠巴士集团、香港中旅、金利来集团、六福集团、堡狮龙、佐丹奴国际、长江基建集团以及银河娱乐；按照市值加权平均计算；超额收益计算以恒生指数为基准。

表 2.6：香港迪士尼 10 余年发展期可分为 5 个阶段

阶段	阶段名称	标志性事件	时间区间	划分标准
1	协议签订期	1999 年 2 月香港与迪士尼开始谈判	1999 年 2 月 – 1999 年 10 月	1999 年 2 月谈判开始至 10 月达成协议
2	建设期	2003 年 1 月开工建设	2002 年 1 月 – 2004 年 1 月	建设前后各 1 年
3	开园前	2005 年 9 月正式开园	2004 年 1 月 – 2005 年 9 月	开园前 1 年区间
4	开园后		2005 年 9 月 – 2007 年 9 月	开园后 2 年区间
5	扩建期	2009 年 12 月进入扩建期	2009 年 12 月 – 2011 年 12 月	扩建后 2 年区间

表 2.7：香港迪士尼主题个股绝对收益喜人，个股分阶段特点不同

公司代码	公司名称	所属恒生行业	协议签订期	建设期	开园前	开园后	扩建期
0683	嘉里建设	地产建筑业	149%	59%	121%	197%	15%
1038	长江基建	公用事业	N/A	61%	51%	25%	82%
0688	中国海外发展	地产建筑业	59%	59%	48%	829%	10%
0083	信和置业	地产建筑业	28%	51%	118%	121%	28%
0308	香港中旅	消费者服务业	79%	10%	98%	151%	18%

续表

公司代码	公司名称	所属恒生行业	协议签订期	建设期	开园前	开园后	扩建期
0045	大酒店	消费者服务业	52%	93%	120%	66%	27%
0069	香格里拉	消费者服务业	98%	34%	98%	91%	63%
0027	银河娱乐	消费者服务业	105%	65%	1437%	65%	543%
0116	周生生	消费品制造业	12%	147%	180%	158%	277%
0590	六福集团	消费品制造业	54%	226%	106%	230%	700%
0178	莎莎国际	消费品制造业	173%	386%	99%	8%	181%
0592	堡狮龙	消费品制造业	565%	43%	1218%	–1%	193%
0533	金利来集团	消费品制造业	246%	99%	134%	143%	91%
0709	佐丹奴集团	消费品制造业	292%	57%	76%	16%	232%
0066	港铁公司	消费者服务业	N/A	22%	67%	43%	20%
0293	国泰航空	消费者服务业	91%	64%	12%	69%	81%
0306	冠忠巴士	消费者服务业	107%	64%	94%	29%	98%

数据来源：Wind。注：个股涨幅为每段区间内最高涨幅；个股涨幅计算基准日为每段区间内首日。

表 2.8：香港迪士尼主题个股超额收益喜人，个股分阶段特点不同

公司代码	公司名称	所属恒生行业	协议签订期	建设期	开园前	开园后	扩建期
0683	嘉里建设	地产建筑业	98%	65%	84%	124%	4%
1038	长江基建	公用事业	N/A	37%	28%	3%	68%
0688	中国海外发展	地产建筑业	6%	58%	27%	757%	10%
0083	信和置业	地产建筑业	28%	49%	85%	84%	15%
0308	香港中旅	消费者服务业	33%	2%	81%	75%	15%
0045	大酒店	消费者服务业	5%	59%	90%	18%	19%
0069	香格里拉	消费者服务业	51%	9%	70%	59%	32%
0027	银河娱乐	消费者服务业	63%	42%	1419%	44%	516%
0116	周生生	消费品制造业	–38%	84%	174%	101%	279%
0590	六福集团	消费品制造业	4%	162%	102%	175%	703%
0178	莎莎国际	消费品制造业	127%	289%	101%	8%	183%
0592	堡狮龙	消费品制造业	524%	13%	1219%	–1%	175%
0533	金利来集团	消费品制造业	213%	54%	123%	77%	87%
0709	佐丹奴	消费品制造业	259%	29%	67%	17%	224%
0066	港铁公司	消费者服务业	N/A	3%	39%	21%	8%

续表

公司代码	公司名称	所属恒生行业	协议签订期	建设期	开园前	开园后	扩建期
0293	国泰航空	消费者服务业	58%	25%	6%	20%	52%
0306	冠忠巴士	消费者服务业	61%	41%	75%	2%	74%

数据来源：Wind。注：个股涨幅为每段区间内最高涨幅；个股涨幅计算基准日为每段区间内首日；协议签订期超额收益计算选取相对基准为恒生指数，其他时间区间超额收益计算选取相对基准为恒生行业指数。

细分阶段来看，迪士尼主题市场表现均有特点：

表 2.9：香港迪士尼主题分阶段市场表现均有所特点

阶段名称	市场表现	涨幅较好行业	涨幅较好个股
协议签订期	预期形成前期：主题个股普涨，整体表现较好	纺织服装（战略合作）、旅游、交运	堡狮龙、佐丹奴、金利来集团等
建设期	预期形成期：建筑建材和房地产等投资驱动型行业率先受益	建筑建材、房地产、商贸零售	中国海外发展、信和置业、六福集团、莎莎国际、周生生等
开园前	预期形成后期：板块整体表现较好	商贸零售、纺织服装（战略合作）、交运、旅游	堡狮龙、香格里拉（亚洲）、银河娱乐、周生生、冠忠巴士集团、港铁公司以及六福珠宝等
开园后	预期兑现，有所回落，商贸零售和旅游延续先前表现	商贸零售、旅游	周生生、六福集团、中国海外发展、信和置业等
扩建期	进入新一轮迪士尼周期，但由于扩建规模较小，市场总体表现一般	商贸零售、文化传媒	六福集团、银河娱乐等

协议签订期：受益于迪士尼落户香港预期，迪士尼主题个股普涨，以纺织服装（战略合作）、旅游和交运等行业的涨幅较好。

建设期：香港迪士尼乐园正式开始建设初期，受益于迪士尼大规模投资预期，建筑建材行业和房地产行业率先受益，市场表现较好的公司包括中国海外发展和信和置业。其中，中国海外发展的股价启动时间为 2003 年 1 月左右，与香港迪士尼乐园正式动工的时间基本一致。从上涨幅度看，其市场表现大幅跑赢恒生地产建筑行业指数和恒生指数，并持续 4 年左右。

开园前：香港迪士尼项目开园前 1 年时间，受益于旅游人次大幅增加的预期，商贸零售、交运、餐饮以及酒店等板块表现较好。特别需要指出的是，在开园前与香港迪士尼形成战略合作或特许经营的公司市场表现较好，最具代表性的企业包括堡狮龙等。

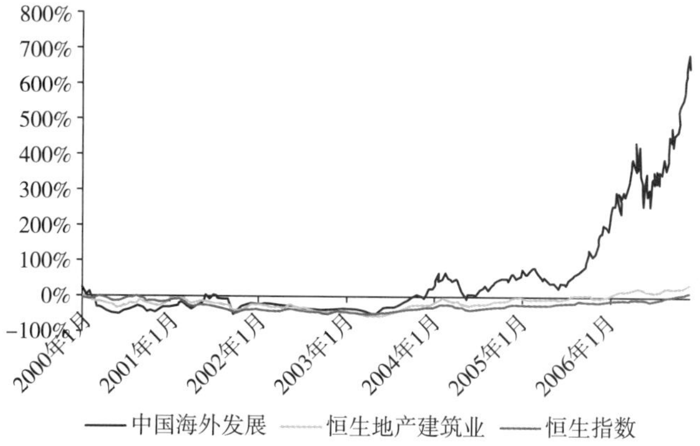

图 2.13：建设期：中国海外发展累计超额收益达 58%

数据来源：Wind

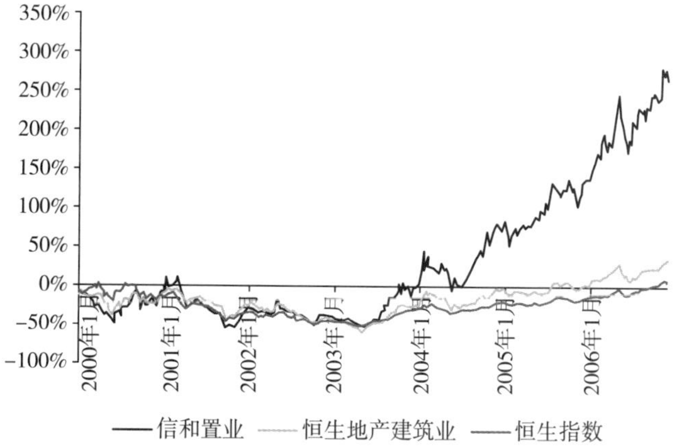

图 2.14：建设期：信和置业累计超额收益达 49%

数据来源：Wind

其中，(1) 交通运输：板块启动时点在开园前的 2004 年初，表现较好的公司为冠忠巴士集团和港铁公司；(2) 商贸零售：板块启动时间在开园前一年，最具代表性的企业包括堡狮龙、周生生和六福集团；(3) 旅游业（包括餐饮和酒店）：板块整体表现较好，涨幅较为明显的个股包括银河娱乐与香格里拉（亚洲）。

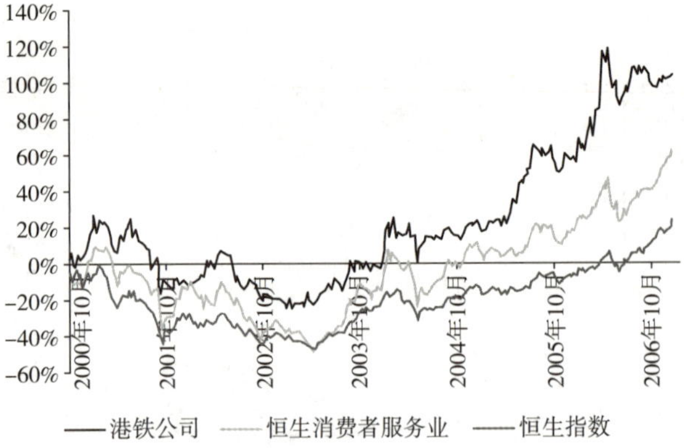

图 2.15：开园前：港铁公司累计超额收益达 39%

数据来源：Wind

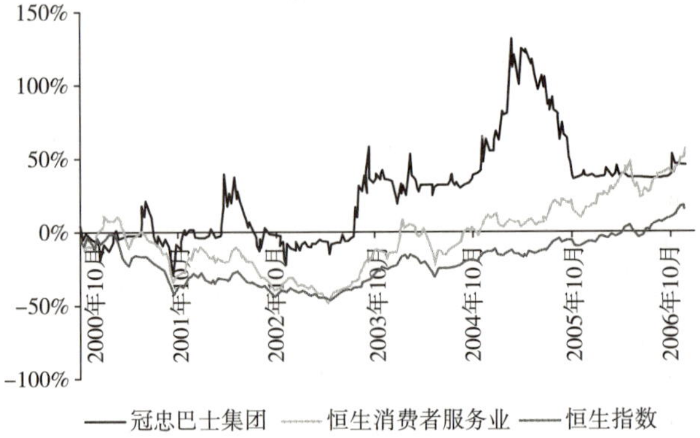

图 2.16：开园前：冠忠巴士集团累计超额收益达 75%

数据来源：Wind

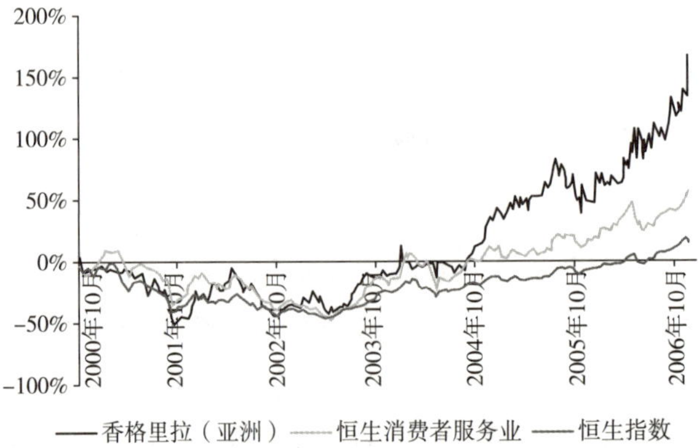

图 2.17：开园前：香格里拉（亚洲）累计超额收益达 70%

数据来源：Wind

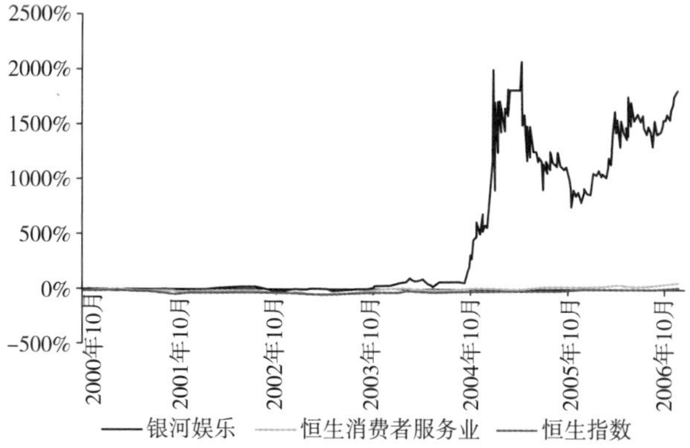

图 2.18：开园前：银河娱乐累计超额收益达 1419%

数据来源：Wind

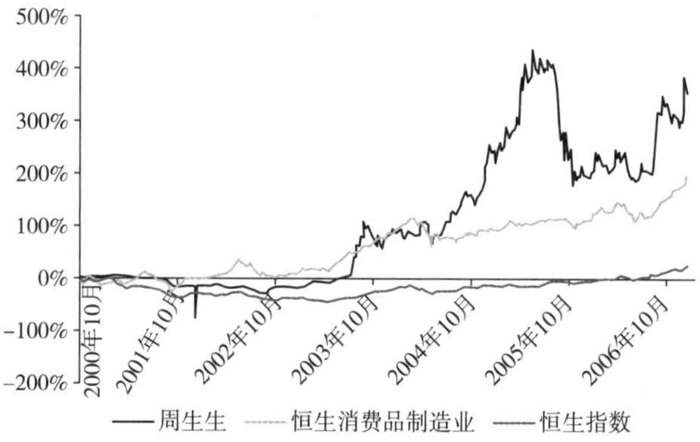

图 2.19：开园前：周生生累计超额收益达 174%

数据来源：Wind

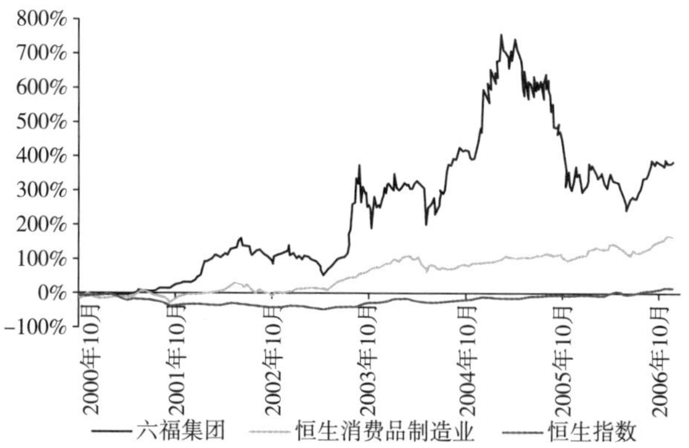

图 2.20：开园前：六福集团累计超额收益达 102%

数据来源：Wind

开园后：香港迪士尼于2005年9月正式开园，迪士尼主题个股整体有所调整，商贸零售和旅游（包括餐饮和酒店）行业延续了较好表现。个股来看，拥有显著超额收益率的个股并不明显。

扩建期：2009年7月，香港政府与华特迪士尼公司达成协议，决定投资36.3亿港元（投资额为一期的25%）兴建3个全新的迪士尼主题园区。迪士尼扩建项目再次带动新一轮的迪士尼投资周期启动，但由于香港迪士尼扩建规模较有限，主题市场整体表现一般。

2.3.4 构建主题组合

股票标的组合构建也是主题投资的核心任务之一，它实现了投资策略从逻辑（信息）、预期、价值最后落实到股票价格的目标。投资组合理论告诉我们，若干种证券组成的投资组合，其收益是这些证券收益的加权平均数，但是其风险不是这些证券风险的加权平均风险，投资组合能降低非系统性风险。对主题投资来说，主题中的个股可能短期内还兑现不了主题事件或者没有任何主题带来的业绩贡献，此时组合投资至关重要。如生物识别技术主题推荐细分行业龙头（参考报告国泰君安中小盘团队《生物识别技术开启安全新时代》2014.08.29），包括人脸识别龙头汉王科技、指纹识别龙头欧菲光、虹膜识别龙头关联公司林州重机、语音识别龙头科大讯飞。厄尔尼诺主题给出“4+4”的厄尔尼诺主题受益股票组合（参考报告国泰君安中小盘团队《“沉重”的投资主题：2014厄尔尼诺》2014.06.06）。需求增加主线：新界泵业（灾中旱涝器材）、大禹节水（灾中抗旱器材）、国统股份（灾中旱涝器材）、安徽水利（灾后水利工程投资加大）。供给减少主线：登海种业（“水改旱”带来的抗旱农作物的补种）、海南橡胶（东南亚橡胶减产导致橡胶期货价格上涨）、金健米业（水稻减产带来大米价格上涨）、东凌粮油（东南亚棕榈油减产推升其替代品豆油价格的上涨）。

这里仍需要提醒的是，一个主题要有影响力必须有3~4家的龙头。龙头股是每个主题的领涨品种，射人先射马，擒贼先擒王。有龙头股不仅能享受主题的超额收益，也能享受板块内的个股弹性。

关于龙头股的选择

在龙头股的挑选过程中，估值和业绩不是首要考虑因素，应该去找主题受益逻辑最直接、最相关的标的。需要特别指出的是：（1）若主题有多轮行情

（如迪士尼、新能源汽车、一带一路等），受益逻辑相对固化的主题（如炒地皮），上一轮的龙头往往在下一轮仍会得到市场的极大关注。而受益逻辑是动态变化的主题（如受产业结构变迁变化），每一轮的龙头股也往往不同。典型如苹果产业链，由于苹果公司产品的不断更迭，以往为其供货的公司未必能一直为其供货，结构性变化较大，龙头股也随之更替。（2）某些主题启动时，由于细分受益逻辑较多个别可能会被市场忽视，此时投资者有充裕的时间去挖掘尚未被市场认识到的龙头，而这很可能是投资者主题投资反败为胜的关键。典型如雄安新区主题，2017 年 4 月 1 日，新华社授权发布国务院关于设立河北雄安新区的决定，定调千年大计。市场第一时间认识到的是区域内土地储备较多的公司以及基建产业链（包括华夏幸福、冀东水泥等）。而随着主题的扩散和纵向深入，环保产业链才逐步被市场所挖掘出来（包括碧水源、京蓝科技等）。

随着越来越多的主题分级基金的面世，对一般投资者而言，如果看好某个主题，直接买入相关分级基金亦是一种不错的选择。

图 2.21：主题投资策略的实践步骤

3. 特定策略选股：读懂上市公司信息

3.1 透过公告找变化

本节导读

证券研究从信息和逻辑出发，基于有效市场理论，通过寻找超预期，来挖掘投资机会。在现实资本市场中，交易成本、信息成本、持有成本等都会使有效市场理论出现偏差，以信息成本为例，包括信息的收集、整理和分析等行为而付出的成本都可以归入到信息成本中。而证券分析师的任务就是分析处理各种信息，通过寻找超预期，向投资者做出买入、卖出或继续持有股票的建议。[公告是研究上市公司最主要的信息来源，也是我们自下而上挖掘投资机会的重要依据，具体分为财务报告（包括财报、业绩预告、业绩快报、补充更正等）、重大事项（包括资产重组、收购兼并、重大合同、股权激励、人事变动等）、交易信息（包括停复牌、交易异动等）、首次公开发行、配股增发、股权股本变动等。从研究角度，我们可以将公告信息分为两类：会计信息（财务公告）和非会计信息（非财务公告）。] 无论会计信息还是非会计信息，我们对其分析处理的框架仍围绕 DDM 模型展开。读懂上市公司信息，就是读懂 DDM 模型背后的预期变化。

上市公司明明出利好公告，股价却下跌；明明出利空，股价却上涨。这是为何？该如何区分投资中的信号和噪音？

我们回到现代金融学的基石之一——有效市场理论。有效资本市场假说（Efficient Market Hypothesis）雏形可以追溯到哈耶克（Hayek，1945 年），概念的成熟则以法玛（Fama，1970 年）为代表。有效资本市场学派认为价格反映价值的过程是及时、充分和完整的，风险是决定投资回报的唯一因素，市场上不存在系统性的错误定价，投资者也不能够利用任何信息（会计信息、价格信息或其他信息）来取得超额回报。在充分有效的市场中，最好的投资策略就是持有市场指数基金。当然，有效资本市场是我们的理想状态，从 20 世纪 80 年代开始，学术界就发现了不少存在时间较长的市场异象（行为金融学科），包括市场规模异象、市值 / 账面价值比异象、反转策略异象、惯性策略异象、盈余漂移异象等。这表明错误定价是可以持续存在的（套利不仅有交易成本、信息成本、持有成本等，而且有套利风险）。这种错误定价来自两个方面，一方面是投资者不能正确理解新的信息对公司价值的影响（无法分清信号和噪音）；另一方面是在理解信息后投资者仍可能做出错误的决策（就像吸烟，之前不了解吸烟有害健康，了解之后很多人还是选择吸烟）。投资者可以通过证券分析发现市场上的错误定价，并且通过套利策略取得超额回报。

所以，在现实的资本市场上，交易成本、信息成本、持有成本等都是存在的。以信息成本为例，包括信息的收集、整理和分析等行为而付出的成本都可以归入到信息成本中[①]。证券分析师的任务就是分析处理各种信息，通过寻找超预期，向投资者做出买入、卖出或继续持有股票的建议，即做信息解读（由于证券市场中信息的获取是有成本的，才有证券分析师存在的必要，不然分析师可能要失业了）。证券研究从信息和逻辑出发，通过寻找超预期，来挖掘投资机会（黄燕铭：证券研究的基本思想与哲学认识）。也就是说，超预期的来源包括信息和逻辑两方面，要想获得超额收益，前者要求必须拥有比市场更精确和更有深度的信息（非公开信息且把内幕信息剔除掉），而后者逻辑也是基于对信息的加工。公告是研究上市公司最主要的信息来源，也是我们自下而上挖掘投资机会的重要依据，具体分为财务报告（包括财报、业绩预告、业绩快报、补充更正等）、重大事项（包括资产重组、收购兼并、重大合同、股权激励、人事变动等）、交易信息（包括停复牌、交易异动等）、首次公开发行、配股增发、股权股本变动等。从研究角度，我们可以将公告信息分为两类：会计信息（财务公告）和非会计信息（非财务公告）。无论会计信息还是非会计信息，我们对其分析处理寻找超预期的依据都是基于有效市场理论。

---

① 由于资本市场特别是 A 股市场的不完全有效，对大部分投资者来说，小道消息比公开信息更令人感兴趣，或者说来源越神秘，消息就越可信。上市公司似乎也抓到了投资者的这种心理，比如说减持或想做高股价，我们看到也有公司在手游概念比较火的时候，通过招聘广告的方式来暗示自己在投资手游行业。

会计信息和非会计信息

会计信息的披露主要集中在财报、业绩预告、业绩快报、业绩补充更正等公告中，直接反映在企业的财务报表中，包括资产负债表、利润表和现金流量表。资产负债表反映的是企业某一时点的财务状况及偿债能力，是时点报表。利润表反映的是企业某一时期的经营成果的时期报表。由于利润表是根据权责发生制准备的，其反映的价值创造和真正的现金流入流出不完全匹配，所以需要现金流量表从另一侧面来反映企业的经营成果。需要指出的是，这里要区分财报分析的两重思维，会计学思维是过去财务信息影响未来盈余，未来盈余影响投资回报，而金融学思维则是基于会计信息寻找超预期，投资研究需要金融学思维。所以，对于已经公告的财报信息，投资者也不用担心对信息处理的反应速度太慢[①]，此时我们可以更多地从逻辑的视角挖掘投资机会，如已经公告的业绩结构性分析、股东持股情况分布等。当然对更多的专业投资者而言，重要的是在实际利润公布以前就对它做出正确的预测，寻找超预期并调整投资策略，这样才能取得更好的投资回报。因为投资决策需要“领先一步”。如年报披露之前找业绩超预期和高送转。

非会计信息是指以非会计资料形式出现，与企业的生产经营活动有着直接或间接联系的各种信息资料，我们这里是为了区别财务公告和非财务公告的需要，作非严格意义上的定义和归类。比如公司的控制权变更、管理层变动等，这些事件没有达到会计准则的确认标准，所以没有在三大报表里直接反映出来。但企业行为对盈余预测特征的影响非常大，企业的会计政策选择、信息披露水平、企业并购行为、管理层变更等都会影响到企业的价值。非会计信息涵盖、延伸与配套的内容非常广泛，而且与公司的盈余管理等紧密结合在一起。如资产重组，不仅仅是收购或出售资产，很可能还包括定增、关联交易、债务重组、股权转让、股权激励等一系列“组合拳”。

如何阅读招股说明书

从公告包含的信息量来讲，上市公司 IPO 时的招股说明书是最全面的。

---

① 学术上有“公告后漂移（PEAD）”的概念，认为受制于投资者的有限关注和信息传播缺乏效率，市场对新信息的理解和消化可能存在一定滞后。如财报的发布，除了简单的财务指标外，盈余构成、盈余质量等都是判断公司价值的重要参考，而投资者对这些深层次的盈余指标消化和理解需要更长的时间。因此，当上市公司发布利好消息时，公司股价可能短期反应不足，而在之后的一段时间里保持持续上涨的态势。公告后漂移属于一种市场异象。

招股说明书是上市公司第一次向公众投资者全面展现自己，给市场树立预期基础。从企业价值研究的角度，新股研究与已上市股票研究不存在太大差异。但是，落实到股票评级上，已上市股票不得不考虑到二级市场价格因素，而新股研究讲的是企业评级，主要是在为上市后的研究做分类准备。另外，一家企业从预披露到上会到最终上市的时间是有限的，这也就意味着，新股研究是要适当考虑时间产出比的，就像我们前面说的，公司研究的关键首先是如何在海量公司中选择研究哪家公司。

新股评级最终的结果是定性判断，那么，我们采用主观的综合评分制。项目包括：股东结构、历史沿革、业务和技术、财务会计、募投项目、投资故事等，对于业务和技术，细项包括：行业给予企业的发展空间、企业相对对手的领先概率、核心产业环节的定价能力、生命周期决定的企业空间等。各项的权重是不同的。这样的综合评分制，也就提出了一些问题要来解答，比如，什么样的行业尤为关注？什么样的企业地位会关注？什么样的募投项目会关注？什么样的故事会关注？再考虑流程的执行中所需要的反馈，还包括如下问题，比如，什么样的讨论会造成评级的调整？什么问题机构投资者最关注？需要特别说明两点：（1）主观的评价体系——选择基准是难题，就好像评判年复合增长多少才算牛股是一样的。我们只能采用案例来形象化；（2）新股评级不包含股价评判，这也是我们在本书后半部读懂上市公司信息中没有把招股说明书单独列出来的一个重要原因。

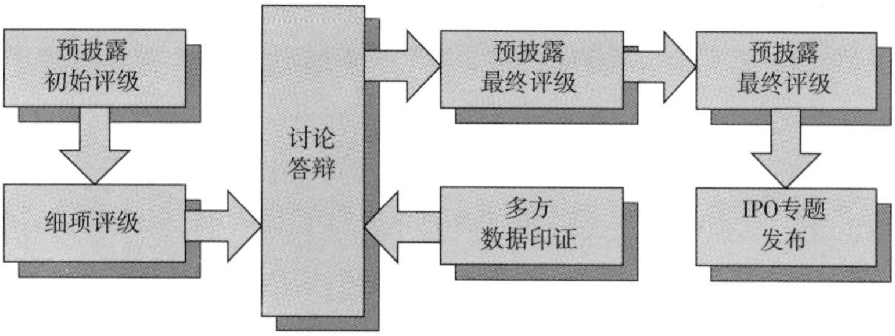

图 3.1：卖方新股研究流程

（1）什么样的行业尤为关注？

我们简单概括为两点：行业规模大；行业增速快。从行业空间来看，可关注：行业规模；行业集中度；行业进入壁垒（避免同质化竞争导致的低毛利率）；是否有进口替代的故事；产品升级换代的故事；出口（借船出海，借三大石油公司、借电信运营商等）；出口转内销，等等。从行业增速来看，是否是需求驱动（下游是周期性行业，如汽车零部件厂商、配套光伏企业）；是否是投资驱动（如电信行业）、政策驱动（如环保行业）等。需要指出的是，虽然我们认为可以关注的行业，可以简单地以“规模大、增速快”概括，但具体到每家公司有时还是很难分清楚到底是行业的外在因素所致还是公司的内在因素所致，比方像那些原有行业空间小转而开拓其他行业的企业、目前行业空间较小但未来行业增速较快的企业，我们在行业项上给的是负分，在公司项上给的是正分，虽然也是讲行业的故事，但这主要由公司自身竞争优势所创造。

不值得太多关注的行业：周期向下行业增速下滑。周期性比较明显的公司或者本身就是周期股，或者下游是周期行业（由于是中小企业，开拓几个大客户说不定就能表现出非周期性，所以我们还是将其与本身是周期性的股票区别开来），如果我们看到行业趋势向下，或者有同行业公司今年预告业绩下滑，一般来讲新股逆周期增长的可能性较小，保荐机构对公司定价过高（如果有的话），对未来一段时间的业绩预测偏乐观，这样的公司业绩地雷较多，我们就应该放弃。我们可以关注的：投资和政策持续驱动型行业。电信投资、电网投资、节能环保行业要求的提高等都会使一个行业特别是中小企业所在的细分行业迎来高速增长期。

（2）什么样的企业地位会关注?

我们简单概括为以下几点：市场占有率高、规模较大；技术、研发实力强；营销、市场开拓能力强；产品梯队建设、项目储备丰富。

企业只有确立了竞争优势地位，并且不断地通过技术更新和管理提高来保持这种竞争优势，才有长期存在并发展壮大的机会，也只有这样的企业才有长期投资价值。前面讲有两类公司，我们在行业项上给的是负分，但在公司项上给的是正分。原有行业龙头企业因空间小开拓其他行业。这样的公司在中小板和创业板中较多，但须警惕一些为上市而故意讲故事的企业，要看这类公司在其他行业的开拓技术上是否有相通性、客户上是否有协同性等。行业空间目前较小但未来行业增速较快的企业。这样的行业目前规模比较小，但存在爆发性增长的可能，这么小的行业只能容纳一两家企业，可以称之为细分行业隐形冠军，行业爆发性增长的驱动力包括政策推动、产品升级换代、产能转移等，面临的最大风险是，一旦市场规模起来，就有其他强有力竞争对手介入，把蛋糕给抢走（像很多做通信设备的小板企业，华为、中兴等巨头想做的话很容易进入），分析这类公司的成长性就要涉及公司自身竞争力的判断，如品牌、技术、专利权、法定许可权、下游客户认证壁垒等无形资产。

（3）什么样的募投项目会关注？

能马上吸引眼球的募投项目有两类：大幅扩张产能；募投具有爆发潜力且市场空间广阔的新产品。此时我们对募投项目这块将投入较多的时间，时间花在哪里？扩张产能的主要看产能能否被市场所消化、产能释放进度，募投新产品的则要对新产品的市场容量、能否批量化生产、主要竞争对手、行业发展趋势、公司技术等做关注。

（4）什么样的故事会关注？

A 股市场向来有“讲故事”的传统，重组神话、科网风暴再到五朵金花、新能源，等等。常规故事包括：产能扩张、盈利能力反弹、进入新领域、区域扩张、技术创新、制造转零售、小公司大集团、收购被收购、政策推动，等等。需要指出的是，我们这里讲的故事，是挖掘出推动公司成长的驱动因素，是上述几部分——行业、企业、募投项目等的综合，无论故事情节万千变化，落脚点都是相同的，那就是公司业绩。市场关于行业、企业、募投项目的故事众多，什么样的行业、企业和募投值得关注没有明确的评判标准，我们只能根据拇指原则进行概率上的判断：即对行业空间、行业增速、公司竞争优势等指标分项判断，是向上的正号，还是向下的正号，还是看不清楚，最后加权来判断公司的成长性，值得庆幸的是，预披露公司研究没有涉及估值，比二级市场上股票标的的选择相对容易 ·点。

还是 DDM 模型

DDM 模型在理论上虽然完美，但应用起来难度较大，如公司不分红利、股利政策不稳定、终值依然占较大的比例。这就需要强调证券投资研究艺术性的一面，股票估值模型是为了方便我们理解，从这个角度，估值模型所需的输入值越少，对其的理解越好①。我们在实务中几乎不用 DDM 模型估值，但用 DDM 理解价值形成的机理却非常直观。从 DDM 模型看，分子端现金流大小的改变和分母端现金流不确定性（风险）评价的改变都会影响价值。

这样上市公司信息的变动就可以和 DDM 模型背后的预期变化联系在一起。

① 从会计信息利用的角度讲，以现金流折现为代表的绝对估值并没有将会计信息充分应用到定价当中，基于会计信息的证券定价模型——剩余收益定价模型，将会计报告中的每股收益、每股权益直接和股票价值都联系在一起。感兴趣的读者可以参考相关文献，我们这里不再展开探讨。

财务会计信息自不必说。非会计信息也同样影响DDM模型，如并购重组，并购是否有协同效应？管理层变动是否对现金流和风险有影响？读懂上市公司信息，就是读懂DDM模型背后的预期变化。

3.2 特定策略选股：事件驱动策略基础上的主动选股

本节导读

读懂上市公司信息，在实际操作中是事件驱动策略基础上的主动选股，从横截面的视角去筛选，有别于行业研究选股。但是事件驱动策略强调的是“什么时候买”，更注重择时，不是主要解决“买什么股票”的问题。而中小盘特定策略选股，则通过把握上市公司和管理层背后的意图，结合公司基本面分析，更强调买什么股票的问题。特定策略选股更偏重选股，事件驱动提供选股思路。读懂上市公司信息有两个问题需要特别注意：第一是公司治理，这是内部问题，须分清楚信号到底来自上市公司、管理层还是实际控制人，他们的利益出发点有时会不一致。第二是行为博弈，这是外部问题，上市公司和外部投资者也存在行为博弈，有时上市公司的迷惑性行为会改变投资者的投资决策。比如在大多数情况下，重要股东减持被理解为利空，增持被理解为利好。但也不乏重要股东减持后股价反而上涨，增持后股价反而下跌的现象。理解重要股东增减持背后的原因对于解读其对股价的影响至关重要，因为反转投资者既借势有时也造势。

目前券商事件驱动研究，很多是金融工程研究员在做，以事件套利为主，把握由于市场对事件背后信息误读造成错误定价所带来的投资机会。事件驱动研究将通过业绩超预期、高送转、定向增发、股权激励、员工持股等热点事件构建基础股票池，然后通过事件研究法，计算和检验事件发生前后是否有超额收益率，再综合公司基本面与估值等因素，对股票池进行优化，该股票池既可以是单事件投资组合，也可以是多事件投资组合。由于国内资本市场信息摩擦较大，事件出现后股票价格和价值之间会出现偏差，存在一定的套利空间。如并购重组，在并购重组预案出来之后，股价涨幅（不排除有跌的可能）并不见得能够反映出真正的价值，重组公告以后的错误定价往往有两种原因：第一，市场对并购之后的协同效应等研究不深，研究不深就会给它错误定价（对新股[1]来讲也一样，新公司缺乏深入研究）；第二，并购重组之前进去的投资者由于各种原因（一般并购重组的停牌时间较长）急于抛售，这也会造成它的错误定价（对新股来说不存在这种情况）。

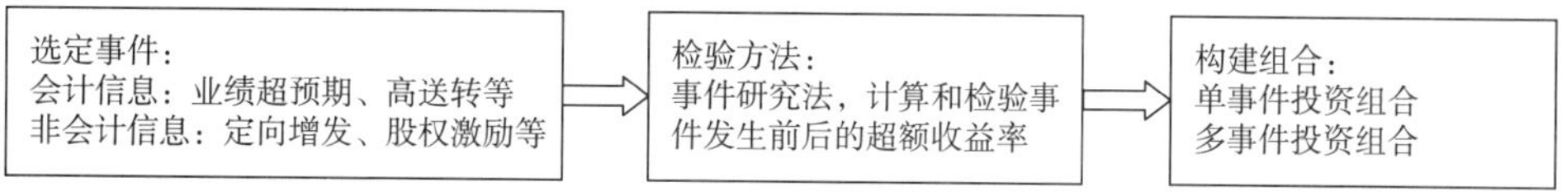

图 3.2：事件驱动研究：寻找具有超额收益的事件

中小盘特定策略选股，有点类似事件驱动策略，但是这里事件只是线索，还需要结合个股基本面情况判断。定增价格与市价倒挂、控制权变更、大股东增持等事件，只是表明应用这一事件驱动策略获利的机会较大，我们还要具体判断背后的动机，同时通过对基本面的分析加以甄别。金融科技已成了投资界的热词，对智能投顾、人工智能投资的讨论也非常热闹，目的就是用科技替代人，事件驱动研究更多是量化选股。但我们说投资是科学与艺术的结合，成功的投资既需要科学的定量分析，也需要“运用之妙，存乎一心”的迅速决策，更需要对人性的深刻理解和把握。从股票推荐的两个角度：逻辑和信息，逻辑是守得住的，信息有时会有噪音（或者盈余管理），读懂上市公司信息，上市公司行为和管理层行为会发生什么变化，背后的逻辑很重要。

我们在实践过程中发现，读懂上市公司信息有两个问题需要特别注意：

第一是公司治理，这是内部问题。公司治理的目标是追求企业价值的最大化，但公司的目标实际上会发生偏差，追求实际控制人（而非全部股东）的价值最大化。另外，代理人（公司管理层）与股东之间的博弈是公司治理中经典的讨论，现代公司制度中所有权与控制权的分离导致了委托代理问题的出现。如何从公司治理的角度出发，设立适当的监督和管理机制，减少委托代理成本，也一直是国内外学者的研究热点。某一信号的发出到底来自代表所有股东利益的上市公司还是来自管理层？还是来自实际控制人（实际控制人也可以是

① 关于“新股定价之谜”，除了用信息不对称理论假设解释外，也可以从微观交易结构角度解释。定价发行制度下的新股抑价现象的主要原因是：（1）所有参与打新的投资者均为看多投资者；（2）看空者手中不持有股票，大量看多者没有中到新股，手中持币；（3）长期抑价形成一致乐观预期。拍卖制度与部分询价制度下的新股破发现象的主要原因是：（1）发行价所反映的是最乐观者预期；（2）预期高于发行价的投资者都拿到了股票。

上市公司控股股东和管理层）？这点需要甄别。

第二是行为博弈，这是外部问题。举个例子，2017年上半年的A股市场机会，大盘蓝筹主导，很多中小创公司会给出负反馈：（1）在牛市环境下大股东靠股票质押去做体外收购，拉升二级市场股票市值，进而获得更多资金。但上半年承担的成本较高，上市公司市值又不动，基本没动力做。（2）通过盈余调节释放业绩提振市值，但上半年市场更关注业绩的确定性和持续性，上市公司只能等待市场好的时候再放业绩。在信息披露过程中，上市公司也会考量市场的反应做相机决策。就像大股东增持股票不一定完全暗示看好上市公司未来发展，大股东减持不代表看空上市公司发展一样。理解重要股东增减持背后的原因对于解读其对股价的影响至关重要，因为反转投资者既借势有时也造势。

建立在传统经济学基础上的标准博弈论的研究模式都强调个人理性，在给定约束条件下分析博弈论参与者如何追求效用最大化。但是，由于现实行为人是“有限理性”的，标准博弈论对实践的解释和指导受到限制。而把行为金融学的部分研究成果结合进来，则能大大延伸博弈论对现实活动的解释。所以对行为的思考，事实上包括了完全理性的博弈论和有限理性的行为金融学。可以以下面这个等式概括：行为金融学 + 博弈论 = 行为博弈。

以下“选美比赛”的故事很多人都听过，能为读者理解行为博弈的内涵提供帮助。选美理论源于凯恩斯（John Maynard Keynes）的著作《就业、利息与货币通论》。他认为专业投资者的情况可以和报纸上的选美竞赛相比拟，股票市场的运动不仅仅基于价值，而且基于群体心理——让市场告诉我们买入什么股票。在竞赛中，参与者要从100张照片中选出最漂亮的6张。选出的6张照片最接近于全部参与者一起所选出的6张照片的人就是得奖者。由此可见，每一个参与者所要挑选的并不是他自己认为是最漂亮的人，而是他设想的其他参与者所要挑选的人。“在这里，我们已经达到了第三个推测的层次；我相信，有人还会进行第四、第五和更多的层次。”凯恩斯这样诠释他的选美理论。以上是部分聪明的投资者利用了行为金融学的知识。后面，又来了上市公司，假如100名观众（投资者）中，心仪甲、乙、丙3位美女（上市公司）的分别为50、30、20人，正常结果甲美女应该能得到50朵鲜花，以高票夺冠没有悬念。但是，真正投票时，不少心仪甲、乙两美女的观众则犹豫了，因为，此前丙美女放出话来：喜欢她的观众可多了，多半人表示要投她的票，她肯定夺冠，所以要想抽大奖，就赶紧给她鲜花（当然，她这一番话纯属忽悠）。而这时，心仪甲、乙两美女的部分观众就想，如果我不选丙，而大多数都选了丙，我岂不是把大奖扔了，算了，看在大奖的份上，忍痛割爱吧，就投丙吧。如果观众都是理性的，投票结果很可能是丙美女最终高票夺冠……上市公司的行为影响了投资者的选择。

正是因为行为博弈的存在，市场存在理性和非理性的交杂，预期和事实的相互影响，短期的非理性或者有限理性在长期看可能仍是理性的。本书作者一直负责研究所的主题 / 产业链策划，很多投资者把主题投资简单地理解为市场投机或市场错配，是市场短期非理性的表现。主题投资确实伴有短期非理性的因素，但是长期来看有些非理性行为可能是理性的。美国 2000 年科技股泡沫破灭后的 10 年，思科、辉瑞制药等公司虽然业绩都实现了较快增长，但估值依然没有提升，那些盈利完全不达预期的垃圾股就更不用说了。但是确实有非常优秀的少部分公司，如亚马逊（AMAZON），将 2000 年纳斯达克的非理性泡沫转成了现在看来的理性事实。在 2000 年泡沫巅峰时，亚马逊比美国两家实体书店巨头 Barnes &Noble、Borders 加起来的总市值还大，当时备受质疑。但到 2017 年，亚马逊的市值已超过 5700 亿美元。而巴诺公司（Barnes &Noble）整体市值不到 10 亿美元（包括独立分拆上市的教育公司市值），Borders 则早已破产。

乔尔·格林布拉特《股市天才：发现股市利润的秘密隐藏之地》是一本关于特殊情况投资的书，对海外市场特定策略选股理解有帮助，该书分门别类地讲了如何从拆分、重组、破产、并购等事件中获利。“我们最好在人少的地方找机会，去别人不关注的地方找机会。可能是市值小，可能是情况特殊或者很复杂，一般人不会深入研究。有时要读 400 多页的公告，有时被拆分出去的股票是人们不想要的。被拆分出去的业务是公司抛弃的，买公司原来的股票的人不想要。投资要找到价格低于公允价值的股票，我个人觉得在特殊情况中实践这个理念比较简单。”本书下篇，即将开启投资机会发现之旅，围绕读懂上市公司信息，透过公告找变化。包括会计信息、盈余管理、股权激励、员工持股计划、股东增减持、控制权变更、股权质押、并购重组、定向增发、股票回购、可转债、可交债、投资者信息披露、大宗交易等。

下篇

读懂上市公司信息

XIA PIAN

4. 金融学思维看会计信息

4.1 寻找业绩超预期组合

本节导读

对专业投资者而言，重要的是在上市公司实际利润公布以前就对它做出正确的预测，寻找超预期并调整投资策略，这样才能取得更好的投资回报。因为投资决策需要“领先一步”。当然，我们在预测未来回报的过程中不仅可以利用过去的利润信息（会计盈余的时间序列特性研究），而且可以利用其他会计和非会计信息，如年报披露之前找业绩超预期和高送转。业绩超预期增长有两层含义，时间上的和结构上的。一是时间序列上的变化：上市公司在原先业绩预告的基础上发布修正预告或者正式财报，如后续业绩预增幅度超过之前预计幅度，就可以认为公司业绩超预期。二是局部与整体的不同：上市公司发布业绩预告、业绩快报或者季报年报时，净利润增幅大于市场的整体预期，亦可视为超预期。业绩超预期是对行为金融锚定效应的具体阐释，对上市公司业绩预测的行为主动人是证券分析师。自上而下挖掘业绩超预期可通过判断行业景气度和财务信息量化模型来选择。自下而上的线索则基于对已公布业绩修正公告公司的总结归纳。

会计信息的披露主要集中在财报、业绩预告、业绩快报、业绩补充更正等公告中，这些都是“定期报告”，也就是要求上市公司在规定时间段内按照规定的要求，披露与公司经营和业绩相关的信息。如果某财报的披露与该公司股价或交易量之间具有统计意义的显著相关，我们就可以认为该财务报告向市场传递了新的有用信息。需要指出的是，这里要区分财报分析的两重思维，会计学思维是过去财务信息影响未来盈余，未来盈余影响投资回报，而金融学思维则是基于会计信息寻找超预期，投资研究需要金融学思维。所以，对于已经公告的财报信息，我们可以更多地从逻辑的视角挖掘投资机会，如业绩的结构性分析、股东持股情况分布等。

股东持股情况

股东持股情况分析统计具有一定的滞后性，年报的数据往往滞后三四个月，中报也要滞后一个月至两个月。（1）机构持股情况。在一定程度上暴露出机构的选股风格和思路，这些数据包括板块的整体持仓情况、个股配置情况、公司增减持情况等。（2）只有财报披露时才能看到的“4.9% 股东”。这些股东止步举牌线攻守俱佳可以回避举牌公告，降低曝光度，也可以随时卖出无锁定期限，便于行事（一旦股东持股比例突破 5%，一方面要及时披露，另一方面在半年内将不得反向交易）。对于市场来说，与举牌红线仅有毫厘之差的犹抱琵琶半遮面 4.9% 持股比例，或多或少地向市场暗示了上市公司潜藏的价值，从而带给市场巨大的想象空间。（3）股东户数。股东总户数也是反映股票持股结构的重要指标，一般来说散户的数目远大于机构数目，股东户数的变化大概率对应着散户持股集中度变化。上市公司的股东户数减少，表明很多中小投资者不看好而选择离场，筹码正在向公募、保险等机构手中集中，这种股票组合从交易层面可以获得一定的超额收益。当然，近些年由于信用担保账户这一集合账户的存在（利用两融账户隐藏股东身份），会在技术上使得上市公司的股东人数较实际情况减少，从而使得持股趋向集中，具有一定的欺骗性。

当然对更多的专业投资者而言，重要的是在实际利润公布以前就对它做出正确的预测，寻找超预期并调整投资策略，这样才能取得更好的投资回报。因为投资决策需要“领先一步”。当然，我们在预测未来回报的过程中不仅可以利用过去的利润信息（会计盈余的时间序列特性研究），而且可以利用其他会计和非会计信息，如年报披露之前找业绩超预期和高送转。以下我们通过回顾 2013 年一个完整的财报周期（讨论年报、一季报和中报），来谈谈如何挖掘业绩超预期。另外，通过上下游产业链验证也是一个行之有效的手段，特别是 A 股有很多“傍大款”的公司，这里会讨论手机产业链的业绩情况。最后，本章对市场比较关注的黑天鹅事件和次新股业绩也做了探讨。

4.1.1 寻找年报业绩超预期组合

（探讨时点：2013.1.14）

2012年年报大戏将在本周正式拉开。我们认为，将自下而上和自上而下相结合，挖掘2012年年报和2013年一季报业绩确定性高的或者能被往上修正的个股，并构建业绩超预期组合，有望取得较高的超额收益。

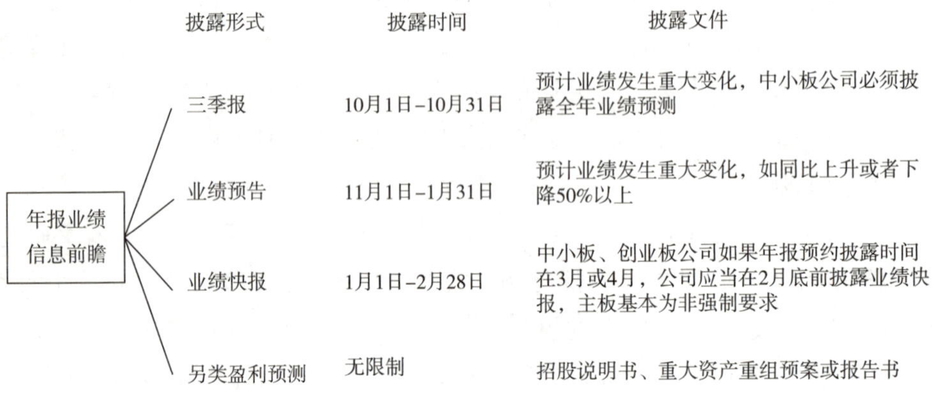

图4.1：全年业绩前瞻

注：中小板公司在三季报披露的同时预告全年业绩，也属于业绩预告范畴。业绩快报是为了提高信息披露的及时性和公平性，上市公司拟在会计期结束后、正式报告公告前初步披露未经注册会计师审计的主要会计数据和经营指标，包含基本财务指标，如营收、净利润、每股收益等。

先看自上而下的选股线索。自上而下选业绩超预期个股是对行业研究员个股推荐的过滤和提示，可以通过判断行业景气度和财务信息量化模型来选择。行业景气度的指标包括但不限于宏观经济先导指标、行业中观数据、同行业公司的业绩预告，等等。行业景气度在强周期行业会表现得比较明显，如2012年四季度铁路投资建设同比、环比大幅提升，预计将会反映到如中国中铁、中国铁建等相关公司四季度的业绩当中；我们的交运行业研究员预计欧美航线1月提价成功的确定性增强，集装箱海运市场有望重演2012年一季度持续提价情景，可以预计中海集运等公司2013年一季度集运盈利同比将大幅改善。

行业景气度上升在某些细分行业上也有所表现，如我们的计算机行业研究员认为未来数年互联网流量增速都会在40%以上，国内网络加速普及率将从目前的10%逐步向美国的50%看齐，行业景气度高，预计网宿科技等龙头公司将受益。

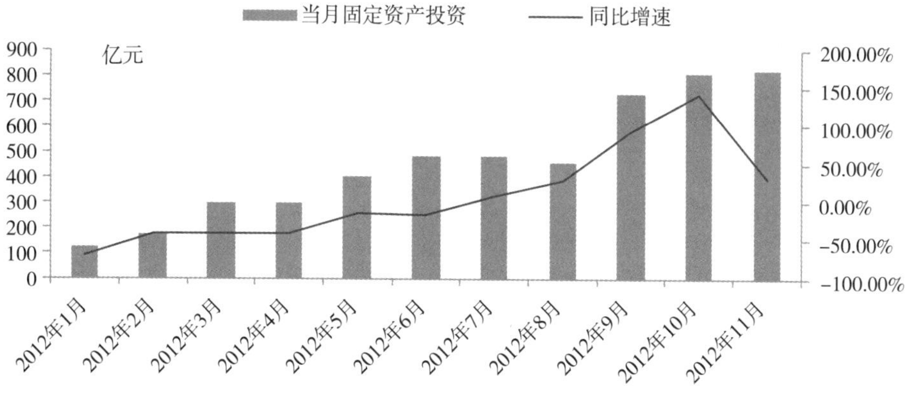

图 4.2：2012 年四季度铁路固定资产投资大幅提升

数据来源：铁道部统计中心

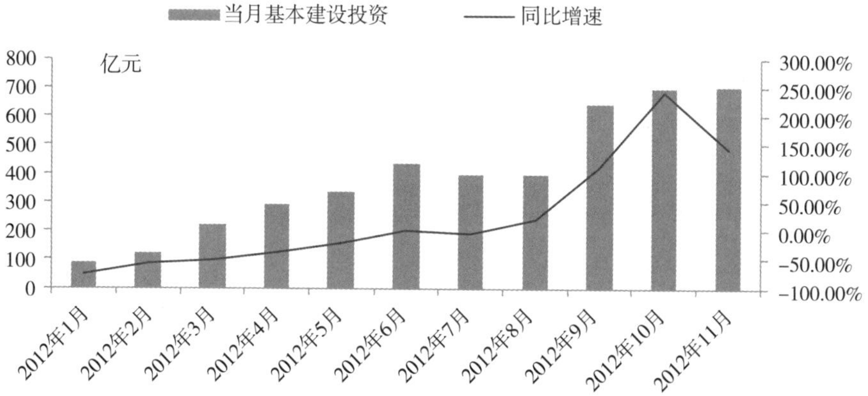

图 4.3：2012 年四季度铁路基础建设投资大幅提升

数据来源：铁道部统计中心

财务信息选股也是自上而下选股的不错选择，为我们判断业绩拐点（负转正、加速度增加）提供了量化方法。过去的财务信息影响未来回报，一方面因为过去信息影响未来盈余，另一方面是因为过去信息还影响盈余以外的财富创造。通过对 2012 年上市公司业绩检验的效果评价，我们将最近一季度单季归属于母公司净利润同比、最近二季度单季归属于母公司净利润同比、最近一季度单季归属于母公司净利润同比的环比、最近一季度单季 ROE 同比的环比等作为筛选条件，发现建筑装饰、计算机应用、消费电子等细分领域和行业在 2012 年四季度和 2013 年一季度存在业绩超预期可能。

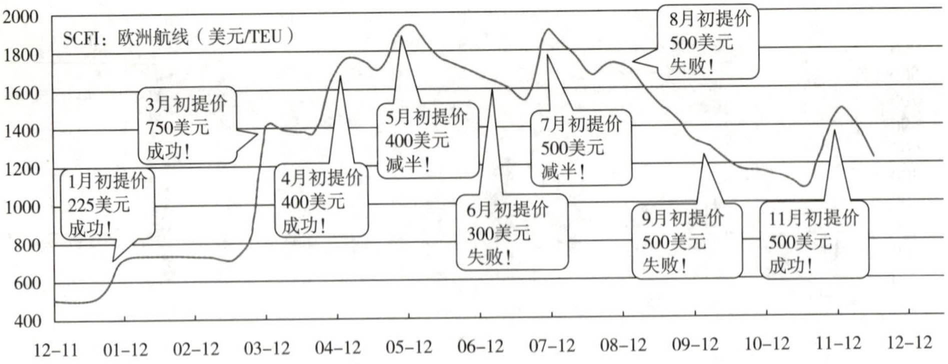

图 4.4：预计欧美航线 1 月提价成功的确定性增强，2013 年一季度集运盈利行业同比将大幅改善

数据来源：中华航运网

再看自下而上的线索。基于对已公布 2012 年业绩向上修正公告公司的思考归纳，我们认为可以从政府补贴、资产重组和自身业绩增长三条主线来寻找业绩超预期个股组合，从扣非的角度，我们更关注公司自身业绩增长实现的超预期。统计数据显示，截至 1 月 12 日，沪深两市已有 36 家上市公司对此前发布的 2012 年年报业绩预告进行了修正，其中有 12 家对业绩进行了向上修正。通过对这 12 家公司的分析，我们可以看到，业绩超预期典型的可以分为三类：政府补贴、资产重组和自身业绩增长。政府补贴的公司包括天原集团、沙钢股份、联合化工、欧菲光等，资产重组的公司包括 *ST 领先、中航精机、南岭民爆等，也有部分公司在四季度凭借自身的基本面实现了业绩的超预期增长，如珠江啤酒、奥飞动漫、鑫龙电器等。从自下而上的角度看，我们可以挖掘在去年四季度有政府补贴、资产重组和自身业绩增长的三类公司，它们的业绩极有可能超预期。

表 4.1：2012 年年报业绩向上修正公司（截至 1 月 12 日）

证券代码	公司名称	第一次业绩预告	修正预告	类型归纳
002386.SZ	天原集团	2012 年 10 月 30 日：预测 2012 年年度首亏，归属于上市公司股东的净利润比上年同期亏损：-16500 万元 --15500 万元。	2012 年 12 月 31 日：预测 2012 年年度预增，归属于上市公司股东的净利润比上年同期增长：165.37%-213.62%，盈利：5500 万元 -6500 万元。业绩变动原因说明：2012 年 12 月公司收到四川宜宾临港经济开发区管理委员会的补助资金 24322.65 万元。	政府补贴

续表

证券代码	公司名称	第一次业绩预告	修正预告	类型归纳
000669.SZ	*ST 领先	2012 年 10 月 24 日：预测 2012 年年度续亏，归属于上市公司股东的净利润比上年同期下降：621.15%–765.38%，盈利：–750 万元 –900 万元。	2013 年 01 月 11 日：预测 2012 年年度扭亏，盈利：2.703 亿元 –2.796 亿元。业绩修正原因说明：公司发行股份购买资产暨关联交易于 2012 年 10 月 31 日获得中国证监会核准，公司主营业务发生变化，故业绩扭亏为盈。	资产重组
002013.SZ	中航精机	2012 年 10 月 30 日：预测 2012 年年度续盈，归属于上市公司股东的净利润比上年同期增长：–15%–15%，盈利：3380 万元 –4573 万元。	2013 年 01 月 07 日：预测 2012 年年度预增，归属于上市公司股东的净利润比上年同期增长：704.65%–905.81%，盈利：32000 万元 –40000 万元。业绩修正原因说明：2012 年 12 月 26 日重大资产重组增发股份购买资产，净利润包括所购资产经营业绩。	资产重组
002016.SZ	世荣兆业	2012 年 10 月 20 日：预测 2012 年年度略增，归属于上市公司股东的净利润比上年同期增长：30%–50%，盈利：11000 万元 –13000 万元。	2013 年 01 月 08 日：预测 2012 年年度预增，归属于上市公司股东的净利润比上年同期增长：80%–110%，盈利：15000 万元 –18000 万元。	业绩增长
002063.SZ	远光软件	2012 年 10 月 17 日：预测 2012 年年度略增，归属于上市公司股东的净利润比上年同期增长：20%–40%，盈利：25412 万元 –29646 万元。	2013 年 01 月 08 日：预测 2012 年年度略增，归属于上市公司股东的净利润比上年同期增长：30%–40%，盈利：27529 万元 –29646 万元，业绩修正原因说明：1. 电网企业财务信息化深化应用项目进展良好；2. 发电集团财务信息化项目业务顺利开展；3. 公司参股企业投资收益增加。	业绩增长投资收益
002075.SZ	沙钢股份	2012 年 10 月 26 日：预测 2012 年年度首亏，归属于上市公司股东的净利润亏损：1000 万元 –3000 万元。	2013 年 01 月 12 日：预测 2012 年年度预减，归属于上市公司股东的净利润比上年同期下降：85%–95%，盈利：1300 万元 –4000 万元。业绩变动原因：1. 国内优特钢市场形势好转，四季度市场逐渐复苏，公司效益比预计增加。2. 控股孙公司淮安淮鑫新型建材于 2012 年第四季度收到企业扶持发展资金 3200 万元。	业绩增长、政府补贴
002096.SZ	南岭民爆	2012 年 10 月 26 日：预测 2012 年年度略减，归属于上市公司股东的净利润比上年同期增长：–30%–0%，盈利：6616 万元 –9451 万元。	2013 年 01 月 12 日：预测 2012 年年度预增，归属于上市公司股东的净利润盈利：15122 万元 –17957 万元，比上年同期增长：60%–90%。业绩修正主要原因：2012 年 10 月 30 日公司发行股份购买资产获中国证监会批复，神斧民爆成为本公司的全资子公司，本报告净利润含神斧民爆预计 2012 年度的净利润 1.3 亿元。	资产重组

续表

证券代码	公司名称	第一次业绩预告	修正预告	类型归纳
002217.SZ	联合化工	2012年10月27日：预测2012年年度首亏，净利润亏损2000万元-3500万元。	2013年01月10日：预测2012年年度首亏，归属于母公司所有者的净利润亏损700万元-1200万元。业绩预计出现差异的原因：1.第四季度，公司主要产品三聚氰胺、硝酸产品的市场价格比预告时有所回升，同时，公司通过进一步挖潜降耗，主要产品的生产成本小幅降低；2.公司收到502万元政府补助；控股子公司山东联合丰元化工收到税收返还80万元。	业绩增长、政府补贴
002292.SZ	奥飞动漫	2012年10月29日：预测2012年年度略增，归属于上市公司股东的净利润比上年同期增长：10%-30%，盈利：14540.95万元-17184.76万元。	2012年12月28日：预测2012年年度略增，归属于上市公司股东的净利润比上年同期增长：30%-40%，盈利：17184.75万元-18506.66万元。业绩修正原因说明：因公司动画项目《战斗王之飓风战魂》的衍生产品——陀螺产品销售情况超出原有预期。	业绩增长
002298.SZ	鑫龙电器	2012年10月24日：预测2012年年度略增，归属于上市公司股东的净利润比上年同期增长：20%-50%，盈利：8724.35万元-10905.43万元。	2012年12月08日：预测2012年年度预增，归属于上市公司股东的净利润比上年同期增长：30%-60%，盈利：9451.38万元-11632.46万元。业绩预告修正原因：报告期内公司合同量增加，经营状况良好，公司继续抓住城镇化、高铁等国家重点工程、行业的快速发展机遇，加大产品研发和市场开拓力度，公司盈利水平有较大提升。	业绩增长
002456.SZ	欧菲光	2012年10月23日：预测2012年年度预增，归属于上市公司股东的净利润比上年同期增长：1300%-1349%，盈利：29000万元-30000万元。	2012年12月06日：预测2012年年度预增，归属于上市公司股东的净利润比上年同期增长：1518%-1566%，盈利：33500万元-34500万元。业绩修正原因说明：南昌经济技术开发区管理委员会对南昌欧菲光有限公司提供4500万元人民币产业发展资金补助。	政府补贴
002461.SZ	珠江啤酒	2012年10月24日：预测2012年年度略减，归属于上市公司股东的净利润比上年同期增长：-30%-0%，盈利：3512.88万元-5018.40万元。	2013年01月11日：预测2012年年度续盈，归属于上市公司股东的净利润比上年同期增长：-15.00%-15.00%，盈利：4265.64万元-5771.16万元。业绩修正原因说明：公司积极采取措施，加强市场开拓、产品结构调整及内部管理，2012年第四季度经营业绩好于预期。	业绩增长

数据来源：上市公司公告

4.1.2 一季报业绩前瞻

（探讨时点：2013.2.26）

随着 2013 年一季报面纱被逐步揭开，一季报行情已经暗流涌动，提前布局 2013 年一季报业绩确定性高的或者能被往上修正的个股组合将为投资者带来收益。

四条主线挖掘一季报业绩超预期个股。（1）经济弱复苏背景下的行业景气度提升：在经济弱复苏背景下，多数企业的盈利能力改善明显，特别是部分汽车、家电和零售行业企业；（2）低增长基数下的“幻觉高增长”：部分公司 2012 年一季报的基数非常低，在一定程度上使得 2013 年一季度业绩同比大幅增长，这种“幻觉高增长”，虽然不是来自宏观经济弱复苏背景下带来的行业景气度的提升，但仍未被市场所充分挖掘；（3）日元贬值带来的进口原材料成本降低：在日本新任政府宽松的货币政策措施下，人民币对日元中间价在最近 5 个月已经被动升值 17% 左右。从寻找业绩超预期个股的角度看，部分公司将受益于关键零部件、原材料采购成本的下降，公司主要集中在工程机械、电子制造等行业，另外持有大量日元债务的公司将享受汇兑收益带来的财务费用的下降；（4）从企业盈余管理寻找蛛丝马迹：在目前已公布业绩预告修正公告的 282 家公司中，有超过七成的公司对业绩进行了向下修正，而从宏观经济情况来看，三季度经济已经见底，所以不排除上市公司采取盈余管理来做差去年业绩，这些公司在今年业绩反转的可能性较大。

我们对已公布一季报业绩预告公司进行了归纳和验证。以一季报业绩预告大幅增长的几家公司为例，中泰化学、南国置业、鼎汉技术等业绩高增长基本为去年一季度基数较低所致，独一味、赛为智能等则得益于经济逐步回暖背景下行业景气度的提升。

（1）四条主线挖掘业绩超预期个股

经济弱复苏背景下的行业景气度提升

从一季度的经济运行情况看，宏观经济整体呈现回暖趋势。1 月份 PPI 同比下降 1.6%，环比上涨 0.2%，环比数据自 2012 年 6 月以来首次转正，根据市场主流机构预测，2 月 PPI 将同比下降 1.3%，环比上涨 0.5%，一季度的 GDP 增速在 8.2% 左右。在经济弱复苏背景下，多数企业的盈利能力改善明显，特别是部分汽车和家电行业企业。以汽车行业为例，1 月乘用车销量达到 173 万，同比增长 48.7%，环比增长 18.0%，1 月的超预期为一季度奠定了良好基础。

一“季”之际在于“春”，春节销售额也往往会成为部分零售企业一季度业绩的重要方向标。春节期间金银珠宝热销，全国重点监测零售和餐饮企业销售额同比增长 14.7%，其中金银珠宝同比增长 38.1%，成为增长最为强劲的品类，行业龙头老凤祥 1 月份订货会销售增 30%，自营零售销售春节同比增 25%，一季度业绩有望超预期。

某些细分行业的景气度一直较高，但尚未被市场所充分挖掘。如未来数年互联网流量增速都在 40% 以上，国内网络加速普及率将从目前的 10% 逐步向美国的 50% 看齐，行业景气度高，网宿科技等龙头公司将受益。

低增长基数下的“幻觉高增长”

低增长基数与行业景气度提升两者有时较难区分。上述提到的乘用车 1 月销量数据同比大幅增长，部分来源于 2012 年 1 月份春节假期所导致的低增长基数影响，但从环比数据来看，也是七年来环比第二高位，我们认为低基数增长的影响较小，汽车行业景气度提升是关键。

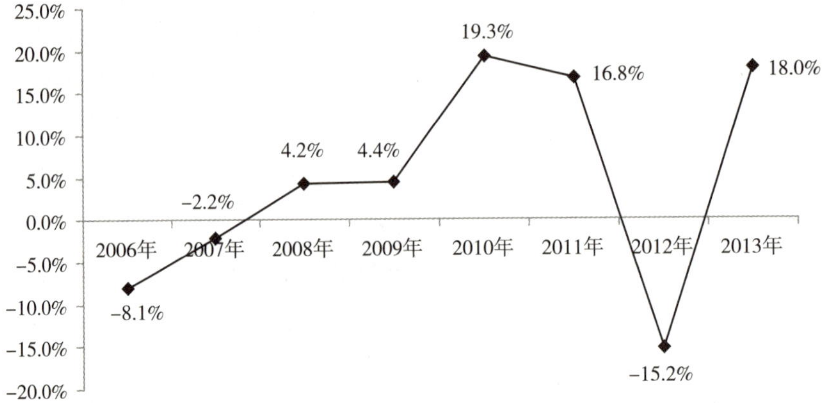

图 4.5：乘用车历年 1 月环比数据：行业景气度提升 VS 低增长基数

数据来源：中国汽车工业协会

但确实存在公司 2013 年一季度业绩大幅增长，不是来自宏观经济弱复苏背景下带来的行业景气度的提升，而是由 2012 年一季报低增长基数所致，我们称之为“幻觉高增长”。如我们认为四方股份 2012 年一季度受股权激励费用、合资公司亏损影响净利润基数低，2013 年这些因素减弱或消除；广田股份 2012 年一季度是业绩低点，2012 年下半年经营环境改善订单充裕业绩进入加速恢复提升期，将延续至 2013 年一季度；康得新 2013 年一季度光学膜产销顺利，ITO 膜等新品投放存在超预期可能，而在 2012 年同期因光学膜未达产，基数较低。

日元贬值带来的进口原材料成本降低

在日本新任政府宽松的货币政策措施下，人民币对日元中间价在最近 5 个月已经被动升值 17% 左右。从寻找业绩超预期个股的角度看，部分公司将受益于关键零部件、原材料采购成本的下降，公司主要集中在工程机械、电子制造等行业，如工程机械龙头中联重科液压件和部分泵车底盘都向日本采购，日元贬值将有效对冲钢材价格上涨带来的成本压力。另外持有大量日元债务的公司将享受汇兑收益带来的财务费用的下降。

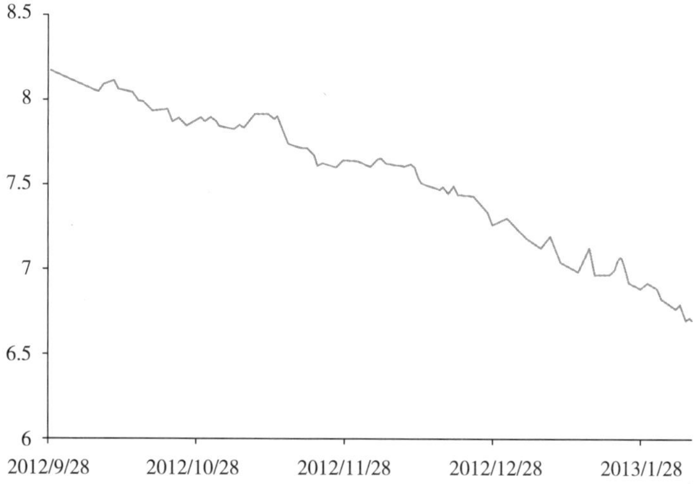

图 4.6：人民币对日元汇率中间价（单位：100 日元）

数据来源：Wind

表 4.2：“弱势日元”带来成本降低

行业	从日本进口的主要原材料零部件
电子制造	PET 基板、玻璃基板、液晶、LED 芯片等
工程机械	液压件、泵车底盘等

从企业盈余管理寻找蛛丝马迹

在目前已公布业绩预告修正公告的 282 家公司中，有超过七成的公司对业绩进行了向下修正，而从宏观经济情况来看，三季度经济已经见底，所以不排除上市公司采取盈余管理来做差去年业绩。盈余管理的手段包括：计提资产减值准备、提前确认费用、推迟确认收入、计提预计负债等，特别是年报业绩预告中由于计提资产减值准备导致业绩向下修正的公司较多，这些公司在今年业绩反转的可能性较大，我们认为可重点关注。

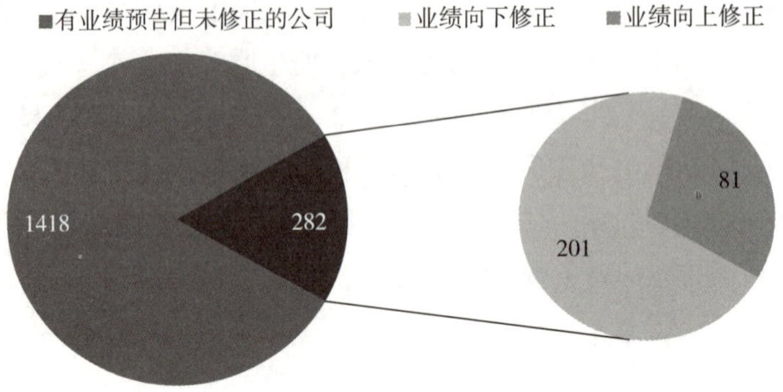

图 4.7：在有年报业绩修正的公司中，有超过七成进行了向下修正（单位：家）

数据来源：Wind

（2）基于已公布一季报业绩预告公司的归纳和验证

截至 2 月 25 日，沪深两市已有 19 家上市公司发布 2013 年一季度业绩预告，其中业绩同比正增长的有 13 家，以一季报业绩预告大幅增长的几家公司为例，中泰化学、南国置业、鼎汉技术等业绩高增长基本为去年一季度基数较低所致，独一味、赛为智能等则得益于经济逐步回暖背景下行业景气度的提升。我们认为其他潜在的一季报业绩超预期个股基本也可以归纳到行业景气度、低增长基数、公司成本降低以及盈余管理等四个方面。

表 4.3：2013 年一季报业绩预告大幅增长公司类型归纳（截至 2 月 25 日）

证券代码	公司名称	预告净利润同比增长下限（%）	预告净利润同比增长上限（%）	类型归纳
002092.SZ	中泰化学	150	200	低增长基数
002219.SZ	独一味	50	80	行业景气度提升
002305.SZ	南国置业	90	100	低增长基数
300011.SZ	鼎汉技术	269.14	691.98	低增长基数
300044.SZ	赛为智能	30	50	行业景气度提升

数据来源：Wind

（3）业绩超预期增长组合推荐

对超预期股票组合的选择我们采取自上而下和自下而上相结合的方法，自上而下包括选择经济弱复苏下行业景气度提升、低增长基数、日元贬值背景下成本降低以及公司盈余管理等四个方面的个股，自下而上的则来自行业研究员推荐，最终落脚到两个指标：公司的现金流预期和风险评价。

4.1.3 揭开中报面纱

（探讨时点：2013.6.24）

临近 6 月末，市场关注的焦点重回企业盈利，而陆续披露的中报将成为企业高成长性与否的试金石。根据《中小企业板信息披露业务备忘录第 1 号业绩预告、业绩快报及其修正》和《创业板信息披露业务备忘录第 11 号：业绩预告、业绩快报及其修正》规定，半年度报告的业绩预告及其修正公告的披露时间不得晚于 7 月 15 日（中小板还要求企业在披露一季报时，必须对中报作业绩预告）。随着 2013 年中报面纱被逐步揭开，中报行情已经暗流涌动，提前布局 2013 年中报业绩超预期组合将为投资者带来收益。

（1）自下而上选股：四条主线寻找业绩超预期

截至 6 月 24 日，沪深两市已有 923 家上市公司发布了 2013 年中报业绩预告，总体来看好于 2012 年中报情况。923 家中有 22 家是在 5 月份后发布的业绩预告，预测准确度相对较高。通过对这 22 家公司的分析，我们可以看到，中报业绩超预期公司集中在以下四种类型：终端需求拉动、原材料成本下降（成本端）、产品结构调整（收入端）和政府补贴。今年上半年大宗原材料价格持续下跌，使部分以大宗商品为原材料的企业盈利水平稳步提升，如长城电工预计上半年业绩增长 80% ~ 100%，主要原因为公司主要原材料铜、银等今年处于相对低位，且今年公司实施了大宗材料集中采购，采购成本下降。受益于终端需求拉动的公司包括华菱星马、友利控股等，受益于产品结构调整的公司包括蒙发利、栋梁新材、长城电工、得润电子等，而受益于政府补贴 / 投资收益的公司则有科力远、粤宏远 A 等。

所以从自下而上的角度看，我们也可以挖掘上半年受终端需求拉动、原材料成本下降（成本端）、产品结构调整（收入端）和有政府补贴的四类公司，它们的中报业绩极有可能超预期。

表 4.4：2013 年中报业绩预告大幅增长公司类型归纳（截至 6 月 23 日）

证券代码	公司名称	预告净利润同比下限（%）	预告净利润同比上限（%）	类型归纳
002614	蒙发利	500	600	产品结构调整
002082	栋梁新材	0	30	原材料成本下降 + 产品结构调整
600478	科力远	131.48	162.95	政府补贴 / 投资收益
600192	长城电工	80	100	原材料成本下降 + 产品结构调整
600375	华菱星马	50		行业景气度提升
000573	粤宏远 A	200	250	政府补贴 / 投资收益
000584	友利控股	816.89	996.11	行业景气度提升
002055	得润电子	0	50	产品结构调整

数据来源：Wind

（2）超预期行业景气度选股：部分新兴行业上半年景气度高

行业景气度的指标包括但不限于宏观经济先导指标、行业中观数据，同行业公司的业绩预告等，通过每个月度对行业研究员的调查，我们选取景气度预期还在提升的行业。

从已发布的经济数据来看，6 月下游地产销售面积增速持续回落，终端需求力度相比此前显著下降，发电增速由 5 月的 4.1% 降到 6 月的 2.8%，表明经济增长动力下降，同时 6 月上旬生产资料价格持续下滑超出预期，预示经济增长的确定性下降。在经济增长力度减弱的背景下，周期类行业景气度基本在低位徘徊，包括煤炭、有色、钢铁、石化、基础化工等行业，相关个股中报业绩超预期的可能性相对较小。

行业景气度上升在部分新兴产业领域表现较为明显，且尚未被市场所充分挖掘，包括计算机、消费电子、传媒、新材料、医药、机械和造纸轻工等部分子行业。虽然周期性行业景气度较低，但部分弱周期性行业特别是新兴行业则表现出较高的景气度。如 2013 年 1 ~ 4 月，我国软件行业实现业务收入 8589 亿元，同比增长 25%，增速同比提高 1.4 个百分点，根据预测，2013 年上半年计算机行业净利润同比增速有望达 22%，同比提升约 9 个百分点，考虑到国家调整经济结构的决心，国家对信息技术行业的投入及政策支持有望持续增强，推动计算机行业业绩超预期。我们电子行业研究员认为目前消费者认可度提升已使 LED 照明市场全面启动，对上半年 LED“三部曲”第三步业绩兑现超预期带来的行业机会已较确定，坚定看好 LED 行业大周期的启动。

表 4.5：行业景气度上升在部分新兴产业领域表现较为明显

行业	观点
计算机	2013 年上半年计算机行业净利润同比增速有望达 22%，同比提升约 9 个百分点，考虑到国家调整经济结构的决心，国家对信息技术行业的投入及政策支持有望持续增强，推动计算机行业业绩超预期。
消费电子	1. 趋势向好的大屏触控、电池等行业中核心跟踪的股票拐点逐步明朗，中报以及下半年业绩的确定性增强。2.LED 照明行业，通过产业链以及公司业绩的验证，对上半年 LED“三部曲”第三步业绩兑现超预期带来的行业机会已较确定，坚定看好行业大周期的启动。
传媒	1. 传媒的抗周期属性会在下半年进一步凸显；2. 并未发现可以导致传媒行业盈利出现向下拐点的迹象，推荐抗周期子板块电影、电视、新媒体。
新材料	经济数据进一步变坏使得工业为下游的品种需求下滑，但是终端为消费品的金属以及国家支持的重点项目对应品种具备相对收益的可能性较大，集中视野于中报较确定的新材料品种。
医药	行业内的结构分化趋势日益明显，主流化学制剂受到政策影响，但用药结构向大品种集中（独家 + 创新），业绩超预期品种集中于中药独家、生物制药以及一些政策影响外的独特领域（无边界扩张），医保体系之外的中药瑰宝。
机械	油气装备与服务、环保机械、电梯、农机、自动化设备等细分了行业景气度较高，中报业绩有望超预期。
造纸轻工	上半年景气度较高的行业存在于业绩弹性较大的纸包装行业和下游需求增速较快的特种纸行业。

（3）财务信息选股：看好建筑装饰、智慧城市等子行业

财务信息选股也是自上而下选股的不错选择，为我们判断业绩拐点（负转正、加速度增加）提供了量化方法。通过对过去几个季度上市公司业绩检验的效果评价，我们将最近一季度单季归属于母公司净利润同比、最近二季度单季归属于母公司净利润同比、最近一季度单季归属于母公司净利润同比的环比、最近一季度单季 ROE 同比的环比等作为筛选条件，发现建筑装饰、智慧城市、电力设备、传媒、房地产等细分领域和行业的个股在 2013 年中报存在业绩超预期可能。

表 4.6：财务信息选股筛选出的行业

预测时点	2011 年年底	2012 年年底	2013 年中报前
看好行业	房地产行业 有色 建筑装饰 消费电子	园林装饰 检测行业 安防 传媒 LED 照明 计算机应用	建筑装饰 智慧城市 电力设备 传媒 房地产

4.1.4 产业链上市公司的业绩预测：手机产业链中报前瞻

（探讨时点：2012.7.19）

俗话说“做得好”不如“嫁得好”，中小板和创业板上市公司有许多是傍着“大款”赚钱的，它们通过市场化方式获得这些大客户的订单，拥有客户永远甩不开的核心价值，可以说优质的大客户是这些公司的核心竞争力所在，也是企业发展壮大一条非常有效的策略。7 月以来，上市公司陆续公布半年报业绩预测，我们的研究统计显示，很多公司业绩与下游客户上半年表现趋同，特别是手机产业链上的中小盘相关上市公司。

手机行业相比其他垄断性高的银行、石化、通信等有个明显的好处：上下游产业链公司基本以民营企业或者市场化程度相对较高的国有企业为主，在流程、成本定价上相对来说比较透明和公开，由于完全市场化竞争，下游手机品牌制造商的手机出货量、售价等数据都能公开得到，也更方便推测相关零部件公司的业绩。

案例 8：手机天线厂商客户制胜——兼看 Laird 天线业务发展

跟大部分手机零部件厂商一样，手机天线行业拥有的客户对公司来说是一笔宝贵的财富，特别是若能得到国际一流大客户的青睐，则既能为公司业绩带来爆发性增长的机会，又是一个很好的证明自身实力的例子。我们从原世界第一大手机天线厂商 Laird（北京）的发展历程可以管中窥豹：借助客户能高速发展，而错失大客户只能被迫关闭。

摩托罗拉时代——Laird（北京）是 Laird 集团做天线业务的子公司，其前身是圣韵电子（Centurion），20 世纪 80 年代时就给摩托罗拉供应天线，伴随摩托罗拉的发展，圣韵发展也一路高奏凯歌，2002 年圣韵兼并阿莫斯，演绎一场蛇吞象的故事，公司改名阿莫斯圣韵。

诺基亚时代——2004 年开始手机天线行业进入低谷期，2005 年阿莫斯圣韵被 Laird 集团收购，在诺基亚这个巨人的光照下，Laird（北京）2008 年的全球市场占有率达到了 26.10%，位列第一。

苹果、三星时代——随着苹果、三星为代表的智能手机的崛起，诺基亚市场占有率年年下滑，全球手机老大的地位也易主给三星，2011 年 6 月 17 日，Laird 集团在其官网上宣布退出手机天线业务，不再接收新项目的订单。

表 4.7：手机配件厂商业绩表现与客户变迁

时间	20 世纪 80 年代	2002 年	2005 年	2011 年	2012 年
公司变革	圣韵电子	兼并阿莫斯，改名阿莫斯圣韵	阿莫斯圣韵被 Laird 集团收购	退出手机天线领域	被信维通信收购
客户	给摩托罗拉供应天线	诺基亚、摩托罗拉、三星、索爱	诺基亚、摩托罗拉、索爱、LG	诺基亚、摩托罗拉、索爱、LG	
行业背景	1998 年前摩托罗拉手机销量排名第一	1998 年，诺基亚超越摩托罗拉成为全球最大手机厂商	2004 年 ~ 2006 年天线行业低谷期	苹果、三星崛起，智能机普及，三星成全球最大手机厂商	

手机产业链中报业绩预告前瞻

我们先来看下游客户的情况，根据 IDC 的统计，今年第一季度，苹果手机出货量为 3510 万部，比上年同期增长 88.4%，平板电脑出货量接近 1720 万台，同比增长 118%；三星 9380 万部，同比增长 35.4%，其中智能手机出货量为 4220 万部，同比增长 267.0%；诺基亚 8270 万部，同比下降 23.8%；RIM、HTC 同比下降 29.7% 和 23.3%；中兴 1910 万部，同比增长 27.0%。从 A 股相关手机零部件公司的中报预告来看，业绩与下游客户上半年表现趋同：（1）苹果产业链公司一枝独秀，如安洁科技；（2）诺基亚一蹶不振，相关零部件公司业绩下滑明显，如星星科技；（3）运营商主导的国内千元智能机等定制机异军突起，其他国内品牌受压，如信维通信；（4）上半年国内中兴、华为等出货量低于预期，且受制于运营商利润挤压，相关产业链公司营收和利润受影响，如宇顺电子；（5）三星手机出货量可与苹果媲美，但完全依赖于三星的国内厂商基本没有，与其他客户综合下来表现一般，如长盈精密、劲胜股份。

表 4.8：部分手机零部件厂商中报业绩预告

公司	上半年净利润同比	产品	主要客户
安洁科技	70%–90%	功能性部件	苹果
星星科技	-50%--70%	视窗防护屏	诺基亚
信维通信	-40%--60%	手机天线	金立、OPPO、步步高
宇顺电子	-30%–20%	触摸屏	中兴
劲胜股份	5%–15%	手机外壳	三星、华为、中兴
长盈精密	15%–25%	屏蔽件、连接器、金属结构件	三星、华为、中兴

数据来源：Wind

通过对以上产业链公司的业绩分析，我们可以在一定程度上类推其他手机零部件厂商的中报业绩。从再长点的时间看，下半年苹果、三星手机出货量仍能保持高速增长，相关公司业绩确定性会比较高，国内千元智能机市场发展迅速，会带动上游零部件公司业绩增长，这些公司业绩地雷或者说大幅下滑的风险基本可以屏蔽掉。

4.1.5 “黑天鹅”事件与公司业绩

股市“黑天鹅”事件指资本市场非常难以预测，且不寻常的事件，通常会引起市场连锁负面反应甚至颠覆。这些事件既有天灾所致，也有人为因素，直接表现为股价暴跌，中长期则可能影响公司业绩。

我在 2012 年的时候做过这方面的统计研究。2012 年上半年，A 股“黑天鹅”事件仍不少，医药食品等领域成为“黑天鹅”事件的高发地，除“E6 电动车起火”的比亚迪外，爱尔眼科“封刀门”、汤臣倍健“螺旋藻铅超标”、通化金马“毒胶囊”、上海医药“涉嫌财务造假”、伊利股份“奶粉汞含量异常”、古越龙山“黄酒致癌”，等等，涉及上市公司均在医药食品行业。一旦碰到“黑天鹅”事件，公司股价往往会出现暴跌，像被报道“螺旋藻铅超标”的汤臣倍健复牌当天股价就重挫 8.48%，反映在公司业绩上则会出现阶段性下滑，像 2008 年下半年受“三聚氰胺”事件影响，伊利股份和蒙牛乳业业绩均出现亏损，行业奶粉产量在 9 月份事件曝光后突降，同比增长由 8 月份 53.86% 急剧下降到 9 月份 -19.08%，10 月份更下降到 -26.21%；2011 年 3·15 被爆“瘦肉精”后，双汇发展当年中报业绩也同比下滑 84.85%（一季度净利润同比增长

10.49%）。

在遇到上半年“黑天鹅”事件的 8 家上市公司中，目前只有汤臣倍健一家公布了中报，爱尔眼科和比亚迪曾公布过业绩预告。从公告看，受 2012 年 3 月底发生的螺旋藻事件及 4 月份发生的药品行业“问题胶囊”事件的影响，汤臣倍健第二季度收入和净利润增速分别为 65%、50%，较 1 季度的 115% 和 161% 明显放缓。因今年 2 月份受有关媒体和舆论对眼科行业的负面报道影响，准分子激光矫正近视手术量受到一定影响，爱尔眼科预告今年中报净利润同比增速 10% ~20%，相比去年同期 52.63% 的增速也下滑不少。对部分医药食品公司来讲，出现“黑天鹅”事件，在成本端，一方面要召回涉事产品、注销部分库存，另一方面危机事件过后要对品牌美誉度修复，销售费用会增加，而在收入端，消费者需求减少会带来产品销售量的下滑。从影响业绩时间远近看，召回涉事产品、注销部分库存是最直接的影响，中短期的影响是产品销售量的下降，中长期则是为了促销产品带来的费用增加。汤臣倍健的螺旋藻事件印证了我们的上述观点，中报显示，螺旋藻事件对公司的负面影响已基本消除，但受“问题胶囊”事件波及的影响仍然存在，持续时间和影响有待进一步观察，考虑到危机事件过后对品牌美誉度修复的必要性，公司将加大全年的品牌推广力度，相应增加公司下半年的销售费用。

尽管“黑天鹅”事件突发后上市公司股价均迅速下跌，8 家公司平均相对涨跌幅为 –7.27%，但部分股票（如汤臣倍健）截止到 7 月 31 日的涨幅仍远远跑赢上证指数，“黑天鹅”事件只是一些公司成长中的小插曲——业绩出现阶段性下跌。

股价下跌不无道理，除业绩因素影响外，恐慌心理恐是主因，针对不同“黑天鹅”事件要区分看待，有时候“黑天鹅”事件不一定是坏事，反而是一个“抄底”机会，还记得巴菲特投资美国运通的故事吗？经过百年的发展，1963 年的美国运通已转型成为以旅游服务和金融为主的公司，并且在高端人群中享有较高的声誉和市场影响力。1963 年后期，美国运通旗下一家子公司被人欺骗，卷入“迪 · 安杰利色拉油丑闻案”，美国运通因此股价暴跌。而两天后的星期五，总统约翰 · 肯尼迪遭到暗杀身亡，道琼斯指数瞬间狂跌，美国运通的股价更是雪上加霜，股价从 65 美元近腰斩到 35 美元。此后的两三个月里，巴菲特通过走访调查，认为该事件并没有对美国运通的品牌和公司经营情况造成大的影响。巴菲特开始买入运通公司，一年后，运通公司股价已上升到 70 多美元，获得不菲收益。

表 4.9：2012 年上半年 A 股“黑天鹅”事件

时间	事件	涉及上市公司	5 个交易日收盘价相对上证指数的涨幅	到 7 月 31 日收盘相对上证指数的涨幅
2 月 15 日	封刀门	爱尔眼科	-8.59%	-3.31%
3 月 28 日	螺旋藻铅超标	汤臣倍健	-3.50%	17.69%
4 月 15 日	毒胶囊	通化金马	-6.37%	0.36%
5 月 23 日	涉嫌财务造假	上海医药	-12.50%	0.22%
5 月 26 日	E6 电动车起火	比亚迪	-2.12%	-31.91%
6 月 12 日	奶粉汞含量异常	伊利股份	-9.40%	-9.03%
6 月 15 日	黄酒致癌	古越龙山	-7.98%	-5.25%
6 月 26 日	脉络宁注射液	金陵药业	-7.70%	-0.37%

数据来源：Wind

4.1.6 有多少新股业绩能达预期

大部分证券分析师与上市公司首次接触是在公司 IPO 路演询价的时候（在 2014 年新股发行有市盈率指导之前），可谓是第一次过招。上市公司想发高价，一方面进行财报的盈余调节（过往业绩），另一方面则是对未来公司增长的乐观估计（最终体现在业绩预测上面）。当然，由于是第一次接触，除了有可比公司的情况外，大部分情况下，证券分析师对新公司（特别是很多中小盘股）的未来发展前景也没有多大把握，加之保荐机构投价报告的锚定效应影响，证券分析师给的新股盈利预测报告往往业绩预测偏乐观。

我在 2012 年中报期间做过一个统计。为了能更直观地看看有多少新股业绩能达到预期，我们选取自 2011.9 ~ 2011.12 之间上市的全部新股，共计 69 家，选择 2011 年下半年上市的新股，一方面是在下半年做全年业绩预测时有一半业绩是确定的（上半年），与 2012 年上半年上市的新股预测中报难度类似（不可见度都是半年）；另一方面新股投价报告会对当年全年业绩做预测（我们这里是 2011 年），而不会对中报进行预测，上市新股投价报告对公司的盈利预测可以作为市场一致预期的参考。结果发现：（1）营业收入指标：以正负误差不超过 5% 为界，69 家新股中，有 30 家公司营收符合预期，占比 43.48%；6 家公司营收超预期（>5%），占比 8.7%；（2）净利润指标：以正负误差不超过 5%

为界，69 家新股中，有 16 家公司净利润符合预期，占比 23.19%；2 家公司净利润超预期（>5%），占比 2.9%；（3）按 69 家公司的算数平均计算，实际营业收入比预期低 5.91%，实际净利润比预期低 13.91%，净利润达预期或超预期情况远差于营业收入情况。

表 4.10：实际财务数据跟投价报告盈利预测的比较

分类（实际财务数据跟投价报告盈利预测的比较）	营业收入		净利润	
	家数	占比	家数	占比
超预期 >5%	6	8.7%	2	2.9%
符合预期 -5%-5%	30	43.48%	16	23.19%
-15%--5%	22	31.88%	25	36.23%
-30%--15%	9	13.04%	17	24.64%
<-30%	2	2.9%	9	13.04%
合计	69	100%	69	100%

新股业绩低于上市预期的占了半数以上，达预期的不到三成，超预期的更是凤毛麟角不足一成，所以，不要太指望你看好的个股在后续的财报表现会比上市投价报告出众很多。深交所要求 2012 年起拟上市公司在上市公告书中以季度为单位披露最近一期业绩情况、未来一期业绩预告，这对实现公司上市前后财务信息的有效衔接，及时揭示业绩波动风险，提高 IPO 公司信息披露透明度起到了很好的作用，而对我们来讲，随着上市披露制度的完善，可比参照物由投价报告（现在已经取消）向上市公司业绩预告转移，可能未来新股达到预期或者超预期的比例会提高不少吧。

4.2 高送转和大小非解禁避税

本节导读

业绩超预期和高送转是年报行情的两大主线。（1）高送转实施流程包括预案公告、股东大会、股权登记（除权除息）等三个关键时间节点，其中预案公告前后是行情最重要启动期。因此，预判具有大概率高送转的个股进行提前布局是获取超额收益关键。从历史经验来看，我们注意到每股资本公积 + 每股未分配利润、公司股价、总股本、公司业绩（净利润、每股收益）等财务指标，以及公司上市时间长短、先前报告期是否有高送转和近期是否有定增、限售股解禁等非财务因素，均会对上市公司是否实施高送转有影响。可以看到，高转增股本不会直接增加股东的财富，也不会导致公司资产的流出或负债的增加，但股票股利会引起所有者权益各项目的结构发生变化，间接的，股票股利还会影响二级市场股价；（2）上市公司高送转的缘由有多种，既有客观需要也有主动选择。大小非通过年报高送转进行解禁套利避税是其中一种，也为我们跟踪上市公司的信息披露提供了线索，原始股东为了套利避税：首先，本年度小非解禁，去年年报公布高送转的股利分配预案；其次，小非限售期过后实施利润分配及资本公积金转增股本方案；最后，待股价上涨之后再进行减持。

4.2.1 布局年报高送转正当时

高送转通常指高比例的送股和转股，其中送股是上市公司以转增股本的形式分配利润，转股则是指上市公司将公积金（盈余公积和资本公积）转增股本。高送转实质为股东权益的内部结构调整，理论上并不影响上市公司的经营状况和未来盈利能力。一般每年三季报披露完毕后，是布局年报高送转行情非常好的时间窗口。

历史经验表明，A 股上市公司进行高送转往往被视为重大利好，能够提振股价，走出高送转预期行情（第一波）和填权行情（第二波）。其潜在原因可能包括以下两方面：高送转可以向市场传递公司未来业绩将保持高增长的积极信号；高送转可以增加股本，降低股价，增强流动性和吸引力。

近年来，在 A 股市场投资者对“高送转”公司股票的持续追捧下，越来越多的上市公司选择进行高送转。我们将年报 / 中报分红方案中每 10 股的送股和转股比例之和大于等于 10 股的分红方式定义为高送转，并以此为基准，对 2006 年 ~ 2017 年历年 A 股上市公司的高送转情况进行统计分析。结果表明，近年发布高送转预案的公司数量稳步上升，2014 年、2015 年年报推出高送转方案公司均超过了 300 家，而 2016 年受到监管趋严影响后，高送转热度有一定下降。

从行业分布角度看，TMT 行业公司实施高送转的意愿较强。首先绝对数量维度，机械设备（2006 年 ~ 2017 年年累计 201 例，下同）、计算机（185 例）和生物医药（182 例）行业高送转数量最多；若考虑不同行业本身公司数量多寡影响，采用高送转“比例”维度（定义为行业累计高送转案例数 / 行业公司数的比值，由于部分行业公司可能重复多次高送转，该比值可能大于 1）来看，计算机、电子、传媒等 TMT 行业高送转比例最高。

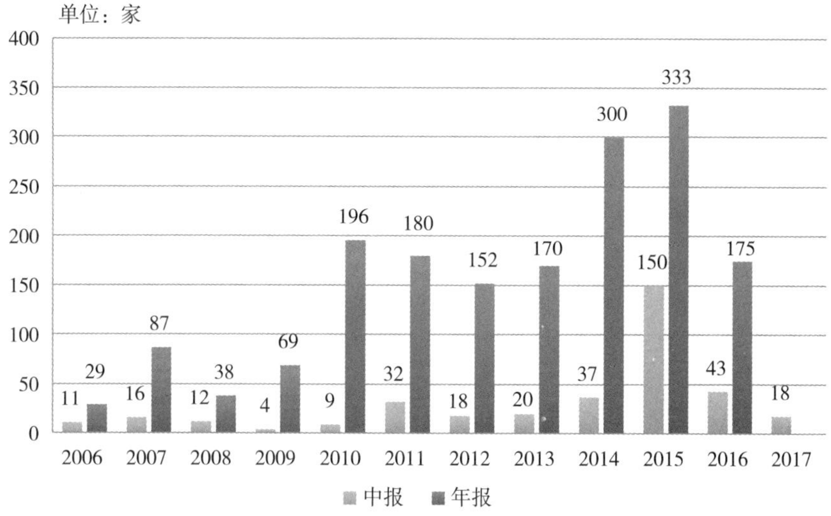

图 4.8：高送转多年持续火爆，2016 年监管趋严后有所降温

数据来源：Wind

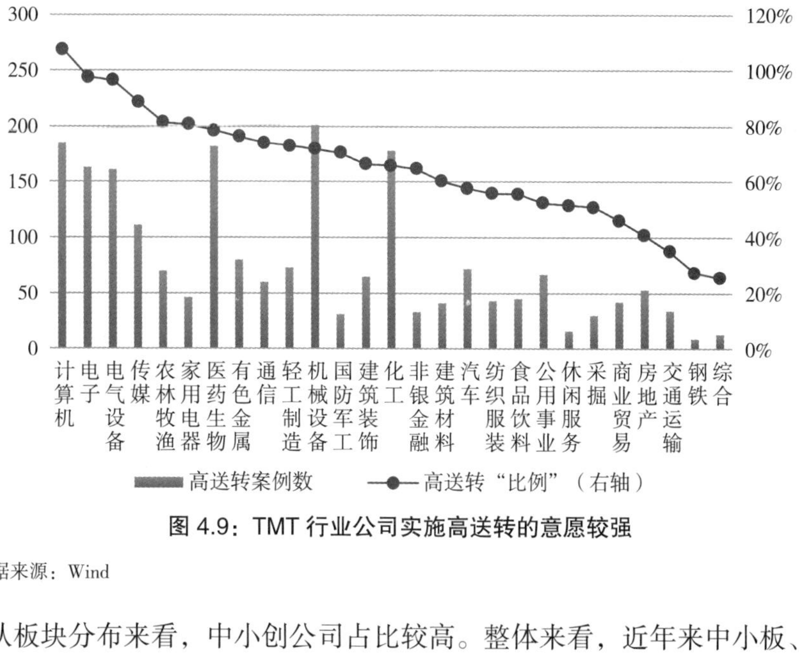

图 4.9：TMT 行业公司实施高送转的意愿较强

数据来源：Wind

从板块分布来看，中小创公司占比较高。整体来看，近年来中小板、创业

板上市公司在所有发布高送转预案的 A 股公司中所占比例逐步上升，自 2016 年中报起已连续 3 个报告期占比在七成以上。最近一个报告期（2017 年中报）中小创公司占比为 77.78%，预计 2017 年年报有望延续这一格局。

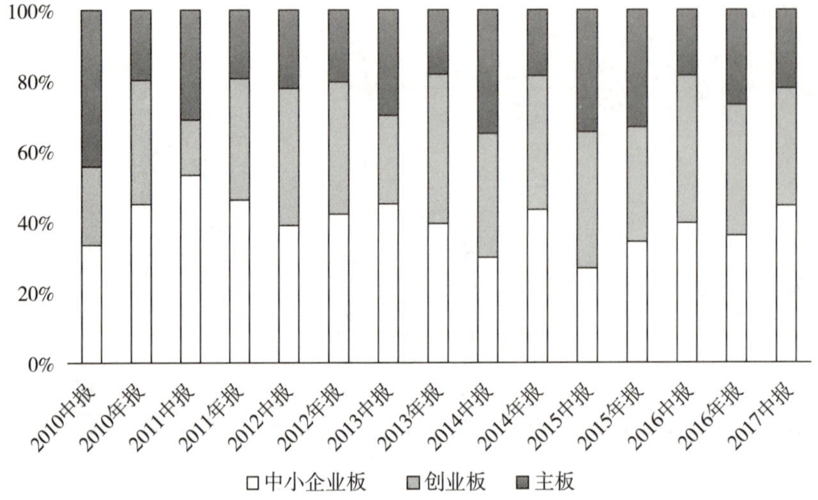

图 4.10：高送转企业中小创占比超过七成

数据来源：Wind

监管趋严，引导理性投资

由于市场对高送转持续追捧，部分上市公司开始借高送转方案“炒作”股价，以达到掩护重要股东减持、顺利实施定增等目的。近年来，部分业绩下滑乃至亏损的公司也加入高送转阵营。针对这一现象，监管层也态度鲜明地采取了一系列措施监管、规范高送转，引导市场理性投资。

表 4.11：沪深交易所采取一系列措施方式加强高送转相关监管

时间	监管机构	监管措施具体内容
2015 年 10 月	上交所	2015 年 10 月，上交所规定高送转需披露减持情况。为督促公司规范披露市场热点事项，提高信息披露有效性，上交所发布 4 项临时公告格式指引，其中新增《第九十五号上市公司董事会审议高送转公告》格式指引。该通知自发布之日起施行。具体而言：对于高送转提议，特别是少数股东提议前后减持股份情况，相关格式指引要求提议股东应明确投票意向，公开披露前期股票买卖情况和未来六个月是否有股票减持计划，强化股东诚信意识，接受市场监督。在决策程序上，还规定董事会应当尽早审议高送转议案，并征询控股股东和实际控制人的意见，以稳定市场预期。

续表

时间	监管机构	监管措施具体内容
2016 年 11 月	深交所	2016 年 11 月，深交所修改高送转预案公告格式，要求披露高送转时必须披露业绩预告，原则上不支持亏损或业绩大幅下滑（净利润同比下降 50% 以上）公司高送转，公司有责任向重要股东问询减持计划。报告期内非经常损益对公司业绩影响较大的（占净利润 30% 以上），应当说明其金额。
2017 年 3 月	上交所	2017 年 3 月，上交所表态对高送转进行专项治理。（1）立好规范。前期，专门发布了“高送转”公告格式指引，明确了“高送转”信披的基本要求。重点是讲清合理性，揭示利益链条，披露主要股东、董监高等利益主体前期股票买卖情况和未来减持计划，同步从严规范高送转提议和决策程序，督促公司审慎决策。（2）把住事中。对送转比例较高、业绩增长与股本扩张不匹配、搭售减持计划、不当市值管理意图明显的，审核问询不过夜。公司无法及时回复问询的，对其股票实施停牌，直至按要求披露回函，防止误导投资者。（3）问明动机。充分利用“刨根问底”式监管，在严格执行信披指引的基础上，要求公司及股东明确披露是否出于维护股价考虑、是否为配合相关股东的减持。同时，引导主流财经媒体解读监管问询函，形成降温“高送转”的市场氛围。（4）严查交易。坚持“高送转”内幕交易每单必查，发现问题及时上报。将“高送转”股票纳入二级市场重点监控范围，聚焦虚假申报、拉抬打压、账户对倒等异常交易行为，及时采取警示和暂停交易等监管措施。
2017 年 3 月	深交所	2017 年 3 月，深交所表示下一步将继续重点关注上市公司高送转行为。（1）加强对大股东与董监高的减持计划监管力度，对不符合《高送转公告格式》的模糊披露情况予以监管，对于违反承诺减持的，采取相应监管措施。（2）加强高送转方案与公司成长匹配性的监管问询力度，要求公司对高送转与披露的业绩预告匹配性进行详细论证，同时对于后续公司业绩与预告不符的情况进行监管。

抽丝剥茧，寻找高送转的指向标

高送转全周期实施流程中，投资收益主要集中在预案发布前阶段。从实施流程来看，高送转从公告到实施需要经过预案公告日、股东大会日、股权登记日（次日为除权除息日）三个关键时间节点。通常来说，上市公司会在年报和中报分红预案中公布高送转预案，但近年来越来越多的公司在当年 11 月至次年 1 月间即提前发布年报高送转的预披露公告，因此相应市场行情往往会随之提前启动。

因此，如何预判出具有大概率高送转的个股进行提前布局，是取得超额收益的关键。从历史经验来看，我们注意到每股资本公积 + 每股未分配利润、公司股价 / 总股本、公司业绩（净利润、每股收益）等财务指标，以及公司上市时间长短、先前报告期是否有高送转和近期是否有定增、限售股解禁等非财务因素，均会对报告期上市公司是否实施高送转有影响，因此这些指标可以用来判断潜在的高送转标的。

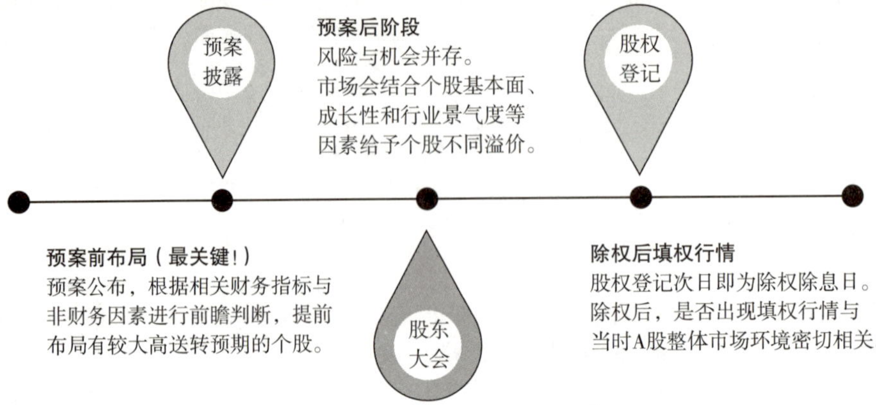

图 4.11：高送转实施流程中，预案公告前阶段最关键

表 4.12：部分财务指标和非财务因素在预判上市公司高送转中具有“指向标”作用

指标	筛选原因
每股资本公积 / 每股未分配利润	每股资本公积与每股未分配利润是上市公司实施高送转利润分配方案的基础：每股资本公积越高，实施转增股本的概率越高；每股未分配利润越高，实施送股的概率越高。
高股价 / 低股本	高送转可以降低股价，扩张股本。股价过高往往会降低投资者的参与度，损害流动性；低股本的公司随着企业的发展，为了不使股价过高，存在着扩张股本的意愿。因此，高股价与低股本的公司更有意愿推出高送转。
公司业绩：净利润、每股收益等	公司盈利水平越好，则实施高送转利润分配计划的概率也较高。如深交所 2016 年 11 月 23 日发文规范了高送转公告格式，强调了公司业绩预告的披露必须在高送转预披露案之前，以加强对高送转公司盈利水平的监管，原则上不支持亏损或业绩大幅下跌的公司进行高送转。因此业绩出色的公司有更大的概率实施高送转。
上市时间	上市时间较短公司（次新股）的股本普遍较低，资本公积普遍较高，通过推行高送转可以有效扩张股本、降低股价，从而提高股票流动性。
先前是否高送转	先前报告期中实行过高送转的公司，本期再次发布高送转的概率会降低。
是否有如定增等资本事项	以定增为例，准备实施定增的公司往往后续资本公积较高，具备高送转条件； 另外发布定增预案后，公司有动力通过高送转来提振股价，降低股权稀释比例； 而对于再融资新规之前非发行期首日定价的项目，高送转也是公司保增发的重要措施之一。
近期是否有解禁	近期有部分限售股解禁的公司，实施高送转的概率更大。 原因在于：（1）高送转存在一定的“避税”功能。根据相关规定，限售股转让取得的收入将征收 20% 的个人所得税；但限售股解禁之后实施高送转所得到的送转股将不再需要缴纳税款；（2）高送转推高股价，有利于高价减持。

还有哪些确定性的高送转标的?

招股说明书中明确表示“公司董事会应提出发放股票股利议案”。如优博讯（300531）在招股说明书中明确了公司股东未来回报规划：如累计未分配利润和盈余公积合计超过注册资本的200%以上，公司董事会应提出发放股票股利议案并提交股东大会审议。公司上市第一年即10派1.5元转增25股。陇神戎发（300534）的招股说明书里也明确承诺：2014年~2016年，公司每年以现金方式分配的利润不低于当年实现的可供股东分配的利润的20%。在完成现金股利分配后公司累计未分配利润达到或超过股本100%的情况下，2014年~2016年，公司将另行增加至少一次股票股利分配。公司上市第一年即10派1送3元转增22股。

重组承诺函或股改承诺函。上海环境（601200）重组过程中发布过城投控股换股吸收合并上海阳晨投资股份有限公司及分立上市暨关联交易报告书（草案），其中控股股东有承诺。上海城投关于提议上海环境资本公积转增股本的承诺：为保护中小投资者的利益，本次重组后上海环境的控股股东上海城投于2015年8月24日出具《关于提议资本公积转增股本的承诺函》，承诺在本次重组完成后，于上海环境股票上市交易后，向上海环境董事会提出利润分配议案：以本次重组完成后的上海环境股份总数702543884股为基数，向全体股东每10股转增不低于10股，共计转增不低于702543884股（每股面值为1元）。此次转增后，上海环境股份总数下限将增至1405087768股，总股本下限将增至1405087768元。

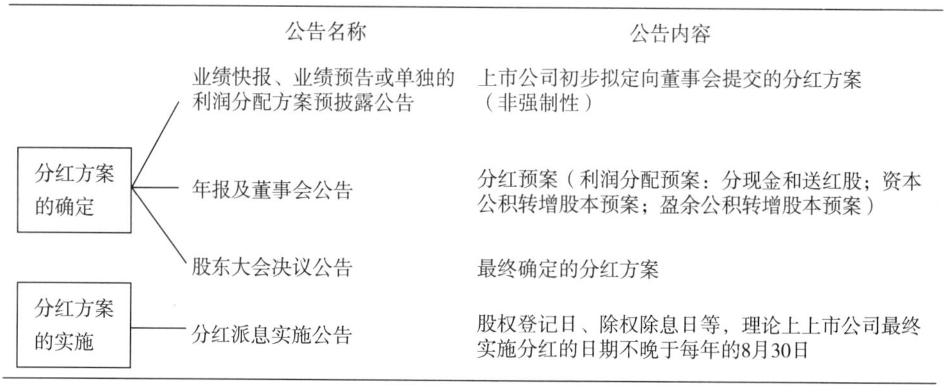

图4.12：分红包括两部分：分红方案的确定和分红方案的实施

注：利润分配包括分现金和送红股，资本公积转增股本实质与送红股类似，一般也可将其视为分红的一种；与送红股、派发现金时需要缴纳“股息红利个人所得税”不同，上市公司用资本公积金转增股本时，投资者不用缴纳所得税。

4.2.2 大小非解禁避税

高送转（这里重点指高转增股本）背后的原因有很多，包括上市公司股本扩张需要、配合二级市场炒作、保增发等。以下我们从原始股东套利避税的角度来解释部分上市公司为什么热衷于高送转。

注意时点：某公司 2015 年 5 月 8 日（时间做了虚构，但文章里的相对时间均未变）在创业板上市，一年后，即 2016 年 5 月 8 日小非解禁，该次解除限售实际可上市流通的股份数量为 1761 万股，占公司股本总额的 26.28%。上市公司采取的行为：限售股解禁后马上高送转。2016 年 5 月 6 日发布 2015 年度资本公积金转增股本实施公告（在 2016 年 4 月公布 2015 年年报时已公布分配预案），公司 2015 年度利润分配及资本公积金转增股本方案为：每 10 股转增 10 股。本次转增股本股权登记日为：2016 年 5 月 11 日；除权日为：2016 年 5 月 12 日；本次所转增的无限售条件流通股的起始交易日为：2016 年 5 月 12 日。

高转增股本的目的：提高股价、合理避税。

对股价的正面影响：（1）在盈余和现金股利不变的情况下，发放股票股利可以降低每股市价，从而吸引更多的投资者；（2）发放股票股利往往会向社会传递公司将会持续发展的信息，从而提高投资者对公司的信心，在一定程度上稳定股票价格；（3）填权效应，有时公司发放股票股利后其股价并不会成比例下降。

合理避税：根据《关于个人转让上市公司限售股所得税征收个人所得税有关问题的通知》（财税【2009】167 号），自 2010 年 1 月 1 日起，对个人转让限售股取得的所得，按照“财产转让所得”，适用 20% 的比例税率征收个人所得税（股东转让上市公司限售股的应纳税所得额 = 限售股转让收入 –（限售股原值 + 合理税费），应纳税额 = 应纳税所得额 ×20%）。但 167 号文并未将解禁日之后滋生的送转股纳入征收个人所得税的范围，从理论上存在税收筹划的空间。如某原始股东持有上市公司限售股 100 万股，限售期结束时的股价为每股 10 元，若此时售出股票，那么计税基础就是 1000 万元，但是如果在限售期结束之后，公司进行 10 转 10 的高比例转股，该股东就持有上市公司股份 200 万股，对应除权价格为每股 5 元，按照规定，该 200 万股中有 100 万股为限售股，而转股后的另外 100 万股因为是在解禁日期后获得的流通股，所以不征收个人所得税，那么此时的计税基础为 500 万元。

公司小非在除权日（5 月 12 日）之后的几天内通过大宗交易平台共减持1008 万股，套利金额 2.11 亿元，并通过高送转成功实现了合理避税。虽然上述案例并不多见，对上市公司为什么高送转的理由也偏于绝对化，但为我们跟踪上市公司的信息披露提供了线索，原始股东为了套利避税：首先，本年度小非解禁，去年年报公布高送转的股利分配预案；其次，小非限售期过后实施利润分配及资本公积金转增股本方案；最后，待股价上涨之后再进行减持。从提前提防大小非减持潜在风险的角度看，除通过年报高股票分红进行一次避税之外，一些大小非通过种种路径，将股份托管到一些有返还税收优惠的地区营业部减持，从而达到二次避税目的，另外上市公司法人股东变更注册地到西藏、新疆等有税收优惠的地区，可能也是为了减持避税提前做准备。

5. 寻找盈余管理蛛丝马迹

5.1 应计盈余与盈余质量负相关

本节导读

我们讲的盈余管理，事实上是上市公司会计信息管理的代名词，不仅包括利润表，也包括资产负债表和现金流量表。盈余管理一是盈余，二是管理，前者是结果，后者是过程。会计盈余可以分为现金盈余和应计盈余两部分，现金盈余来源于当期经营净现金流的增加；而应计盈余更多来源于对未来现金流的确认，这给予公司管理层较大的利润操纵空间，从而导致应计盈余持续性较差，所以应计盈余越大的公司，其盈余质量往往越差。跟现金盈余和应计盈余这两个结果概念相关的还有两个过程概念：真实盈余管理和应计盈余管理。真实盈余管理即进行基于真实交易的盈余管理，公司管理层会通过适时而刻意地构造、调整或改变公司实际的经营、投资和筹资活动等来干预会计信息。真实盈余管理改变了公司的实际经济活动，因而将对公司的现金流、未来经营业绩以及长期价值产生影响。应计盈余管理是指在现行会计准则允许的主观判断范围内，利用对会计政策和会计估计的选择，粉饰或掩盖公司真实经营业绩的行为。应计盈余管理不改变公司的实际经济活动，不产生实际的现金流入与流出，它只是改变公司的实际盈余在不同会计期间的反映和分布。

5.1.1 会计信息和盈余管理

影响上市公司会计信息质量的一个重要命题就是盈余管理。学术研究普遍认为高盈余质量能够为投资者提供高质量的上市公司盈余信息，以帮助投资者更为准确地预测公司未来业绩，从而做出正确的投资决策。就如当上市公司披露财报的时候，我们首先会从众多的会计信息中提取出盈余信息来，而且在后续的投资决策中，企业盈余信息所占的权重也远远大于其他信息。回到企业价值的本源——未来现金流的折现，我们可以看出包括现金流在内的盈余，其在公司价值评估中占据重要的位置。

目前学术界对盈余管理没有统一的定义，广义来讲，可以分为三类：好的盈余管理可以提高会计报告的透明度；中性的盈余管理是指在不违反会计准则规定的前提下对会计报告进行操纵，这种操纵既可以是提高效率的，也可能是机会主义的；差的盈余管理是指完全的财务造假和舞弊；第三类最臭名昭著的莫过于美国安然公司和世通公司的会计作假丑闻，相比前两类，第三类盈余管理往往发生在会计期内，因为它需要企业设计出一些本来正常经营不需要的业务出来，通过开展这些新业务来实现盈余操纵。从投资角度讲，我们更关注第一和第二类的投资机会。

从定义来看，盈余管理好像只调节利润表，而不是资产负债表，这有点以偏概全，只是在大部分情况下，即使企业的目的是调节资产负债表，最终也会影响到利润表。所以我们这里说的盈余管理，事实上是上市公司会计信息管理的代名词。

正是有盈余管理的存在，所以市场上所谓的“一招必胜”的财务指标选股可能要小心了。可以看看彼得·林奇投资福特汽车的故事，彼得·林奇发现了所谓的“净现金头寸”。1988 年初，福特汽车的股价已经涨到了 38 美元，彼得·林奇注意到福特汽车 1987 年的年报中流动资产中包括 56.72 亿美元的现金和现金等价物，还有 44.24 亿美元的有价证券，两项加起来，公司目前全部现金资产达到约 101 亿美元。同期公司长期负债 17.5 亿美元，从 101 亿美元的现金头寸中减去 17.5 亿美元的长期债务，等于 83.5 亿美元，这就是林奇算出来的福特公司的净现金头寸，83.5 亿美元的净现金头寸除以福特 5.11 亿股的流通股，得出的结果是当时福特公司净现金价值每股为 16.3 美元，而许多分析师预测福特公司的汽车业务可以获得每股约 7 美元的收益！这样，对应到市盈率，福特的市盈率只有 3.1 倍（用（38 减去 16.3）美元除以每股收益 7 美元），而不是 5.4 倍（直接用 38 美元除以每股收益 7 美元）。在随后的日子里，林奇大胆买入福特公司股票，不断加仓，直到其成为重仓股。这个理念现在在 A 股市场也非常流行，在计算市值时会把现金资产（净现金头寸）剔除掉，得出相应的市盈率。但这种分析方法的不足之处也很明显，产生长期现金流的能力才是收入的真正动力，如果资产不能获得持续经营能力，其获得的收益并不能用市盈率去估值，此时每股净现金价值只能跟股价放在同一维度做计算，而不是跟每股收益放在一起计算[①]。更为重要的就是公司现金资产真实性的问题，资产负债表反映的是时点数据，很难保证公司的现金资产是否真实。事实上，彼得·林奇购买福特汽车的主要原因还是宏观经济和新车型开发带来的业绩重新成长，“净现金头寸”只是多了一条增强买入信心的线索而已。

5.1.2 现金盈余和应计盈余

会计盈余可以分为现金盈余和应计盈余两部分。在权责发生制的会计准则下，收入（费用）的确认是根据企业是否已经取得（支付）了对该笔收入的权利（义务），而不是企业是否已经收到（支付）了相应的现金。即不以现金收付作为会计确认的标准，而是以交易和事项是否实际发生为确认基础。这样，企业会计盈余就包括两个部分：一是已经收到了现金的盈余，称之为现金盈余；二是尚未收到现金，但企业有权利在未来收到现金的盈余，称之为应计盈余。可以看出，由于应计盈余的不确定性（坏账等），现金盈余的质量要比应计盈余高。另外，Sloan（1996）在对会计盈余的实证检验中发现了著名的“应计异象”：应计盈余对未来盈余的预测能力低于现金盈余对未来盈余的预测能力，即应计盈余的持续性较现金盈余差。但由于市场对两者的认识不足，导致了应计盈余比较高的公司价值被高估，从而产生错误定价。因此，应计盈余与未来股票收益存在负相关关系，买入最低应计盈余组的股票并卖空最高应计盈余组的股票在未来可以获得超额回报。

存货计价选择

国内《企业会计准则》规定：“各种存货发出时，企业可以根据实际情况，选择使用先进先出法、加权平均法、移动平均法、个别计价法等方法确定其实际成本。”选择不同的存货计价方法将会导致不同的报告利润和存货估价。以先进先出法为例，先进先出法是指以先购入的存货应先发出（销售或耗用）这样一种存货实物流动假设为前提，对发出存货进行计价的一种方法。采用这种

---

① 虚构下福特汽车的案例，如果市场给予福特汽车 6 倍的市盈率，经营性业务每股收益 7 美元，净现金价值为 16.3 美元，如果按前种算法，公司的合理价格应该是 139.8 元（6×（7+16.3）），而如果按后种算法，公司的合理价格只有是 58.3 元（6×7+16.3）。

方法，先购入的存货成本在后购入存货成本之前转出，据此确定发出存货和期末存货的成本。这样，在物价持续上升时，期末存货成本接近于市价，而发出成本偏低，会高估企业当期利润和库存存货价值；反之，会低估企业存货价值和当期利润。换句话说，在物价上涨时期，当公司需要提高当期盈余时，会选用能够降低销售成本的先进先出法；当公司需要降低当期盈余时，会选用能够相对提高销售成本的加权平均法。

研发支出处理

研发活动从广义上来讲也是一种投资行为，但较一般的投资活动具有更大的收益不确定性和风险性，从而增加了研发支出在会计确认与计量上的难度。按规定，研发支出需要区分研究阶段与开发阶段的支出，进行相应的处理。研究阶段的支出需要费用化，记入利润表，而开发阶段的支出需要资本化，记入资产负债表。而研发支出是费用化还是资本化，更多的是依据企业管理层提供的信息，而管理层提供的信息基本都是基于他们的判断和利益驱动，不像销售、采购等有外部合同作为印证，所以也容易被调节和操纵。就如“为什么其他视频网站还在亏损，而唯独乐视网能盈利”的讨论一直没有停过一样，因为乐视网关于研发支出资本化问题的解释一直没能让公众信服（乐视的研发资本化比例极高，2014 年和 2015 年接近 60%）。在 2017 年 A 股龙头科技类股票大涨的时候，也有分析师用“研发支出前盈余”这一指标嫁接在传统的 PE/PEG 方法上用于科技股的估值，认为研发费用支出越高，企业的长期竞争力越强。当然，从我国的税法鼓励性规定来看，上市公司也有做高研发费用的动机（达到阈值）。新出台的《高新技术企业认定管理办法》规定，自 2016 年 1 月 1 日起，高新技术企业认定，企业近三个会计年度（实际经营期不满三年的按实际经营时间计算）的研究开发费占同期销售收入总额的比例必须符合如下要求：

A 最近一年销售收入小于 5000 万元（含）的企业，比例不低于 5%；

B 最近一年销售收入在 5000 万元～2 亿元（含）的企业，比例不低于 4%；

C 最近一年销售收入在 2 亿元以上的企业，比例不低于 3%。其中，企业在中国境内发生的研发费占全部总额不低于 60%。

通过高新技术企业认定后，企业的所得税税率就由 25% 调整为 15%。所以高新技术企业的认定门槛也有可能成为企业研发费用占比盈余管理的一个阈值。

表 5.1：在研发支出完全资本化的 50 家上市公司中，如果从其净利润里扣除资本化金额，那么会有 10 家公司净利润从盈利变成亏损

2016/12/31	名称	资本化研发支出（亿元）	研发支出合计（亿元）	资本化占比	研发支出总额占营业收入比例	归母净利润（亿元）	归母净利润扣除资本化金额
000733.SZ	振华科技	1.9951	1.9951	100.00%	3.03%	2.1167	0.1216
000850.SZ	华茂股份	0.5527	0.5527	100.00%	2.81%	0.2795	−0.2732
000860.SZ	顺鑫农业	0.0544	0.0544	100.00%	0.05%	3.3510	3.2966
000868.SZ	安凯客车	1.5447	1.5447	100.00%	3.25%	0.3431	−1.2017
000906.SZ	浙商中拓	0.0579	0.0579	100.00%	0.02%	1.1432	1.0853
000911.SZ	南宁糖业	0.3616	0.3616	100.00%	1.01%	−2.3825	−2.7441
000926.SZ	福星股份	0.3293	0.3293	100.00%	0.31%	6.2785	5.9492
000985.SZ	大庆华科	0.0956	0.0956	100.00%	0.93%	0.2421	0.1466
001979.SZ	招商蛇口	0.3327	0.3327	100.00%	0.05%	85.5054	85.1727
002028.SZ	思源电气	3.3886	3.3886	100.00%	7.69%	3.8359	0.4473
002042.SZ	华孚时尚	1.3997	1.3997	100.00%	1.58%	4.4617	3.0620
002053.SZ	云南能投	0.0081	0.0081	100.00%	0.06%	2.0542	2.0461
002062.SZ	宏润建设	2.0875	2.0875	100.00%	2.37%	2.1873	0.0998
002066.SZ	瑞泰科技	0.5294	0.5294	100.00%	3.02%	−0.3785	−0.9080
002113.SZ	天润数娱	0.2416	0.2416	100.00%	18.41%	0.3314	0.0898
002155.SZ	湖南黄金	2.2236	2.2236	100.00%	3.28%	1.1330	−1.0905
002205.SZ	国统股份	0.3146	0.3146	100.00%	5.24%	−0.6396	−0.9542
002214.SZ	大立科技	0.8162	0.8162	100.00%	24.05%	0.3328	−0.4834
002220.SZ	天宝食品	0.0421	0.0421	100.00%	0.28%	1.6687	1.6267
002234.SZ	民和股份	0.0729	0.0729	100.00%	0.52%	1.5092	1.4363
002272.SZ	川润股份	0.1398	0.1398	100.00%	2.29%	−0.5180	−0.6578
002273.SZ	水晶光电	0.8037	0.8037	100.00%	4.78%	2.0466	1.2428
002282.SZ	博深工具	0.2387	0.2387	100.00%	5.55%	0.0041	−0.2346
002283.SZ	天润曲轴	0.8934	0.8934	100.00%	4.90%	1.6060	0.7127
002288.SZ	超华科技	0.2785	0.2785	100.00%	2.69%	0.0130	−0.2655
002318.SZ	久立特材	0.9931	0.9931	100.00%	3.68%	1.1298	0.1367
002319.SZ	乐通股份	0.1731	0.1731	100.00%	3.33%	0.0482	−0.1249
002393.SZ	力生制药	0.6421	0.6421	100.00%	7.58%	0.7398	0.0977

续表

2016/12/31	名称	资本化研发支出（亿元）	研发支出合计（亿元）	资本化占比	研发支出总额占营业收入比例	归母净利润（亿元）	归母净利润扣除资本化金额
002521.SZ	齐峰新材	0.8206	0.8206	100.00%	3.03%	1.8154	0.9948
002547.SZ	春兴精工	0.8217	0.8217	100.00%	3.24%	1.9384	1.1167
002559.SZ	亚威股份	0.6734	0.6734	100.00%	5.76%	0.6530	−0.0204
002630.SZ	华西能源	0.7947	0.7947	100.00%	2.34%	1.8663	1.0717
002681.SZ	奋达科技	0.9901	0.9901	100.00%	4.71%	3.3662	2.3761
002691.SZ	冀凯股份	0.1354	0.1354	100.00%	6.02%	0.1199	−0.0156
002696.SZ	百洋股份	0.0126	0.0126	100.00%	0.06%	0.5903	0.5777
002702.SZ	海欣食品	0.1075	0.1075	100.00%	1.16%	−0.0847	−0.1922
002703.SZ	浙江世宝	0.4142	0.4142	100.00%	3.64%	0.5596	0.1454
002706.SZ	良信电器	0.8211	0.8211	100.00%	6.70%	1.5009	0.6798
002717.SZ	岭南园林	0.9563	0.9563	100.00%	3.72%	2.2372	1.2809
002795.SZ	永和智控	0.1606	0.1606	100.00%	3.52%	0.7048	0.5442
002842.SZ	翔鹭钨业	0.2538	0.2538	100.00%	3.55%	0.0000	−0.2538
300262.SZ	巴安水务	0.1919	0.1919	100.00%	1.86%	1.5337	1.3417
600058.SH	五矿发展	0.0367	0.0367	100.00%	0.01%	−30.0233	−30.0600
600297.SH	广汇汽车	0.7785	0.7785	100.00%	0.06%	27.4763	26.6977
600368.SH	五洲交通	0.0074	0.0074	100.00%	0.06%	0.1392	0.1318
600795.SH	国电电力	0.4259	0.4259	100.00%	0.07%	41.6558	41.2299
600811.SH	东方集团	0.0060	0.0060	100.00%	0.01%	6.7528	6.7468
601900.SH	南方传媒	0.0148	0.0148	100.00%	0.03%	3.8183	3.8034
603223.SH	恒通股份	0.0085	0.0085	100.00%	0.04%	0.6475	0.6390
603939.SH	益丰药房	0.1479	0.1479	100.00%	0.40%	2.1004	1.9525

数据来源：Wind。注：2016 年年报数据。

从盈余管理的角度来看质量高低，现金盈余来源于当期经营净现金流的增加；而应计盈余更多来源于对未来现金流的确认，这给予公司管理层较大的利润操纵空间，从而导致应计盈余持续性较差，所以应计盈余越大的公司，其盈余质量往往越差。

利润表的视角：应计盈余 = 营业利润 − 经营性净现金流

资产负债表的视角：应计盈余 = 非现金营运资本变动 =Δ（流动资产 – 现金 – 短期投资 – 一年内到期的非流动资产）– Δ（流动负债 – 短期借款 – 一年内到期的非流动负债 – 应交税费）– 折旧 & 摊销

再将应计盈余作拆分，由于应计盈余不完全都是由于主观操纵所产生的，其中有部分不可操纵是由自身增长所致，这部分非操纵性应计盈余主要受营业收入变动以及固定资产水平两个因素影响，营业收入的变动对应营运资本的变动，固定资产产生折旧，营运资本变动以及折旧均会对应计盈余造成影响。

总应计盈余（ACC）= 非操控性应计盈余（NDACC）+ 操控性应计盈余（DACC）

5.1.3 真实盈余管理和应计盈余管理

跟现金盈余和应计盈余这两个结果相关的还有两个过程概念：真实盈余管理和应计盈余管理（如果需要量化度量的话，操控性应计盈余 DACC 是一个不错的指标）。真实盈余管理即进行基于真实交易的盈余管理，公司管理层会通过适时而刻意地构造、调整或改变公司实际的经营、投资和筹资活动等来干预会计信息。真实盈余管理改变了公司的实际经济活动，因而将对公司的现金流、未来经营业绩以及长期价值产生影响。应计盈余管理是指在现行会计准则允许的主观判断范围内，利用对会计政策和会计估计的选择，粉饰或掩盖公司真实经营业绩的行为。应计盈余管理不改变公司的实际经济活动，不产生实际的现金流入与流出，它只是改变公司的实际盈余在不同会计期间的反映和分布。一个有趣的发现是，行业管制特征可能会影响企业盈余管理方式的选择，因为管制行业的产品销售价格和销售条件等多数实施政府定价或政府指导价，如电力行业的定价策略实施的是政府定价，不允许电力企业降价售电；煤炭、石油等管制行业的生产量一般也要受政府的约束。所以行业管制特征制约了企业能否实施真实盈余管理以及实施盈余管理的程度。

案例 9：应计盈余管理：Z 公司利用会计政策变更调节净利润

企业的会计政策不应随意变更，除非生产经营环境出现重大变化或行政法规要求。但部分企业将变更会计政策与会计估计作为盈余管理的手段，用以调节净利润。常见的方式有：（1）变更长期股权投资核算方法；（2）变更折旧摊销方法；（3）变更坏账准则计提比率；（4）变更存货计价方法；（5）变更递延收益的摊销时间。Z 公司就利用了上述多种方法进行盈余管理。

Z 公司是家以油运、煤运为主营业务的航运公司，受全球经济增速放缓和航运市场运力供大于求的影响，其 2012 年前三季度的净利润分别为 −3.05 亿元、−4.61 亿元、−3.64 亿元，第四季度净利润却变为 1.38 亿元，与上一季度相比增加了 137.89%。而该年公司营收的季节性并不明显，一至四季度分别为 27.39 亿元、29.33 亿元、28.15 亿元和 26.71 亿元，三四季度的营业收入甚至出现了下降。在营业收入下降的情况下，净利润却突增，出现这种反常现象的原因是 Z 公司在 2012 年变更了会计政策和会计估计。

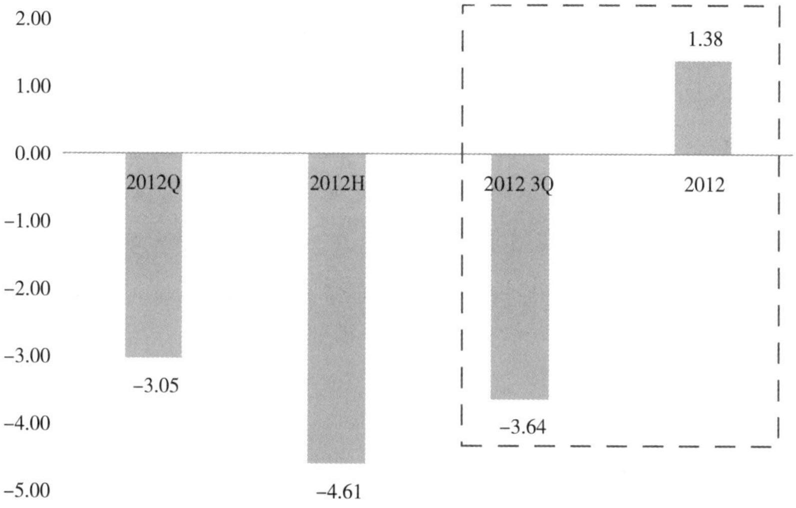

图 5.1：Z 公司四季度净利润突增

数据来源：Wind

（1）会计政策变更。Z 公司将投资性房地产的后续计量模式由成本模式改为公允价值模式，不对其计提折旧或进行摊销，并以资产负债表日投资性房地产的公允价值为基础调整其账面价值。这对 2012 年期末经营状况的影响为：增加投资性房地产 4.46 亿元，增加递延所得税负债 1.10 亿元。此项会计政策变更对 2012 年度业绩的影响为：减少其他业务成本 657 万元，增加公允价值变动损益 4.39 亿元，所得税费用同时增加 1.10 亿元，共计增加 2012 年净利润 3.36 亿元。

（2）会计估计变更。Z 公司自 2012 年 1 月 1 日起开始调整船舶资产的会计折旧年限及净残值率，将船舶原净残值从 180 美元 / 轻吨变更为 470 美元 / 轻吨，并将新造船的使用年限从22年调整为25年。2012年，集团发生折旧费14.48亿元，同比下降17.3%，占主营业务成本的12.9%。该会计估计变更降低当年折旧费约6亿元，增加本期合并财务报表净利润5.92亿元。

Z公司利用会计政策和会计估计的变更等盈余管理手段，在营业收入趋于平缓、运营状况并没有改善的背景下，成功促使净利润由负变正。但由盈余管理带来的业绩改善并不可持续：Z公司2013年继续大幅亏损，一季度净利润为−4.85亿元，股价最低曾跌至3.3元，盈余管理带来的业绩增长注定不可持续。

案例10：真实盈余管理：G公司“业绩变脸”源自盈余管理

G公司于2014年初在上交所上市，其招股说明书显示，公司2010年~2012年营业状况良好，营业收入和净利润保持增长，但上市后发布的2013年年报却突然“变脸”，营业收入、净利润均出现大幅下滑，年报发布后股价连续4天下跌，跌幅达22.8%。具体分析后可知，公司2010年~2012年的业绩增长应为IPO前盈余管理所致，其以损害公司未来业绩为代价换得顺利发行上市，是不可持续的。

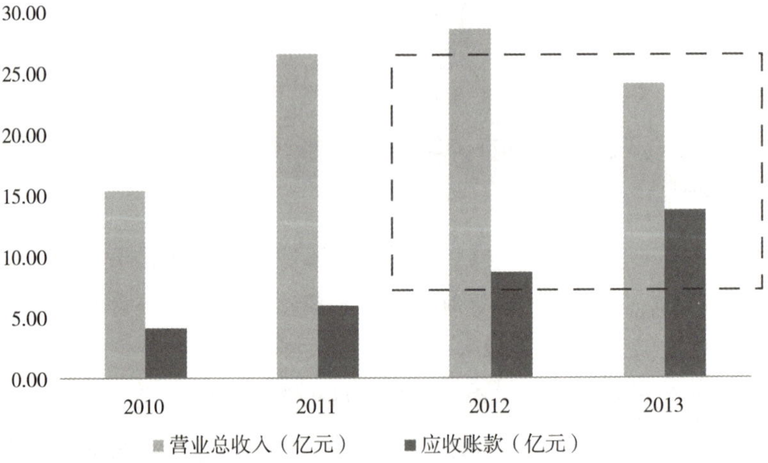

图5.2：G公司应收账款占营业收入比例不断增大

数据来源：Wind

2011年开始，随着奥运热的慢慢褪去，前几年高速增长的中国体育用品行业进入冬天。同行业的李宁、安踏、特步等公司业绩均出现大幅下滑，但G公司 2012 年仍保持主营业务和净利润的逆势增长，与行业形成了鲜明反差。与其业绩同时增长的是应收账款，从 2010 年的 4.07 亿元增长到 2013 年的 13.69 亿元，翻了近两番，而 2013 年的营业收入仅有 24 亿元。因此可以看出 G 公司的业绩增长主要是通过放松信用额度及延长信用期间来提高销售额导致。

G 公司的销售模式以经销为主，其收入确认原则为买断式销售，即当商品实际交予经销商委托的第一承运人并取得收款权利时确认销售收入的实现，这为其提前确认收入提供了条件。公司的客户集中度极高，2012 年前五大经销商客户销售额占主营业务收入比为 52.66%，同行业公司仅为 20% 左右。与此同时，公司与经销商的关联性也较强，公司第三大客户为胡晓萍控制的杭州耀伟体育用品有限公司，其实际上是 G 公司于 2006 年在浙江注册成立的分公司，而第一大客户南京海旺圣公司则是从胡晓萍手中转让所得，因此主要经销商均与 G 公司有着相关关系。在 G 公司营业收入大幅增长的同时，来自主要经销商的应收账款也在迅速上涨。表 5.2 节选自上市公司应收账款余额增长前四位经销商，可以看到该经销商销售收入的增长很大程度上来源于应收账款增加。而结合公司与前几大经销商有很强关联性及应收账款异常增长的情况，G 公司 2010 年 ~ 2012 年主营业务收入相对于同行业的异常增长应是联合经销商放宽信用政策，提前确认收入，进行盈余管理所致。

表 5.2：G 公司部分经销商应收账款增长情况

经销商名称	截至 2012 年末应收账款余额（万元）	应收账款余额较 2011 年末增长金额（万元）	向该经销商销售收入较上年同期增长（万元）
杭州耀伟体育用品有限公司	9506.50	4805.92	4848.82
四川省弘涛体育用品有限公司	7095.33	3107.82	-1536.10
河南安博商贸有限公司	3151.05	2325.21	4543.11
深圳市劲动体育用品有限公司	3321.39	2131.13	2404.75

5.2 从动机和手段出发寻找投资机会

本节导读

盈余管理要结合企业背后是否有操纵盈余的动机分析，盈余动机利益使然，相关的利益方包括广义上的股东、大股东和公司管理层。作为公司剩余价值索取者的股东有动机进行盈余管理来实现自身的财富增值，大股东存在侵害中小股东利益的现象，公司管理层有可能为了最大化自己的利益而非股东利益来操纵企业盈余。盈余管理的手段主要围绕利润表展开，包括：销售操控，以增加收入为目的；生产操控，以降低成本为目的；费用操控，以减少和增加费用为目的的操纵，成本费用方面的操纵现象和手段最为普遍。从投资机会来讲，可以从公司盈余管理的动机和手段出发分析，特别是标的触发避免亏损、分析师预期盈余、业绩承诺、融资约束等“盈余阈值”事件时，通过甄别上市公司盈余质量的好坏，买入高质量的标的，卖出（或者选择避免买入，排雷为主）低质量的标的，以获得一定的投资收益。

5.2.1 盈余管理的动机和手段

盈余管理要结合企业背后是否有操纵盈余的动机分析。就像发生了一起车祸，肇事者如果没有谋害受害者的动机，法律就认定其为交通事故；如果肇事者有谋害受害者的动机，就变成故意伤害罪了。由于企业中各方的利益不尽相同，导致企业有各种各样的动机进行盈余管理，从利益相关方来讲：（1）广义上的股东。股东一方面在企业价值的分配顺序上处于后端，要在支付了职工薪酬、债权人等之后才有分配权，属于公司剩余价值索取者；而另一方面，股东作为企业的所有者和控制者，有披露企业信息特别是财务信息的权力。以上矛盾的存在让股东有动机进行盈余管理来实现自身的财富增值。（2）大股东。大股东在公司中占的股权比例较高，会从自身利益出发，使自己的决定顺利变成股东大会的决议。学术上通常说的“隧道效应”，隧道效应即控股股东为了自己的利益从公司转移资产和利润的行为，这一理论比较好地解释了控股股东侵害中小股东利益的现象。（3）公司管理层。国内上市公司从2002年开始逐步建立公司管理人员的绩效评价标准和薪酬激励约束机制，并以公司会计盈余作为业绩指标之一。这样，企业管理层有可能为了最大化自己的利润（提高薪酬）来操纵企业盈余，而不是最大化股东的利益。

盈余管理的手段主要围绕利润表展开。（1）销售操控，以增加收入为目的。提前确认收入：提前确认未来收入的情况可以发生在一个销售合同可能涉及多个期间的时候，如一笔业务原先分三年确认，现在集中到第一年直接全部确认。也可以将经营性租赁确认融资性租赁，因为融资性租赁简单来说等同销售，企业可以在租期第一年即确认未来所有现金流作为收入。确认低质量收入：通过放宽信用条件加大销售折扣，或者降低赊销标准等“火线”销售等方法提高某一期间内收入和盈余水平。这类操纵下，一般经营性现金流跟不上销售收入增长。（2）生产操控，以降低成本为目的。即通过生产超过市场需求的产量以降低单位销售成本来增加边际利润。这种情况下会同时增加库存成本，产生更多的总生产成本。（3）费用操控，以减少和增加费用为目的的操纵。任何收入的确认都要以实际交易和销售合同为依据，因此虚假收入容易在事后被抓住而受到惩罚。但是成本费用的确认在会计准则允许的范围内就需要企业自身做出估计，而企业估计存在不确定性，审计师和监管机构掌握的信息不如企业充分，所以比较难挑战企业做出的估计，这就为企业以操纵利润为目的低报成本费用创造了条件。所以，低报利润要比高报收入的风险小，成本费用方面的操纵现象也更为普遍。按照我国企业会计准则规定，公司应根据谨慎性原则，在资产负债表日判断其短期投资、应收款项、存货、委托贷款、长期投资、固定资产、在建工程和无形资产是否发生减值，并对发生减值的资产相应提取资产减值准备。由于计提多少资产减值准备需要根据判断和估计确定，具有很强的主观性，这为公司进行盈余管理留下了很大空间。公司可在业绩好时多计提资产减值准备，作为秘密储备，而在业绩差时少计提资产减值准备，以平滑利润。增加费用主要是为了上市公司业绩“大洗澡”（最常见的是发生管理层变更，本来业绩就亏损索性一次性做差），增加本期费用，降低本期盈余，目的是把未来的费用提前到本期确认，为未来期间产生盈余储备，从而提高未来期间的盈余。

遗憾的是，即使我们通过上述盈余手段分析发现了企业报表中有问题，我们也很难确定其影响的准确额度。当然从选股角度，我们可以借此发现背后操纵盈余的动机。

表 5.3：M–Score 盈余操纵监控指标

指标名称	计算方法
应收账款指数（DSR）	本期应收账款占营收比例 / 上期应收账款占营收比例
毛利率指数（GMI）	本期毛利率 / 上期毛利率
资产质量指数（AQI）	本期非实物资产比例 / 上期非实物资产比例
营业收入指数（SGI）	本期营收收入 / 上期营收收入

续表

指标名称	计算方法
折旧率指数（DEPI）	上期折旧率 / 本期折旧率（折旧率 = 折旧费用 / 固定资产原值）
销售管理费用指数（SGAI）	本期销售费用占营收比例 / 上期销售费用占营收比例
应计（Accruals）	应计利润 / 总资产
财务杠杆指数（LEVI）	本期资产负债率 / 上期资产负债率

注：美国会计教授 Beneish 在对美国 1982 年 ~ 1992 年 74 家被证实盈余操纵的公司与其业绩匹配的公司进行比较研究后，筛选出了 8 个盈余操纵监控指标，这个模型被称为 M-Score 模型。这些指标的数值越大，盈余操纵的可能性也就越大。

企业 IPO 盈余管理

我们在会计信息一章讲过一个案例，就是很多 IPO 企业的业绩并未达到保荐机构最初的投资价格报告指引，背后其中一条原因就是企业在 IPO 前后存在明显的盈余管理行为，一方面由于上市资格的获得需要满足一定的条件，包括盈利、标准审计意见等约束条件，另一方面提高盈余水平美化财务报表可以获得更高的股票发行价格。为了提高股票发行价，IPO 企业不仅实施了应计盈余管理，而且实施了真实盈余管理。深交所曾在 2012 年 3 月发文称，中小企业在上市后业绩增长普遍存在“耐克曲线”特征，即上市后一两年业绩增长滞缓，甚至下降，而其后 3 ~ 5 年又恢复高速增长的态势。

案例 11：3000 万净利润红线上的 IPO 盈余管理

过去几年，持续盈利能力问题已成为企业 IPO 过会的最大障碍，占 IPO 审核未通过意见总数的 30% 以上。其中，上市前 3 年平均净利润不足 3000 万元是企业持续盈利能力较差的重要标志，一直受到证监会的重点关注，3000 万净利润也成为企业 IPO 审核的一道红线。我们统计了 2017 年 1 月 ~ 10 月期间 425 家拟上市公司的审核情况，发现 IPO 审核通过率随企业净利润规模增加显著提高，而净利润在 3000 万元以下的企业通过率仅为 40%，特别是最近一年净利润低于 3000 万元的企业过会概率极低。

表 5.4：2017 年以来 IPO 企业净利润分布及过会情况

盈利规模	上会	过会	未过会	通过率
3000 万元以下	40	16	24	40%

续表

盈利规模	上会	过会	未过会	通过率
3000万-5000万元	129	101	28	78%
5000万-8000万元	112	105	7	94%
8000万元以上	143	128	15	90%

资料来源：Wind

为顺利通过IPO审核，业绩较差的企业通常实施盈余管理以粉饰财务报表、增厚净利润。常见的盈余管理手段有应计盈余管理和真实盈余管理两种，前者主要指企业通过会计政策和方法的选择，操控公司对外披露的会计盈余，例如资产减值计提与转回、公允价值变动损益、投资收益、应收应付项目等；后者则是企业构造真实的交易活动来达到盈利目标，具体方法有销售操控、费用操控、生产操控、销售资产和回购股票等。盈余管理虽然不违反法律和会计准则，但其以牺牲企业未来业绩为代价博取当期利润，损害了投资人的利益，因此一直受到证监会发审委的重点监管，持续盈利能力差且明显存在盈余管理问题的企业IPO审核也难以通过。

泰达新材是利用真实盈余管理来实施费用操控的典型案例。2017年9月13日，泰达新材IPO被否，发审委质疑发行人董监高薪酬过低，涉嫌刻意压低薪酬以增加业绩。2016年泰达新材董事长柯伯成年薪仅为6.42万元、副董事长兼总经理柯伯留年薪为7.62万元、董秘兼财务总监张五星年薪为6.23万元，而同行业公司正丹股份董事长薪酬超过100万元，副总的年薪也不低于30万元。另一方面，泰达新材近3年扣非净利润分别为1761万元、2685万元和2689万元，均未超过3000万元，但其3年累计分红达到5872万元，涉嫌利用现金分红支付高管报酬。即便采取了费用操控等盈余管理手段，泰达新材业绩仍未超过3000万元红线，最终难逃IPO被否的命运。

无独有偶，西龙同辉通过大幅裁员来减少费用支出，以达到增加利润的目的。2014年～2016年，发行人的营业收入分别为26612万元、24755万元和24867万元，扣非净利润为2203万元、1803万元和2274万元，2016年发行人在营业收入保持稳定的情况下实现了471万元的扣非净利润增长。究其原因，2016年公司的销售人员从2015年的69人缩减为59人，管理人员由71人缩减为54人，生产人员由529人下降为340人，相应的销售费用和管理费用分别下降471万元和572万元，这帮助公司在毛利率下降的情况下实现净利润逆袭。但如此明显的费用操控手段难以逃脱证监会监管，公司 IPO 审核最终未获通过。

三联交通涉嫌提前确认收入以粉饰业绩。2015 年 6 月 26 日，证监会否决了三联交通的 IPO 申请，给出的四条理由中有两条涉及收入确认问题。第一，发行人的主营产品均需要在现场安装调试完成后确认收入，其 2012 年～2014 年的安装调试费用占营业成本的比例由 20.45% 逐年下降至 11.05%，而营业收入却保持快速增长，两者并不匹配；第二，发行人开展的业务属于建造合同，但三联交通并未按照建造合同核算收入，有利用会计政策粉饰业绩的嫌疑。

证监会也多次强调，如果企业在申报时，通过粉饰财务报表、隐瞒或有债务、掩盖事实情况等方式，意图包装上市，导致信息披露不真实乃至欺诈发行，发行人和中介机构都会承担相应的法律责任。在严监管的环境下，企业通过盈余管理来增厚业绩、突破 3000 万元净利润红线的可能性将越来越低。

5.2.2 盈余质量投资

盈余管理行为大多数是在企业会计准则的限度内进行的，不是违法行为。但由于盈余管理会歪曲公司经营业绩，使会计信息失去客观性和中立性。所以从投资角度来讲，投资者可以通过甄别上市公司盈余质量的好坏，买入高质量的标的，卖出（或者选择避免买入，排雷为主）低质量的标的，从而获得一定的投资收益。盈余质量高低的判断，既可以从公司盈余管理的动机和手段出发自下而上分析，学术上还往往借助一些常用指标（如前面讲到的总应计盈余 ACC、M-Score 模型等）进行统计意义上的筛选。盈余质量投资从投资逻辑上包括业绩传导和投资传导两部分：

业绩传导：低质量盈余信息持续性弱于高质量盈余信息，若企业低质量盈余信息相比于高质量盈余信息占比过高（盈余质量较差），未来企业业绩往往会出现下滑。

投资传导：投资者未充分认识企业盈余质量的好坏，则会高估低质量盈余占比较高的企业价值，从而导致错误定价，在投资者发现（或预期到）企业未来业绩出现下滑（或被曝光“疑似造假”）时，错误定价会得到相应的修正，使得不同盈余质量标的的投资收益在未来出现差别。

这样，盈余质量投资，即从公司盈余管理的动机和手段出发自下而上分析，特别是标的触发避免亏损、分析师预期盈余、业绩承诺、融资约束等“盈余阈值”事件时，通过考察盈余质量好坏，区分“真成长”与“假成长”，通过投资盈余质量更高的标的，获得“真成长”的长期收益。

盈余质量投资的事件研究

盈余分布法主要通过检验报告盈余在临界点（如，零点；上年盈余；本期分析师预测的盈余）附近的不连续分布来检验公司是否存在盈余管理行为，这样可以获得盈余管理频率和程度的证据。如果公司有很大动机使其盈余达到某一临界点之上，那么在盈余分布中，正好低于临界点的观察值的频率异常的低，而正好高于临界点的观察值的频率异常的高。

有经验研究表明，我国上市公司为了避免亏损或为了获得配股[①]/可转债权而通过盈余管理将净资产收益率（ROE）维持在 0 和 6% 以上。观察 2009 年至今 A 股所有上市公司年报公布的 ROE 分布情况，可以发现样本出现在［0,2）区间的频率相比于［–2,0）区间出现了突变，随后样本频率在［2,6）区间出现一定下滑后，在［6,8）区间反向上升，达到了峰值；而对于其他区间，样本分布较为平滑。这种分布的突变、异变很可能是由于上市公司为了达到某种“阈值”而进行了一定的盈余管理操作所致。

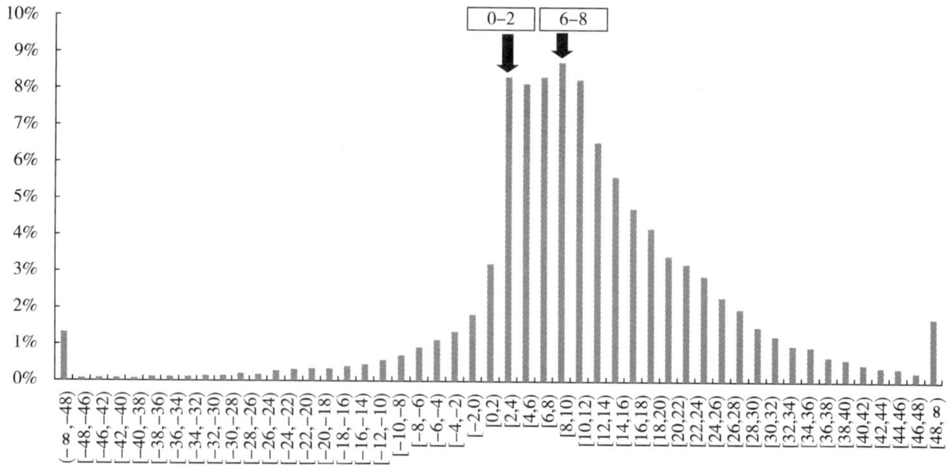

图 5.3：ROE 分布中的 0 和 6% 是“盈余阈值”

数据来源：Wind

① 目前配股已无净资产收益率的硬性要求，详见后续定增章节。

"盈余阈值"可以分为以下五类：

（1）以避免亏损和避免业绩滑坡为目的的盈余管理行为。从学术研究成果看，A 股以避免亏损为目的的盈余管理行为频率要大于以避免业绩滑坡为目的的盈余管理行为频率。

（2）符合分析师预期盈余的盈余管理。这点在海外成熟市场表现更为明显，上市公司高管相信达到盈余标准会增强资本市场的信心，因为这有助于向投资者传达未来增长的前景。

（3）"业绩承诺"约束。刚好完成并购重组、股权激励等业绩承诺以及对赌协议（包括管理层对赌、薪资激励等）。

（4）"融资约束"。包括取得融资与再融资资格，刚好达到发行条件。目前 IPO 上市的净利润门槛至少要在 3000 万，而扣非净利润低于 3000 万的企业申请 IPO 过会率仅有四成。再融资也一样，例如发行可转债要求最近三个会计年度加权平均资产收益率平均不低于 6%（净利润扣非前后取低值），上文举例 ROE 分布在［6,8）区间处出现异变即为此类。

（5）其他资本市场动机。除了以上四类的盈余阈值外，像增发股票的公司也会通过多种方式进行盈余管理。

若标的的业绩增长到刚好进入"盈余阈值"，则称之为其触发了"盈余阈值"事件。对于触发"盈余阈值"事件的标的，可以通过考察其盈余质量好坏，区分"真上线"与"假上线"从而区分"真成长"与"假成长"，通过投资盈余质量更高的标的，获得"真成长股"的长期收益。

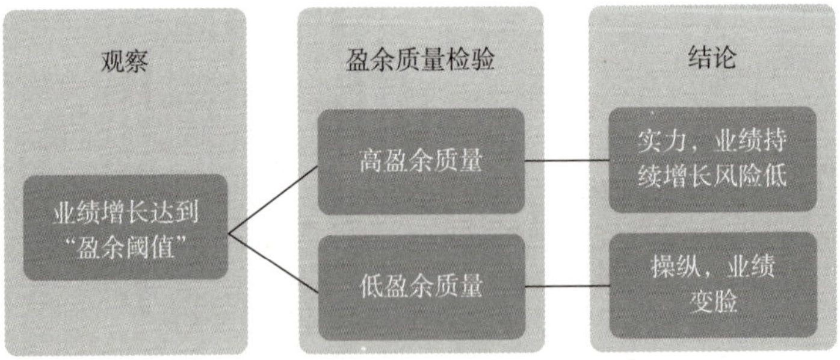

图 5.4："盈余阈值"事件组合构建思路

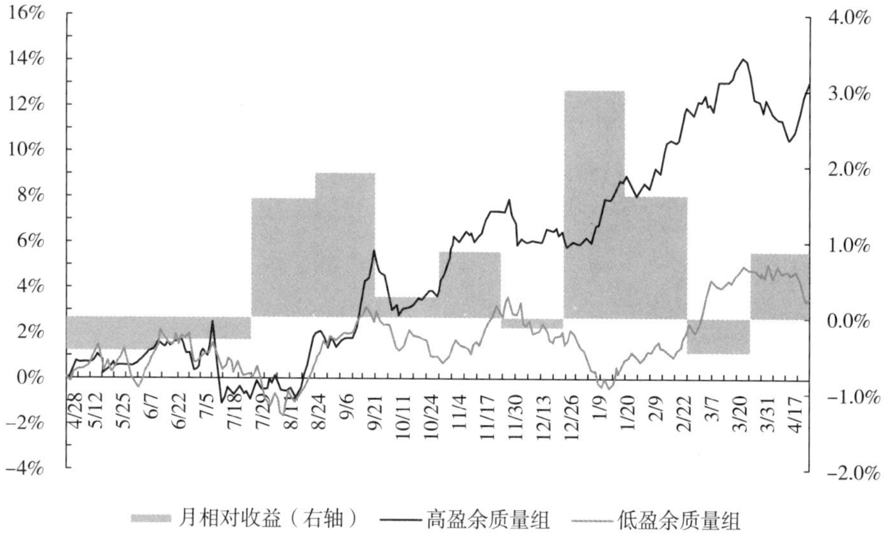

图 5.5："扭亏为盈"高盈余质量组全年平均超额收益 13.06%

数据来源：国泰君安金融工程团队，《盈余质量检验及其投资策略构建》。检验结果表明：高盈余质量组全年平均超额收益为 13.06%。在下一半年报期（7 月 – 9 月）及年报期（次年 1 月 – 4 月），高盈余质量组相对于低盈余质量组有明显收益，而其他时间段两者收益并无明显差异，这进一步说明了盈余质量代理变量的有效性：本期年报发布完时，所有"扭亏为盈"的标的对于市场来说是同质的，"盈余质量"高低的信息并没被充分反映在市场预期中，高低盈余质量标的的投资收益并未明显差异，直到下一期财务数据公布时，不同"盈余质量"的标的出现了分化，低盈余质量标的业绩变脸不达预期，高盈余质量标的业绩持续增长，从而导致投资收益在财报期出现了明显的分化。

表 5.5："扭亏为盈"高盈余质量组相对胜率 75%，相对收益 9.47%

平均标的数	半年报期（7–9 月）		年报期（次年 1 月 – 4 月）		全年（5 月 – 次年 4 月）	
	胜率	相对收益	胜率	相对收益	胜率	相对收益
15	75%	3.16%	63%	5.28%	75%	9.47%

数据来源：国泰君安金融工程团队，《盈余质量检验及其投资策略构建》。

6. 股权激励的公司和个人业绩

6.1 定性判断：公司业绩和个人业绩的权衡

本节导读

股权激励过程对上市公司行为的引导可分为两方面：一方面是公司业绩，另一方面是股权激励对象的个人业绩。公司业绩涉及股权激励成本，股权激励对象的个人业绩则与税收、行权条件等相关，公司业绩和个人业绩两者紧密联系，里面还夹杂着股权激励制度诞生时带有的避税原罪。股权激励过程中的公司业绩：（1）在其他参数一定的情况下，授予日股价越高，股权激励成本越高，压低授予日股价可以降低期权价值，进而减少公司费用；（2）上市公司在限制性股票方式中若想进一步减少股权激励费用，倾向采用成本更低的期权估值法；（3）行权日股价（对限制性股票来讲是解锁日股价）与期权执行价格（对限制性股票来讲是授予价格）的价差越大，能抵扣的费用就越多，所以从上市公司业绩角度讲，希望行权日股价越高越好。股权激励对象的个人业绩：（1）最优的情形是在行权日/解锁日之前压低股价，减少个人所得税缴纳额（硬币的另一面是，上市公司可以抵扣的所得税也少了）。在可行权日之后上市公司股权激励对象统一行动行权，之后释放利好拉升股价，股权激励对象抛售获利；（2）激励对象把市场条件和非市场条件放在两个不同的心理账户中，虽然其中一个条件没法达标都无法行权，但业绩考核不达标而无法行权带来的信心打击远大于股价因素，对于股价现价较期权行权价格（或限制性股票中的授予价格）有较大升幅的公司，高管层有更大利益驱动去实现其激励计划预期的利润增长。

硅谷有句老话，美国高科技产业迅速发展离不开"双轮驱动"，一个轮子是风险投资，另一个轮子就是股权激励。股权激励是指企业以股权的形式给予员工一定的经济权利，使员工能同时以股东的身份分享利润，承担风险，从而激励员工更加勤勉尽责地为公司长期发展服务。所以公司推出股权激励的动机和目标是比较明确的，即激励员工、留住人才，保证企业的长期稳健发展。与员工持股计划不同，股权激励的对象主要为上市公司的董事、高级管理人员、核心技术人员或者核心业务人员，以及公司认为应当激励的对公司经营业绩和未来发展有直接影响的其他员工。

事实上我国清朝山西票号的“身股制”已经就有股权激励制度的萌芽。在山西票号中，资本的拥有者（财东）通过出白银，委托一个自己信赖的、精明能干的人当掌柜（职业经理人），自己一般不直接出面从事经营活动，从而很好地实现山西票号资本所有权与经营权分离。票号的股本分为“银股”和“身股”，上面讲到，财东以资本入股，称为“银股”，一些工作年限较长的高级员工虽无资本顶银股，却可以按自己的劳动力顶股份，称为“身股”，两种股份一起参与票号分红。在经营过程中，票号的经营亏损完全由财东承担，顶身股者只参与分红，不承担亏赔责任，这种类似于“有限合伙制”的股权激励制度把员工的利益和企业的利益结合在一起，极大地调动了员工的积极性。山西票号也一度凭这样的“金手铐”达到“生意兴隆通四海，财源茂盛达三江”的昌盛局面。

但现代的股权激励在美国出现时，并不是为了激励员工、留住人才、保证企业业绩长期稳健增长。1952 年，为避免公司高级管理人员的大部分薪水因高额所得税被交进国库，美国辉瑞制药公司尝试性地推出了面向公司全体雇员的股票期权计划，这样，现代意义上第一次的股权激励制度诞生，而诞生的主要目的是为了避税。

初衷今非昔比，票号由盛而衰。目前国内股权激励制度的建立以 2006 年 1 月 1 日正式实施的《上市公司股权激励管理办法（试行）》为标志，2006 年也被称为“中国股权激励元年”。截至 2016 年 12 月 31 日，A 股上市公司共公告股权激励方案 1379 起，涉及 913 家公司[①]。

① 可参考的股权激励相关文件：《上市公司股权激励管理办法（试行）》（2006 年 1 月 1 日实施）、《企业会计准则第 11 号——股份支付》（2006 年）、《企业会计准则第 22 号——金融工具确认和计量》（2006 年）、《股权激励有关事项备忘录 1、2、3 号》（2008 年）、《关于规范国有控股上市公司实施股权激励制度有关问题的通知》（2008 年）、《关于股票增值权所得和限制性股票所得征收个人所得税有关问题的通知》（财税［2009］5 号）、《关于上市公司高管人员股票期权所得缴纳个人所得税有关问题的通知》（财税［2009］40 号）、《关于我国居民企业实行股权激励计划有关企业所得税处理问题的公告》（财税［2012］18 号）、《上市公司股权激励管理办法》（2016 年）等。

6.1.1 股票来源：定向发行股票是研究重点

目前A股股权激励的方式（激励标的物）主要有股票期权、限制性股票和股票增值权三种。股票期权是指企业授予其员工在一定期限内按照一定的期权价格购买一定份额公司股票的权利，但规定员工必须满足一些行权条件（市场条件和非市场条件），才可行权。限制性股票是企业按照预先确定的条件授予激励对象一定数量的本公司股票，但规定员工必须满足一些解锁条件（如年限、业绩等），才可出售这些股票。股票增值权是指上市公司授予激励对象在未来一定时期和约定条件下，获得规定数量的股票价格上升（行权日与授权日二级市场股票差价）所带来收益的权利，但享有股票增值权的激励对象不实际拥有股票。

股权激励的股票来源包括公司向激励对象定向发行股票、公司提供激励基金买入流通A股（回购本公司股份）和大股东转让股份三种。其中向激励对象定向发行股票属增量方式，公司提供激励基金买入流通A股和大股东转让股份属存量方式。另外，股票增值权不涉及实际股票，以上市公司股票作为虚拟股票标的。

表6.1：以定向发行股票方式的股票期权和限制性股票是我们研究的重点

		股票来源		
		定向发行股票（增量）	公司提供激励基金买入流通A股（存量）	大股东转让股份（存量）
激励方式	股票期权	√	×	×
	限制性股票	√	√	√

注：目前来看，股票期权的股票来源是定向发行股票，用“√”表示，另外两种存量来源方式不适用，用“×”表示，对于限制性股票的表述也类同。

从股票来源看，以定向发行股票方式的股票期权和限制性股票是我们研究的重点，占到A股全部1379起股权激励方案总数的94.63%。公司提供激励基金买入流通A股（2.47%）、股票增值权（1.60%）、大股东转让（1.31%）比例都相对较小。

类同于股权激励计划的激励基金计划

在满足一定业绩指标的条件下，上市公司以当年归属于上市公司股东净利润的一定比例提取激励基金，并把激励基金作为管理费用计入成本费用，于税前列支。激励基金只能购买存量股票，在二级市场上回购，不能用于购买增量股票，所以主要针对限制性股票。由于激励的股票是存量股，可以无偿赠予，所以如苏泊尔（2013 年）、三川股份（2012 年）、昆明制药（2014 年）等公司限制性股票的授予价格直接是每股 0 元，即满足授予条件后，激励对象无需支付价款即可获得公司授予的限制性股票。但激励基金不是用于回购二级市场股票的全部资金来源，有些还要股权激励对象自己提供一定比例的资金，如中国建筑的限制性股票计划（2011 年 4 月），股票来源是二级市场股票回购，资金来源 50% 是激励基金，50% 是个人出资（2008 年 10 月出台的《关于规范国有控股上市公司实施股权激励制度有关问题的通知》规定，限制性股票的来源及价格的确定应符合证券监管部门的相关规定，且股权激励对象个人出资水平不得低于按证券监管规定确定的限制性股票价格的 50%）。从二级市场股价影响来看，回购本身将对股价形成有力支撑，特别是股权激励对象也要提供部分资金的情况下。

事实上，同样借助于激励基金，还有一种类同于股权激励计划的激励基金计划存在。激励基金计划是激励对象在满足一定业绩等条件下获得激励基金，再用该基金去买二级市场股票，相较股权激励计划（股票来源是用激励基金回购流通 A 股），激励基金计划的考核提前。可以看到，激励基金计划重在对获得激励基金的指标考核，而限制性股票则重在对解锁条件的指标考核。

案例 12：华意压缩（000404）的激励基金计划

2013 年 8 月华意压缩公布年度业绩激励基金实施方案，规定：（1）公司经营指标在达到一定条件后，可以计提年度业绩激励基金，并分配给激励对象。（2）激励对象承诺在收到业绩激励基金的 30 个交易日内（若遇监管机构规定的不得买卖本公司股票的窗口期，则时间顺延），以不低于其年度基本薪酬总额（除业绩激励基金外，且缴纳相应所得税及五险一金后的年度基本薪酬总额）的 30% 加上发放的考核年度业绩激励资金（扣缴相应所得税后），通过公开市场购买本公司股票。所有在公司任职的激励对象最终累计持有本公司股份总额不得超过总股本的 10%。（3）激励对象承诺其当年购买的公司股票的后续第一年内，不能通过任何市场方式减持股票，第二年可根据法律、法规规定减持其持有部分的 50%，第三年可根据法律、法规规定减持剩余的 50%（即该期激励购买的剩余全部股票）。

大股东转让股份的股票来源方式渐渐销声匿迹

大股东转让股份的股票来源方式很大部分是为了解决股权分置改革时遗留下来的问题，所以这种股权激励方式已渐渐销声匿迹。

案例13：宜华木业（600978）大股东转让股份

2011年12月宜华木业发布限制性股票激励计划（草案），股权激励股票来源为宜华木业大股东宜华集团在公司股权分置改革时承诺提供的6000000股宜华木业股票，股权分置改革后经过2005年度每10股转增2股、2007年中期每10股转增4.5股和2007年度每10股转增5股等三次转增股本后增至15660000股，占宜华木业已发行股本总额的1.36%。宜华集团已承诺将上述15660000股股份以每股3.6元的价格转让给宜华木业，并视为宜华木业以每股3.6元的价格向宜华集团定向回购股份，然后由宜华木业在回购股票一年之内将股份转让给激励对象。

根据《股权激励有关事项备忘录2号》对股票来源的规定，股东不得直接向激励对象赠予（或转让）股份。股东拟提供股份的，应当先将股份赠予（或转让）上市公司，并视为上市公司以零价格（或特定价格）向这部分股东定向回购股份。上市公司必须在一年内将回购股份授予激励对象。事实上，如果大股东真想转让股份，可以直接以大宗交易或者通过法律手段来达成股权转让等方式实施，这有两点好处，一是速度快，不需要经过管理部门的各种审批手续，二是成本低，拿到股份的高管不需要像股权激励一样还得缴纳个人所得税。

鉴于公司提取激励基金买入流通A股、大股东转让股份等股票来源方式案例较少，所以本章重点讨论的，是以向股权激励对象定向增发为主的股票来源方式，包括股票期权和限制性股票。从本章开始对股票期权和限制性股票的定义来看，股票期权的特点是高风险、高回报，一般适合处于成长期或扩张期的企业，这些企业对现金的需求很大，企业无法拿出大量的现金实现即时激励。限制性股票的风险相对较小，较适合于成熟型的企业，在服务期限和业绩上对激励对象有较强地约束。

6.1.2 公司业绩：股权激励成本

对于股权激励成本，简单讨论两个问题：（1）公允价值总额（股权激励成本总额）如何计量；（2）成本分摊和企业所得税的处理。

股权激励成本（公允价值总额）的计算

股票期权的条款很多，在实际计算股权激励费用时做了两次简化。一次是将障碍式百慕大认购权证简化为普通的百慕大式认购权证，另一次是将普通的百慕大式认购权证简化为欧式期权。上市公司的股票期权既不是欧式期权，也不是美式期权，严格来说应该属于障碍式百慕大认购权证，但考虑到障碍条款并不能用量化的手段计算，所以可以把此期权简单地看为百慕大式认购权证（在到期日之前的一段时间区间可行权的期权）。但百慕大期权的价值计算仍比较复杂，所以目前上市公司普遍采用 Black–Scholes 期权定价模型计算。根据 B–S 模型（$C=S\cdot N(d_1)-X\cdot \exp(-r\cdot T)\cdot N(d_2)$），期权价值跟授予日股票收盘价（S）、期权执行价格（X）、剩余存续期限、无风险利率、股票价格波动率等参数密切相关。在其他参数一定的情况下，授予日股价（S）越高，期权成本越高，期权执行价格（X）越低，期权成本越高。

限制性股票的费用计算方法尚无明确规定，上市公司有一定调节余地。根据《企业会计准则第 11 号——股份支付》规定“授予后立即可行权的换取职工服务的以权益结算的股份支付，应当在授予日按照权益工具的公允价值计入相关成本或费用，相应增加资本公积”。由此可以看出，准则对于立即授予但没有限制的股份支付，每股限制性股票的公允价值 = 授予日股价 – 授予价格。但准则并未对授予后存在锁定期、只有达到相关条件方可解锁、且未达到条件须由公司原价回购的情况做出规定。

我们类比授予后可立即行权的无限制性股票，对于有限制性锁定期的限制性股票，从时间价值角度讲，锁定期越长，限制性股票现价越低，所以锁定期长的股票现价必定低于锁定期短的股票现价，即每股限制性股票的公允价值 = 调整后的授予日股价 – 授予价格。目前对上述公式的估算通常有两种做法，一种用净现值法，每股限制性股票的公允价值 = 授予日股价 /（1+ 折现率）N– 授予价格，其中 N 为锁定期年数，难度在折现率的估算。另一种是期权估值法，事实上如果激励对象要获得收益保证的话，可以购入公司股票的看跌期权，执行价格为授予日股价，这样每股限制性股票的公允价值 = 授予日股价 – 每股期权成本 – 授予价格。事实上，将限制性股票公允价值的计算用期权估值法和简化为“立即授予但没有限制的股份支付”这两种方式是目前上市公司比较常见的做法。如远光软件在 2012 年 9 月份公布的限制性股票股权激励费用计算：每股限制性股票的公允价值 = 授予日股票价格 – 授予价格。同样在 2012 年 9 月公布股权激励计划草案的汉得信息，则采用激励对象获受的限制性股票理论值与根据 B–S 期权定价模型估算的激励对象在未来解锁期取得理性预期收益所需要支付的锁定成本之间的差额，当然这样计算得出的成本会下降不少。

结论：股权激励成本方面：（1）在其他参数一定的情况下，授予日股价越高，股权激励成本越高，期权执行价格（对限制性股票来讲是授予价格）越低，股权激励成本也越高。所以对公司业绩来讲，压低授予日股价可以降低期权价值，进而减少公司费用；（2）目前上市公司限制性股票公允价值的计算有期权估值法和简化为“立即授予但没有限制的股份支付”两种常见的方式，如若想减少股权激励费用，公司会倾向于用期权估值法。

成本分摊和企业所得税的处理

股权激励费用一般是作为对高管支付的“工资薪酬”而列入“管理费用”科目，并在等待期或者锁定期之内的每个资产负债表日处理，前面几期的费用分摊压力较大。如股权激励有 3 个行权期 / 解锁期，那么一般第一个行权期可行权部分 / 可解锁部分在授权日起之后 2 年内分摊；第二个行权期可行权部分 / 可解锁部分在授权日起之后 3 年内平均分摊；第三个行权期可行权部分 / 可解锁部分在授权日起之后 4 年内平均分摊。显然，股权激励过程中前面几年对业绩的考验压力会比较大。

表 6.2：股票期权和限制性股票的费用分摊比较

股权激励方式	会计处理
股票期权	授予日通常不做会计处理；在等待期内每个资产负债表日处理，按照权益工具授予日的公允价值，计入相关成本或费用（股权激励费用作为对高管支付的“工资薪酬”而列入“管理费用”科目），相应增加资本公积（其他资本公积）；在可行权日之后不再对已确认的成本费用和所有者权益总额进行调整；在行权日根据行权情况，确认股本和资本溢价，同时结转等待期内确认的资本公积（其他资本公积）。
限制性股票	在全部限制性股票解锁前的每个资产负债表日，按照授予日限制性股票的公允价值、限制性股票当期的解锁比例以及预计可解锁的限制性股票数量的最佳估计数将取得职工提供的服务计入成本费用和资本公积（其他资本公积）。

根据《关于我国居民企业实行股权激励计划有关企业所得税处理问题的公告》（国家税务总局公告 2012 年第 18 号）的相关规定“在股权激励计划可行权后，上市公司方可根据该股票实际行权时的公允价格与当年激励对象实际行权支付价格的差额及数量，计算确定作为当年上市公司工资薪金支出，依照税法规定进行税前扣除”。显然，价差越大，能抵扣的费用就越多，所以就上市公

司业绩角度来讲，也希望行权价越高越好。

案例 14：伊利股份（600887）股权激励过程中的大喜大悲

伊利股份的股权激励时间跨度较长，2006 年 12 月 28 日公司股东大会审议通过了期权激励计划，决定以定向发行股票的方式授予激励对象 5000 万份股，每份股票期权拥有在授权日起 8 年内的可行权日以行权价格（13.33 元）和行权条件购买 1 股伊利股份股票的权利。

虽然有效期有 8 年之久，费用可在此期间分期摊销，但伊利股份采取了激进的股权激励费用确认方式，将全部股权激励费用放在 2006 年和 2007 年两年分摊（公司在 2006 年摊销了 25% 的 1.85 亿元股权激励费用后，剩下 75% 的期权在 2007 年也达到了行权条件，但伊利将这部分费用一次性摊销在 2007 年，总额达 5.54 亿元）。以致公司在 2008 年 1 月 31 日公告因实施股权激励计划导致 2007 年年报将出现亏损时，股价直接砸跌停。（伊利股份后面在 2007 年年报修正中将股权激励费用分摊到了 3 年，2006 年确认 0.51 亿元，2007 年确认 4.60 亿元，2008 年确认 2.74 亿元。）

2007 年 12 月，公司高管首期行权，按计划首期行权不超过获授股票期权的 25%，但高管行权数大幅低于预期，首期行权仅占可行权股数 0.1%。导致激励对象在 2013 年 6 月 14 日行权时，可行权数量达到 172056022 份（实际行权 153963908 股），占总股本的 9.20%。另外，经过几次分红送股，2006 年确立的 13.33 元的行权价格也被调整为 6.49 元，而 6 月 14 日行权当天收盘价为 27.77 元，价差巨大。如此大规模数量的行权数量和巨大的价格差，在整个 A 股也比较少见，根据《关于我国居民企业实行股权激励计划有关企业所得税处理问题的公告》（国家税务总局公告 2012 年第 18 号）的相关规定，本次行权导致伊利股份所得税减少 4.91 亿元，使公司中报净利润增加 4.91 亿元，占到公司 2012 年净利润 17.17 亿元的 28.6%，影响不可谓不大，中报业绩公布后的第一个交易日大涨 6.21%。

结论：成本分摊和企业所得税方面：（1）股权激励过程中，后面几年（在等待期 / 锁定期之内）的业绩压力会明显变小，这一方面由于股权激励成本的分摊压力越来越小。另一方面，随着前面几期行权后，上市公司能拿激励对象的收益作为公司工资薪金支出，进行税前抵扣。（2）行权日股价（对限制性股票来讲是解锁日股价）与期权执行价格（对限制性股票来讲是授予价格）的价差越大，能抵扣的费用就越多，所以从上市公司业绩角度讲，希望行权日股价越高越好。

6.1.3 股权激励对象的个人业绩

纳税和征税时点

我国规定对股权激励过程中的激励对象所得，应按“工资、薪金所得”适用的规定计算缴纳个人所得税，行权或解锁后出售股票所得不征收资本利得税。对于股票期权，工资薪金应纳税所得额 =（行权日股价 – 期权执行价格）× 股票数量。对于限制性股票，工资薪金应纳税所得额 =（股票登记日股票市价 + 本批次解禁股票当日市价）÷ 2 × 本批次解禁股票份数 – 被激励对象实际支付的资金总额 ×（本批次解禁股票份数 ÷ 被激励对象获取的限制性股票总份数），被激励对象实际支付的资金总额与股票登记日股票市价相关。所以，从计算公式来看，压低行权日股价和解锁日股价能降低激励对象的个人所得税。

对于股票期权，纳税义务发生时间为每一次股票期权行权的日期，而对于限制性股票，纳税义务发生时间为每一批限制性股票解锁的日期。但征收发生时，激励对象事实上还没有出售股票获利，造成收入与税款不匹配。监管层也明文规定，上市公司不得为激励对象依股权激励计划获取有关权益提供贷款以及其他任何形式的财务资助，包括为其贷款提供担保。所以从这个角度讲，股权激励对激励对象的纳税能力是个巨大考验。实践中股权激励对象一般以所受股权进行质押等方式来解决资金来源问题。

我们来模拟一种股票期权方式下对激励对象最理想的情形：（1）行权日股价等于或略高于期权执行价格，这样既不影响行权（这里仅指影响行权的市场条件），个人所得税也几乎可以忽略不计；（2）在行权之后股价大幅上扬，激励对象抛售股票获利。

我们再来模拟一种限制性股票方式下对激励对象最理想的情形：（1）压低解锁日股价，尽量减少个人所得税；（2）在解锁之后股价大幅上扬，激励对象抛售股票获利。

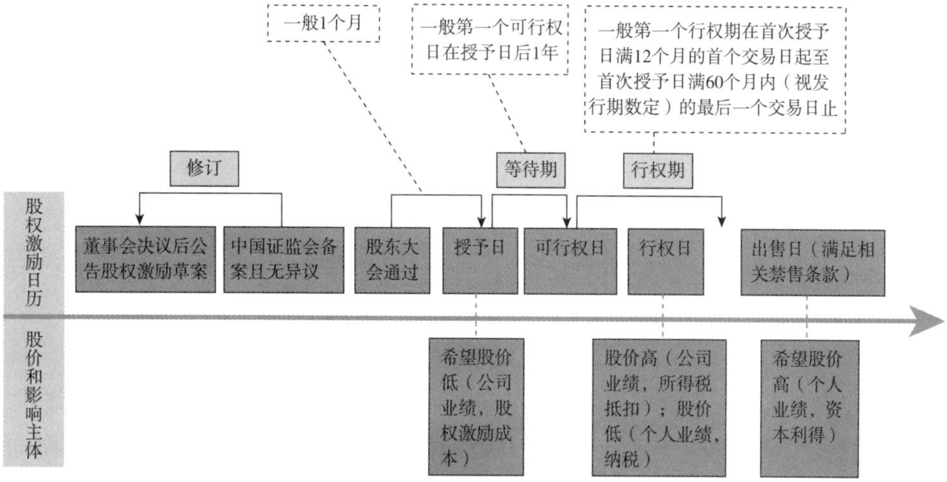

图 6.1：股票期权过程中公司和激励对象对股价的不同诉求

注：根据《上市公司股权激励管理办法》（2016 年），股权激励计划经股东大会审议通过后，上市公司应当在 60 日内授予权益并完成公告、登记；有获授权益条件的，应当在条件成就后 60 日内授出权益并完成公告、登记。

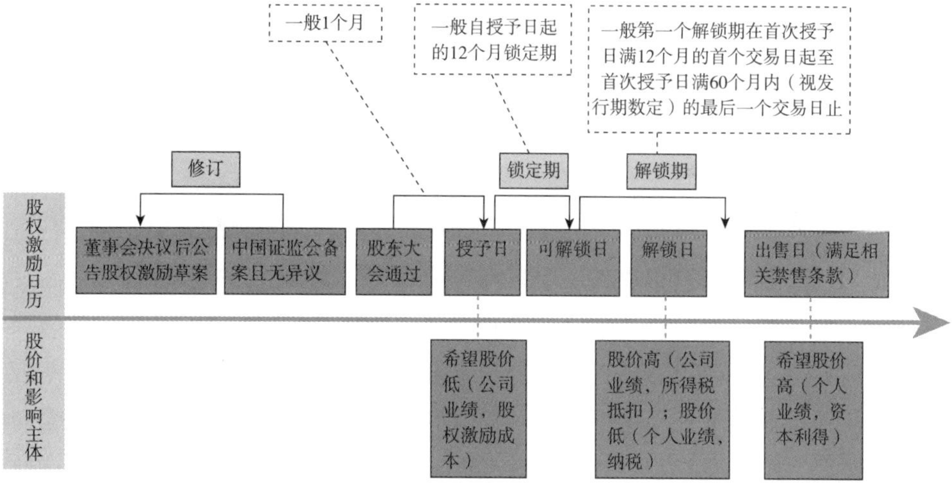

图 6.2：限制性股票过程中公司和激励对象对股价的不同诉求

注：根据《上市公司股权激励管理办法》（2016 年），股权激励计划经股东大会审议通过后，上市公司应当在 60 日内授予权益并完成公告、登记；有获授权益条件的，应当在条件成就后 60 日内授出权益并完成公告、登记。

结论：对股权激励对象的“个人业绩”而言，最优的情形是：（1）在行权日 / 解锁日之前压低股价，可以减少个人所得税缴纳额（硬币的另一面是，上市公司可以抵扣的所得税也少了）。（2）在可行权日之后上市公司股权激励对象统一行动行权（比方说给予一定日期范围），而在统一行权期之后释放利好拉升股价，股权激励对象抛售获利。

关于行权条件

股权激励的行权条件可分为两方面：市场条件和非市场条件，市场条件主要针对股票期权而言，即行权价要高于期权执行价格，而非市场条件更多地集中在对股权激励过程中的业绩考核。

目前监管层要求股票期权的行权价格不应低于下列价格较高者：（1）股权激励计划草案摘要公布前一个交易日的公司标的股票收盘价；（2）股权激励计划草案摘要公布前30个交易日内的公司标的股票平均收盘价。限制性股票定向增发，发行价格不低于定价基准日前20个交易日公司股票均价的50%。所以从上市公司行为理论来讲，对股价和行权价格倒挂、股价与限制性股票中的授予价格倒挂等指标进行筛选，不失为一种有效的选股方法。

在非市场条件上，监管层提倡强化多维度业绩考核。原则上实施股权激励后的业绩指标不低于历史水平，净利润不得低于授予日前最近3个会计年度的平均水平，且不得为负；鼓励公司同时采用市值指标和行业比较指标；业绩考核指标应包含反映股东回报和公司价值创造等综合性指标，如净资产收益率（ROE）、经济增加值（EVA）、每股收益（EPS）等；反映公司盈利能力及市场价值等成长性指标，如净利润增长率、主营业务收入增长率、公司总市值增长率等；反映企业收益质量的指标，如主营业务利润占利润总额比重、现金营运指数等。若为国有企业，还要强调业绩的行业对比、公司治理结构是否完善，等等。我们认为，公司既然推出股权激励计划，那么在业绩考核的指标设置方面肯定经过了深思熟虑，契合公司未来发展规划。假如未来股价高于行权价格，反而因业绩考核不达标无法行权，那么这样的负面影响会非常大，会严重影响激励对象的工作积极性。这有点像行为金融学中的心理账户现象，激励对象把市场条件和非市场条件放在两个不同的心理账户中，明知其中一个条件没法达标都无法行权，但业绩考核不达标而无法行权带来的信心打击远大于股价因素。当然为了业绩考核指标能达标，不排除上市公司进行一定的盈余管理（收入确认方式，折旧、摊销等会计政策，甚至并购带来的短期业绩提升），我们也看到很多公司在股权激励实施前挖业绩大坑的案例。盈余管理和市值管理有点相机抉择的味道，上市公司过往业绩比较差，从市值管理的角度讲，在这个时点实施股权激励计划是个不错的选择；如果上市公司打算做股权激励，为了使业绩指标容易达标，可以一方面进行盈余管理，把股权激励的基准比较年份业绩做差，另一方面通过提前确认业绩或进行并购保证股权激励期间的业绩增长（后果是股权激励结束后的几年业绩可能一直萎靡不振）。盈余管理的反面案例就是美国的安然事件，巨大的股权激励利益导致管理层心态发生极度扭曲甚至犯罪。安然事件的教训告诉我们，即使买了股权激励类的股票，也要密切关注公司的动向，特别是（1）业绩增长大幅高于同行业水平时，看看公司的经营性现金流；（2）第一大股东持股比例高的公司比持股比例低的公司更为安全些，有足够的实力对管理层进行控制和监督。

结论：股权激励对象的“个人业绩”能否兑现行权取决于市场条件和非市场条件两方面。（1）市场条件跟股价有关，从上市公司行为理论看，对股价和行权价格倒挂、股价与限制性股票中的授予价格倒挂等指标进行筛选，不失为一种有效的选股方法；（2）激励对象把市场条件和非市场条件放在两个不同的心理账户中，虽然其中一个条件没法达标都无法行权，但业绩考核不达标而无法行权带来的信心打击远大于股价因素；（3）股价现价较期权行权价格（或限制性股票中的授予价格）有较大升幅的公司，高管层有更大利益驱动去实现其激励计划预期的利润增长。为了业绩考核指标能达标，不排除上市公司进行一定的盈余管理。盈余管理和市值管理蕴含相机抉择的味道，上市公司过往业绩较差，从市值管理的角度讲，在这个时点实施股权激励计划是个不错的选择，而如果上市公司打算做股权激励，为了使业绩指标容易达标，可以一方面进行盈余管理把股权激励的基准比较年份业绩做差，另一方面通过提前确认业绩或进行并购保证股权激励期间的业绩增长（后果是股权激励结束后的几年业绩可能一直萎靡不振）。

6.2 定量结论：市场对股权激励计划反应积极

本节导读

上市公司股权激励过程需要董事会会议通过后公告股权激励草案、中国证监会备案、股东大会等多个时间窗口，但从影响上市公司行为的角度看，草案公告日、授予日、行权日（解锁日）和出售日是四个非常重要的时点。草案公告日是投资者最早了解到上市公司要实施股权激励方案的时间，授予日、行权日（解锁日）和出售日在上文已有分析，上市公司和激励对象从各自“业绩”出发对上述时点的股价有不同诉求。但由于激励对象不止一个人，且每个人可能分多次行权和出售，所以行权日（解锁日）和出售日没法统一框定，我们把研究时点放在草案公告日和授予日。从我们的统计样本看，市场对上市公司股权激励计划表现出积极的反应，草案公告日当天的平均超额收益率为 1.00%，授予日当天的平均超额收益率为 0.62%，均存在正的超额收益，构成有效的投资时点。另外，股权激励授予日的买点安全边际较高，而且相比草案公告日的时点更易把握（一般在股东大会审议通过后 1 个月左右）。

从 2005 年第一家实施股权激励方案的金发科技始，截至 2016 年 12 月 31 日，A 股 913 家上市公司共公告股权激励方案 1379 起，其中已实施的 1071 起，占比 77.66%，停止实施和方案未通过的有 247 起，占比 17.91%，另有 61 起正在实施过程中。终止股权激励的原因除了市场条件（股价和行权价格倒挂）和非市场条件（业绩不达标）外，有些还跟股权激励草案公告后较近时间内实施增发、并购、发行可转债等事项有关。从行业分布看，计算机、电气设备、电子、化工等成为股权激励的重点行业，我们认为，以人为核心资产的高科技行业更需要股权激励来留住管理层和技术骨干。

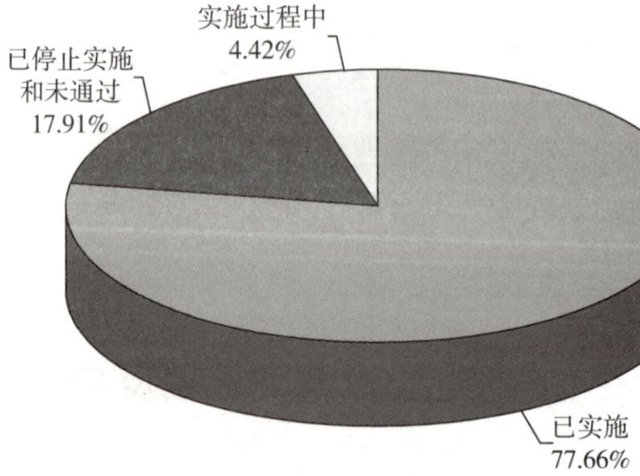

图 6.3：A 股股权激励计划进程

数据来源：Wind

从股权激励方式看，限制性股票占比最高，达到 55.62%，股票期权方式其次，占比为 42.78%，股票增值权数量较少，只有 22 例，占比 1.60%。而从股票来源看，以定向发行股票方式的股票期权和限制性股票是股权激励的主体，占到全部 1379 起股权激励方案总数的 94.63%，公司提供激励基金买入流通 A 股（2.47%）、股票增值权（1.60%）、大股东转让（1.31%）比例都相对较小。原因我们在前面都有详细分析。

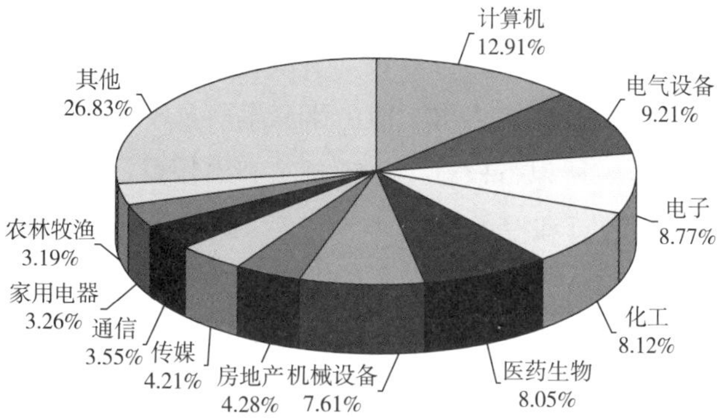

图 6.4：A 股股权激励计划行业分布

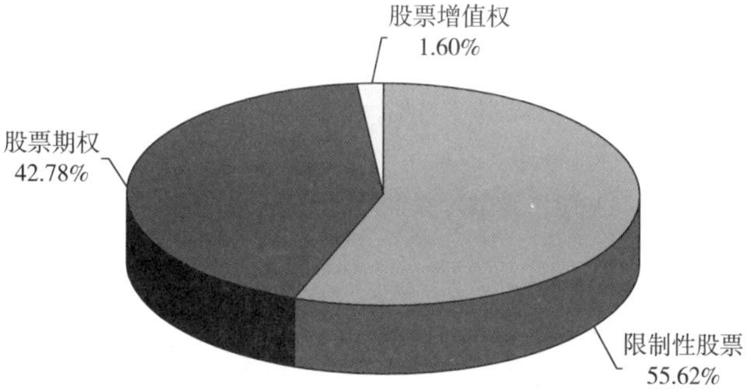

图 6.5：A 股股权激励方式情况

数据来源：Wind

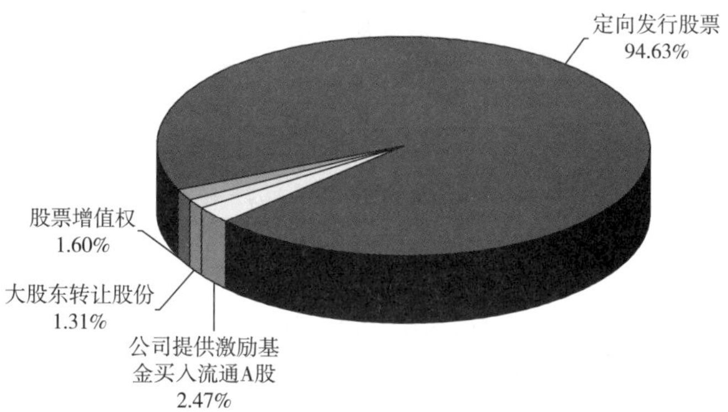

图 6.6：A 股股权激励股票来源情况

上市公司股权激励过程需要董事会会议通过后公告股权激励草案、中国证监会备案、股东大会等多个时间窗口，但从影响上市公司行为的角度看，草案公告日、授予日、行权日（解锁日）和出售日是四个非常重要的时点。草案公告日是投资者最早了解到上市公司要实施股权激励方案的时间，授予日、行权日（解锁日）和出售日在上文已有分析，上市公司和激励对象从各自“业绩”出发对上述时点的股价有不同诉求。但由于激励对象不止一个人，且每个人可能分多次行权和出售，所以行权日（解锁日）和出售日没法统一框定，我们把研究时点放在草案公告日和授予日。

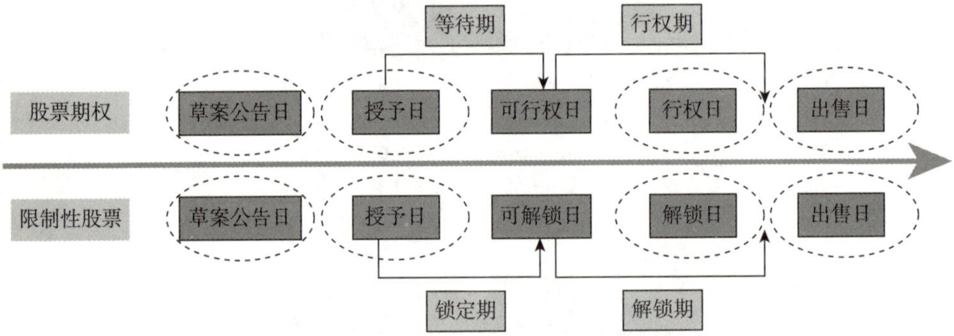

图 6.7：实施股权激励过程中对股价有重要影响的四个时点

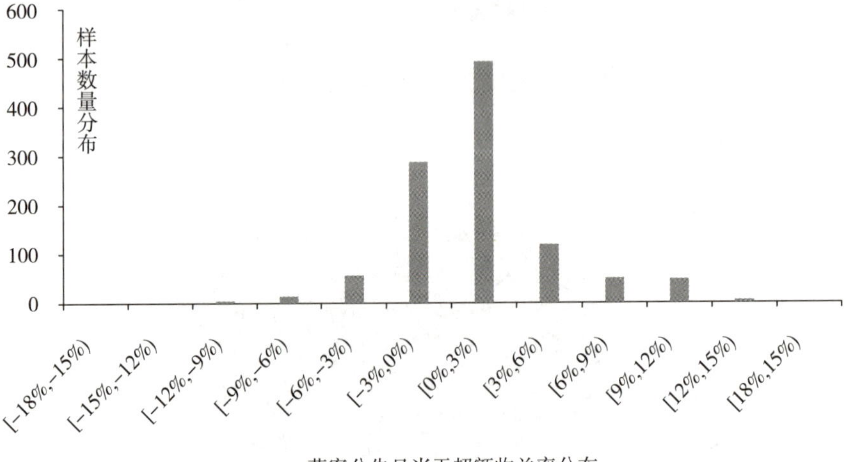

图 6.8：草案公告日当天的平均超额收益率为 1.00%

数据来源：Wind

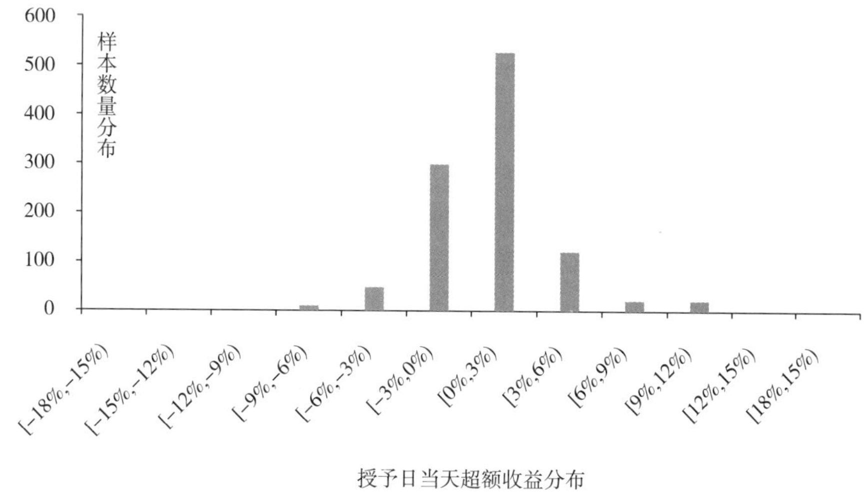

图 6.9：授予日当天的平均超额收益率为 0.62%

数据来源：Wind

国内外有很多学者研究了股权激励计划过程中重要时点前后的股票价格变化情况（多用事件研究法），我们在这里不做过多的展开。从我们对已实施股权激励计划的 1071 个样本统计数据分析，在股权激励草案公告日当天存在超额收益，平均超额收益率为 1.00%，说明市场对上市公司实施股权激励计划的认同，同时在授予日当天也存在超额收益，平均超额收益率为 0.62%。草案公告日和授予日均构成有效的投资时点。

6.3 股权激励终止

本节导读

前述章节讲了股权激励正常实施过程中对上市公司行为的引导。在实际实施过程中，因为各种原因，也会出现股权激励方案终止的案例。股权激励终止主要有以下几种情况：（1）非市场原因：上市公司业绩未达到股权激励标准，激励对象离职、与重大事项冲突等也可以视为非市场原因；（2）市场原因：股价和行权价格倒挂，行权难度较大，失去激励作用。股权激励终止的会计处理主要分以下两种情形：（1）主动终止。非市场原因：预测行权条件中经营业绩指标无法实现，企业主动终止股权激励计划，在会计处理时需要加速行权，确认还没有确认的股权激励费用。市场原因：预计能够满足非市场条件下（业绩条件等）终止股权激励计划。由于权益工具价格低于行权价格，行权将产生负收益，但激励对象将因为能够满足激励指标而被视为将被授予权益工具；（2）被动失效。主要是非市场原因，包括上市公司业绩未达到股权激励标准，激励对象离职，与重大事项冲突等。激励对象实际最终没有被授予权益工具，相应地，与该股权激励计划相关的累计成本、费用也为零。在会计处理上，应将本期内已经确认的费用冲回。

早期如果上市公司碰到股权激励和其他重大事项冲突时，都会出于为重组“清障”的目的而选择放弃股权激励计划。如2008年证监会曾发布过《股权激励有关事项备忘录2号》，对股权激励与重大事件间隔期问题做出过明确规定：上市公司提出增发新股、资产注入、发行可转债等重大事项动议至上述事项实施完毕后30日内，上市公司不得提出股权激励计划草案；上市公司披露股权激励计划草案至股权激励计划经股东大会审议通过后30日内，上市公司不得进行增发新股、资产注入、发行可转债等重大事项。

案例15：天壕节能（300332，现改名天壕环境）终止股权激励计划

天壕节能于2013年7月20日推出限制性股票激励计划（草案），激励对象包括董事、高级管理人员以及公司董事会认为需要进行激励的相关员工共计16人。公司限制性股票激励计划中拟授予限制性股票数量为公司总股本的2.19%，即700万股。但一个月后的8月21日，公司即停牌进入重组程序。9月18日，处于重组进程中的公司宣布，撤销于7月20日披露的股权激励计划草案，相关的《公司限制性股票激励计划实施考核管理办法》一并撤销。其理由即对应为《备忘录2号》的规定。公司董事会承诺自本次撤销限制性股票激励计划的董事会决议公告之日起6个月内，不再审议和披露股权激励计划。

根据证监会2013年10月底出台的解释以及《上市公司股权激励管理办法》（2016年），今后上市公司重大事项与股权激励不再是“不可调和”的关系。关于两者的最新表述是：“上市公司启动及实施增发新股、并购重组、资产注入、发行可转债、发行公司债券等重大事项期间，可以实行股权激励计划。”这意味着，未来上市公司筹划重大事项或股权激励时无需互相规避，由此，大大减少了政策束缚，为资本运作留下更多的选择空间。在实际操作过程中，上市公司也尝试了不少化解增发与股权激励的创新做法，如在定增中“嵌入”股权激励方案。

案例 16：康缘药业（600557）定增“嵌入”股权激励方案

业绩未达标股权激励计划“流产”。2010 年 11 月，康缘药业曾公布股权激励计划，拟以 974 万股股票向 5 名高管及 70 名核心技术业务人员施以股权激励。但康缘药业在 2012 年 3 月的公告中称，因预计 2011 年及 2012 年、2013 年的经营业绩均将无法达到股权激励计划目标，公司董事会综合考虑后决定终止实施股权激励计划，回购并注销已授予的限制性股票 760 万股。

定增中“嵌入”股权激励方案。2013 年 1 月，康缘药业发布非公开发行股票预案。公司高管、核心人员等自筹资金发起设立资产管理计划，认购康缘药业的定增股份，以此替代之前因业绩未达标而“流产”股权激励计划。这种嵌入于定向增发中的管理层认购模式，本质上可视作广义上的股权激励，规避了增发新股和股权激励无法并存的规定。方案：非公开发行股票募集资金总额为 36000.02 万元，预计扣除发行费用后募集资金净额不超过 35420.02 万元，其中 32400 万元将用于投入 1500 吨植物提取物系列产品生产项目，其余募集资金预计不超过 3020.02 万元用于补充资金。定价：本次非公开发行股票的发行价格不低于定价基准日前 20 个交易日公司股票均价的 90%，即不低于董事会决议公告日前 20 个交易日公司股票交易均价 19.81 元 / 股的 90%。经董事会讨论决定，本次发行股票价格为 17.83 元 / 股。发行对象：本次非公开发行股票数量为 2019.07 万股。发行对象已经分别与公司签署了附条件生效的股份认购合同，其中：康缘集团认购数量为 673.03 万股；汇添富—康缘资产管理计划（康缘集团一致行动人）认购数量为 1346.04 万股。汇添富—康缘资产管理计划，拟由康缘集团及其控股子公司（含康缘药业及其子公司）高级管理人员、核心人员以及康缘集团指定的其他人员自筹资金（享受浮动收益），并按 1∶2 进行融资（享受固定收益）后交由汇添富基金设立和管理，该资产管理计划主要用于投资康缘药业本次非公开发行的股票，存续期限为自资产管理合同生效之日起 5 年。

第一次修改。2013 年 12 月，康缘药业发布非公开发行股票预案（修订稿），主要围绕汇康资产管理计划展开，以保证其中的分级基金条款符合证监会关于保护中小投资者的大方向。汇康资产管理计划原先预想设立的投资决策委员会中，康缘集团及康缘药业高管组成的劣后级投资者推荐 2 人，康缘集团一致行动人汇添富基金也推荐1人。修订后，汇康资产管理计划劣后级仅推荐1人担任决策委员会委员，汇添富推荐1人，剩余1名委员则来自于康缘药业的独立董事。经此安排，康缘集团对资产管理计划的控制力度下降1/3。此外，修订版还规定，如果上述独立董事认为汇康资产管理计划减持康缘药业涉嫌利用内幕交易，有权向汇添富方面提出异议，减持计划亦将随之终止。

第二次修改。2014年8月，康缘药业再次发布非公开发行股票预案（修订稿），包括上调增发价格和取消杠杆两个方面。发行价格由每股17.76元调整为每股24.11元，发行数量由2027.0281万股调整为1493.1572万股，其中控股股东康缘集团拟认购497.7242万股，汇康资产管理计划拟认购995.4330万股，募资金额不变。汇康资产管理计划的出资人由原享有不同收益分配方式的A级B级投资者，调整为拟由康缘药业董事（不包括独立董事）、高级管理人员及核心人员、连云港康缘医药商业有限公司共同出资设立，出资人每一出资份额享有同等分配权。

第三次修改。2014年9月，康缘药业第三次发布非公开发行股票预案（修订稿），此次修改主要细化了8月份的方案。包括（1）删除条款“因汇康资产管理计划出资人未按时、足额认购份额，导致资产管理计划未能或未能按期成立，不构成乙方违约，乙方无需承担任何民事责任”；（2）明确“汇添富—康缘资产管理计划”出资比例：公司董事、高管及核心人员认购1.08亿元，连云港康缘医药商业有限公司认购1.32亿元。

2014年10月，康缘药业非公开发行股票方案获证监会通过。

股权激励终止的会计处理主要分以下两种情形：

主动终止。（1）非市场原因：预测行权条件中经营业绩指标无法实现，企业主动终止股权激励计划，在会计处理时需要加速行权，确认还没有确认的股权激励费用；（2）市场原因：预计能够满足非市场条件下（业绩条件等）终止股权激励计划。由于权益工具价格低于行权价格，行权将产生负收益，但激励对象将因为能够满足激励指标而被视为将被授予权益工具。此时，根据《企业会计准则》的有关规定，对于已计提的股份支付费用不予转回，对于原本应在剩余等待期内确认的股份支付费用进行立即确认；对于与激励对象离职相关的股份支付费用不予计提；对于尚未授予（预留部分）而被取消的期权的股份支付费用因无法确认金额而不予计提。《企业会计准则讲解（2010）》指出，如果企业在等待期内取消了所授予的权益工具或结算了所授予的权益工具（因未满足可行权条件而被取消的除外），企业应当将取消或结算作为加速可行权处理，立即确认原本应在剩余等待期内确认的金额。

被动失效。主要是非市场原因，包括上市公司业绩未达到股权激励标准，激励对象离职，与重大事项冲突等。激励对象实际最终没有被授予权益工具，相应地，与该股权激励计划相关的累计成本、费用也为零。在会计处理上，应将本期内已经确认的费用冲回。

表 6.3：被动失效和主动终止的区别

类别	被动终止	主动终止
出发点	因实际未满足可行权条件而被取消	预测行权条件中经营业绩指标无法实现
会计处理	没有达到可行权条件，不确认费用	加速行权，确认费用
优缺点	不会造成公司负担，但需要被动等待，不利于员工激励	节约时间，可以重新制定激励计划，但公司费用支出增加

注：外部经济环境的变化可能使公司原有的激励计划不再适用，公司无法花 3 年左右时间来等股权激励计划自然失效。很多公司更倾向于立即取消现有的激励计划（主动终止），就要加速计提股权激励费用，对公司当年业绩带来一定负担。

案例 17：诺普信（002215）终止股票期权与限制性股票激励计划

2015 年 11 月 16 日，诺普信召开第四届董事会第五次会议（临时）、第四届监事会第五次会议（临时），审议通过了《深圳诺普信农化股份有限公司股票期权与限制性股票激励计划（草案）及其摘要》。同年 12 月，公司召开 2015 年第四次临时股东大会，审议通过了《深圳诺普信农化股份有限公司股票期权与限制性股票激励计划（草案）及其摘要》。2016 年 3 月，诺普信披露了《关于股票期权与限制性股票授予登记完成的公告》，至此，公司已完成股票期权与限制性股票的授予工作。授予日为 2015 年 12 月 29 日，授予股票期权数量为 3045.70 万股，授予对象共 580 人；授予限制性股票 44 人，授予的限制性股票数量为 1002.40 万股，授予价格为 8.42 元 / 股。但到了 2016 年 6 月，公司公告决定终止期权与限制性股票股权激励计划。终止原因“公司在推出股权激励计划后，宏观经济和市场环境发生较大变化，导致公司原有的股权激励计划激励作用减弱，公司认为若继续实施本次股权激励计划，将很难达到预期的激励目的和效果。”

表 6.4：诺普信股票期权成本摊销情况

项目		股票期权数量（万份）	每份期权的公允价值（元）	支付费用（万元）	摊销计划（万元）					
					2015 年	2016 年	2017 年	2018 年	2019 年	2020 年
股票期权费用	已登记未离职	3045.70	5.445	16583.84	41.42	7562.24	4242.87	2589.78	1486.71	660.81
	授予未登记	26.95	5.445	146.74	0.37	66.91	37.54	22.92	13.16	5.85
	已经登记已离职	132.65	5.445	722.28	1.80	329.36	184.79	112.79	64.75	28.78
小计		3205.30	–	17452.86	43.59	7958.51	4465.21	2725.49	1564.62	695.44

数据来源：诺普信公告

表 6.5：诺普信限制性股票成本摊销情况

项目		限制性股票数量（万份）	每股的公允价值（元）	支付费用（万元）	摊销计划（万元）					
					2015 年	2016 年	2017 年	2018 年	2019 年	2020 年
限制性股票费用	已登记未离职	949.90	6.75	6411.79	16.57	3024.74	1630.14	966.01	539.82	234.50
	授予未登记	52.50	6.75	354.37	0.92	167.17	90.10	53.39	29.84	12.96
	已经登记已离职	24.50	6.75	165.37	0.43	78.01	42.04	24.92	13.92	6.05
小计		1026.90	–	6931.53	17.91	3269.93	1762.29	1044.31	583.58	253.51

数据来源：诺普信公告

2015 年 12 月公司已计提 57.99 万元的股份支付费用；2016 年 1 月～6 月，公司应计提 5293.49 万元的股份支付费用。根据《企业会计准则》的相关规定，对于已计提的股份支付费用不予转回；对于原本应在剩余等待期内确认的股份支付费用 17644.14 万元在 2016 年加速提取；对于与激励对象离职相关的股份支付费用不予计提；对于尚未授予而被取消的期权的股份支付费用因无法确认金额而不予计提。综上所述。因本次终止及注销股票期权与限制性股票，公司在 2016 年共计提 22937.63 万元股份支付费用。

7. 员工持股计划的安全垫

7.1 员工持股，同舟共济

本节导读

国内员工持股计划以2014年6月证监会发布的《关于上市公司实施员工持股计划试点的指导意见》为分水岭，自此之后员工持股计划作为激励方式被越来越多的上市公司所采用。2014年牛市起步高杠杆频现，随着监管的不断深入，一度风行的高杠杆员工持股计划又逐步退出历史舞台。更多的企业开始执行定增式员工持股计划，将限售期拉长至36个月，从长期绑定员工与上市公司利益。从投资机会来看，建议关注两类标的。（1）股价与员工持股均价倒挂，重点关注同时运用高杠杆参与持股计划的标的。上市公司不会轻易让自己的员工亏钱，否则员工持股计划就失去意义，员工持股均价代表一定的安全垫，同时高杠杆下管理层提振股价的动力更强烈；（2）员工持股计划作为国企改革的突破口，是混改主题选股的重要线索。中央指出试点企业要增量引入股份，在主业处于充分竞争行业和领域的商业类企业中进行试点，鼓励科研人员持股等，建议投资者可以在符合以上条件的国企中筛选标的。本篇讨论非会计信息里员工持股计划的投资机会，需要指出的是，员工持股计划的存续、出售等问题是由员工持股管理委员会（代表员工持股计划持有人会议）来决定，理论上不应当将其与上市公司行为完全等同。

7.1.1 员工持股计划：曲折前行，创新不断

国内员工持股计划以2014年6月证监会发布的《关于上市公司实施员工持

股计划试点的指导意见》为分水岭，在此之前中国官方曾3次推行员工持股计划，但最终均由于各种原因而被叫停。自此之后员工持股计划被越来越多的上市公司所采用，高杠杆、定增结合等创新手段不断。

我国的员工持股计划始于20世纪80年代，是伴随向市场经济转轨发展和国有企业改革中出现并逐步发展起来的。但在发展过程中由于缺乏法律规范、员工持股计划形式化（强迫性集资、高折价发行）、国有资产流失（MBO）等问题，员工持股计划发展非常曲折。概括来讲，主要经历了以下三个阶段：（1）1984年~1993年。企业试点内部员工股份制作为筹集资金和搞活企业的手段，但在此过程中，也逐步暴露出超比例、超范围发行内部职工股，出现关系股和权力股等问题。1993年，国务院正式发文明确规定停止内部员工股的审批和发行；（2）1994年~1998年。伴随《公司法》的实施和国内证券市场的发展，员工持股计划在各地方政府的实践指引下火热开展。但由于当时资本市场制度不完善，公司公开发行股票过程中职工股不经过抽签和摇号的程序，使员工持股计划沦为一二级市场套利工具。1998年底证监会发出通知停止公司职工股的发行；（3）1999年~2003年：此阶段实施管理层收购（MBO）的国有企业数量迅速增长。后由于担心国有资产流失严重，2003年4月财政部紧急叫停了上市公司和非上市公司的MBO。

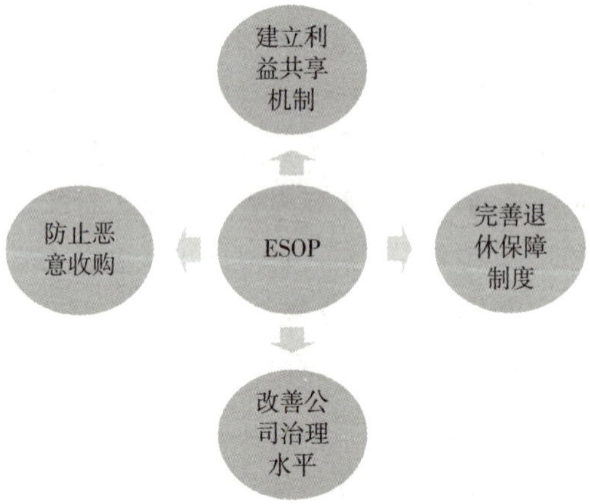

图7.1：上市公司员工持股计划的意义

随着我国证券市场制度逐步完善，作为利益共享和改善公司治理的方式，员工持股计划被再次引入。2012年，证监会发布了《上市公司员工持股计划管理暂行办法（征求意见稿）》，2014年6月证监会正式发布《关于上市公司实施员工持股计划试点的指导意见》，意见从基本原则、主要内容、实施程序与信息披露、监管等几个方面对员工持股计划做了具体细致说明。而且相比两年前的征求意见稿，员工持股计划的资金来源、股票来源、持有期限等条件都得到了放宽。至此，A 股上市公司员工持股计划迎来快速发展阶段。

参与对象

- 全体公司员工

资金来源

- 员工的合法薪酬
- 法律、行政法规允许的其他方式

股票来源

- 上市公司回购本公司股票
- 二级市场购买
- 认购非公开发行股票
- 股东自愿赠与
- 法律、行政法规允许的其他方式

锁定期

- 12个月，非公开发行36个月

持股规模

- 上市公司全部有效的员工持股计划所持有的股票总数累计不得超过公司总股本的10%
- 单个员工不得超过总股本的1%

行政许可

- 除非公开发行外，无需证监会审批

图 7.2：2014 年证监会员工持股计划试点指导意见的要求

资料来源：《关于上市公司实施员工持股计划试点的指导意见》

随着 2014 年新一轮牛市的启动，员工持股计划高杠杆现象频频出现。上市公司推行的员工持股计划按出资情况主要分四类：员工单独出资、大股东为员工出资加杠杆、借用资产管理计划加杠杆、利用股票收益权互换创新工具。以借用资产管理计划为例，通过优先级、劣后级的制度安排，一方面让员工放大了潜在的可能收益，另一方面也向市场彰显了内部人对公司的信心。如实益达发布的员工持股计划方案，按照不超过 1.5 : 1 的比例设立优先级 A 份额和风险级份额，风险级份额又分为风险级 B 份额和风险级 C 份额，风险级 B 份额和风险级C份额的比例不超过9 : 1，优先级A份额和风险级B份额享有预期收益率，实益达员工持股计划相当于运用了 24 倍杠杆[①]。但随着 2015 年股灾的到来，很

① 计划总额 5500 万，其中 A 份额为 3300 万，风险份额 2200 万，其中 B 份额 1980 万，由公司实际控制人之一的乔昕出资，C 份额 220 万，由核心员工出资，员工持股计划相当于用了 24 倍的杠杆。

多员工持股计划出现持股价和市场价倒挂的尴尬局面，高杠杆双刃剑的另一面暴露无遗。2016 年 7 月证监会发布《证券期货经营机构私募资产管理业务运作管理暂行规定》，从强化风险角度加强对资产管理业务的监管，其中第四条规定，不允许“股票类、混合类结构化资产管理计划的杠杆倍数超过 1 倍”，不允许“直接或者间接对优先级份额认购者提供保本保收益安排”。监管不断升级下，一度风行的高杠杆员工持股计划逐步退出历史舞台。随着高杠杆的退潮，更多的企业开始执行定增式员工持股计划，将限售期拉长至 36 个月，从长期绑定员工与上市公司利益。

7.1.2 实施灵活，无损公司业绩

作为对员工的激励方式，员工持股计划和股权激励有很大的相似性，但根据目前上市公司所遵照执行的相关规定来看，两者在条款设置、参与范围、业绩考核、公司和个人层面等均存在不同。股权激励侧重于对管理层的激励，促使管理层为完成业绩做出更多努力，进而实现上市公司的业绩提升和持续发展。员工持股计划侧重绑定员工和公司，优化利益共享机制，改善公司治理，提高公司竞争力。整体来看：（1）条款设置上，股权激励限制条件较多；员工持股计划方案的设计更加多样化，方式也更加灵活；（2）参与范围上，员工持股计划涵盖对象范围更大，具有普惠性；（3）业绩考核上，一般员工持股计划不设业绩考核条件，相较股权激励，更容易实现，更具有实务操作性；（4）公司成本上，员工持股计划不增加管理费用，不冲减公司利润，减少业绩压力；（5）个人避税效应上，员工持股计划暂不征收个人所得税。

上市公司实施员工持股计划的时候，除去非公开发行的情况需要证监会审批外，一般不需要行政许可；股权激励则需要证监会无异议备案通过。

表 7.1：员工持股计划 VS 股权激励：外部条件

	员工持股计划	股权激励
依据	《关于上市公司实施员工持股计划试点的指导意见》	《上市公司股权激励管理办法》
目的	建立和完善劳动者与所有者的利益共享机制，改善公司治理水平，提高职工的凝聚力和公司竞争力，使社会资金通过资本市场实现优化配置	促进上市公司建立、健全激励与约束机制，对其董事、监事、高级管理人员及其他员工进行长期性激励，促进公司发展

续表

	员工持股计划	股权激励
参与对象	公司全体员工，包括管理人员	一般为董事、高管以及核心技术和业务人员，以及公司认为应当激励的对公司经营业绩和未来发展有直接影响的其他员工，但不应当包括独立董事和监事
实施限制	无限制	最近一个年度财报未被注册会计师出具否定意见或者无法表示意见的审计报告；上市后最近 36 个月内未出现过未按法律法规、公司章程、公开承诺进行利润分配的情形等。
独立财务顾问	涉及非公开增发的需要聘请，创业板不超过 5000 万元的小额快速融资除外	薪酬与考核委员会认为必要时需聘请；同时采用股票期权和限制性股票激励两种方式时需聘请
监管审批	除非公开发行外，无需证监会审批	需证监会无异议备案通过

数据来源：《关于上市公司实施员工持股计划试点的指导意见》《上市公司股权激励管理办法》

股权激励实施所需的成本，一般由公司承担，并按年摊销，确认为管理费用。而员工持股计划一般采用员工自筹或者借款方式取得资金，成本不要公司来承担，不会冲减公司的利润。而且相比股权激励与公司业绩考核挂钩，员工持股计划一般无业绩硬性考核要求。

表 7.2：员工持股计划 VS 股权激励：公司层面

	员工持股计划	股权激励
股东大会表决	经出席会议的股东所持表决权的半数以上通过，非公开增发的须 2/3 以上	必须经出席会议的股东所持表决权的 2/3 以上通过
持股限制	上市公司全部有效的员工持股计划所持有的股票总数累计不得超过公司总股本的 10%，单个员工不得超过总股本的 1%	上市公司全部在有效期内的股权激励计划所涉及的标的股票总数累计不得超过总股本的 10%。非经股东大会特别决议批准，任何一名对象股权激励累计持股不得超过总股本的 1%
股票来源	（1）上市公司回购本公司股票 （2）二级市场购买 （3）认购非公开发行股票 （4）股东自愿赠与 （5）法律、行政法规允许的其他方式	（1）向激励对象发行股份 （2）回购本公司股份 （3）法律、行政法规允许的其他方式
发行定价	以实际购买价格为准；股票来源为非公开发行的，发行价不低于定价基准日前 20 个交易日股票均价的 90%	涉及非公开发行的，发行价不低于定价基准日前 20 个交易日股票均价的 50%（限制性股票）

续表

	员工持股计划	股权激励
股票供需影响	以二级市场购买为主的短期内提升股票需求，非公开发行的短期内对二级市场股票需求不造成直接影响	一般以非公开发行为主，短期内对二级市场股票需求不造成直接影响
业绩考核	一般没有	有
利润影响	无	产生管理费用，降低利润

数据来源：《关于上市公司实施员工持股计划试点的指导意见》《上市公司股权激励管理办法》

按照现行税收政策，员工持股计划转所得被视做员工个人出资购买二级市场股票，暂不征收个人所得税。而员工股权激励所得被视作因努力工作而获得的薪酬，因此按照个人所得税标准缴纳税务。

表 7.3：员工持股计划 VS 股权激励：个人层面

	员工持股计划	股权激励
持股方式	上市公司自行管理计划或委托资产管理机构管理	激励对象直接持有限制性股票或股票期权，自行管理
资金来源	（1）员工的合法薪酬 （2）法律、行政法规允许的其他方式	上市公司不得为激励对象提供贷款及其他形式的财务资助
杠杆作用	可以融资，设定为结构分级，分为优先级和次级份额，员工持有次级份额，享有优先级份额之后的剩余索取权	无
取得股票的价格	二级市场买入为市场价，非公开发行价不低于定价基准日前 20 个交易日股票均价的 90%	取得股票价格通常明显低于市价，非公开发行价不低于定价基准日前 20 个交易日股票均价的 50%（限制性股票）
锁定期	12 个月，非公开发行 36 个月	12 个月内不得转让，控股股东、实际控制人 36 个月内不得转让
权利行使方式	参与员工通过员工持股计划的持有人代表或持有人会议行使股东权利，或授权资产管理机构行使股东权利	员工直接持有限制性股票或行权后直接持有股票行使股东权利
个人所得税	存在避税作用，股票来源为二级市场购买和定向增发的免征个人所得税	获益部分需缴纳个人所得税

数据来源：《关于上市公司实施员工持股计划试点的指导意见》《上市公司股权激励管理办法》

7.1.3 海外成熟市场常见的资本运作方式

现代意义上的员工持股计划最早由美国 Louis. O. Kelso 于 1956 年提出，随后在美国得到快速发展。美国实施员工持股计划的企业数量，在 1974 年只有 200 余家，而到 2009 年则猛增到 11500 家。根据 ESOP Association（员工持股计划联合协会）的数据，截止到 2016 年底，美国员工持股计划涉及的资产总值超过 1.4 万亿，覆盖人数超过 1500 万人次。从实施的公司类型上来看，以人数在 100 人 ~ 1000 人之间的中小型私营企业为主。从行业上来看，20 世纪 90 年代初期实施员工持股计划的企业主要集中在制造业与金融业企业为主，而目前员工持股计划已覆盖了几乎所有的产业。

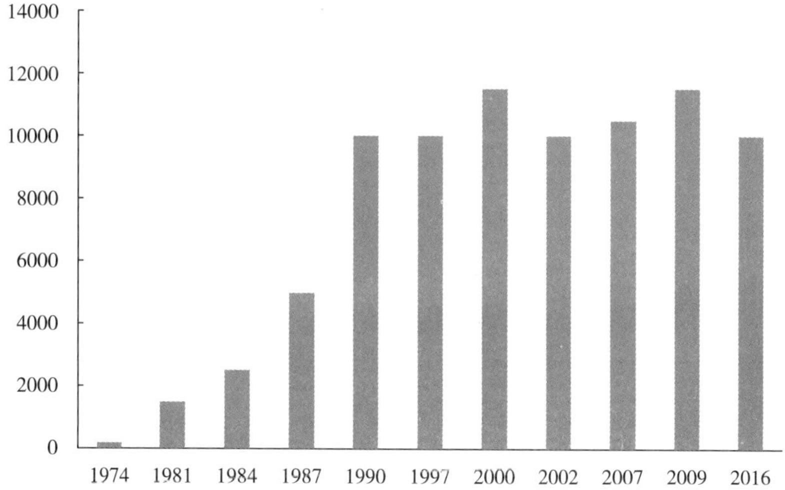

图 7.3：员工持股计划已成为美国最常见的资本运作方式之一

数据来源：ESOP Association、NCEO

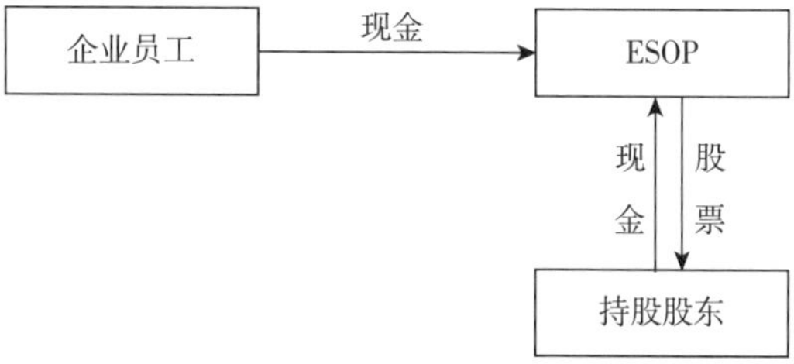

图 7.4：非杠杆型员工持股计划

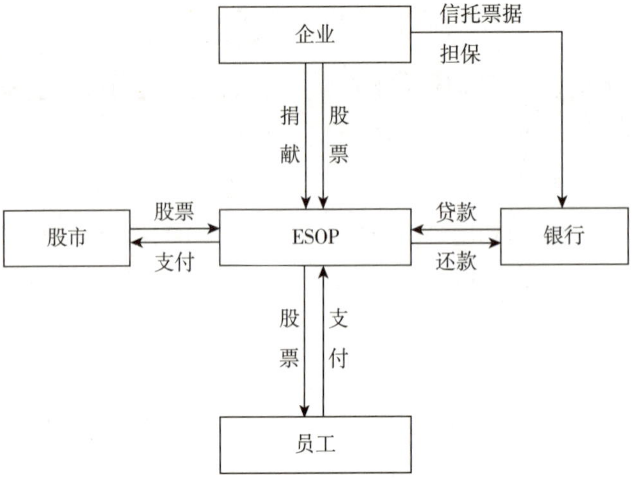

图 7.5：杠杆型员工持股计划

资料来源：NCEO。注：非杠杆型员工持股计划即由员工以自有资金购买公司股票，由公司定期（通常为一年）将新增股份交给员工，使员工拥有的股份随为企业服务时间的增长而逐年增长。杠杆型的员工持股计划为大多数美国企业采用。它由公司成立员工持股计划信托基金会，基金会由公司以其股票作担保，向银行贷款（贷款期一般为 5 年 - 10 年）购买雇主的股票和进行股票管理。公司在每年从利润中按预定比例提取一部分归还银行贷款的同时，由信托基金会按照实现确定的比例，逐步将股票转入员工账户，公司一般每年向员工持股的贡献额为员工工资总额。

表 7.4：主要代表国家员工持股计划对比

国家	美国	日本	新加坡
实施类型	福利型	风险型	风险型
融资方式	以杠杆型为主	非杠杆型	非杠杆型
参与条件	工作半年以上	全日制本企业员工	工作半年以上
参与对象	全体员工	非高管生存领域员工	全体员工
持股比例	上市企业 10%–15%	一般为 1%–2%	不超过 5%
股票来源	公司回购、非公开发行、股东授予、二级市场购买	股东授予为主、定增	公司回购、非公开发行、股东授予、二级市场购买
资金来源	公司出资、个人出资、外部融资	个人出资	个人出资
股票类型	一般为 C 类股①	兼具	兼具

① 在美国，C 型股份有限公司是股份有限公司的标准模式，其股票可以上市交易，劣势在于双重征税，并需要依据联邦商法和州法的规定进行如定期召开董事会会议、正式投票等例行公事的活动。与 C 类公司对应的是 S 类股份公司，又通常被称为闭锁型公司。美国国税局为了鼓励小企业主，允许符合特定条件的小企业以 S 股份有限公司的形式纳税，S 型公司类似于合伙，股东按投资比例获得的分红收益缴纳个人所得税。即公司如有损失，可抵扣股东的其他个人所得；公司如有收益，则股东只在个人层面缴纳一次税，避免了 C 型公司的双重税收问题。

续表

国家	美国	日本	新加坡
管理方案	信托基金会	员工持股委员会	员工持股委员会
锁定期	24 个月 -36 个月	多年	36 个月

根据美国学者 Douglas Kruse 和 Joseph Blasi 的研究，员工持股计划的实施不仅能提高企业的经营效率，而且可以使企业的生存率大大提高。他们采用了 1988 年 ~ 1997 年的数据，通过选择 300 多家实施员工持股计划的企业与未实施员工持股计划的企业进行对比，且所选企业行业、规模及地区都是相当的，比较两者在实施员工持股计划前后 3 年变化，最终发现员工持股计划对于企业经营有激励作用，可以显著提升年销售增长率、年雇佣员工增长率、年人均销售增长率以及人均生产力，同时实施员工持股计划的企业生存率得到显著提升，有利于企业持续经营发展。另外，根据美国员工持股计划联合协会 1980 年 ~ 2004 年的统计，实行员工持股计划的企业比行业平均 Tobin's Q 值高出 8.12%，资产利润率比行业平均高出 5.5%，纯利润率比行业平均高 10.3%，资本权益报酬率比行业平均高出 5.6%。

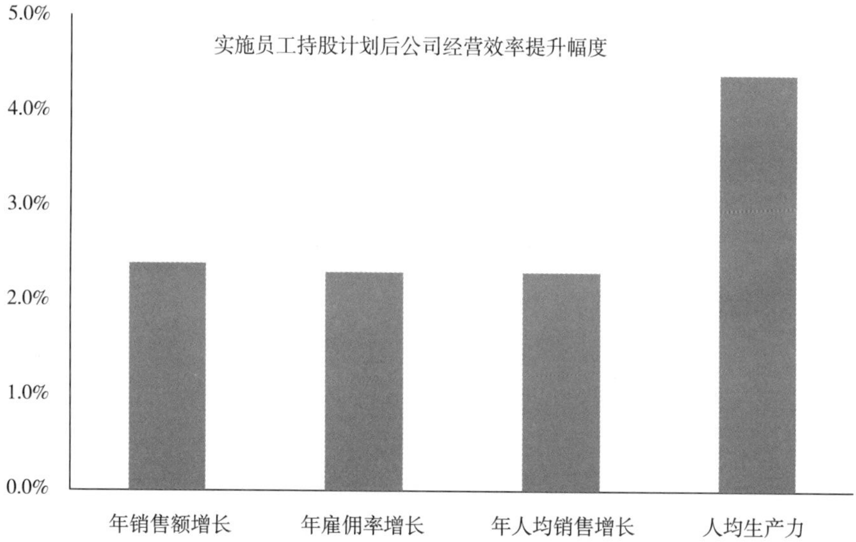

图 7.6：实施员工持股计划能够提高公司的经营效率

数据来源：Douglas Kruse、Joseph Blasi《Motivating Employee-Owners in ESOP Firms：Human Resource Policies and Company Performance》

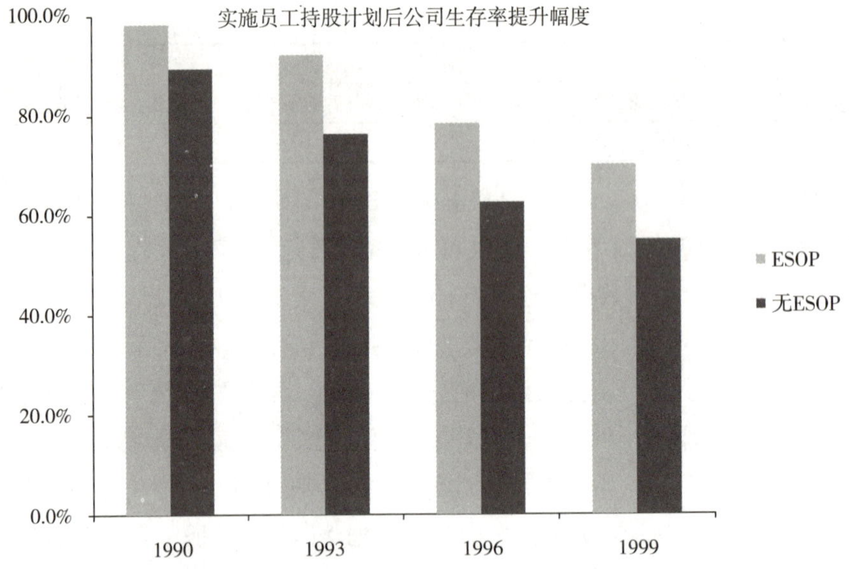

图 7.7：实施员工持股计划能够提高公司的生存率

数据来源：Douglas Kruse、Joseph Blasi《Motivating Employee-Owners in ESOP Firms：Human Resource Policies and Company Performance》

案例 18：宝洁公司（Procter & Gamble）：员工持股计划开创者之一

宝洁公司是目前全球最大的日用消费品公司之一，总部位于美国俄亥俄州辛辛那提，全球员工近 110000 人。2014 年～2016 年公司主营业务收入分别为 744.01 亿美元、707.49 亿美元、652.99 亿美元，归属于母公司净利润分别为 116.43 亿美元、70.36 亿美元、105.08 亿美元。宝洁公司有着悠久的员工持股历史，为了保障多年在公司工作的员工利益，解决退休养老问题，19 世纪末宝洁公司就已经开始实施“利润分享计划”。直到目前，这个计划持有大约 14% 的公司股票。宝洁公司的员工主要通过公司信托基金会参与员工持股计划。员工不仅可以获得宝洁公司限制性股票（RSU），还可以购买公司期权、参与公司的员工股权购买计划甚至通过信托基金会购买公司的员工持股公司债。公司每年对普通优秀员工发放限制性股票，对高管（例如经理与总监）发放绩效性股票。持有股票的员工可享受公司股息派发（现金或股票），持股锁定期为 36 个月以上。在 2014 年最新修订的员工持股计划中，公司一共计划发行 1.85 亿股票。员工如果通过员工购股计划购买公司股票，总额不得超过工资总额的 15%。

案例 19：大众超市公司（Publix Super Markets）：美国最大的员工持股公司

美国大众超市公司是一家私营企业，成立于 1930 年，是目前全美最大的雇员所有制连锁超市，有 1136 家分店遍布于美国西南部佛罗里达州、阿拉巴马州、田纳西州等地，雇员人数超过 193000 人。主要产品包括食品饮料和日常用品（占比约 84%）、化妆品、药品、彩票等商品与服务。2014 年 ~ 2016 年公司主营业务收入分别为 305.60 亿美元、323.63 亿美元、339.99 亿美元，归属于母公司净利润分别为 17.35 亿美元、19.65 亿美元、20.26 亿美元。作为全美最大的员工所有私营企业，大众超市公司主要采取了员工股权认购计划以及依照贡献的股权授予计划。这项计划于 1974 年正式采用，并于 2008 年重新修订。修订后的员工持股计划包括一般性员工持股计划、高管购股计划（Director Plan）以及 401k 养老计划。其中，员工持股计划与 401k 养老计划皆为间接持股，高管持股计划为直接持股。员工购买公司股票的资金统一由公司的员工持股信托基金管理。401k 养老计划保证工龄超过 6 年的资深员工退休后仍然享有足额股息分红，而工龄不足 6 年的员工退休后则按相关规定另外折算股息分红。公司的股票并不在交易所进行公开交易，所有股票交易均在公司内部进行并由公司定期回购部分股权，股票交易可参与对象包括：现任雇员，前任雇员以及相关亲属。公司股票认购仅仅对工作满 1 年的现任雇员以及部分高管，公司董事会每年根据第三方评估机构每个季度的评估结果决定股票价格以及发行数量，持有股票的员工可享受公司每年的利润分成（现金）或者股息分成（股票）。持股锁定期为 12 个月，存续期为 36 个月。

员工持股计划资本运作功能的延伸

除了完善公司治理结构、提高企业效率、把上市公司价值与职工利益捆绑到一起外，在海外成熟资本市场，员工持股计划还以资本运作手段的方式出现。

（1）再融资手段，目前国内定增式员工持股计划已很常见。

（2）抵御敌意收购的有效对策。员工持股计划是基于分散股权的考虑而设计的，在 20 世纪七八十年代美国资本市场敌意收购盛行的阶段，许多公众公司将员工持股计划作为抵御敌意收购的手段。在敌意并购发生时，如果员工持股比例相对较大，则可控制一部分企业股份，增强企业的决策控制权，增加敌意并购者的并购难度。

（3）拯救面临生存危机的公司。在此情况下，员工持股计划购买股票的价款来自协商削减的员工薪酬，而不是由现有或累计的利润所提取的公司资金来支付。比较经典的案例是美国西北航空公司，通过实施员工持股计划，从倒闭的边缘起死回生。1993年，美国西北航空公司的债权人、股东、职工代表（飞行员、技师、空姐三个工会）三方经过激烈谈判推出最为关键的员工持股计划，西北航空公司职工在3年内以自动降低工资的方式，购买公司30%的股权。

7.1.4 国企改革员工持股有序推进

2016年8月，为响应中央关于深化国有企业混合所有制改革的文件精神，国资委、财政部和证监会联合发布了《关于国有控股混合所有制企业开展员工持股试点的意见》，员工持股计划被定位为深化国企混改的一项举措而被推行，随后各省份陆续推出了各自的员工持股计划试点方案。本轮国企员工持股计划呈现循序渐进的节奏，2014年推出员工持股计划管理办法后，一大批国资和民资上市公司已推出了自己的员工持股计划，为推动国企员工持股提供了宝贵经验。

表7.5：国有控股混合所有制企业开展员工持股

项目	内容
试点企业条件	（1）主业处于充分竞争行业和领域的商业类企业； （2）股权结构合理，非公有资本股东持股比例达到一定比例，董事会中有非公有资本股东推荐的董事； （3）公司治理结构健全，建立市场化的劳动人事分配制度和业绩考核评价体系，形成管理人员能上能下、员工能进能出、收入能增能减的市场化机制； （4）营业收入和利润90%以上来源于所在企业集团外部市场； （5）优先支持人才资本和技术要素贡献占比较高的转制科研院所、高新技术企业、科技服务型企业开展员工持股试点； （6）中央企业二级（含）以上企业以及各省、自治区、直辖市及计划单列市和新疆生产建设兵团所属一级企业原则上暂不开展员工持股试点； （7）违反国有企业职工持股有关规定且未按要求完成整改的企业，不开展员工持股试点。
员工范围	（1）参与持股人员应为在关键岗位工作并对公司经营业绩和持续发展有直接或较大影响的科研人员、经营管理人员和业务骨干，且与公司签订了劳动合同； （2）党中央、国务院和地方党委、政府及其部门、机构任命的国有企业领导人员不得持股； （3）外部董事、监事（含职工代表监事）不参与员工持股； （4）如直系亲属多人在同一企业时，只能一人持股。

续表

项目	内容
员工出资	（1）员工入股应主要以货币出资，并按约定及时足额缴纳； （2）按照国家有关法律法规，员工以科技成果出资入股的，应提供所有权属证明并依法评估作价，及时办理财产权转移手续； （3）试点企业、国有股东不得向员工无偿赠与股份，不得向持股员工提供垫资、担保、借贷等财务资助； （4）持股员工不得接受与试点企业有生产经营业务往来的其他企业的借款或融资帮助。
入股价格	（1）在入股前，应对试点企业进行财务审计和资产评估； （2）员工入股价格不得低于经核准或备案的每股净资产评估值。
持股比例	（1）员工持股比例应结合企业规模、行业特点、企业发展阶段等因素确定； （2）员工持股总量原则上不高于公司总股本的30%，单一员工持股比例原则上不高于公司总股本的1%； （3）企业可采取适当方式预留部分股权，用于新引进人才。
股权结构	实施员工持股后，应保证国有股东控股地位，且其持股比例不得低于公司总股本的34%。
持股方式	（1）员工可以直接持股，也可通过公司制企业、合伙制企业、资产管理计划等持股平台持股； （2）通过资产管理计划方式持股的，不得使用杠杆融资； （3）持股平台不得从事除持股以外的任何经营活动。
股权流转	（1）实施员工持股，应设定不少于36个月的锁定期； （2）在公开发行前已持股的员工，不得在首次公开发行时转让股份，并应承诺自上市之日起不少于36个月的锁定期；锁定期满后，董事、高管每年可转让股份不得高于所持股份的25%； （3）持股员工因辞职、调离、退休、死亡或被解雇等原因离开本公司的，应在12个月内将所持股份进行内部转让。转让给持股平台、符合条件的员工或非公有资本股东的，转让价格由双方协商确定；转让给国有股东的，转让价格不得高于上一年度经审计的每股净资产值。

资料来源：《关于国有控股混合所有制企业开展员工持股试点的意见》

作为混合所有制改革的重要组成部分，员工持股计划是国企改革中最具敏感性的难题之一。按照《关于国有控股混合所有制企业开展员工持股试点的意见》计划，下一步将在主业处于充分竞争行业和领域的商业类企业中，选择少量企业开展试点，首批试点将在各省、自治区、直辖市、计划单列市、新疆生产建设兵团分别选择5家～10家企业，以及从中央企业所属子企业中选择10家企业进行试点。2018年年底进行阶段性总结，视情况适时扩大试点。建议投资者可以在符合以上条件的国企中筛选标的。

案例20：上港集团（600018）员工持股计划与定增结合，领跑国企改革

上港集团是上海港唯一的公共码头运营商，其控股股东为上海市国资委。为了响应上海市委市政府于2014年7月发布的《关于推进本市国有企业积极发展混合所有制经济的若干意见（试行）》文件、深化公司混合所有制改革，上港集团于2014年11月发布了员工持股计划。本次计划所需股票的来源为公司定向增发的股票，定增的价格为4.33元/股，不低于公司董事会决议公告日前20日股票均价的90%。参与这次员工持股计划的员工达1.6万人，约占公司员工总数的72%，员工持股参与人数创下上市公司之最。同时，公司董事、监事和高级管理人员合计12人，认购420万股，约占员工持股计划的1%；其他员工合计为16070人，认购4.158亿股，约占员工持股计划的99%，持股计划集中度较为分散，主要针对的是非管理层的普通员工。整个计划委托长江养老设立“长江养老－上港集团员工持股计划专项产品”进行管理，锁定期为自发行结束之日起算的36个月。可见，本次计划的覆盖范围非常广泛，公司旨在建立惠及广大普通员工的利益共享机制，与员工进行长期利益绑定，激励员工参与到企业的转型升级过程，激发国企的改革活力。

7.1.5 投资机会：关注两类标的

基于以上分析，建议投资者可以关注下列两类标的：

（1）股价与员工持股均价倒挂，重点关注同时运用高杠杆参与持股计划的标的。员工持股计划代表内部人对上市公司价值的认同，上市公司不会轻易让自己的员工亏钱，否则员工持股计划就失去意义，员工持股均价代表一定的安全垫，同时高杠杆下上市公司提振股价的动力更强烈。

（2）员工持股计划作为国企改革的突破口，是混改主题选股的重要线索。中央指出试点企业要增量引入股份，在主业处于充分竞争行业和领域的商业类企业中进行试点，鼓励科研人员持股等，建议投资者可以在符合以上条件的国企中筛选标的。

7.2 定量视角掘金员工持股计划

本节导读

为了加大员工持股计划的吸引力，大股东会在两方面下功夫：一方面解决员工自有资金有限的难题，另一方面放大员工持股计划的收益。在实践中，上市公司推行的员工持股计划按出资情况大致分四类：员工单独出资、大股东为员工出资加杠杆、借用资产管理计划加杠杆、利用股票收益权互换等。即使第一类情况员工单独出资，也有企业通过设立奖励基金的方式为员工持股计划提供资金。从股票来源看，包括上市公司回购本公司股票、二级市场购买等存量方式，以及认购非公开发行股票等增量方式。作为公司的一项重要事件，员工持股计划预案公告后对二级市场股价有着较大影响。我们以 672 家公告发布预案公司样本进行统计分析，结果显示：（1）择时维度：预案公告后第 4 日涨幅最高，30 日超额收益明显；（2）择股维度：不同资金和股票来源下，二级市场的股价表现反应不一。资金来源为股东和实际控制人借款、员工薪酬及自筹资金的在买入后平均收益最好，公告后 20 日平均累计涨幅超过 10%；股票来源方面，非公开发行样本表现最好，收益达到 20%，二级市场购买样本表现次之。

7.2.1 资金和股票来源上下功夫增加吸引力

资金来源

根据证监会发布的《关于上市公司实施员工持股计划试点的指导意见》的规定，员工持股计划所需资金可以通过 2 个途径解决：员工的合法薪酬；法律、行政法规允许的其他方式。相比员工直接从二级市场上购买公司股票，员工持股计划有锁定期，也没有任何价格优惠，所以如果完全通过自筹资金购买公司股票，员工持股计划的吸引力难免会打折。因此，为了顺利推进员工持股计划，公司大股东会想办法，一方面解决员工自有资金有限的难题，另一方面放大员工持股计划的收益。在实践中，上市公司推行的员工持股计划按出资情况大致分四类：员工单独出资、大股东为员工出资加杠杆、借用资产管理计划加杠杆、利用股票收益权互换创新工具。即使第一类情况员工单独出资，也有企业通过设立奖励基金的方式为员工持股计划提供资金。比如 2014 年龙净环保计划自该年起的10年内，每年以上一会计年度实现的净利润为基数提取10%的奖励基金作为员工持股计划的资金来源，因此其在2014年实施的首期员工持股计划的资金总额就相当于2013年度净利润的10%，从广义上看奖励基金也属于员工薪酬的一部分。

案例21：中安消（600654）借道资产管理计划，5倍杠杆实施员工持股计划

2015年4月，中安消发布第一期员工持股计划，参与对象为15名公司董事、高管及技术人员，随后公司委托国金证券成立“国金证券—浦发银行—国金中安消1号集合资产管理计划”。该资管计划按照9:1:2的配比分为优先级A、中间级B和风险级C；中间级B份额由国金证券认购，风险级C份额由本次员工持股计划的参与对象认购，出资分别不超过2500万元和5000万元，整个资管计划的规模上限为3亿元，涉及的股票将通过二级市场增持。按照约定，优先级A和中间级B享有预期收益率，风险级C享有除去优先级A和中间级B的本金和收益以及其他费用后的剩余资产；中间级B以参与金额为限对优先级A的本金和收益承担有限补偿责任，风险级C对优先级A和中间级B的本金和收益承担无限连带责任，同时公司控股股东深圳市中恒汇志投资有限公司也需优先级A和中间级B的权益承担补偿责任。换句话说，参与本次员工持股计划的公司高层动用了5倍杠杆增持公司股票。2015年8月，公司再次推出与第一期类似的第二期员工持股计划，总规模为1.2亿元，依然维持5倍高杠杆，只是三个级别的配比由9:1:2变为4:1:1，两次员工持股的均价约为26.67元/股和37.09元/股。

案例22：齐心集团（002301）率先试水股票收益权互换协议

股票收益权互换实质上与购买集合计划次级份额、融资借款等方式类似，上市公司与券商根据协议约定，在未来某一期限内针对特定股票的收益表现，与固定利率进行现金流交换。股票收益权互换协议是一种重要的权益衍生工具交易形式，其融资资金主要来自于协议券商，与采用购买集合计划次级份额的融资方式比较来看，上市公司不再需要费时费力寻找优先级配资资金。2015年1月，齐心

集团发布员工持股计划草案，涉及资金总额上限1800万元，本员工持股计划的资金来源为公司员工通过法律、行政法规允许的其他方式取得的资金，包括齐心集团控股股东深圳市齐心控股有限公司以自有资金向参加员工持股计划的对象提供有偿借款。所筹集的1800万元委托给南华期货管理，并成立“南华期货齐心共赢1号资产管理计划”（共赢1号）。南华期货代表共赢1号与国信证券签订股票收益权互换协议，由国信提供融资资金5400万元，共计7200万元开展以齐心集团为标的证券的股票收益互换交易。该收益互换所挂钩的唯一标的是齐心集团在二级市场公开交易的股票。由公司控股股东对国信证券的融资本金及利息提供担保。国信证券为该资产管理计划提供5400万元的融资，将从齐心共赢1号资产管理计划中收取每年8.6%的固定收益（以实际发生天数结算，按季度收取），投资所获得的标的股票的浮动收益归属于资产管理计划，国信证券会在该资产管理计划出售标的股票后扣除5400万元以及8.6%的固定收益后将剩余资金（包含1800万份本金以及因购买标的股票的浮动收益）返还到该资产管理计划，由资产管理计划的委托人享有。

股票来源

根据证监会发布的《关于上市公司实施员工持股计划试点的指导意见》的规定，员工持股计划可以通过以下方式解决股票来源：（1）上市公司回购本公司股票；（2）二级市场购买；（3）认购非公开发行股票；（4）股东自愿赠与；（5）法律、行政法规允许的其他方式。从二级市场购买和股东赠与属于存量方式，不会增加公司的股本也不会对其他股东的权益造成摊薄，认购非公开发行则为增量方式。上市公司回购实质上也属于存量方式，区别仅在于在此方式下所需股票先由上市公司回购，然后再转让给员工持股计划的委托产品。从实施难度上看，从二级市场购买的方式最容易实施，多数情况下只是单纯运用员工自筹资金从市场上购买股票，因此并不需要通过证监会审批；而非公开发行股票不仅需要通过审批，而且公司自身须满足进行定向增发的各项条件；若采用股东赠与方式，由于相关税收规定较模糊，股东和员工可能面临复杂的税收问题。

案例23：南方泵业（300145，现改名中金环境）“一箭双雕”解决第一期员工持股计划的到期出售和第二期持股计划的股票来源问题

2014年10月南方泵业披露员工持股计划一期草案，拟以公司员工合法薪酬、自筹等筹集资金1亿元共同成立员工持股计划，产品的杠杆为2.5倍。到2015年11月南方泵业公告称，第一期员工持股计划股票出售完毕并终止，公司通过深圳证券交易所大宗交易及竞价交易的方式累计出售其全部持有的公司股票共计561.96万股，占公司总股本的比例为2.14%。该计划购买均价为每股24.41元，通过大宗交易卖出的均价为每股44.45元，而此次大宗交易的主要对象就是公司第二期员工持股计划。我们从公司随后的公告中也可以看到，公司公告第二期员工持股计划已完成股票购买，共计442万股，占公司目前股份总数的1.68%，购买均价为44.46元。而一期员工持股计划也顺利出售完毕，账面浮盈82%。这样，公司“一箭双雕”解决了第一期员工持股计划的到期出售和第二期持股计划的股票来源问题。

案例24：大富科技（300134）员工持股计划股票来源股东赠与

大富科技于2014年10月发布员工持股计划，本次计划所需股票全部来源于公司实际控制人配偶刘伟女士自愿赠与的其通过大贵投资、大智投资、大勇投资持有的大富科技股票，合计700万股，占公司总股本的1.82%，而参与本次计划的员工预计不超过1200人。本员工持股计划将分四批在四年内实施，刘伟女士分四批将700万股大富科技股票赠与本员工持股计划。与多数员工持股计划不同的是，本次计划包含对公司未来业绩的要求：只有当公司2014年~2017年的扣非净利润分别达到3亿、4.5亿、6.75亿、10.12亿元，本次员工持股计划才能足额获得700万份大富科技股票。按照此业绩要求，公司在2014年~2017年的扣非净利润复合增长率高达50%，显示大股东对公司未来成长非常有信心。本次员工持股计划的股票全部由大股东无偿赠与，参与计划的员工无需支付任何成本，可见本次计划并不把重点放在长期利益共享，而是完全指向业绩激励，且考核难度比一般的股权激励计划还要高。公司在2014年实现净利润5.36亿元，同比增长869.69%；扣非后净利润也达2.71亿元，同比增长736.27%。不过，即便是这样的业绩，公司仍然未能完成员工持股计划的考

核目标（2014 年要求扣非后业绩达到 3 亿元）。

税收问题

我们在先前员工持股计划和股权激励的比较中也提过，按照现行税收政策，员工持股计划所得被视做员工个人出资购买二级市场股票，暂不征收个人所得税。而员工股权激励所得被视作因努力工作而获得的薪酬，因此按照个人所得税标准缴纳税务。对于股票来源于大股东赠与的员工持股计划，相关法律对这方面税收操作的规定较为模糊。由于受到税收政策的阻碍，大北农于 2014 年 8 月提出的员工持股计划直到 2015 年 9 月才解决相关税收问题。

案例 25：大北农（002385）大股东赠与股票产生的税收问题

2014 年 8 月，大北农推出员工持股计划，因其股票来源于公司控股股东邵根伙无偿赠与的 9848 万股股票。这笔市值超过 13 亿元的股票激励计划，一旦得以实施，将惠及 3000 名大北农员工，人均受赠股票市值超过 40 万元。该员工持股计划面临 3 个税收问题：（1）大股东邵根伙需按照限售股转让缴纳个人所得税；（2）获赠股票的员工在获得公司股权奖励时需按照“工资薪金所得”计算个人所得税；（3）员工由于不是从二级市场取得的股票，在股票转让环节还要按“财产转让所得”缴纳 20% 的税款。虽然大股东的股票转让价格为 0，但由于转让价格明显偏低且缺乏正当理由，税务部门可以核定股权转让收入。另外，如果员工所得股权按照薪酬收入缴纳个人所得税，将可能适用最高达 45% 的超额累进税率，那么员工参与持股计划将得不偿失。经过近一年的磋商，北京地税最终决定：考虑未来 3 年～4 年的股票锁定期存在较大价格不确定性，参考员工持股计划草案公布之日前 120 天内二级市场交易均价确定大股东股权转让的合理市场价格，对员工按照上述价格取得的股权，可适用现行对二级市场买卖股票暂不征收个人所得税的政策，仅对大股东邵根伙征收限售股转让的个人所得税。

7.2.2 两维度定量探讨员工持股计划股价

作为公司的一个重要事件，员工持股计划预案公告后对二级市场股价自然有着较大影响。从《关于上市公司实施员工持股计划试点的指导意见》开始，我们对公告发布预案的累计672家公司（包含不同年份重复家数）做统计分析。探析不同类型员工持股计划（如资金来源、股票来源）和二级市场涨跌幅的关系，从择时和择股两个角度寻找员工持股计划预案公告后二级市场的投资机会。

员工持股计划公司：2015年数量最多，技术密集型行业数量最多

时间分布：（1）从年度数据看：2014年59家，2015年367家，2016年179家；（2）从单月数据看：单月发布员工持股计划草案的公司数量自2014年7月～2015年7月整体处于增长状态，其中2015年7月更是达到峰值106家（与股灾响应救市有一定关系），2015年8月后，单月公告员工持股计划的公司数量整体比较平稳，大约在10家～25家之间。

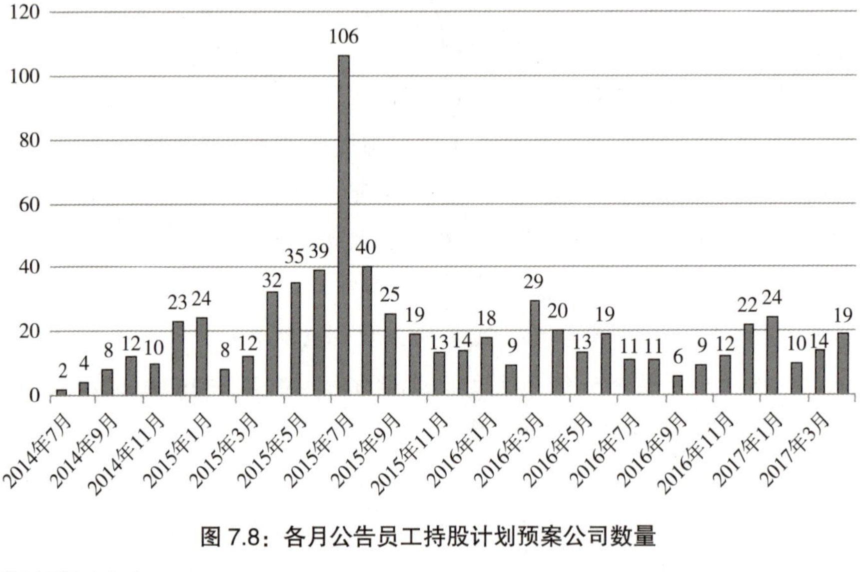

图7.8：各月公告员工持股计划预案公司数量

数据来源：Wind

行业分布：从发布员工持股计划的行业分布来看，排在前五位的依次是电子、医药生物、计算机、机械设备、化工，公司数量都在50家～70家之间。排在末尾的则为钢铁、金融、建材等，数量皆未超过10家。排在前三位的电子、生物、计算机都是技术密集型的行业，人才是这些公司的重要资源，因此如何留住人才、激励人才是这些公司的重点工作，实行员工持股计划为一个不错的选择。

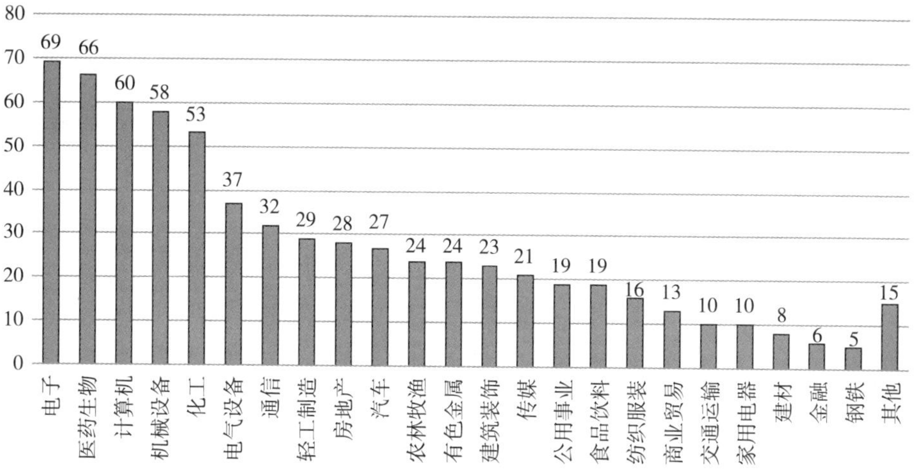

图 7.9：公告员工持股计划预案公司行业分布

数据来源：Wind

择时维度：公告后 4 日涨幅最大，30 日超额收益明显

我们以 T 为公告日，以 T–5 日收盘价为起点，即在公告日前第五天收盘价买入，以 T–1 为公告日前一自然日，T+1 为公告日后第一自然日、T+2 为后第二自然日，依次往后推 30 天（到 T+30），分别计算公告员工持股计划草案的公司持有不同时间段的平均累计涨跌幅（以 T–5 收盘价为起点）。

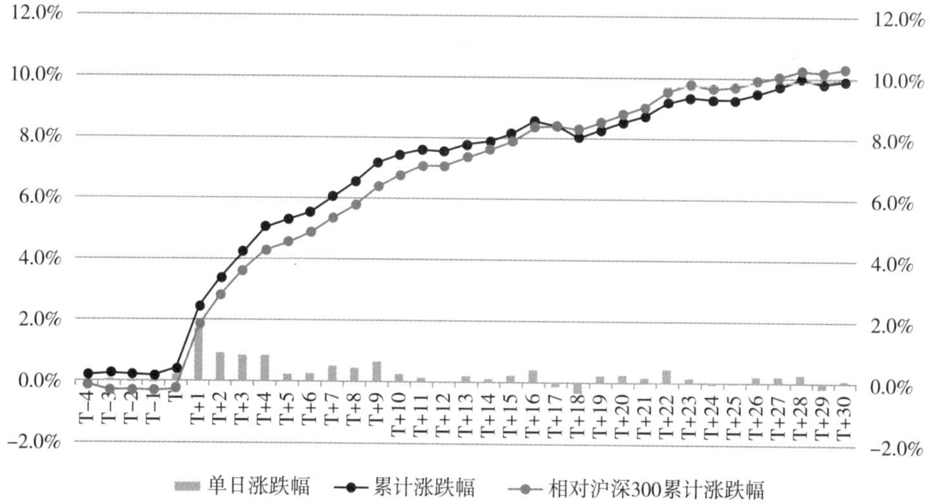

图 7.10：员工持股计划公司不同时间累计和单日涨跌幅（以 T–5 日收盘价为起点）

数据来源：Wind

员工持股计划对二级市场正向效应明显，公告发布后4日涨幅最大。在公司公告员工持股计划草案预案后，上市公司的平均股价在前4日处于快速上涨阶段，累计涨幅约5%，其中首日又以约2%的涨幅最为明显。T+5日后，单日涨幅相对减少，累计涨幅曲线趋缓。在T+30日时，累计涨幅达到约10%。

择股维度：不同资金和股票来源二级市场反应不一

资金来源不同对二级市场的影响。我们按照员工持股计划资金来源的不同，分别统计不同资金来源或其组合在公告日前第5天以收盘价买入，分别持有不同自然日后的平均累计涨跌幅，如下图所示。

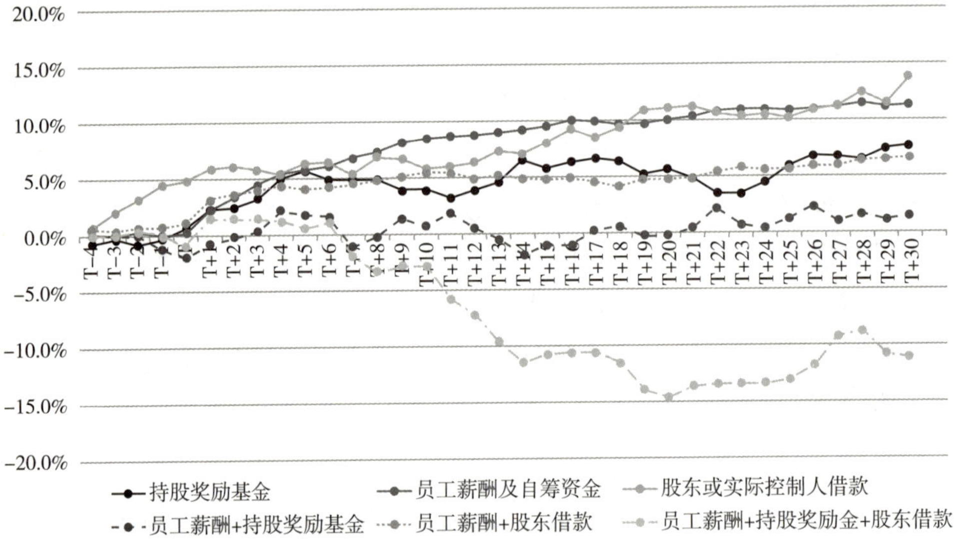

图7.11：不同资金来源员工持股计划平均累计涨跌幅（以T–5日收盘价为起点）

数据来源：Wind

我们可以看到，在资金为单一来源方式时：员工持股计划资金来源为股东和实际控制人借款、员工薪酬及自筹资金的在买入后平均收益最好，在公告日后的20个自然日后，累计涨跌幅达到10%以上；其次为资金来源为持股奖励金的，在公告日后的第5~30个自然日，基本围绕着5%上下波动。在资金来源为组合时：整体没有资金来源单一时表现好，其中“员工薪酬+股东借款”的组合收益和资金来源为持股奖励基金的拟合度大，只是波动幅度小；“员工薪酬+持股奖励金”组合的涨跌幅曲线基本围绕着0轴波动；员工薪酬、持股奖励金和股东借款组合表现最差，在公告日前6天涨幅微小，之后一路下跌，在

T+20 跌幅最深，达到 –15%。

股票来源不同对二级市场的影响。我们按照员工持股计划股票来源的不同，分别统计不同股票来源或其组合在公告日前第 5 天以收盘价买入，分别持有不同自然日后的平均累计涨跌幅，如下图所示。

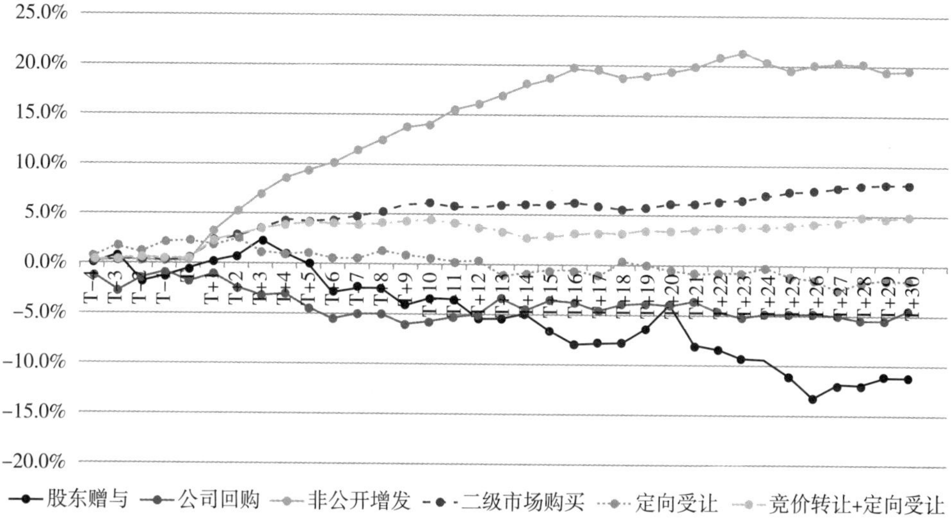

图 7.12：不同股票来源员工持股计划平均累计涨跌幅（以 T–5 日收盘价为起点）

数据来源：Wind

我们可以看到：股票来源为非公开增发的表现最好，自公告日后，收益曲线持续上升，到 T+16 达到 20%，之后在此波动。股票来源为二级市场购买的，表现次之，收益曲线缓步上升，到 T+30 日时，达到约 8%。股票来源为竞价转让和定向受让的，收益曲线在 T+10 达到 4.5% 后略下降，之后又在 T+28 日回升到 5% 左右。

8. 股东增减持：因时而动

8.1 反转投资者，既借势也造势

本节导读

本篇讨论非会计信息里重要股东的增减持行为。随着大量的以民营企业家为大股东的中小创公司上市，重要股东的股权变更行为对公司股价影响越来越大。从市场来看，限售解禁和股东增减持也是A股市场流动性监测的重要指标之一（资金需求方包括IPO、定增、减持等）。所以解读重要股东的增减持公告信息，无论对微观层面的上市公司研究，还是整体市场走向判断，都具有重要指导意义。学术研究表明，企业内部人通常具有很强的市场择时能力，是典型的反转投资者，在股价下跌后选择增持，股价升高后选择减持，并且其投资回报率要明显优于单纯的反转策略。主流的解释是企业内部人在利用信息优势获利，并且外部投资者观察到增减持行为时，会放大反应，带动股价异常波动。虽然大多数情况下，重要股东减持被理解为利空，增持被理解为利好。但也不乏重要股东减持后股价反而上涨，增持后股价反而下跌的现象。“假作真时真亦假，无为有处有还无”，理解重要股东增减持背后的原因对于解读其对股价的影响至关重要，因为反转投资者既借势有时也造势。增持动机：价值低估、时机选择、强化股权。减持动机：价值高估、为后续整合运作铺路、避税、股东财务原因等。

8.1.1 增减持行为指导意义较强

一般认为重要股东指上市公司持股5%以上的股东和实际控制人（大股

东）、董事、监事、高级管理人员（董监高）等，2017 年 5 月的减持规定还讨论了特定股东，即持有特定股份（首次公开发行前股票及上市公司非公开发行股票）的股东的减持行为，我们只有在减持新规讨论时会提及，这里说的股东增减持主要指重要股东增减持。需要指出的是，本章讨论的股权变更为原有上市公司重要股东的主动行为，被动行为如举牌等不在讨论范围之内。随着借壳监管趋严，以控股权变更为目的的股权转让受市场关注度越来越高，我们会在下篇做专题讨论。

统计数据显示，2016 年 A 股有 1382 家上市公司发生了重要股东增持，合计增持市值 2401 亿；有 1507 家上市公司发生了重要股东减持，合计减持市值 3504 亿。净减持市值 1103 亿，环比减少 43.32%（以增减持完成时点统计）。从公司的角度，随着大量的以民营企业家为大股东的创业板和中小板公司上市，重要股东的股权变更行为对公司股价影响越来越大。从市场来看，限售解禁和股东增减持也是 A 股市场流动性监测的重要指标之一（资金需求方包括 IPO、定增、减持等）。所以解读重要股东的增减持公告信息，无论对微观层面的上市公司研究，还是整体市场走向判断，都具有重要指导意义。

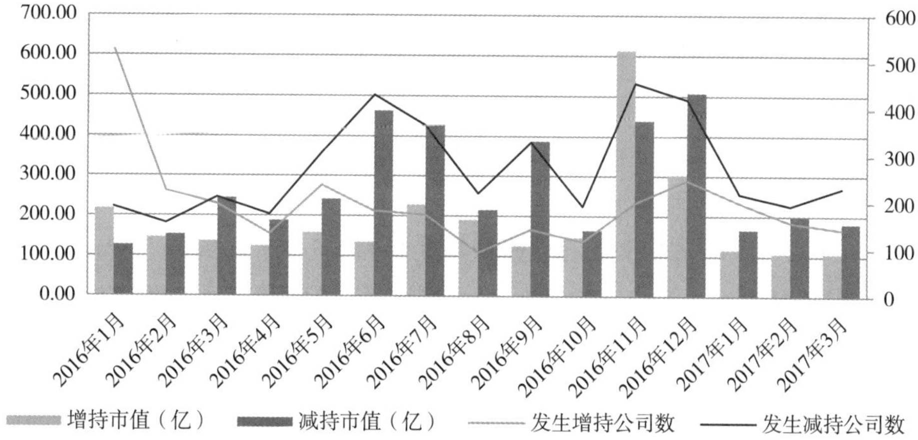

图 8.1：2017 年一季度增持和减持规模呈下降趋势

数据来源：Wind

表 8.1：股票市场流动性供需主要监测指标

资金供给	资金需求
银证转账金额	IPO 融资额
基金发行份额	定向增发金额
融资净买入	限售股解禁
沪深股通净流入	重要股东减持

8.1.2 增减持动机：作为反转投资者的重要股东

学术研究表明，企业内部人通常具有很强的市场择时能力，是典型的反转投资者，在股价下跌后选择增持，股价升高后选择减持，并且其投资回报率要明显优于单纯的反转策略。主流的解释是企业内部人在利用信息优势获利，并且外部投资者观察到增减持行为时，会放大反应，带动股价异常波动。虽然大多数情况下，重要股东减持被理解为利空，增持被理解为利好。但也不乏重要股东减持后股价反而上涨，增持后股价反而下跌的现象。“假作真时真亦假，无为有处有还无”，理解重要股东增减持背后的原因对于解读其对股价的影响至关重要，因为反转投资者既借势有时也造势。

案例 26：内部人能预测股价？看马化腾多次低位减持腾讯

除了信息，影响股价的因素还有很多，重要股东减持的动机也往往错综复杂，即使大股东和高管掌握更多关于公司的信息、没有投资者比他们更了解公司，事实上精准的“高位减持”难度仍很大。以马化腾减持腾讯为例，2004 年腾讯在香港主板上市时马化腾持股 14.43%。2005 年 7 月，马化腾首次减持，卖出 1000 万股，套现 6210 万港元，减持之后 1 年股价却涨了 300%。此后马化腾不断减持腾讯股票。其中，2008 年下半年，马化腾共减持约 1500 万股，之后 2009 年是大牛市；2014 年 12 月，马化腾大幅减持 2500 万股；2015 年则是马化腾减持腾讯最为凶猛的一年，2015 年 4 月减持近 2000 万股、9 月减持 2385 万股、12 月减持 2506 万股。至 2016 年 7 月，马化腾的持股比例降至 8.8%。反观图 8.2 中腾讯的股价走势（2014 年 5 月 1 股拆为 5 股）及马化腾大幅减持的时点（2005 年 7 月，2008 年下半年，2014 年 12 月及 2015 年），可以发现马化腾似乎常常在低位减持。此外，2011 年 3 月 28 日，马化腾根据两年前签订的对赌协议，以 67.8 港元 / 股的价格向投行出售 200 万股，当时腾讯收盘价 195.2

港元，4月4日又以均价67.8港元/股售出200万股，当日收盘价196.4港元，两次出售亏损近2.56亿港元。多次低位减持和失败的对赌似乎说明，马化腾作为最了解腾讯的内部人也难以准确预测腾讯的股价。

图 8.2：马化腾多次低位减持腾讯

数据来源：Wind

增持动机：价值低估、时机选择、强化股权。从信息角度来看，公司重要股东掌握着比普通投资者更多的信息，重要股东会先于市场意识到价值被低估，并选择在公司价值被低估时增持。公司重要股东出于各种目的还会择时增持，通过增持给市场发出股价被低估和对公司未来发展充满信心的信号。如按照上市公司定增的相关规则，上市公司定增方案获得证监会批准后可以择机实施，若过了6个月批文有效期不实施定增则视为放弃。所以在上市公司的再融资计划已通过证监会审批，且当前股价跌破增发价或与之接近的情况下（再融资新规之前），利用增持推高股价，也是重要股东为再融资保驾护航的手段之一。重要股东中的控股股东如果在持股比例上有所诉求也会选择增持，此时跟二级股价相关度会弱些。就像前面所说的，部分重要股东的增持，并不会带来股价的上涨，任尔东西南北风，股价自岿然不动。

减持动机：价值高估、为后续整合运作铺路、避税、股东财务原因等。重要股东减持的原因错综复杂，除了根据信息优势认为公司价值被高估进行高位套现以外，重要股东的减持动机还可能是为日后整合运作铺路（如2012年厦门钨业外资大股东减持，意在清除其外资身份的障碍以整合新的稀土资源）；大股东转让控制权进行业务转型；为了避税而故意低价减持，等等。另外，减持也可能单纯因为重要股东自己的财务原因，并不对上市公司产生影响。投资者需要对重要股东减持的真正原因加以甄别。部分减持公告的发布，反而可以成为我们建仓、增仓的绝佳时机。

案例27：厦门钨业（600549）外资大股东减持，意在清除外资身份障碍，整合新的稀土资源

厦门钨业1997年发起设立时，发起人中有日本联合材料株式会社、日本三菱商事株式会社、韩国大韩重石株式会社（后破产退出）三家外资企业，属于中外合资企业。2012年8月1日，福建省经贸委和省国土资源厅联合发布《福建省加强稀土资源保护科学开发稀土资源行动方案（2012—2015年）》。该方案提出，通过资产兼并重组和资源整合，在2012年底前完成以厦门钨业为核心的福建稀有稀土集团公司的组建，形成大企业引领稀土产业发展格局。但2007年修订的《外商投资产业指导目录》已将钨、锡、锑、钼、重晶石、萤石等矿产勘查、开采（限于合资、合作）由2004年的限制外商投资类修改为禁止外商投资类，厦门钨业的外资身份对参与资源整合构成一定障碍。截至2012年一季度，厦门钨业的外资持股比例仍为10.02%。2012年8月28日，厦门钨业公布的半年报显示，其外资大股东日本联合材料株式会社在报告期内减持230000股，持股比例降为9.37%，其另一外资股东日本三菱商事株式会社持股0.62%，外资股东合计持股9.99%，恰好低于10%。9月15日，厦门钨业公告，鉴于公司外资持股比例已低于10%，董事会同意申请注销外商投资企业批准。

8.1.3 多维度规范股东增减持

重要股东有可能利用其信息优势进行高位套现，甚至利用公告、公司业绩等诱导市场预期，伺机低买高卖。规制重要股东增减持对维护资本市场公平、保护中小投资者利益意义重大。目前我国尚无限制股权变动的统一规定，现行对重要股东增减持的规制散见于相关法律、行政法规、部门规章以及证券交易所的业务规则中。如《公司法》对重要股东增减持的规制主要在于对发起人、董监高所持本公司股份禁售时段、禁售数量的规定；《证券法》对重要股东增减持的规制主要在于禁止短线交易；《上市公司董事、监事和高级管理人员所持本公司股份及其变动管理规则》对重要股东增减持的规制主要在于防范内幕交易；《上市公司收购管理办法》则详细规定了权益变动的披露要求和要约制度。此外，在2015年~2016年初市场非理性阶段，对重要股东增减持的规制曾一度被用作提振市场信心的工具。2015年7月8日，证监会发布《中国证监会关于上市公司大股东及董事、监事、高级管理人员增持本公司股票相关事项的通知》为重要股东增持上市公司大开绿灯的同时，又发布《中国证券监督管理委员会公告［2015］18号——上市公司大股东及董事、监事、高级管理人员6个月内不得减持》（失效）（下称18号限制减持公告）紧闭减持大门，规定2015年7月8日起6个月内，上市公司控股股东和持股5%以上股东及董事、监事、高级管理人员不得通过二级市场减持本公司股份。2016年1月7日，为衔接即将到期的18号公告，证监会出台《中国证券监督管理委员会公告（2016）1号——上市公司大股东、董监高减持股份的若干规定》（下称1号减持规定）对重要股东减持做了严格的规制。2017年5月证监会发布《上市公司股东、董监高减持股份的若干规定》（下称减持新规，上交所、深交所同时发布了配套的《实施细则》），减持新规是继股灾期间的“18号限制减持公告”和“1号减持规定”之后对于大股东、特定股东、董监高减持监管的进一步完善和升级。此次监管范围由原来的大股东和董监高拓展到了大股东外的首发前股东、定增股东、大宗减持或协议转让的受让方、可交换债换股股东、股票权益互换股东等股东，同时将减持方式由原来集合竞价、协议转让拓展到了大宗交易、类协议转让，基本上封堵了上市公司重要股东集中大量减持的所有通道，引导投资者更加注重上市公司的长期投资价值。同时重要股东在二级市场增持的股票减持不受此限制，一定程度上鼓励了投资者直接在二级市场上交易，减少通过其他方式的套利行为。

具体来说，可把对股东增减持的规制梳理为范围限制、时间限制、数量限制和信息披露四个方面。

拓展监管范围。减持新规将监管范围由原来的大股东和董监高拓展到了大股东外的首发前股东、定增股东、大宗减持或协议转让的受让方、可交换债换股股东、股票权益互换股东等股东；此前定增股东解禁后可以直接在二级市场上卖出，现在被纳入了减持新规的监管对象。此前大股东以外的首发原股东解禁后减持不受限，现在也同样被纳入监管。

对股东增减持的时间限制。对重要股东增减持的时间限制主要为防止内幕交易设置的窗口期限制（如：董监高在定期报告公告前30日内不得买卖本公司股票等）、为防止短线交易设置的短期交易限制（如：董监高和大股东其持有的该公司的股票在买入后6个月内卖出，或者在卖出后6个月内又买入，由此所得收益归公司所有等）以及针对首次公开发行股份、定增发行股份等的减持时间限制。

对股东增减持的数量限制。对重要股东增减持的数量限制主要为对上市公司大股东、董监高在任职期间，每年转让股份数量的限制。减持新规规定：大股东和特定股东3个月内集中竞价减持均不得超过总股本的1%，大宗交易减持不得超过2%（同时新受让方6个月之内不得减持），协议转让单个受让方不得低于总股本的5%（同时新受让方6个月之内不得减持），同时定增股东在解禁后首年内集中交易减持不得超过定增股份的50%。

对股东增减持信息披露的规制。我国现行法律法规对重要股东增持上市公司股份的规制主要在于要求增持至一定持股比例及时的信息披露和要求大股东在增持过程中“踩踩刹车”，如：投资者及其一致行动人拥有权益的股份达到一个上市公司已发行股份的5%时，需要3日内编制简式权益变动报告书，向中国证监会、证券交易所提交书面报告，通知该上市公司，并予公告；在上述期限内，不得再行买卖该上市公司的股票。持股比例达30%时，继续增持股份的，应当采取要约方式进行，发出全面要约或者部分要约。当持股比例达到30%且低于50%之日起一年后，每12个月内增持不超过该公司已发行的2%股份；对于重要股东减持上市股份的披露要求则更为详细，除了及时披露权益变动外，还涉及集中竞价交易预先披露减持计划及减持计划实施完毕或减持期限届满的信息披露。如减持新规规定：重要股东在首次卖出前15个交易日必须公告，每次公告最多6个月有效。

8.1.4 增减持路径：集合竞价、大宗交易、协议转让

重要股东增减持路径有三种。集合竞价交易：股东通过证券交易所竞价交易系统进行的股票转让。大宗交易：股东通过证券交易所大宗交易系统交易进行的单笔买卖申报数量不低于30万股或者交易金额不低于人民币200万元的股票转让，有一定门槛。协议转让：相关主体就上市公司股份转让达成一致意见后在中国登记结算机构办理过户交割的股票转让，无需通过证券交易所。

对于增持来说，采用协议转让和二级市场购入的方式较为常见，但需注意及时信息披露，以及在持股比例已达30%后，每年增持超过2%将触发要约。

对于减持来说，集合竞价方式和协议转让减持限制较多，重要股东减持股份主要采用大宗交易方式。减持新规对大宗交易减持做了一定规范，重要股东减持或者特定股东减持，采取大宗交易方式的，在任意连续 90 日内，减持股份的总数不得超过公司股份总数的 2%。受让方在受让后 6 个月内，不得转让所受让的股份。从创新手段来看，可交债等类协议转让在减持新规下成为新的减持利器，虽然监管层明确可交换债换股、股票权益互换等类似协议转让的行为应遵守《减持规定》，即按照协议转让的规定加以约束。但可交换债投资者分散，单个受让方很难达到 5% 的限制，发行人也很难一一去协调各个投资者的换股减持。关于可交债减持的讨论可参见本书可交债部分。

表 8.2：减持新规对减持交易方式的限制升级

交易方式	减持新规	减持旧规
集合竞价	大股东减持或者特定股东减持，采取集中竞价交易方式的，在任意连续 90 日内，减持股份的总数不得超过公司股份总数的 1%。	上市公司大股东在 3 个月内通过证券交易所集中竞价交易减持股份的总数，不得超过公司股份总数的 1%。
	持有上市公司非公开发行股份的股东，通过集中竞价交易减持该部分股份的，除遵守前款规定外，自股份解除限售之日起 12 个月内，减持数量不得超过其持有该次非公开发行股份数量的 50%。	
大宗交易	大股东减持或者特定股东减持，采取大宗交易方式的，在任意连续 90 日内，减持股份的总数不得超过公司股份总数的2%。受让方在受让后6个月内，不得转让所受让的股份。	
协议转让	大股东减持采取协议转让方式，减持后不再具有大股东身份的，出让方、受让方在 6 个月内应当遵守本细则第四条第一款减持比例的规定，并应当依照本细则第十三条、第十四条、第十五条的规定分别履行信息披露义务。	通过协议转让方式减持股份并导致股份出让方不再具有上市公司大股东身份的，股份出让方、受让方应当在减持后 6 个月内继续遵守本规定第八条、第九条的规定。
	大股东减持或者特定股东减持，采取协议转让方式的，单个受让方的受让比例不得低于公司股份总数的 5%，转让价格下限比照大宗交易的规定执行，法律、行政法规、部门规章、规范性文件及本所业务规则另有规定的除外。	
	股东通过协议转让方式减持特定股份后，受让方在 6 个月内减持所受让股份的，出让方、受让方应当遵守本细则第四条第一款减持比例的规定。	

资料来源：《上市公司大股东、董监高减持股份的若干规定》

8.2 重要股东增减持或为市场风向标

本节导读

重要股东增持潮可能预示市场底部，增减持信号对行业和个股均具参考意义。从历史数据来看，重要股东净减持规模明显异常增加可能意味着短期市场顶部；重要股东净减持规模明显异常减少、持续减少甚至出现净增持可能意味着短期市场底部。行业层面：获重要股东净增持规模最大的行业大多为估值较低的行业，遭重要股东净减持规模最大的行业集中在估值较高的行业。此外，本月净增持规模较大的行业在未来6个月股价表现普遍优于大盘，且普遍优于遭净减持规模较大的行业。个股层面：获大规模增持的股票中长期表现普遍较好，增持6个月后相对指数收益率均值为12.38%，增持1年后相对指数收益率均值为21.10%。获增持幅度在样本75%分位数以上的小市值股票表现更优，增持6个月后相对指数收益率均值为23.35%，增持1年后相对指数收益率均值为41.22%。从投资机会来看，关注近期获重要股东重点增持的行业和小市值个股。而部分减持公告的发布，也可以成为我们建仓、增仓的绝佳时机，特别是重要股东预期股价走强，提前低价转让给亲属以避税的情况。

8.2.1 重要股东增持潮可能预示市场底部

从历史数据来看，重要股东的交易行为对判断市场方向有一定的参考意义。图8.3展示了A股重要股东净增持市值与上证综指的历史数据，在绝大多数情况下，A股处于被重要股东净减持的状态，只有在2012年10月、2014年5月、2015年7月~2016年1月（监管原因）及2016年11月出现了净增持。重要股东净减持明显异常增加可能意味着短期市场顶部（如2013年5月、2015年5月）；重要股东净减持明显异常减少、持续减少甚至出现净增持可能意味着短期市场底部（如2011年12月~2012年1月、2012年10月、2014年3月~5月）。

限制重要股东减持，鼓励重要股东增持曾被用作提振市场信心的政策工具。2015年7月8日，证监会发布18号限制减持公告，要求从公告之日起6个月内，上市公司控股股东和持股5%以上股东及董事、监事、高级管理人员不得通过二级市场减持本公司股份。同日发布的《中国证监会关于上市公司大股东及董事、监事、高级管理人员增持本公司股票相关事项的通知》又为重要股东增持上市公司大开绿灯。2015 年 7 月，重要股东增减持市值从上月的净减持 1105 亿转为净增持 707 亿，并在 18 号公告监管内的 6 个月一直保持净增持状态。

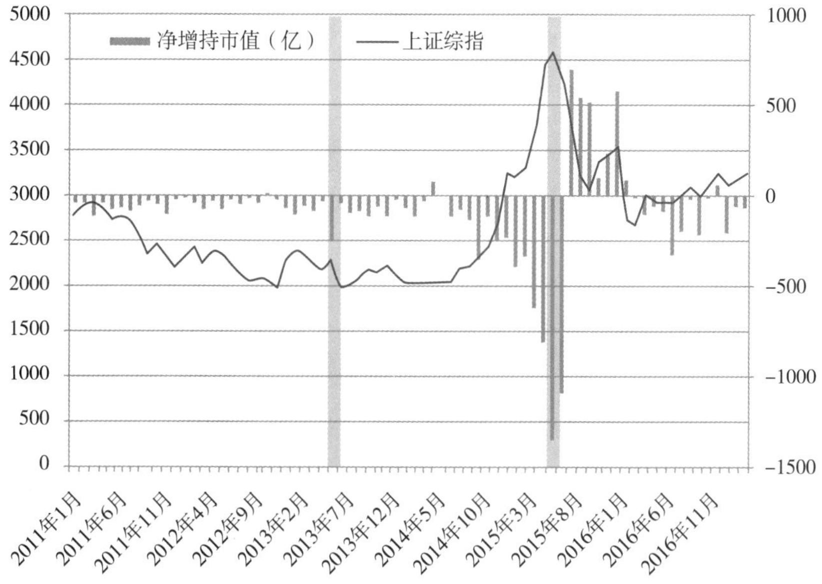

图 8.3：重要股东增持潮可能预示市场底部

数据来源：Wind

8.2.2 低估值行业易获增持，净增持行业表现更优

具体到年度增减持状况，我们发现，除 2015 年外，2014 年、2016 年获重要股东增持规模最大的行业大多为估值较低的行业，遭重要股东减持规模最大的行业则集中在估值较高的行业。2014 年，重要股东净增持规模（净增持市值占行业市值比例，下同）最大的 5 个行业市盈率（静态，下同）均值为 18 倍，重要股东净减持规模最大的 5 个行业市盈率均值为 176 倍；2016 年，重要股东净增持规模最大的 5 个行业市盈率均值为 44 倍，重要股东净减持规模最大的 5 个行业市盈率均值为 152 倍。

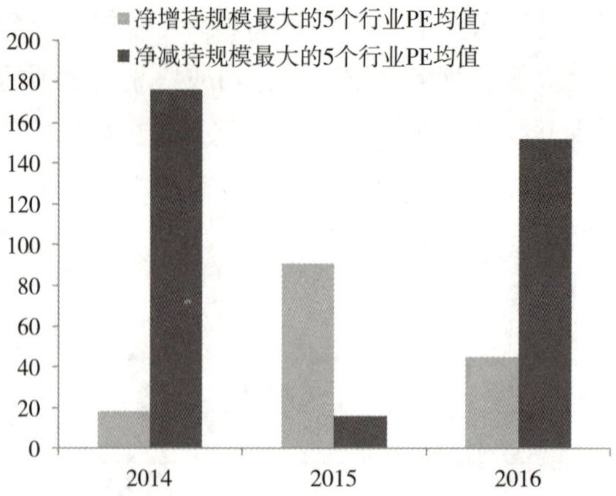

图 8.4：获重要股东净增持的行业 PE 较低

数据来源：Wind

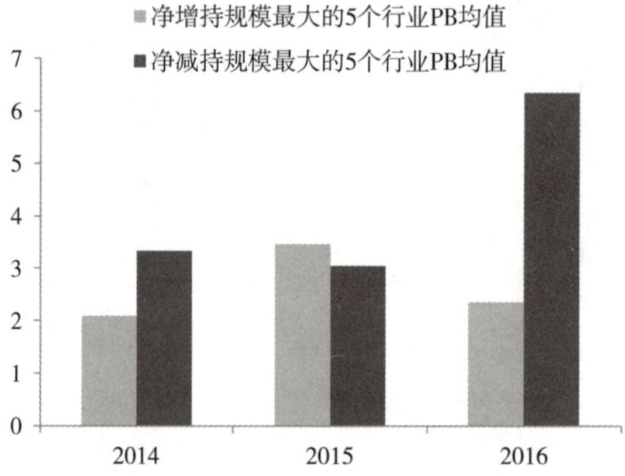

图 8.5：获重要股东净增持的行业 PB 较低

对 2016 年分月增减持规模较大行业其未来 6 个月的股价表现进行统计，我们发现，本月净增持规模较大的行业在未来 6 个月股价表现普遍优于大盘，且多数情况下优于遭净减持规模较大的行业。选择未来 6 个月收益率的原因是，根据现行《证券法》第四十七条，上市公司董事、监事、高级管理人员、持有上市公司股份百分之五以上的股东，将其持有的该公司的股票在买入后六个月内卖出，或者在卖出后六个月内又买入，由此所得收益归该公司所有，公司董事会应当收回其所得收益。此外，2016 年 1 月由于监管原因较为特殊（18 号限制减持公告在 2016 年 1 月到期，《减持规定》在 2016 年 1 月生效），故没有将 2016 年 1 月纳入统计。

图 8.6：获重要股东净增持行业中长期表现优

数据来源：Wind

8.2.3 增持的投资机会：被增持个股中长期表现良好

获重要股东增持股票中长期表现普遍良好。相比于普通投资者，重要股东对上市公司的了解更深入，对上市公司前景的预测能力也更强，在我们的样本中，有 70% 发生增减持行为的重要股东身份为公司高管。不少学术研究等也证实，内部人具备预测公司长期盈利水平的能力，并在盈利下降公告前的 3 ~ 9 个季度就已经开始密集减持。股票短期走势的影响因素则非常复杂，且增持后马上大涨容易引起监管和舆论的注意，按此推测，获重要股东增持的股票在中长期的表现更好。

从我们对 2011 年 ~ 2016 年获重要股东增持样本的统计来看，这些股票在中长期表现远好于大盘。重要股东增持 6 个月后相对指数收益率均值为 12.80%，个别股票还出现了 200% 以上的相对指数收益率。增持 1 年后相对指数收益率均值为 21.41%，个别股票甚至出现 300% 以上的相对指数收益率。

小市值股票、增持幅度大的股票中长期表现更为突出。从理论上分析，小市值股票成长空间大，但由于受到市场关注度较低，即使前景良好，市场可能并不能及时注意到，其市场价值偏离实际价值的可能性较高，这就为重要股东在低位增持提供了机会。我们将获重要股东增持的上市公司按市值和增持幅度（增持股份占总股份比例）进行进一步分类发现，无论是增持后 6 个月的股价表现还是增持 1 年后的股价表现，小市值股票、增持幅度大（增持幅度 75% 分位以上，约 0.15%）的股票表现均更为突出。在 1871 个获重要股东大幅度增持的小市值股票样本中，有 75.52% 的样本 6 个月收益率跑赢大盘，有 80.73% 的样本 1 年收益率跑赢大盘。

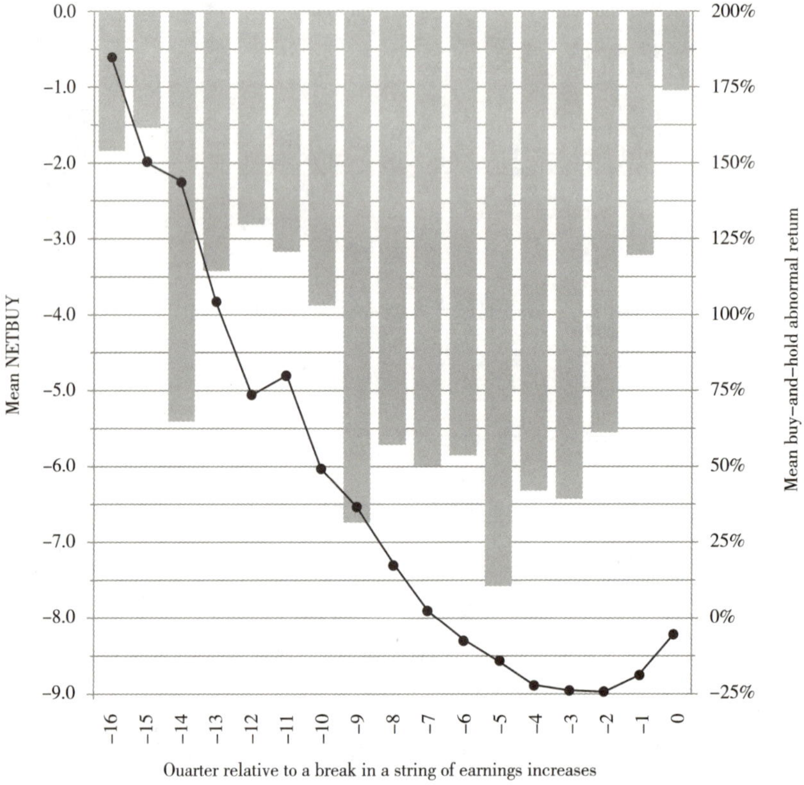

图 8.7：内部人在盈利下降公告前的 3 ~ 9 个季度密集减持

数据来源：Bin Ke《What Insiders Know About Future Earnings and How They Use It：Evidence From Insider Trades》

表 8.3：小市值股票、增持幅度大的股票中长期表现更为突出

	增持 6 个月相对指数收益率均值	增持 1 年相对指数收益率均值
全部样本	12.80%	21.41%
市值 50 亿以下样本	20.25%	37.09%
增持幅度 75% 分位以上样本	14.99%	24.88%
市值 50 亿以下且增持幅度 75% 分位数以上样本	23.35%	41.22%

数据来源：Wind

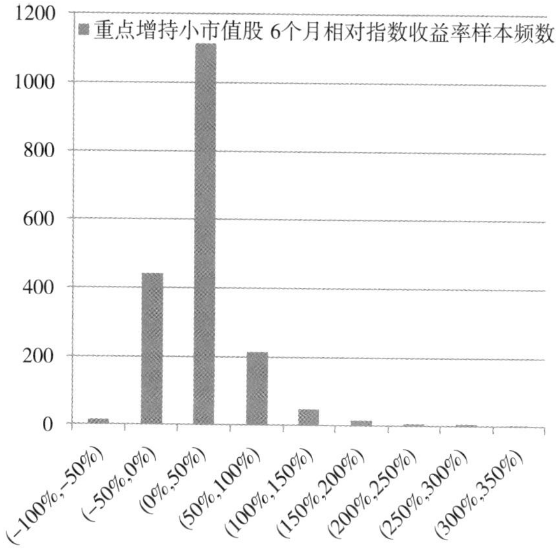

图 8.8：获大幅度增持的小市值股票 6 个月表现突出

数据来源：Wind。注：没有展示 6 个月相对指数收益率 350% 以上及 1 年相对指数收益率 600% 以上样本频数，这些样本频数均不超过 10。

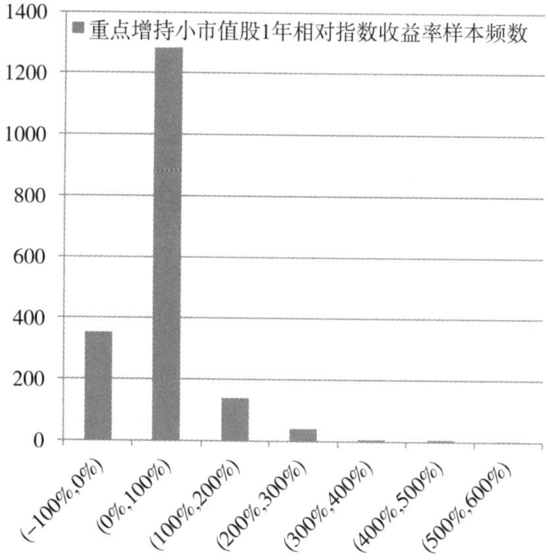

图 8.9：获大幅度增持的小市值股票 1 年表现突出

案例28：天邦股份（002124）获重要股东大幅增持后业绩表现亮眼

2015年7月16日，天邦股份发布公告，其实际控制人、公司董事长吴天星通过深圳证券交易所交易系统二级市场增持公司股份327500股，增持股份占公司总股份数0.157%。实际控制人、公司总裁张邦辉通过深圳证券交易所交易系统二级市场增持公司股份640000股，增持股份占公司总股份数0.307%。此次增持是公司2014年以来最大幅度的重要股东增持，且此后暂无重要股东增持，增持目的为基于对公司目前及未来规划的业务，以及对公司未来持续稳定发展的信心，看好国内资本市场长期投资的价值，积极践行社会责任。此后一年，公司发展十分亮眼，养殖业务盈利大幅增长，2016年三季度净利润同比增长565.63%。公司2017年2月27日晚间发布2016年年度业绩快报称，2016年归属于母公司所有者的净利润为3.67亿元，较上年同期增232.96%；营业收入为23.6亿元，较上年同期增10.22%。增持近一年后（2016年7月15日）公司股价涨幅59.71%，同期上证综指跌幅19.74%，公司股价一年相对指数收益率79.46%。

案例29：宁波建工（601789）重要股东大幅增持后年内释放重大利好

2016年1月至4月，宁波建工获重要股东浙江广天日月集团股份有限公司、高管孟文华、王善波、李长春、潘信强增持共586万股，占总股本比例1.24%，此次增持是公司2014年以来最大幅度的重要股东增持，且此后暂无重要股东增持。2016年10月11日，宁波建工宣布公司拟以发行股份的方式购买科华恒盛等合计持有的中经云27.20%股权、孙茂金持有的融美科技80%股权，向广天日月、安元投资、思华基业、王一丁、员工持股计划五个特定对象非公开发行股份募集配套资金，募集配套资金总额不超过7.6亿元。本次交易完成后，公司将涉足互联网数据中心运营业务，公司复牌后连续两日涨停。增持近一年后（2016年1月28日~2017年1月26日）公司股价涨幅65.19%，同期上证综指涨幅15.49%，公司股价一年相对指数收益率达49.71%。

8.2.4 减持的投资机会：低价转让以避税

市场一般将重要股东减持解读为利空，但也不乏重要股东减持后股价短期内反而大涨的情况，在我们的统计中，也确没有发现重要股东减持公告后股票短期内普遍跑输大盘的现象。相比于增持，重要股东减持背后的逻辑更为错综复杂，也更难把握。很多时候，减持方如同动物世界中的拟态者，表面把自己伪装起来，实则是为了逃避天敌和捕获猎物。

案例 30：万马股份（002276）控股股东大幅减持，或为发展充电设备新业务

2015 年 5 月 7 日，万马股份公告，公司控股股东浙江万马电气电缆集团有限公司拟通过协议转让等方式减持不超过 120000000 股，占公司股本总额的 12.77%，截至 2015 年 4 月 30 日，电气电缆集团持有公司股份 461090812 股，占公司总股本的 49.07%。减持目的为加强对现有产业的投资和培育新产业，适当参与浙江爱充网络科技有限公司在全国各地的充电设备投资，激励继业团队的创业热情，实现万马股份新的跨越。浙江爱充网络科技有限公司由万马股份于 2014 年 11 月出资 1 亿元设立，100% 控股，主要致力于为电动交通工具提供方便、快捷、经济的充电服务。公告控股股东减持后，公司股价不跌反涨，5 月 8 日至 5 月 14 日涨幅 47.66%，同期上证综指涨幅 6.47%。

重要股东减持中的投资机会可以关注重要股东预期股价走强，提前低价转让给亲属以避税的情况。根据财政部、国家税务总局、证监会颁发的《关于个人转让上市公司限售股所得征收个人所得税有关问题的通知》，对个人转让限售股取得的所得，按照“财产转让所得”，适用 20% 的比例税率征收个人所得税。转让限售股取得收入的企业（包括事业单位、社会团体、民办非企业单位等），也需要缴纳企业所得税。当重要股东预期未来股价会走强的情况下，为规避在高位减持带来的巨额所得税，在股价处于底部时通过大宗交易转让股份给亲属或关联方，降低应纳税额的基数，此后等股价上涨，再通过二级市场减持套现进行利益分成，由于转让给亲属或其他机构后，限售股已经变成普通股，此时将无需再缴纳所得税。由于孳生出来的股本无须缴税，目前 A 股流行的高送转 + 减持套餐也属于避税手段。（可参见本书会计信息部分）

案例 31：浙江众成（002522）重要股东减持亲属接盘引质疑

2014 年 7 月 23 日，浙江众成发布公告称，公司实控人陈大魁于 7 月 22 日

通过深交所大宗交易系统共减持公司无限售流通股2208.21万股，占公司总股本5%。2014年7月25日，有媒体发布报道，认为公司存在内幕交易的情况，公司遂停牌发布澄清公告。根据深交所信息披露，7月22日，多名浙江众成高管亲属通过大宗交易买入公司股份。其中，陈大魁转让给其配偶何雪平、兄弟陈全林、女儿陈晨3名直系亲属675.19万股；转让给李明华（妹夫）、杭陈慰［为公司监事杭阿根（妹夫）之女］、樊建军（外甥）、何雪英（妻姐）、李倩（妻姐之儿媳）、何利明（妻兄之子）6名旁系亲属823.46万股；转让给公司监事詹越强之配偶龙伊凡74.7万股；转让给公司员工顾敏超、周慧源2人161.66万股。此后公司股价强势上涨，2014年7月23日至12月31日，涨幅177.57%，同期上证综指涨幅55.85%。2014年10月至年底，“接盘亲属”陈全林卖出105.6万股，杭陈慰卖出55.79万股，龙伊凡卖出14.7万股。

9. 控制权变更释放的信号

9.1 借壳趋严，控制权变更成双赢选择

本节导读

控制权变更与并购重组形影不离，从“宝延风波”算起，我国的控制权变更市场已有20多年。2016年9月，证监会《上市公司重大资产重组管理办法》修改版正式出台，对实际控制人的界定更加明确，购买资产体量的衡量指标也大量增加，同时取消了借壳上市配套融资。借壳趋严，不少上市公司便抛出控制权变更的替代方案。从受让方的角度来讲，控制权本身是具备强大的吸引力的。控制人的收益包括两个部分：共享收益和私有收益。共享收益是实际控制人根据其持股比例跟其他股东一起分享公司价值提升带来的收益。私有收益是指由控制权本身带来的其他小股东不能分享的专属于控股股东的收益，包括精神享受、超额薪水、自利交易等。控制权变更作为构成借壳的前提条件和替代手段，已成为上市公司后续资本运作（如注入新股东旗下资产、第三方资产注入等）的一个重要信号，备受市场青睐，带来“弱市炒重组”的投资机会。本篇讨论非会计信息里控制权变更的行为，为增减持研究的姊妹篇。

9.1.1 控制权变更成借壳的前提条件和替代方案

原借壳上市有两大条件：（1）上市公司实际控制人发生变更；（2）自控制权发生变更之日起，上市公司向收购人及其关联人购买的资产总额，占上市公司控制权发生变更的前一个会计年度经审计的合并财务会计报告期末资产总额的比例达到100%以上。并且对于购买资产的计算采取累计制，只要累计超过

最初购买前一会计年度资产总额的100%均属于借壳。

2016年证监会《上市公司重大资产重组管理办法》修改版对于实际控制人界定以及购买资产体量衡量标准进行了修改。对于上市公司股权分散，董事、高级管理人员可以支配公司重大的财务和经营决策的，视为具有上市公司控制权。这样对于股权分散无实际控制人的壳公司置入资产后同样无实际控制人的擦边球式借壳进行了限制。对于购买资产体量的衡量标准从最初的资产总额扩大到资产总额、营业收入、净利润、资产净额、发行股份数等任一指标只要超过了上市公司之前的100%，甚至只要收购资产可能导致上市公司主营业务发生根本变化，都算满足了借壳第二条。两大借壳标准提升后，擦边球式的借壳都将难行。同时证监会明确了对购买资产累计计算的时间限定为控制权变更后的60个月。意即如果收购方先取得上市公司控制权，60个月后再进行资产注入，则不构成借壳。这使得重组方有动力提前拿下控制权，规避借壳监管。除此以外，《重组办法》修改版还同时完善了配套监管措施，取消了借壳上市的配套融资，使得借壳上市中间撮合的机构只能通过提前入股的方式，获取借壳收益，这也可能导致控制权变更。

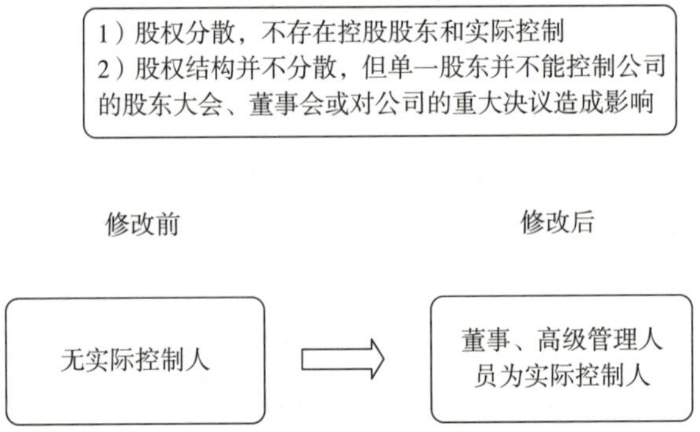

图9.1：实际控制人界定更加明确

根据统计，从2014年以来，A股公告控制人变更的上市公司总共出现了228家，2016年A股总共有98家上市公司公告实际控制人变更，相比于2015年的87家数量有所增加，特别是2016年四季度（当年9月证监会出台《上市公司重大资产重组管理办法》修改版）出现控制权变更的“小高峰”。

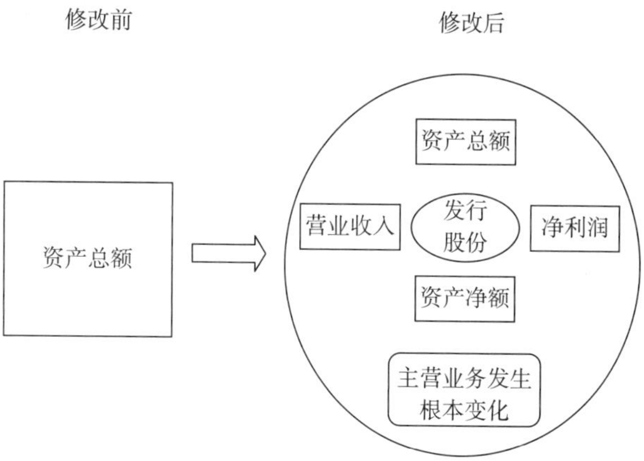

图 9.2：购买资产体量衡量指标大量增加

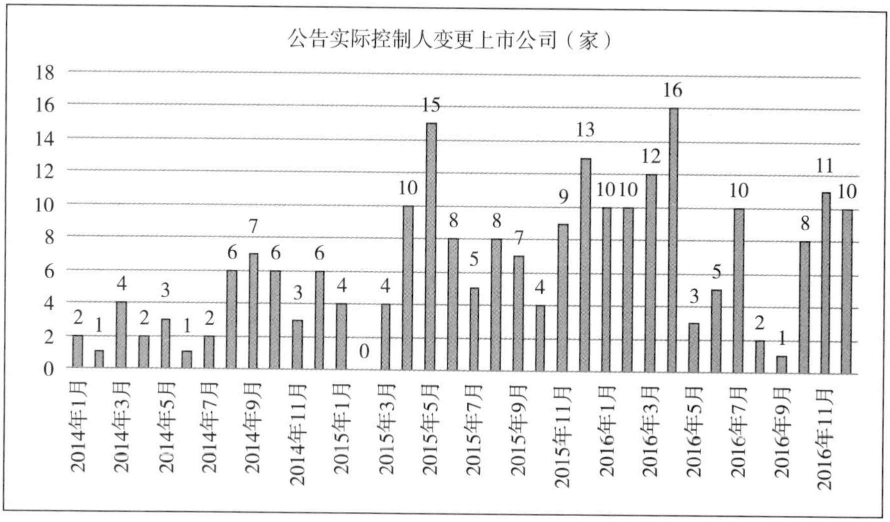

图 9.3：2016 年四季度出现控制权变更的“小高峰”

数据来源：Wind

9.1.2 转让方和受让方各取所需

一般来讲，控制人的变更对于转让双方有不同的意义，诉求不同导致变更发生。

从转让方的角度来讲，有几种可能性，一是上市公司因为业绩低迷导致原实际控制人萌生退意。二是上市公司为了公司资金需要和长远的发展引入战略投资者而使得原大股东主动让贤。三是一些民营企业的老板在市场相对较好、公司价值高估的情况下主动卖股权变现。

从受让方的角度来讲，控制权本身是具备强大的吸引力的。有大量的学术研究表明，控制人的收益包括两个部分：共享收益和私有收益。共享收益是实际控制人根据其持股比例跟其他股东一起分享公司价值提升带来的收益。私有收益是指由控制权本身带来的其他小股东不能分享的专属于控股股东的收益，这种收益既可以是金钱的，也可以是非金钱的，包括精神享受、超额薪水、自利交易，等等。我国上市公司的上市价值本质上属于上市公司实际控制人的私有收益。上市公司的新进控制人获得公司实际控制权后，往往会利用上市价值，加速资本运作，通过注入旗下优质资产或者定增收购其他资产，来提升上市公司的盈利和估值水平，获得业绩和市值的双丰收。

9.1.3 民营、传统行业企业变更案例居多

除了借壳趋严的直接导火索，在中国经济转型升级的大背景下，企业为了扭转经营颓势，引入战略投资方，更换管理层，或者直接出于更换主营业务的考虑，都可能导致实际控制人变更。在过去几年的变更案例中，我们发现大多数的企业都出自于传统行业，以民营为主，呈现出市值小、业绩低迷等特点。从统计结果看，228 家上市公司中，大部分控制人变更案例都是民营企业的改变，而且其中绝大多数在变更之后还是民营企业。

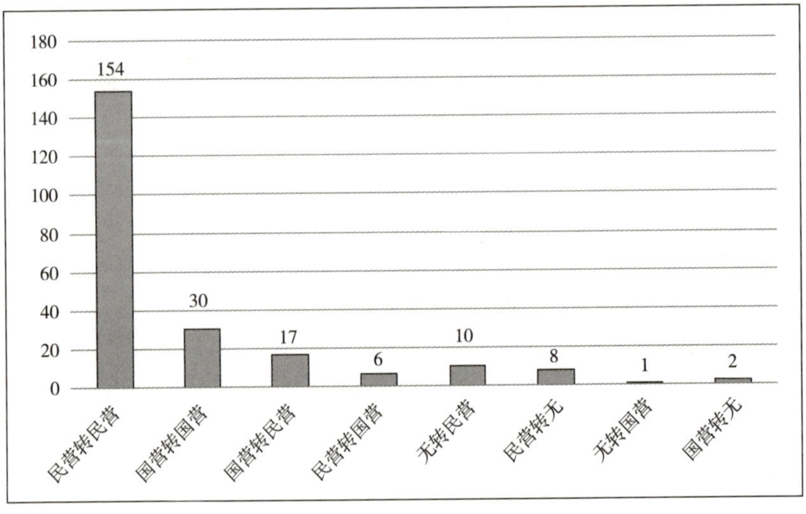

图 9.4：民营企业的控制人变更案例居多

数据来源：Wind

我们统计从 2014 年 ~ 2016 年控制人变更的企业所处的行业，主要集中于机械、化工、家电、电气设备、建材等传统行业。

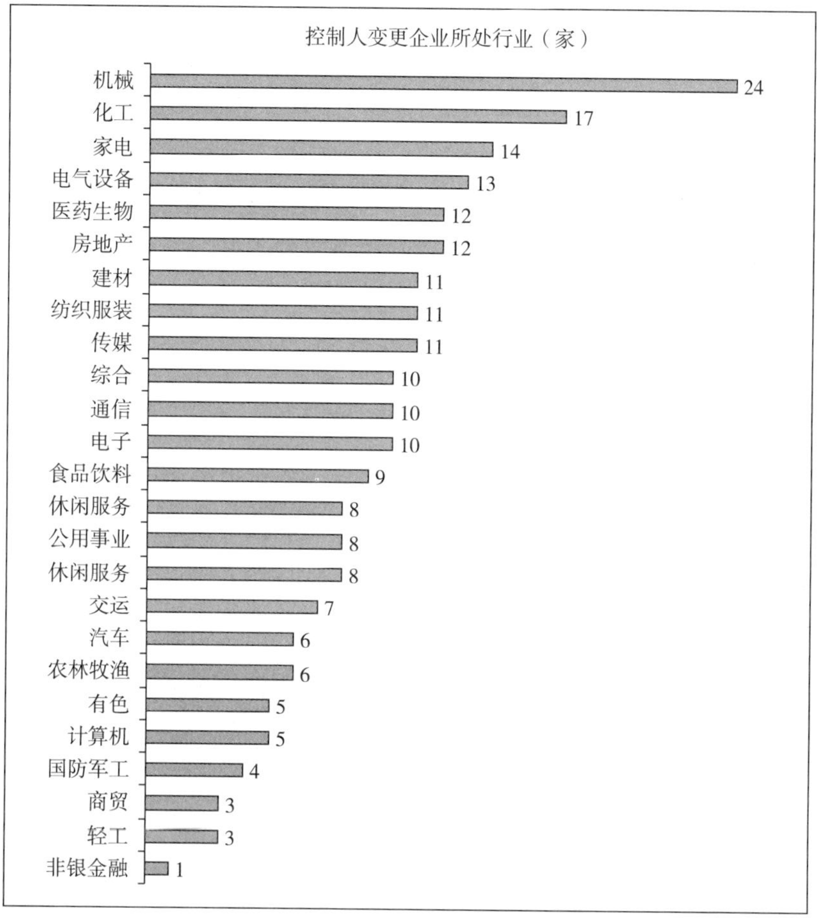

图 9.5：控制人变更公司传统行业居多

数据来源：Wind

9.2 协议转让先行，资本运作跟随

本节导读

统计显示，股权协议转让是 A 股公司控制权变更最主要的方式。在实践中，股权转让典型的做法是资金方直接溢价购买股权，做大股东或者有控制权

的二股东，而后慢慢谋求资本运作。具体分为三种模式：直接控股股东进行股权转让；间接控股股东进行股份转让；协议转让＋委托表决权。由于控制权本身是存在价值的，所以很多协议转让的价格都高于当前股价，控制权溢价转让一直以来都屡见不鲜，这也使得二级市场的投资者有机会跟随新股东获得相应的控制权变更收益。此外，上市公司的新进控制人获得公司实际控制权后，往往会利用上市公司平台，加速资本运作，包括注入旗下优质资产或者定增收购其他资产等，来提升上市公司的盈利和估值水平。高溢价转让和后续资本运作预期使得控制权变更有事件性投资机会。像国企壳公司，由于监管风险相对较小，确定性更强，也是未来国企改革能做的一个方向。

9.2.1 股权协议转让是控制权变更最主要方式

就过去三年实际控制人变更的方式而言，大概可以分为以下几种：股权协议转让、增发并购重组（包括借壳）、二级市场增减持、无偿划转、实际控制人内部调整（包括原实际控制人病逝、解除一致行动人协议、第一大股东股权变动等）、法院裁定。从统计结果看，绝大多数都是股权协议转让导致的。在实践中，股权转让典型的做法是资金方直接溢价购买股权，做大股东或者有控制权的二股东，而后慢慢谋求资本运作。具体分为三种模式：（1）直接控股股东进行股权转让，类似量子高科；（2）间接控股股东进行股份转让，例如山西三维；（3）“协议转让＋委托表决权”，例如威华股份。

案例 32：量子高科（300149）协议转让股份变动实际控制人

量子高科 2016 年 3 月 24 日发布《关于控股股东签署股权转让协议暨公司实际控制人变更的提示性公告》，公司接到控股股东量子高科集团有限公司通知，量子集团分别与杭州磁晅量佳投资管理合伙企业（有限合伙）、曾宪经、北京蓝海韬略资本运营中心（有限合伙）签订了《股份转让协议》，量子集团将其持有的量子高科股份中的 59094000 股、21497176 股和 21105000 股以每股 12.51 元（截至协议签署日量子高科股票前一个交易日收盘价 13.90 元 / 股的 90%）的价格协议转让给磁晅量佳、曾宪经和蓝海韬略。股份转让完成后，量子集团不再持有量子高科股份，杭州磁晅量佳投资管理合伙企业（有限合伙）将持有量子高科 14% 的股权，北京蓝海韬略资本运营中心（有限合伙）将持有量子高科5%的股权。曾宪经通过本次股权受让直接持有量子高科21497176股股份，通过江门合众生物有限公司持有量子高科1949780股股份，与其一致行动人黄雁玲通过实际控制的江门凯地生物技术有限公司共同持有量子高科80199000股股份，合计持有量子高科103645956股股份，占总股本的24.55%。上述事项将导致公司实际控制人变更为曾宪经和黄雁玲。

案例33：山西三维（000755）间接控股股东进行股份转让

山西三维在2016年4月份公告停牌筹划重大事项，之后因筹划事项涉及发行股份购买资产而转入重大资产重组程序。当年6月29日，山西三维直接控股股东山西三维华邦集团有限公司与阳泉煤业集团（间接控股股东）、路桥集团签订框架协议，阳煤集团将持有的三维华邦100%股权转让给路桥集团，后者进而间接持有*ST三维27.29%股权。同时，路桥集团拟将下属的两条高速公路及其他高速公路资产注入上市公司，包括山西路桥集团太佳高速公路东段有限公司100%股权、山西路桥集团榆和高速公路有限公司100%股权及忻保高速相关产权。然而，不到两个月后的8月17日，山西三维便公告终止重大资产重组，终止的原因为，“由于受到证券市场环境、行业监管政策变化、标的公司之一的忻保高速无法按预期计划纳入本次重组范围的影响，原方案无法继续实施，各方对调整方案最终无法达成一致”。但这并未影响股权转让工作的继续进行，股权转让完成后，上市公司的间接控股股东由阳煤集团变为路桥集团。

在“终止重组复牌后的至少6个月内不再筹划重组”承诺到期不久，2017年4月，山西三维再度停牌筹划重组事宜。根据公告，此次重组的基本内容为，上市公司拟出售全部或部分化工业务，从而获得现金，并拟通过定增＋现金的方式购买路桥集团旗下的高速公路运营类资产等。当年10月重组计划再度调整，根据山西三维10月9日的公告，拟将重组方案调整为两步走，第一步，上市公司拟出售有机分厂、丁二分厂和配套职能部门相关的主要资产、负债给控股股东三维华邦，获得现金；第二步，上市公司将与胶粘剂系列、苯精制系列及其他化工业务相关的资产、负债，置换路桥集团持有的榆和高速100%股权，差额部分用现金补足。

这意味着此次重组全部变成了现金交易，上市公司不需要再非公开发行股份，可以不用证监会审核。

案例 34："协议转让 + 委托表决权"，盛屯集团"掌舵"威华股份（002240）

2016 年 6 月，威华股份原实际控制人李建华将持有的 8.15% 股份协议转让给盛屯集团。在介入运作一年后，2017 年 6 月威华股份公告，李建华将其持有的威华股份 10.49% 股份对应的表决权以及提名、提案权委托给盛屯集团行使。表决权委托后，威华股份控股股东由李建华变更为盛屯集团。此后，盛屯集团通过创金合信永泰 3 号资产管理计划不断在二级市场上增持威华股份，截止到 2017 年 9 月，盛屯集团直接持有威华股份 40000000 股，占威华股份总股本的 8.1516%；通过创金合信永泰 3 号资产管理计划持有威华股份 17455710 股，占威华股份总股本的 3.5573%，加上公司原控股股东李建华先生将其持有的公司 51475200 股（占公司总股本的 10.4901%）对应的表决权委托给盛屯集团行使。盛屯集团合计享有的表决权对应的股本占公司总股本比例为 23.5345%。"协议转让 + 委托表决权"最大的好处是资本方能以最小代价（避开监管）获取足够的权益股份（获得控制权），为后续资本运作或者资产注入做准备。

表 9.1：控制人变更方式以股权协议转让为主

	股权协议转让	增发并购重组	二级市场增减持	无偿划转	实际控制人内部调整	法院裁定
2014	21	4	4	8	2	3
2015	44	24	8	2	10	0
2016	58	12	1	7	16	3

数据来源：Wind

增发并购重组的具体操作相对更复杂，主要目的是通过结合股权转让和重组，来绕开并购重组新规的监管，但是这块存在监管上的不确定性。包括：（1）股权转让 + 并购重组同步进行，如狮头股份，试图通过并购重组打擦边球来规避借壳（最终并购重组终止）；（2）"三方交易"，也称"三元并购"，如南通锻压，即上市公司向 A 转让控制权，向 B 购买资产导致主营业务发生根本变化，来规避重组上市（最终购买资产未能成行）；（3）内嵌期权交易来实现控制权变更和资产重组，如四川双马，将股权转让与远期合约挂钩，在控股权变更的基础上，通过期权协议来剥离原有传统的水泥业务。

案例 35：海兰信（300065）增发并购变动实际控制人

海兰信于 2015 年 8 月公告向上海海兰劳雷海洋科技有限公司股东申万秋（占比 36.36%）和上海言盛投资合伙企业（占比 63.64%），以非公开发行股份的方式购买其持有的上海海兰劳雷海洋科技有限公司 100% 的股权。本次交易前，海兰信无控股股东及实际控制人（第一大股东申万秋持股只有 19.40%）。本次交易中，申万秋为上海言盛的普通合伙人及实际控制人，因此，申万秋与上海言盛构成一致行动人。交易完成后，申万秋及其一致行动人上海言盛合计持有上市公司股份比例达 29.76%，申万秋成为上市公司控股股东和实际控制人，上市公司控制权发生变更。

案例 36：狮头股份（600539）终止并购重组换控制权变更

狮头股份于 2016 年 3 月 3 日发布《太原狮头水泥股份有限公司关于公司控股股东拟转让股份的重大事项提示性公告》，本次拟转让股份数量为狮头集团持有狮头股份的全部股份，数量为 52770000 股（占狮头股份总股本的 22.94%）。其后，狮头集团通过公开征集的方式最终确定苏州海融天投资有限公司（以下简称“海融天”）与山西潞安工程有限公司（以下简称“潞安工程”）为受让方。狮头集团拟向海融天转让 2691.27 万股，占上市公司总股本的 11.70%；向潞安工程转让 2585.73 万股，占上市公司总股本的 11.24%。最终协议转让价格高达每股 18.75 元，较公司停牌前收盘价 10.68 元每股溢价 76%。股权转让完成后，公司第一大股东为海融天（陈昌海为实际控制人），持股比例 11.7%，第二大股东为潞安工程（潞安矿业集团为实际控制人），持股比例 11.24%，由于持股比例较为接近，海融天、潞安工程均无法对上市公司形成控制，故截至预案出具之日，公司无控股股东、无实际控制人。2016 年 6 月，狮头股份公告控股股东协议转让公司股份获得国务院国资委批复。

公司的并购重组也在同步推进。早在 2016 年 1 月 18 日，狮头股份就发布停牌公告，公司收到控股股东太原狮头集团有限公司的通知，正对公司筹划重大事项，该事项可能涉及公司控股权的变更及构成重大资产重组。2016 年 4 月，狮头股份公告称上市公司拟将其水泥主业相关的业务、资产及负债按照符合国有资产处置相关规定的方式出售给狮头集团，同时上市公司拟购买上海纳克（陈昌海为实际控制人）与潞安合成油（潞安矿业集团为实际控制人）合计持有的山西潞安纳克碳一化工有限公司100%股权。本次交易完成后，狮头股份将转型从事高端全合成润滑油基础油的生产和销售。而且，狮头股份明确表示，上述股份转让是公司本次重组的前提。

对于上述一连串资本运作，上交所在7月8日下发的问询函中指出，狮头股份此次重组及股权转让完成后，原有资产全部置出，公司主营业务将发生变化；同时，置入资产的股东和股权受让人属于同一控制，公司控制权也极有可能发生变化。在此交易背景下，公司重组及股权转让方案规避重组上市认定标准的迹象较为明显。7月21日，公司发布《关于终止本次重大资产重组事项的议案》：由于本次重大资产重组方案公告后证券市场环境、监管政策等客观情况发生了较大变化，各方无法达成符合变化情况的交易方案。经审慎研究，为切实维护全体股东的利益，各方协商一致决定终止本次交易。

并购重组事项虽然终止，但实际控制人变更的步伐却在加快。到2017年10月，在重庆协信远创（实控人吴旭）下属控股公司苏州海融天（2017年7月陈海昌将其持有的海融天100%的股权转让给重庆协信远创）、上海远涪增持公司股份后，苏州海融天持有公司股份35112700股，占公司股份总数的比例为15.27%，上海远涪持有公司股份23000000股，占公司股份总数的比例为10.00%，两家合计持有公司股份58112700股，占公司股份总数的比例为25.27%。苏州海融天及其一致行动人上海远涪的持股比例合计为25.27%，而公司第二大股东山西潞安工程有限公司持股比例11.24%，两相比较，苏州海融天及其一致行动人上海远涪的持股比例超过本公司第二大股东的持股比例达一倍以上。根据上交所《问询函回函》的内容，狮头股份将由无控股股东、实际控制人变更为有控股股东及实际控制人，公司控股股东将变更为第一大股东苏州海融天投资有限公司，实际控制人将变更为吴旭先生。

案例37：南通锻压（300280）控制权变更后注入第三方资产被否

南通锻压是典型的通过“三方交易”（向A转让控制权，向B购买资产导致主营业务发生根本变化）来规避重组上市的案例。2016年1月25日，南通锻压发布《发行股份及支付现金购买资产并募集配套资金暨关联交易预案》：拟以发行股份及支付现金的方式购买亿家晶视100%股权、北京维卓100%股权和上海广润100%股权，同时拟向安民投资、源尚投资、博源投资、嘉谟投资等4名特定投资者发行股份募集配套资金。值得注意的是，3家标的公司资产规模远超上市公司，但重组前后上市公司控制权未发生变化。

但短短几天之后（2016 年 2 月 2 日），南通锻压便公告了实际控制权变更的公告。第一大股东郭庆先生拟将其持有的公司股份 3350 万股（占公司总股本的 26.17%）以协议转让的方式转让给新余市安常投资中心；将其持有的公司股份 2370 万股（占公司总股本的 18.52%）以协议转让的方式转让给嘉谟逆向证券投资基金；将其持有的公司股份 640 万股（占公司总股本的 5%）以协议转让的方式转让给虎皮永恒 1 号基金。此次股份转让后，南通锻压的实际控制权发生变化，安常投资将成为第一大股东，持有上市公司 26.17% 股份；安常投资的实际控制人郑岚、姚海燕成为上市公司新的实际控制人。

这种试图以打擦边球实现监管套利的行为受到了交易所的问询，虽然反复修改，但公司并购方案最终在并购重组委会议上折戟而归。2017 年 3 月，证监会终于就兴起于民间的“三方交易”资本运作行为首次明确态度：前段时间有 4 家涉及控制权变更且注入资产的重组方案相继被并购重组委否决。这些方案中，上市公司在很短时间内不仅变更了实际控制人，还对原主业作了重大调整，在控制权稳定、持续经营能力等方面存在重大不确定性，比典型的重组上市更复杂多变，需要从严监管。

案例 38：金莱特（002723）遗嘱继承变更实际控制人

除了常见的股权协议转让、增发并购重组等方式进行控制权变更外，还存在其他变更方式。如金莱特 2016 年 3 月 10 日发布公告，由于公司董事长、总经理田畴先生因病逝世，蒋小荣女士（夫妻）及田野阳光（父子）、田一乐（父子）、田甜（父女）、余运秀（母子）依法继承田畴先生持有的广东金莱特电器股份有限公司的股份。本次权益变动后，蒋小荣女士直接持有公司股份 70049750 股，占公司总股本的 37.52%，其儿子田野阳光、儿子田一乐、女儿田甜分别直接持有公司股份 11364250 股，蒋小荣女士、田野阳光、田一乐、田甜为一致行动人，合计持有公司股份 104142500 股，占公司总股本 55.78%。鉴于田野阳光、田一乐、田甜为未成年人，不参与公司经营活动，故公司实际控制人为蒋小荣女士。

由于控制权本身是存在价值的，所以很多协议转让的价格都高于当前股价，控制权溢价转让一直以来都屡见不鲜，这也使得二级市场的投资者有机会跟随新股东获得相应的控制权变更收益。

表 9.2：控制权溢价转让屡见不鲜

代码	证券简称	提示性公告时间	变更前实际控制人	变更后实际控制人	变更方式	成本价	公告前日收盘价	溢价率
600321.SH	国栋建设	2016/10/21	王春明	富彦斌	协议转让	7.00	5.35	31%
002499.SZ	科林环保	2016/10/13	宋七棣	东诚瑞业	协议转让	43.46	26.65	63%
600636.SH	三爱富	2016/7/29	上海市国资委	国务院国资委	协议转让	20.26	13.86	46%
002313.SZ	日海通讯	2016/7/3	王文生	薛健	协议转让	27.19	13.59	100%
600767.SH	运盛医疗	2016/6/29	董翔、戴学斌	钱仁高	协议转让	15.70	13.77	14%
000679.SZ	大连友谊	2016/6/2	大连嘉威德投资有限公司	陈志祥	协议转让	13.00	9.90	31%
002427.SZ	尤夫股份	2016/4/12	茅惠新	蒋勇	协议转让	16.00	14.54	10%
002168.SZ	深圳惠程	2016/4/8	何平、任金生	汪潮涌、李亦非	协议转让	19.03	8.89	114%
002209.SZ	达意隆	2016/4/8	张颂明	杜力、张巍	协议转让	24.50	22.91	7%
000533.SZ	万家乐	2016/3/29	无	张明园	协议转让	12.92	9.50	36%
002082.SZ	栋梁新材	2016/3/22	陆志宝	赵守明、庄惠	协议转让	32.49	10.21	218%
000962.SZ	*ST 东钽	2016/3/2	国务院国资委	励振羽	协议转让	12.20	9.32	31%
002453.SZ	天马精化	2016/3/9	徐仁华	王广宇	协议转让	11.20	9.75	15%
300280.SZ	南通锻压	2016/2/2	郭庆	郑岚、姚海燕	协议转让	25.00	23.70	5%
600778.SH	友好集团	2016/2/3	乌鲁木齐市国资委	牛钢	协议转让	11.34	8.48	34%
600696.SH	匹凸匹	2016/1/18	鲜言	韩啸	协议转让	26.67	20.04	33%
002647.SZ	宏磊股份	2016/1/19	戚建萍、戚建华、戚建生、金磊、金敏燕	郝江波	协议转让	27.00	23.84	13%
600252.SH	中恒集团	2016/1/25	许淑清	广西国资委	协议转让	5.44	5.29	3%
000033.SZ	*ST 新都	2016/1/16	郭耀名	无实际控制人	协议转让	12.82	10.38	24%

数据来源：Wind

9.2.2 变更尾随一系列公司改革和资本运作

在控制权变更之后，经常出现变更公司名称，更换董事长，变更主营业务和增发并购等一系列转型的动作。根据我们的统计，在 2014 年 ~ 2016 年公告过有控制人变更的 228 家企业中，有 26 家在公告后一年内变更了企业名称，有 82 家在公告后一年内更换了董事长，有 22 家在公告后两年内变更了所属行业，有 55 家在公告后一年内进行了增发并购。控制权的变更给原有公司注入了新鲜血液，引领公司朝着新的方向发展，可以预期未来更长时间内会有更多的资本运作。

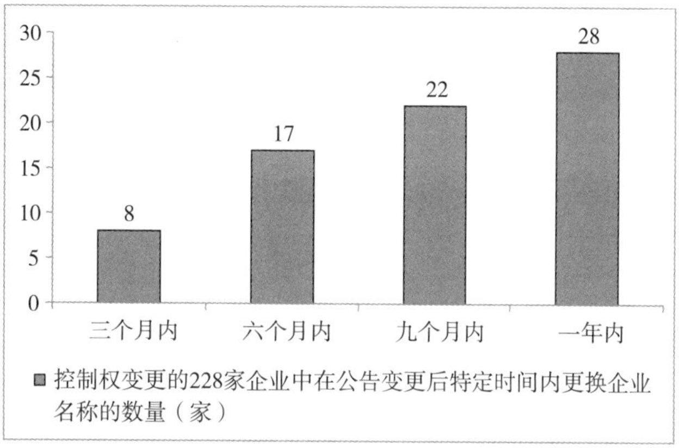

图 9.6：12% 的企业在公告一年内更换企业名称

数据来源：Wind

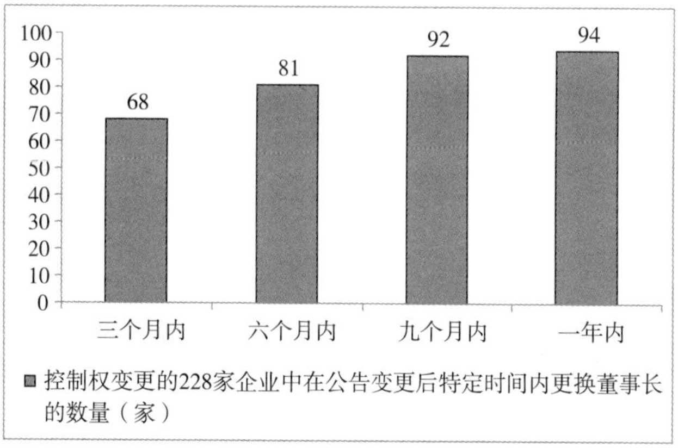

图 9.7：41% 的企业在公告一年内更换董事长

数据来源：Wind

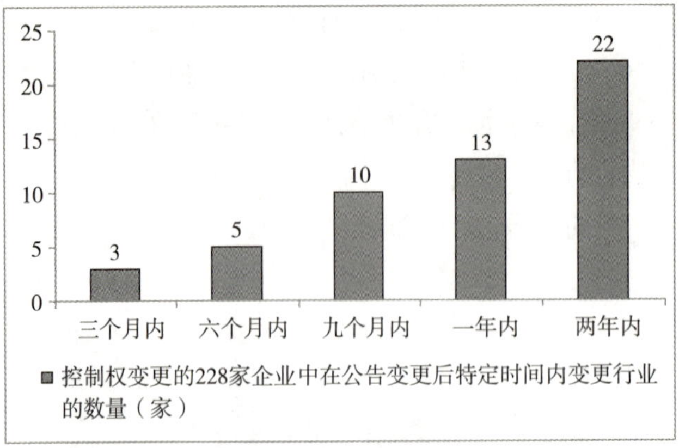

图 9.8：10% 的企业在公告两年内更换所在行业

数据来源：Wind

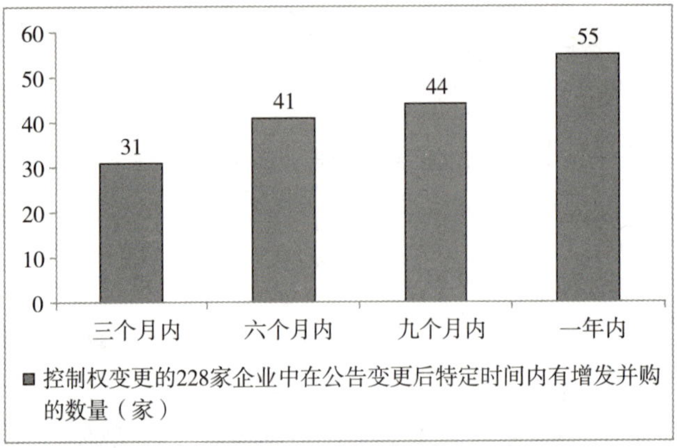

图 9.9：24% 企业在公告一年内有增发并购

数据来源：Wind

案例 39：深圳惠程（002168）控制权变更后注入自有资产

2016 年 4 月 8 日，深圳惠程发布公告：实际控制人何平女士和任金生先生与中驰极速签署了《何平、任金生与中驰极速体育文化发展有限公司关于深圳市惠程电气股份有限公司股份转让协议》，何平女士和任金生先生拟将其持有公司的全部股份 86736417 股（占公司总股本的 11.1058%）通过协议转让方式转让给中驰极速。本次股权转让完成后，中驰极速持有公司 86736417 股股份，在公司拥有的表决权比例将达到 11.1058%，公司的控股股东将变更为中驰极速，公司的实际控制人将变更为中驰极速的实际控制人汪潮涌先生和李亦非女士（双方为夫妻关系）。

股权转让于2016年6月21日完成。2016年10月，深圳惠程出资5.8亿与北京信中利股权投资管理有限公司成立18亿规模的产业并购基金（汪潮涌和李亦非为信中利股权管理公司的实际控制人，持股比例达55.84%）。随后汪潮涌夫妇通过产业并购基金先后出资4.73亿元收购群立世纪45%股权，4亿元收购哆可梦22.43%股权。

2017年3月15日，深圳惠程发布《重大资产购买暨关联报告交易书（草案）》，拟用约19.61亿现金购买群立世纪55.00%股权和哆可梦77.57%股权。至此汪潮涌夫妇将群立世纪和哆可梦100%股权置入上市公司。

案例40：荣信股份（002123，现更名为梦网荣信）"倒着走"变更控制权

"倒着走"也是规避借壳的方式之一，在公司控制人和标的资产控制人均承诺不变更公司控制权情况下，先将标的资产购入上市公司，此时公司主营业务已发生根本变化，然后等时机成熟后通过如解除一致行动关系等方式变更控制权。

2015年，荣信股份通过发行股份及支付现金方式，购买了余文胜等21名股东合计持有的梦网科技100%股权，标的公司作价29亿，占上市公司2014年末总资产82%。交易完成后，公司原控股股东左强等一致行动人持有公司16.81%股权，余文胜等一致行动人持有公司14.81%的股权。当时作为上市公司实控人的左强、厉伟、崔京涛承诺：保证自承诺函签署之日起至此次重组完成后36个月内，左强、厉伟、崔京涛的上市公司实控人地位不发生变化。余文胜也承诺在此次交易完成后36个月之内不会谋求上市公司控制权。所以虽然上市公司第一大股东是余文胜，但实控人仍为左强、厉伟、崔京涛。

令人意想不到的是，2016年1月，荣信股份发布公告，公司实际控制人将变更之前的有关承诺事项，股东余文胜也将解除承诺。这意味着左强与厉伟及崔京涛不再保持一致行动关系，余文胜等一致行动人成了公司第一大股东和实际的控制人，完成了"倒着走"的重组上市。虽然深交所对此事发来关注函，但从股东表决情况看，在关联股东回避的情况下，中小股东以99.9%的同意票通过了《关于公司实际控制人变更有关承诺事项及股东解除承诺的议案》。

9.3 六大特征锚定公司控制权变更后股价表现

本节导读

研究控制权变更公告后股价的超额收益情况：（1）公告一年之内股价表现都具有超额收益，存在较长的投资价值；（2）市值200亿以下的企业股价弹性更大，表现更为优异；（3）控制权变更六个月后普遍取得超额收益，但行业间差异不明显；（4）在不同股东性质的实际控制人变更中，国营改民营或是民营改民营的公司超额收益最大；（5）协议转让方式改变的公司股价表现最优，且在一个月内的累计超额收益率达到最高；（6）属于创业板和中小板的公司表现要好于主板公司。综合以上特征统计，从投资角度可以两维度去把握控制权变更带来的投资机会：（1）从公司特征出发，我们选取过去一年公告过股权协议转让的、中小创、民营控制人转民营控制人或者国营控制人转民营控制人类型且市值在200亿以下的上市公司；（2）从股价安全边际出发，我们选择过去一年以来有变更过控制人且股价与转让成本价倒挂、高溢价转让的上市公司。

9.3.1 时间：控制人变更后有较长期超额收益

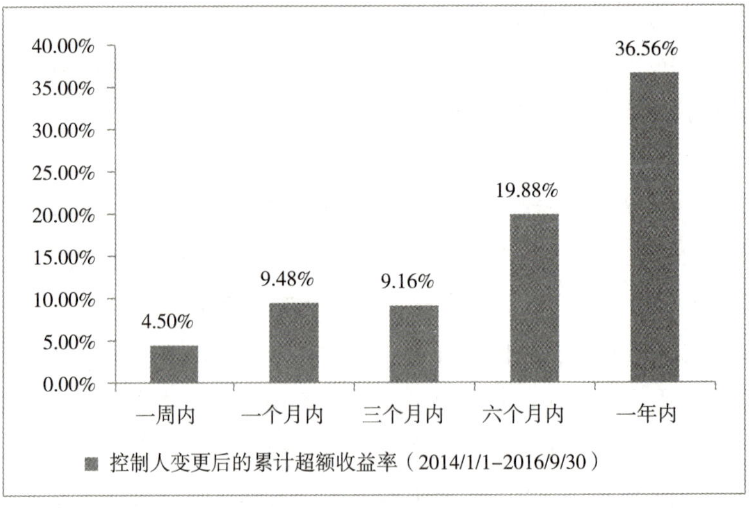

图 9.10：实际控制人变更后超额收益持续为正且增加

数据来源：Wind

当实际控制人发生变更后，一周、一个月、三个月、六个月、一年内的超额累计收益均为正，且逐步增加，表明实际控制人变更之后是利好消息，能为投资者带来超额收益，并且该效应至少能够持续一年以上时间，有较长期超额收益。

9.3.2 市值：小市值公司在控制人变更后的收益较大

从 2014 年以来的统计数据看，以市值作为控制变量，实际控制人变更后的超额累计收益均为正，其中市值在 200 亿以下的企业累计超额收益较大。

表 9.3：不同市值下控制人变更后的累计超额收益均为正

市值	一周后	一月后	三月后	半年后	一年后
50 亿以下	1.81%	5.59%	7.77%	19.80%	41.28%
50 亿 -100 亿	4.89%	8.97%	9.17%	21.95%	33.08%
100 亿 -200 亿	11.08%	21.61%	13.73%	29.79%	55.45%
200 亿以上	3.45%	11.51%	12.05%	21.61%	20.91%

数据来源：Wind

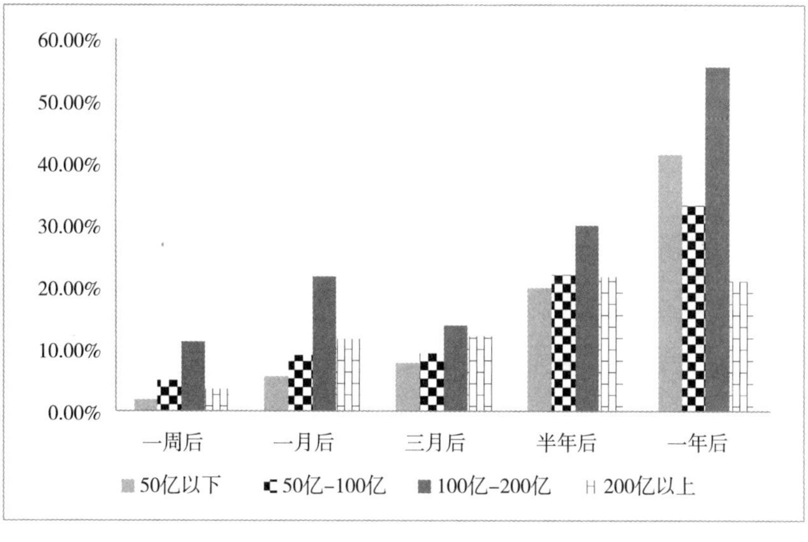

图 9.11：市值在 200 亿以下的公司累计超额收益相对较高

数据来源：Wind

9.3.3 行业：六个月后各行业普遍取得超额收益

取实际控制人变更公司数高于 5 家的行业作为研究对象，统计结果显示，变更的六个月后各行业的累计超额收益率普遍为正，但行业特征不明显。

表 9.4：各行业普遍在六个月后有超额收益

行业	实际控制人变更公司数	平均累计超额收益率（观察期：2014 年至 2016 年 9 月底）						
		前三月	前一月	前一周	后一周	后一月	后三月	后六月
机械设备	21	9.71%	4.97%	0.89%	-2.13%	-7.68%	-6.63%	13.45%
化工	15	4.25%	0.75%	2.57%	1.53%	6.39%	2.44%	17.26%
家用电器	12	3.51%	3.82%	0.05%	11.10%	26.70%	30.86%	37.50%
医药生物	12	-3.01%	1.46%	3.14%	3.91%	1.62%	5.65%	8.48%
电气设备	11	5.48%	-0.66%	-0.39%	8.69%	7.08%	18.98%	0.42%
传媒	10	2.30%	3.00%	0.20%	-0.87%	1.50%	5.26%	31.65%
电子	10	12.71%	5.95%	-0.30%	4.50%	8.90%	-1.81%	3.90%
建筑材料	10	7.13%	-3.84%	-1.68%	4.84%	8.23%	4.97%	20.85%
房地产	9	7.57%	-1.57%	2.96%	7.48%	7.26%	18.09%	39.84%
食品饮料	9	-5.99%	-3.41%	1.36%	7.23%	9.80%	15.28%	17.76%
通信	9	9.27%	0.69%	1.48%	7.06%	6.48%	-7.92%	20.68%
综合	9	17.01%	11.50%	1.43%	-0.85%	4.81%	-1.14%	11.42%
纺织服装	8	1.10%	0.76%	-2.13%	2.71%	11.50%	14.76%	23.86%
公用事业	7	3.43%	-15.69%	-1.48%	3.31%	6.59%	15.98%	17.94%
休闲服务	6	5.50%	3.54%	1.50%	9.93%	31.55%	36.52%	38.15%
计算机	5	21.69%	4.23%	6.09%	10.98%	21.38%	11.40%	12.60%
农林牧渔	5	-16.91%	-22.69%	-2.18%	8.01%	26.61%	21.26%	47.54%
汽车	5	30.67%	25.87%	14.08%	11.26%	28.82%	6.25%	11.67%
有色金属	5	-15.00%	-5.95%	-2.72%	-1.42%	-1.87%	-7.62%	7.83%

数据来源：Wind

由实际控制人变更后各时期累计超额收益率前五名看，采掘、汽车、休闲服务、家用电器、农林牧渔行业的短期收益较为明显。

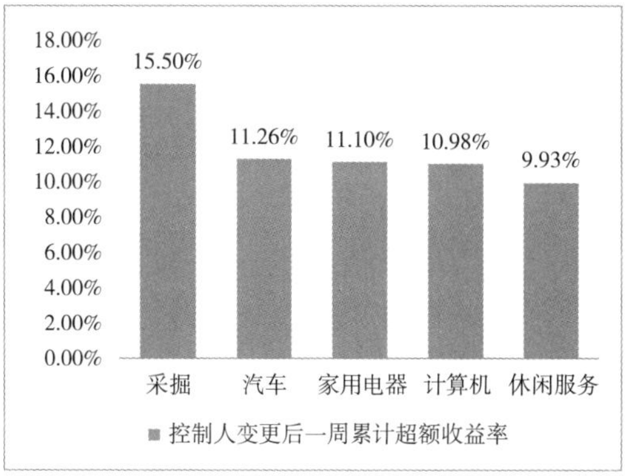

图 9.12：变更后一周采掘行业超额收益率最高

数据来源：Wind

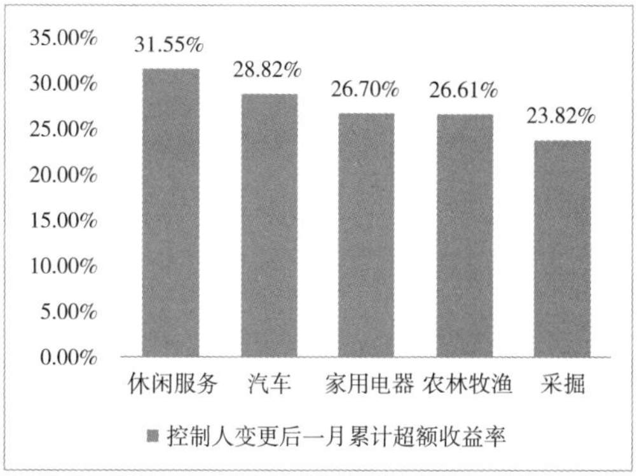

图 9.13：变更后一月休闲服务行业超额收益率最高

数据来源：Wind

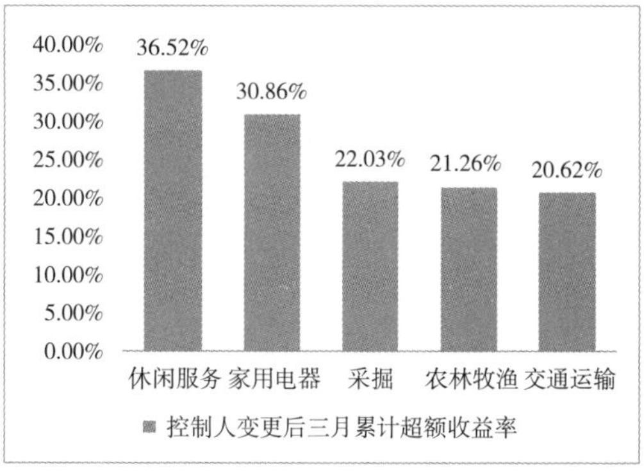

图 9.14：变更后三月休闲服务行业超额收益率最高

数据来源：Wind

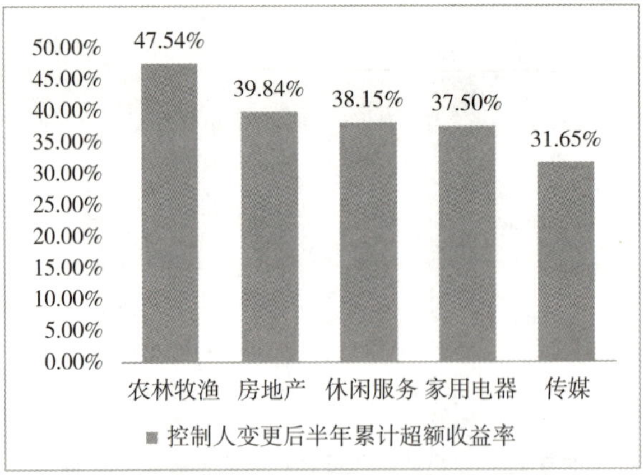

图 9.15：变更后半年农林牧渔行业累计超额收益率最高

数据来源：Wind

9.3.4 股东性质：国转民、民转民收益较高

不同性质的实际控制人变更中，民营变更为民营、国企变更为国企、国企变更为民企这三者发生的情况位列前三，其变更后的市场反应各异。国企转民营在各期内所获得的累计超额收益最高，国企转为国企的市场表现最差，三月内与半年内的累计超额收益均为负值。

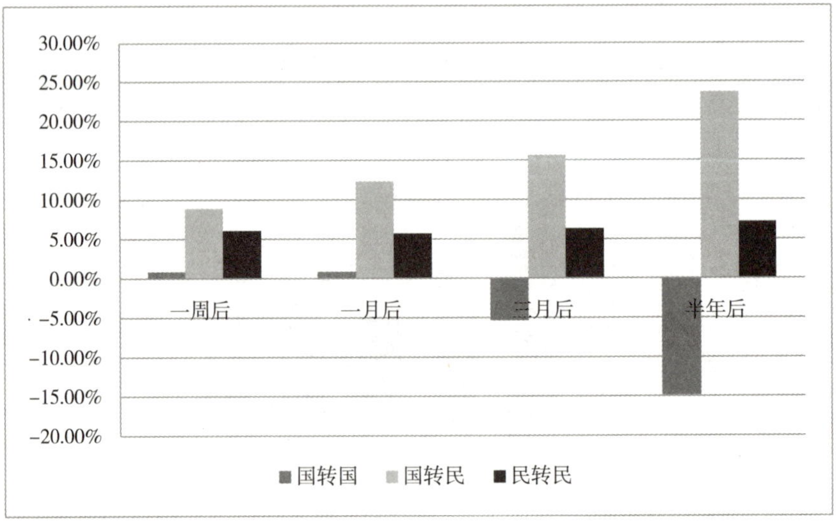

图 9.16：实际控制人由国企转为民营后的累计超额收益最高

数据来源：Wind

9.3.5 变更方式：协议转让方式受市场认可

对 2016 年前三季度发生控制人变更的 78 家公司统计数据结果显示，协议转让在变更后的各个时期内的累计超额收益均大于零，且在一个月内的累计超额收益率达到最高。而无偿转让方式下的累计超额收益则恰好相反，在变更后各期均为负数，且越来越差。

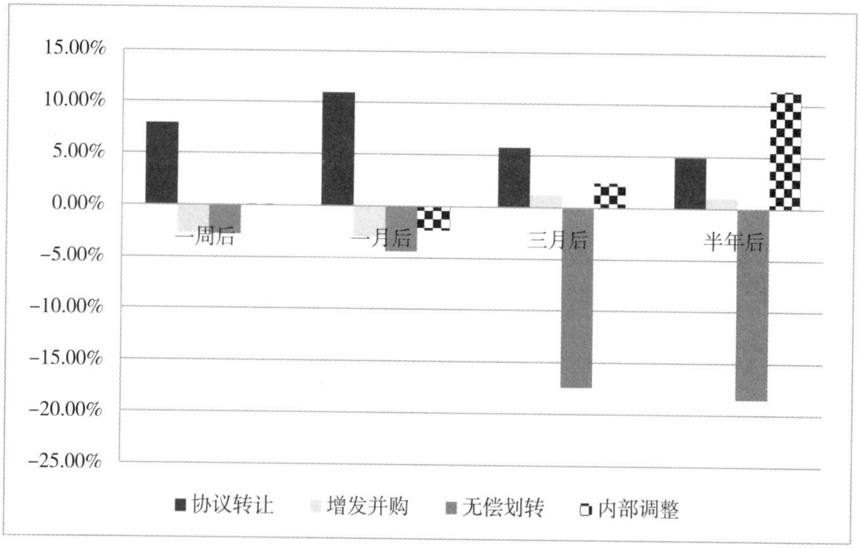

图 9.17：协议转让下的各期累计超额收益均为正

数据来源：Wind

9.3.6 市场板块：创业板、中小板更受投资者偏好

控制人变更后的一周、一个月、三个月的考察期内，创业板公司的累计超额收益都最大，中小板公司次之，说明投资者在短期内偏好高弹性的创业板公司。半年周期，中小板公司的累计超额收益最大。

综合以上特征统计，从投资角度可以两维度去把握控制权变更带来的投资机会：（1）从公司特征出发，我们选取过去一年公告过股权协议转让的、创业板或中小板、民营控制人转民营控制人或者国营控制人转民营控制人类型且市值在 200 亿以下的上市公司；（2）从股价安全边际出发，我们选择过去一年以来有变更过控制人且股价与转让成本价倒挂、高溢价转让的上市公司。

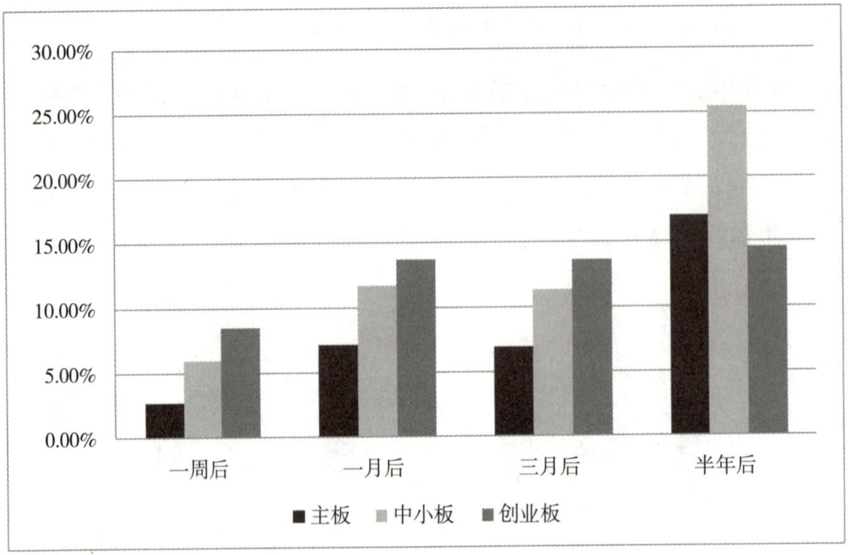

图 9.18：创业板和中小板股价表现更优

数据来源：Wind

案例 41：牛股四川双马（000935）是怎样炼成的

2016 年 8 月，四川双马发布公告：拉法基中国水泥有限公司及其关联方与天津赛克环企业管理中心及其指定方，签署了数份关于股权转让以及期权安排的协议。天津赛克环与和谐恒源以每股 8.08 元的价格承接拉法基及其相关方共计 3.89 亿股四川双马股份，占比 50.93%。为此，天津赛克环需支付 15.43 亿元，和谐恒源需支付 16 亿元，共计 31.43 亿元。和谐恒源及天津赛克环互为一致行动人，本次股权转让完成后，和谐恒源、天津赛克环将合计持有四川双马 50.93% 的股权并成为四川双马的控股股东。

对于四川双马现有资产的处理，天津赛克环可于 2017 年 12 月 31 日行使四川双马的资产出售权，四川双马将有权向拉法基出售前述水泥业务和资产（拉法基可指定合格第三方购买前述水泥业务和资产），相应的，拉法基拥有对水泥业务和资产的购买权。同时，上市公司公告称，随着协议的签订，同业竞争问题有望彻底解决。如相关股份转让交易最终实施且上市公司完成现有水泥资产和业务的出售，四川双马的经营业务存在变更的可能性；战略上公司将以符合国家产业发展方向的实体经济为经营业务，争取在解决同业竞争问题的基础上提高盈利能力。

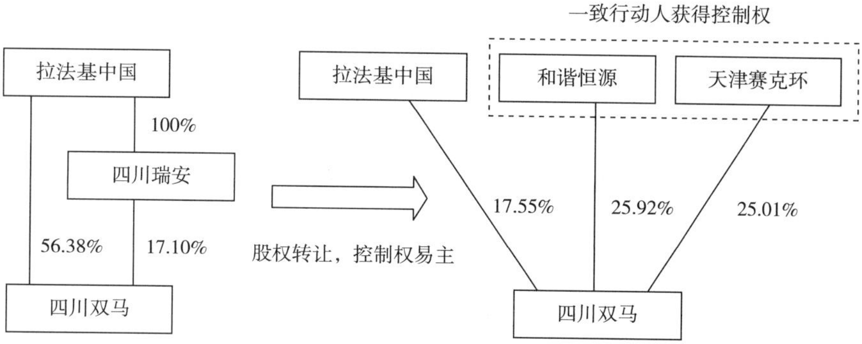

图 9.19：四川双马通过股份转让变更实际控制人

数据来源：Wind

其中值得注意的是，北京和谐恒源与天津赛克环的实际控制人为林栋梁先生，其正是知名风险投资机构 IDG 资本的合伙人之一。截止到 2016 年底，IDG 资本已经在中国投资了 500 家左右公司，包括腾讯、百度、搜狐、搜房、宜信、小米、携程、金蝶软件、奇虎 360，等等，已有超过 100 家所投公司公开上市或被并购。这样的控制人背景，为四川双马后续进一步资本运作提供了广阔的想象空间，公司也成为二级市场资本热追的对象。四川双马股价从 8 月 22 日复牌前的 7.01 元 / 股开始疯涨，于 2016 年 11 月 3 日触及 42.00 元的高位，累计最高涨幅达到 599.14%，成为控制权变更主题的龙头股和风向标。

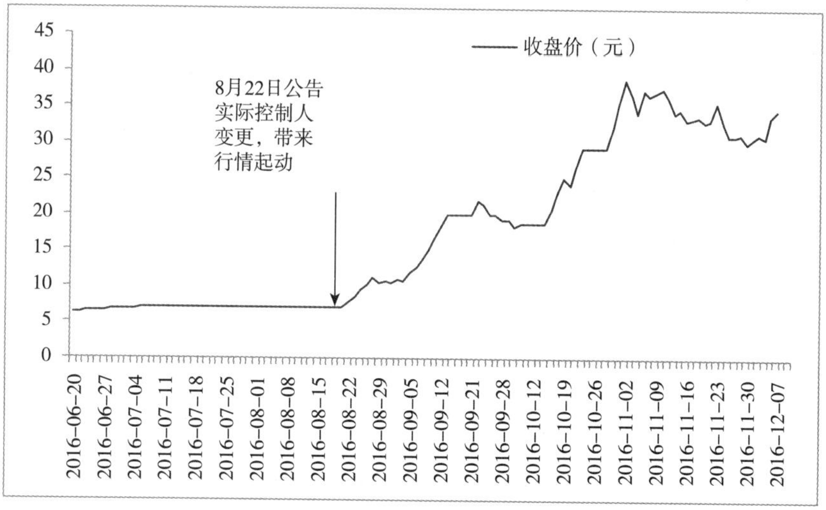

图 9.20：四川双马成为控制权变更主题的龙头股和风向标

数据来源：Wind

10. 股权质押和大股东自救

10.1 股东融资行为，与上市公司紧密相关

本节导读

股权质押是上市公司股东自身的融资行为，从表面上看和上市公司没有关系，但由于质押方大股东、控股股东在上市公司的地位特殊，一旦面临股权质押危机，就可能会导致上市公司的控制权发生变更，对公司股价、经营业绩、信息披露等都会有较大影响。出于风险控制的考虑，质权方会设置“安全线”，股票质押一般会设定质押率、警戒线、平仓线等指标。在二级市场大幅下跌（2015 年股灾期间、2017 年 5 月中小创股票股价大幅回落期间），或股权质押率下降（2017 年 5 月减持新规出来之后）等情况下，很多股权质押会触及预警平仓线，面临强制平仓的风险。2017 年 6 月，上市公司兜底式增持成为市场的热点，其背后很多都存在大股东高比例股权质押的问题，彼时引爆股权质押风险的导火线，一是前期中小创股价的大幅回落，二是 5 月底证监会和沪深交易所分别发布的减持新规和实施细则，在减持受限后，股票流动性降低，股权质押率将面临被进一步下调的风险。

10.1.1 多手段自救应对股权质押危机

股权质押：又称股权质权，是指出质人以其所拥有的股权作为质押标的物而设立的质押。质押以其标的物为标准，可分为动产质押和权利质押。股权质押就属于权利质押的一种。一般观点认为，股权出质后，质权人只能行使其中的受益权等财产权利，公司重大决策和选择管理者等非财产权利则仍由出质股

东行使。

股权质押实质上是股东融资渠道，会设置多层安全控制线。股权质押其类似于抵押贷款，只是抵押物是股票。股权质押的质押方一般为公司的股东，质权方一般为银行、信托、券商等。由于股票的价格波动性很大，出于风险控制的考虑，质权方不得不设置“安全线”。股票质押一般会设定质押率、警戒线、平仓线等指标。

表 10.1：股票质押一般会设定质押率、警戒线、平仓线等指标

基本概念	具体内涵
质押率	质押融资资金和质押股权市值的比率，相当于质押股权的折价率或放贷比例。目前市场上股权质押业务的质押率一般在 30% ~ 50% 之间，主板的质押率在 50% 左右，创业板公司一般为 30%。股权质押后如果股价下跌，其质押率会上升，增加了质权方的风险
警戒线	质押股权的警戒线位置，到达此位置后，质权方会催促质押方增加保证金或增加质押股权，一般为 150%（或者 160%）。预警线的计算公式为质押股价 × 质押率 ×（1+ 综合成本）× 150%
平仓线	质押股权的平仓线位置，到达此位置后，质权方会催促质押方增加保证金或增加质押股权，否则会强行平仓，一般为 130%（或者 140%）。平仓线的计算公式为质押股价 × 质押率 ×（1+ 综合成本）× 130%
综合成本	毛估综合成本为 2% 的质押费用和年化 8% 的利息

股权质押有利有弊，是把双刃剑。（1）一方面由于股权质押融资的低成本以及便捷性，许多上市公司大股东在保持控制权的情况下可以通过质押股权获得所需资金，所以自 2014 年牛市启动以来，股权质押作为股东方融资渠道的重要来源，取得了快速的发展，股权质押比例越来越高。（2）另一方面在股价持续下跌时，融资方也面临着一定的风险。当质押标的公司股价跌破警戒线时，融资方在一定期限内须向账户内追加保证金或质押股票数量，以使担保物价值保持稳定；如果股价持续下跌，到达平仓线，此时融资方不能及时补充质押或不能及时补足保证金的话，所质押的股权很可能就会被金融机构抛售，强行平仓。尽管目前遭到平仓的案例较少，但是对于一些极高比例的质押，如 80% 甚至 90% 以上，一旦出现股价持续走低的情况，质押股东已经没有多少股权可以进行补充，往往面临着较大的被平仓风险。

公司面临平仓线，股东可采用多种措施积极自救。在股价下跌到预警线或者平仓线时，包括公司大股东在内的公司股东往往不想失去公司的控制权，不愿意面对被平仓的局面，会采取多种措施稳定股价，实行自救。其主要方式可分为以下几种：

（1）补充质押股权或抵押现金。当质押标的公司股价跌破警戒线，质押方须在一定期限内向账户内追加保证金或质押股票数量，以使担保物价值保持稳定。所以当股权质押面临平仓风险时，质押方一般以补充质押、现金等方式救急，降低爆仓的风险。

（2）主动解除质押。大股东也可以采取主动解除股权质押的方式，避免质押股权被平仓，保持对公司的控制权。但是这种情况一般要求股东要有良好的现金流或资金。当然股东如果信誉良好，社会资源广泛的话也可以采取借款等临时措施筹措资金，转换融资资金来源，转移负债方。

（3）释放利好信息提振股价。典型如 2017 年 6 月的兜底式增持，出台利好消息护盘。

案例 42：骅威文化（002502）的兜底式增持

骅威文化于 2017 年 6 月 11 日发布公告，公司控股股东、副董事长、总经理郭祥彬号召公司全体员工增持公司股票，并且承诺公司员工凡在 2017 年 6 月 12 日至 6 月 15 日期间使用自有资金（不能使用融资融券或者结构化、配资等）通过二级市场竞价净买入骅威文化股票，且连续持有达到 12 个月并在职的，若亏损将由其补足，若收益率没有达到 10%，也由其补足。根据公司的各个职级的人数和其对应享有的兜底增持的金额初步估计，享有保底收益的资金额度大约在 1.27 亿元，分别占上市公司总市值和流通市值的比例约为 1.5%、2.5%。

表 10.2：骅威文化兜底增持资金规模测算，额度大约在 1.27 亿元

员工职级	人数（人）	每人享有收益保证的额度上限（万元）	额度总额（万元）
普通员工级别	273	10	2730
主管级别	39	20	780
中层管理人员	40	50	2000
高级管理人员	18	子公司副总经理 200 万元，子公司总经理和公司董监高人员 500 万元。根据公司公开信息估计以上两类各有 6 人和 12 人	7200
合计	370		12710

资料来源：公司公告

公司6月19日发布公告，称6月12日至6月15日公司及全资子公司、控股子公司员工中共有36位员工通过二级市场增持公司股票，累计增持股票775300股，增持均价10.04元/股，增持总金额为7781354元，约占总额度的6%。从增持金额来看，公司员工增持积极性并不是很高。

实际控制人郭祥彬本次兜底式承诺或许与其所质押股份面临平仓危险有关，是其维护公司股价的一项措施。截至6月11日，郭祥彬持有公司23121万股，处于质押状态的股份累计20759万股，占其所持有公司股份总数的89.78%，占公司总股本的24.14%。此前公司曾于4月18日、4月24日、5月15日多次发布公告，称郭祥彬将其持有的公司部分股票进行了补充质押。主要原因是自4月以来，公司股价开始持续下跌，从2017年4月5日的11.40元下跌到5月11日的9.68元，下跌幅度达15%。郭祥彬所持公司的股份质押比例已达到89.78%，如果股价继续下跌，则其部分质押股权面临着被平仓的风险。此后公司因筹划重大事项，自5月12日到6月8日停牌。复牌后公司就发布了呼吁员工增持的公告，稳定股价的决心可见一斑。

（4）停牌自救。上市公司大股东为缓解质押危机，可实行停牌战术。股票停牌可以使抵押品的账面价值一直停留在停牌前，此时金融中介不用再催收抵押品，而股东也可不必再追加抵押品。但是停牌只是以时间换空间，风险仍然存在。如果停牌期间大盘反弹，此时复牌股票补涨或能化解爆仓危机。如果大盘一路向下，短期内质押股权以及资金又无法补充到位，那就只能一直停牌，被投资者诟病，复牌后也会面临质押股权价值的进一步下挫。

案例43：德豪润达（002005）：停牌自救+主动提前解除部分质押股份

德豪润达2017年5月23日发布公告，称因控股股东芜湖德豪投资有限公司质押的部分股份触及警戒线，公司股票自5月24日起停牌。公司控股股东芜湖德豪投资拟采取追加保证金或者追加质押物等有效措施降低股权质押融资风险，以保持公司股权的稳定性。截至5月23日，芜湖德豪投资持有公司股份29235.68万股，占公司总股本139640万股的20.94%。因自身资金需求，芜湖德豪投资已将其所持公司股份的28870万股办理了股权质押手续，占其所持公司股份总数的98.75%。

6月8日公司再次公告，称公司控股股东芜湖德豪投资已向为其提供股票质押融资的金融机构追加了部分保证金，有效地降低了公司股票质押融资的风险，股票于6月9日复牌。到了6月14日，公司又发布公告，称6月13日芜湖德豪投资与海通证券办理了股票质押式回购交易提前购回业务，将2014年8月11日质押的无限售流通股6980万股中的3490万股、2016年2月3日质押的无限售流通股2900万股中的1450万股合计4940万股办理了提前购回，占其持有公司股份的16.90%，进一步降低了股票质押融资的市场风险。

在上述过程中，自2017年3月16日至5月23日，公司股价持续下滑，由3月16日的收盘价6.13元下跌至5月23日的4.48元，累计跌幅达到27%。公司质押股份因此触及警戒线，公司停牌。停牌后大股东增加保证金，并在复牌几天后提前解除了部分股权质押，使其质押股份占所持公司股份的比例降为81.85%，成功化解了股权质押危机。

如果以上四种自救措施都无法达到效果或者难以实行，质押股权将面临被强行平仓的后果。对于大股东高比例质押股权（往往超过50%，甚至更高）且流动性严重不足的股票，寻找合适的接盘人将成为关键。

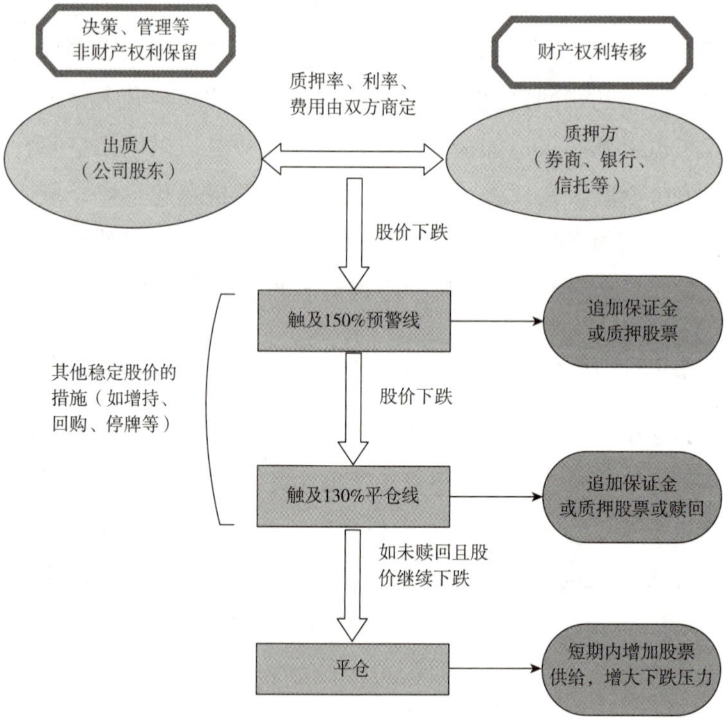

图10.1：股权质押面临预警而采取的措施

10.1.2 股价调整和减持新规引爆股权质押风险

股权质押是上市公司股东自身的融资行为，从表面上看和上市公司没有关系，但由于质押方大股东、控股股东在上市公司的地位特殊，一旦面临股权质押危机（强制平仓风险），就可能会导致上市公司的控制权发生变更，对公司股价、经营业绩、信息披露等都会有较大影响。如二级市场大幅下跌（2015 年股灾期间、2017 年 5 月中小创股票股价大幅回落期间），或股权质押率下降（2017 年 5 月减持新规出来之后）等情况下，很多股权质押会触及预警平仓线，面临强制平仓的风险，市场关注度较高。

2017 年 6 月以来，上市公司兜底式增持成为市场的热点，上市公司大股东或控股股东通过保本的承诺号召本公司员工二级市场增持股份的案例越来越多，其背后很多都存在大股东高比例股权质押的问题。引爆股权质押风险的导火线，一是前期中小创股价的大幅回落，二是 5 月底证监会和沪深交易所分别发布的减持新规和实施细则（减持新规的适用范围包括因司法强制、执行股权质押协议、赠与、可交换债换股、股票权益互换等减持股份）。在减持受限后，股票流动性降低，股权质押率将面临被进一步下调的风险。

2017 年 9 月 8 日，中国证券业协会发布《证券公司参与股票质押式回购交易风险管理指引（征求意见稿）》，同时沪深交易所对《股票质押式回购交易及登记结算业务办法（试行）》进行了修订，并向社会公开征求意见。新政中对股权质押资金用途进行了限制，融入资金必须用于实体经济生产经营，严禁进行新股申购、通过竞价交易或者大宗交易方式买入上市交易的股票，同时融入方融入资金应存放于其在银行开立的专用账户。新规引导股票质押资金流向实体经济，避免融资资金进入二级市场进行股票操作，进而变相加杠杆进入股市的行为。新政明确规定单只 A 股股票市场整体质押比例（单只 A 股股票质押数量与其 A 股股本的比值）不得超过 50%，也进一步限制了高比例股权质押。

表 10.3：《股票质押式回购交易及登记结算业务办法（试行）》影响最大的几个方面

主要影响点
多维度限制单只股票质押集中度，整体质押比例不超过 50%
股票质押率上限不得超过 60%
单一证券公司、单一资管产品作为融资方接受单只 A 股股权质押比例不得超过 30%、15%
提高股票质押回购的金额门槛，首次不得低于 500 万，后续不低于 50 万

续表

主要影响点
金融机构和类金融机构、资管产品不得作为融资人
融入资金禁止用于新股申购或通过竞价交易或者大宗交易方式买入上市交易的股票

案例 44："宝能式"质押融资举牌

股权质押新规要求融入资金禁止用于新股申购、竞价交易，以及大宗交易方式买入上市交易的股票，也旨在遏制通过杠杆野蛮举牌上市公司的现象出现。在此之前，市场最为熟知的例子就是宝能举牌万科 A 和南玻 A，通过股权质押补充现金流进行再投资，这是宝能系在过去两年内为人熟知的财技之一，而根据新规，像宝能这般利用循环股权质押融资的情形将难再现。

表 10.4：宝能利用循环股权质押融资获得资金举牌万科

证券代码	证券简称	股东名称	质押方	质押股数（万股）	参考市值（万元）	质押起始日期
000002.SZ	万科 A	深圳市钜盛华股份有限公司	鹏华资产管理（深圳）	6971.32	102269.21	2015-11-18
000002.SZ	万科 A	深圳市钜盛华股份有限公司	鹏华资产管理（深圳）	9100.00	133497.00	2015-11-18
000002.SZ	万科 A	深圳市钜盛华股份有限公司	鹏华资产管理（深圳）	5836.02	84038.71	2015-11-09
000002.SZ	万科 A	深圳市钜盛华股份有限公司	鹏华资产管理（深圳）	210.59	3032.51	2015-11-09
000002.SZ	万科 A	深圳市钜盛华股份有限公司	鹏华资产管理（深圳）	3263.98	47001.29	2015-11-09
000002.SZ	万科 A	深圳市钜盛华股份有限公司	鹏华资产管理（深圳）	8889.41	128007.49	2015-11-09
000002.SZ	万科 A	深圳市钜盛华股份有限公司	鹏华资产管理（深圳）	1513.90	20679.87	2015-11-03
000002.SZ	万科 A	深圳市钜盛华股份有限公司	鹏华资产管理（深圳）	7586.10	103626.13	2015-11-03
000002.SZ	万科 A	深圳市钜盛华股份有限公司	鹏华资产管理（深圳）	1890.10	25818.77	2015-10-28
000002.SZ	万科 A	深圳市钜盛华股份有限公司	鹏华资产管理（深圳）	9100.00	124306.00	2015-10-28

续表

000002.SZ	万科 A	深圳市钜盛华股份有限公司	鹏华资产管理（深圳）	7209.90	98487.23	2015-10-28
000002.SZ	万科 A	深圳市钜盛华股份有限公司	鹏华资产管理（深圳）	9100.00	120393.00	2015-10-21
000002.SZ	万科 A	深圳市钜盛华股份有限公司	鹏华资产管理（深圳）	9100.00	123032.00	2015-10-15
000002.SZ	万科 A	深圳市钜盛华股份有限公司	鹏华资产管理（深圳）	7682.16	103862.86	2015-10-15
000002.SZ	万科 A	深圳市钜盛华股份有限公司	鹏华资产管理（深圳）	1417.84	19169.14	2015-10-15

数据来源：Wind

2015 年 6 月开始，宝能系不断通过旗下的钜盛华公司和前海人寿增持万科 A，屡屡触及举牌线。“宝万之争”中反复抢筹万科的主要资金来源之一，就是宝能利用循环股权质押融资而获得的资金。宝能旗下的钜盛华屡次使用先通过融资融券方式将上市公司股份划回普通证券账户直接持有，然后将这些股份又以质押式回购方式质押出去进行融资，最后再来用于增持上市公司股份。单 2015 年 10 月～11 月，钜盛华累计质押股数为 88871.32 万股，累计参考市值达到 123.72 亿元。

10.2 压力测试：整体风险可控

本节导读

给股权质押做压力测试最好的时点是整体面临危机的时候，我们选择 2017 年 6 月 1 日这个点，当时受二八格局压制和减持新规影响，很多中小盘股票面临股权质押危机。6 月 1 日质押参考日的总市值为 4.59 万亿，当前市值为 3.85 万亿，占 A 股总市值 7.5%。股价处于平仓线以下 0–10% 的市值约为 660 亿元，在质押股票市值和 A 股总市值的比重非常小，而且在实际操作中，股权质押跌破平仓线后，重要股东和大股东追加保证金会发布相关公告，但是一般不会公布具体金额，只是陈述性的描述。在未解压的股权质押余额中：主板占了半壁江山；地产、医药生物等行业总量居前；绝大多数企业未解压余额占公司总股本的比例在40%以下。压力测试显示，未来如果股价下跌10%，将会有1711亿元市值跌破平仓线，约占质押总量的4%；股价如果下跌20%，将有3205亿元市值跌破平仓线，约占8%；如果下跌30%，跌破平仓线的市值开始增大，达到6399亿元，占比17%。因此整体来看，只要不出现系统性风险，股权质押的风险还是可控的。

10.2.1 未解压余额主板占半壁江山

由于股权质押期限多数在1年到几年不等，绝大多数在5年以下，因此，为了观察目前股权质押市场上尚未解压的余额，选定以2010年1月1日为起始日期，以2017年6月1日为截止日期，统计这个区间段的尚未解压股权的情况。

板块分布：以2010年1月1日至2017年6月1日为统计区间，对截至目前尚未解压的股权质押余额进行相关统计，得到截至目前尚存在未解压的公司1999家，尚未解压的股权质押余额参考市值为5.94万亿。其中，未解压余额参考市值中，主板2.99万亿，占比50.2%；中小板1.99万亿，占比33.5%；创业板0.97万亿，占比16.3%。可见，主板的股权质押余额占了半壁江山，中小板占了约三分之一。

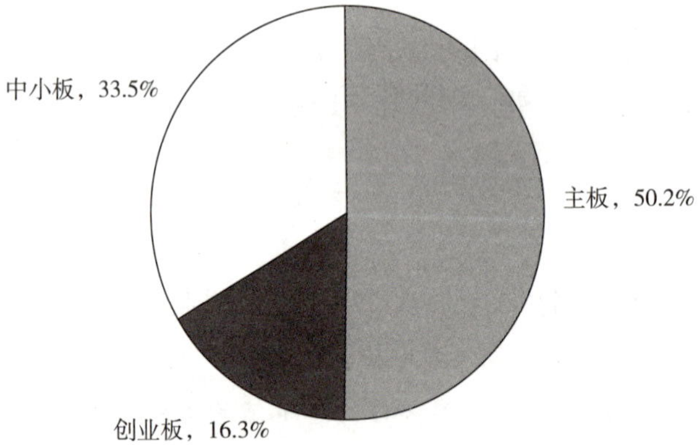

图10.2：未解压的股权质押余额分布，主板占了半壁江山

数据来源：Wind

行业分布：未解压的股权质押余额参考市值最多的四个行业依次是地产、医药生物、化工、传媒，余额分别为5927亿元、5548亿元、4660亿元、3919亿元，占总的未解压参考市值的比例依次为10.0%、9.4%、7.9%、6.6%。未解压余额参考市值靠后的四个行业依次是休闲服务、家电、国防军工、银行，余额分别为 808 亿元、783 亿元、221 亿元、70 亿元，参考市值占比分别为 1.4%、1.3%、0.4%、0.1%。

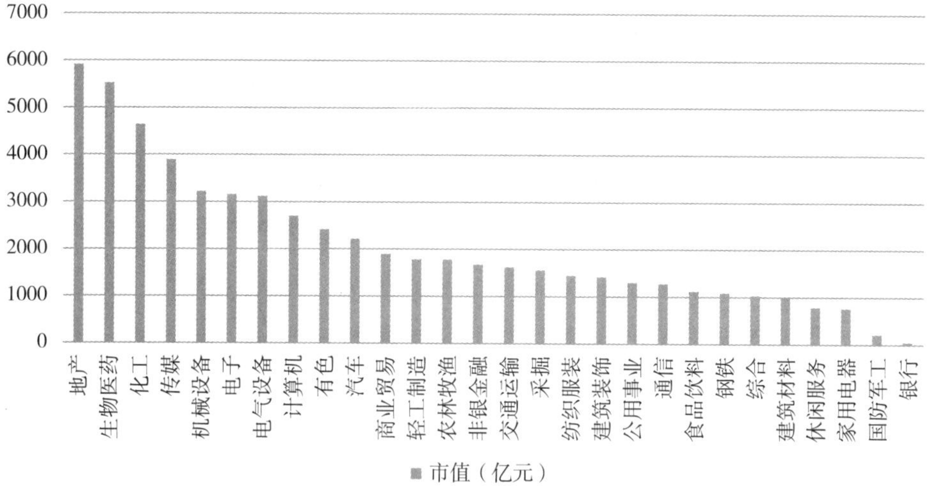

图 10.3：未解压的股权质押余额行业分布，地产、医药生物等居前

数据来源：Wind

未解压股本占总股本比例分布：绝大多数企业股权质押未解压余额占公司总股本的比例在 40% 以下，0 ~ 10%、10% ~ 20%、20% ~ 30%、30% ~ 40% 的比例依次为 30.0%、27.2%、18.7%、12.8%，合计为 88.7%。

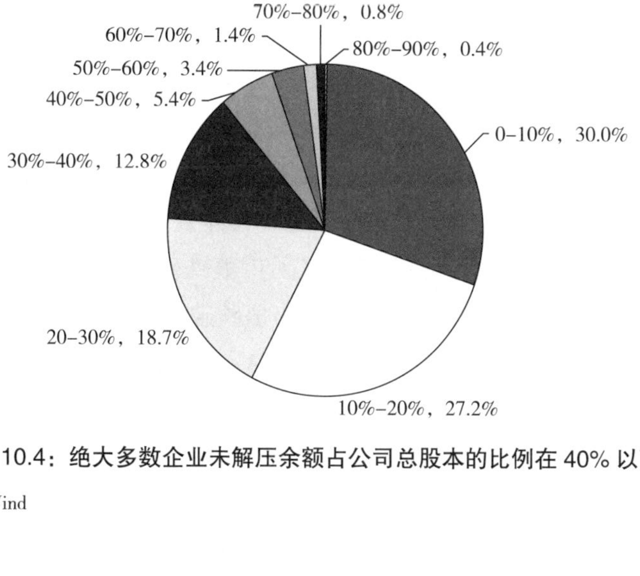

图 10.4：绝大多数企业未解压余额占公司总股本的比例在 40% 以下

数据来源：Wind

10.2.2 压力测试：目前风险整体可控

由于 2015 年之前的股权质押多数已经解除质押，未解压余额较小，同时 2015 年前的大盘点位相对较低，股权质押风险相对较小，因此我们主要考虑 2015 年 1 月 1 日之后开始且截止到 2017 年 6 月 1 日尚未解压的股权质押，以此数据为基础分析目前存量股权质押的风险情况。为方便计算，统一设置质押率为 40%，综合成本为 10%，平仓线为 130%。统计结果如下：

表 10.5：当前股权质押股价离平仓线情况（截止到 6 月 1 日）

当前股价距离平仓线价格幅度	质押日参考市值（亿元）	当前市值（亿元）	公司数量（根据股权质押笔数统计，会有重合）
-10% ~0	1386	660	187
0~10%	3142	1711	363
10% ~20%	5070	3205	568
20% ~30%	8853	6399	856
30% ~40%	13227	11082	1065
大于 40%	15633	15479	911
总和	45925	38536	3950

数据来源：Wind

股权质押风险目前总体可控。质押参考日的总市值为 4.59 万亿，当前市值为 3.85 万亿，占 A 股总市值 7.5%。股价处于平仓线以下 0~10% 的市值约为 660 亿元（在实际操作中，股权质押跌破平仓线后，重要股东和大股东追加保证金会发布相关公告，但是一般不会公布具体金额，只是陈述性的描述）。未来如果股价下跌 10%，将会有 1711 亿元市值跌破平仓线，约占质押总量的 4%；股价如果下跌 20%，将有 3205 亿元市值跌破平仓线，约占 8%；如果下跌 30%，跌破平仓线的市值开始增大，达到 6399 亿元，占比 17%。因此整体来看，只要不出现系统性风险，股价整体下跌不要太大，股权质押的风险还是可控的。

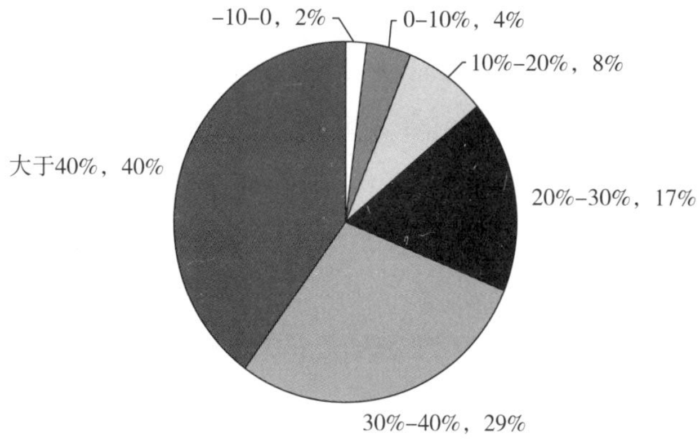

图 10.5：股权质押风险目前总体可控（市值占比，截止到 6 月 1 日）

数据来源：Wind

10.3. 投资机会：相信大股东自救的投资机会？

本节导读

股权质押达到警戒线甚至平仓线的时候，质押股东一般不会坐视质押的股权被强制平仓而不顾。特别是大股东有能力影响上市公司的行为，从而防止自己遭受财富和对公司控制权上的双重损失。具体的措施，我们在前文已有所介绍，如增加质押股权和追加保证金、增持股份、停牌重组、释放利好信息等等。如果投资者相信上市公司大股东的自救能力，那么在股权质押平仓线等关键价位上，存在着重大的博弈与支撑，或是公司股价中短期的底部区间，可以在质押底附近买入，等待“大股东自救”带来的投资机会。当然，在股权质押平仓线附近的风险也不言而喻，当股价低于平仓线时，若上市公司大股东无法追缴保证金，则面临被强制平仓风险，券商银行等中介结构将质押的股份以大宗交易、二级市场直接抛售等方式变现，以还本付息。虽然减持新规将质押股权的强行平仓纳入监管范围，可以一定程度上降低系统性风险发生的概率，但在流动性欠缺的市场环境下，个股股价闪崩的现象也时有发生。

案例 45：顾地科技（002694）：首家爆仓公司

2015 年 8 月 26 日，顾地科技公告称，控股股东广东顾地塑胶有限公司质押给海通证券的8399万股中，部分股份已临近平仓线。为避免公司股价异常波动，顾地科技于8月28日起临时停牌。资料显示，当时广东顾地共计持有顾地科技股票1.42亿股股份，质押比例为99.95%，预警线区间7元～13元，平仓线区间6元～12元。停牌期间公司董事会督促广东顾地降低融资风险，保持股权稳定性，同时，广东顾地与海通证券就股份质押相关事宜进行积极磋商，保障股份交割事宜的顺利进行。

公司股票于9月8日复牌。因为大股东广东顾地与重庆涌瑞股权投资有限公司、杭州德力西集团有限公司等产生了司法纠纷，因此部分股权被冻结。后山西盛农投资有限公司于2015年12月27日协议受让顾地科技股份9599万股，占顾地科技总股本的27.78%，受让总价款为11.38亿元，折合受让价格11.86元/股。至此，顾地科技的大股东由广东顾地变为山西盛农。

公司停牌前的8月27日公司股价收5.47元，9月8日复牌后，公司股价便持续上涨。在12月27日股权转让折合受让价格11.86元/股的刺激下，公司股价在2015年底站上了10元，涨幅接近100%。

案例46：同洲电子（002052）：被迫易主

2016年1月11日，同洲电子发布公告，称因控股股东、实际控制人袁明先生质押给国元证券的股票接近警戒线，公司自1月12日起停牌。袁明先生直接及通过资管计划合计持有公司股份125924638股，占公司总股本的16.88%，已用于质押融资的股份为121557000股，已质押融资股份占其所持有公司股份的比例为96.53%。质押股份的平仓线为8.5元～9.5元。1月11日，同洲电子的收盘价为10.03元，已接近平仓线。袁明先生承诺将采取筹措资金、追加保证金或者追加质押物等有效措施降低融资风险，以保持公司股权的稳定性。

但是到了1月25日，公司发布公告，称大股东袁明正在筹划转让所持股份，涉及公司控股股东、实际控制人变更。袁明已与小牛资本管理集团达成初步意向，小牛资本或者关联方有意向受让袁明所持股份。此后公司继续停牌，并发了多份提示性公告。3月23日，公司公告称袁明先生于2016年3月21日将其于2015年5月6日质押给国元证券的公司高管锁定股121557000股进行了解押，3月22日袁明将其持有的公司高管锁定股121557000股（占其所持公司股票总数的比例为96.53%）质押给深圳市小牛龙行量化投资企业（有限合伙）。后来双方发生合同纠纷，深圳市仲裁委员会裁定袁明以其持有的

123107038 股公司股票抵偿对小牛资本 8.7 亿元的欠款。6 月 16 日，公司收到袁明辞去董事长的申请。

8 月 31 日，同洲电子发布公告宣布 9 月 1 日复牌，至此持续半年多的停牌终于结束。9 月 1 日当天，公司的股价以涨停开盘。此后虽有波动，但到 2016 年年底，相比年初停牌时的收盘价 10.03 元已经涨了 44%。

案例 47：茂业通信（000889）：追加保证金成功脱险

茂业通信控股股东中兆投资管理有限公司在 2016 年 1 月进行了两次股权质押，分别是：（1）1 月 4 日向长城证券质押 1 亿股，占中兆投资所持茂业通信股份的 48.06%，质押期限自 2016 年 1 月 4 日起至 2019 年 1 月 3 日止；（2）1 月 5 日中兆投资继续质押给长城证券 0.98 亿股，占其所持公司股份的 47.10%，质押期限自 2016 年 1 月 5 日起至 2017 年 1 月 4 日止。中兆投资两次累计质押的茂业通信股票数量为 1.98 亿股，占茂业通信总股本的 31.84%，占中兆投资所持茂业通信股份的比例为 95.16%。

1 月 28 日，茂业通信发布公告称，因控股股东中兆投资质押的公司部分股份已低于平仓线，出现平仓风险。如果平仓可能会导致公司实际控制权发生变更，因此中兆投资拟与质权人长城证券协商解决办法。鉴于有关事项存在不确定性，为了维护投资者利益，避免对公司股价造成重大影响，公司股票自 1 月 29 日起停牌。中兆投资将采取积极措施，通过筹措资金、追加保证金或者追加质押物等有效措施降低融资风险，以保持公司股权的稳定性。

2 月 18 日，茂业通信再次公告，称中兆投资已向长城证券追加了保证金，中兆投资质押的公司部分股份的警戒线、平仓线和平仓履约保障比例均已下降。公司股票自 2 月 19 日开市起复牌。

公司股价 1 月 28 日停牌当天跌停，报收 8.25 元，2 月 19 日开盘后的三天，连续涨停。虽然后续走势有所反复，但是整体走高的趋势明显，其后控股股东还对公司在二级市场上做了几次增持。2016 年 10 月 18 日，股价突破 17 元大关，不到一年时间，公司股价已经翻倍。

11. 并购重组：喧嚣之后回归理性

11.1 冷与热之间的思考，并购重组市场回顾

本节导读

2017 年政策“组合拳”持续发威，并购重组回归理性。2017 年以来上市公司并购重组终止案例大幅增加，从公告终止重组的原因来看，交易双方对标的估值和业绩承诺等核心条款未达成一致，监管部门加大监管力度，市场环境发生变化等是主要原因。放在更宽的视角则是这两年政策“组合拳”的持续发威：（1）2016 年以来证监会对中概股回归 A 股、炒概念高估值高业绩承诺等跨界并购行为、规避借壳上市行为监管趋严；（2）2016 年 11 月以来 IPO 发行加快，已跟上市停牌重组的标的或潜在并购标的改选走 IPO 路线，IPO 和并购重组的跷跷板向 IPO 倾斜；（3）2017 年 2 月再融资新政对外延并购资金来源的限制，2017 年 5 月减持新规对资金退出渠道的规范等，使得并购重组交易几方中利益平衡工具减少，交易难度变大。我们预计上市公司并购数量会趋于稳定，忽悠式并购重组会下降，同一实际控制下的资产注入和整体上市等相对受影响较少，通过并购重组盘活存量实现产业整合的作用会发挥得更为充分。

11.1.1 2013 年是并购重组元年

2013 年二级市场以并购数量激增的方式宣告了并购重组浪潮的来临。经济急需转型是推动并购重组的主要内在动力。2013 年以来，国内经济“新常态”特征凸显，经济步入稳定中速期。许多传统企业需要通过产业并购来寻求突破和转型，切入新兴行业，寻找更高的利润增长点；而成长型企业面临行业竞争

日趋激烈，需要通过并购实现跨越式扩张。并购重组是资本市场平台稳增长、调结构的重要保障手段，经济结构转型阶段恰是并购重组事件的高发期。如果说经济转型的最终目的是为了过河，那么并购重组就是过河的船和桥。

11.1.2 2014 年可以定义为并购重组创新年

2014 年并购重组潮明显贴上了创新式资本运作的标签。如果说经济转型是并购重组的内在动力，那么政策制度护航则是并购重组蓬勃发展的外因。以国务院发布《进一步促进资本市场健康发展的若干意见》（新国九条）为标志，市场化并购重组的趋势越来越明显。2014 年 5 月 8 日，国务院发布新国九条，鼓励市场化并购重组，充分发挥资本市场在企业并购重组过程中的主渠道作用，强化资本市场的产权定价和交易功能，拓宽并购融资渠道，丰富并购支付方式。以国务院新国九条鼓励市场化并购重组为起点，中国证监会也做了积极响应。2014 年 5 月，证监会发布了《创业板上市公司证券发行管理暂行办法》，正式放开创业板再融资。2014 年 10 月 24 日发布《上市公司重大资产重组管理办法》和《关于修改 <上市公司收购管理办法> 的决定》，同时颁布了《上市公司并购重组实行并联审批方案》（2013 年 10 月证监会实施并购重组审核分道制以来，重大资产重组和吸收合并的审批时间几乎缩短了一半）。而在前一周的 10 月 17 日，证监会还发布了《关于改革完善并严格实施上市公司退市制度的若干意见》，并在发布之日起 30 日后生效。2014 年增量资金以产业资本的形式进入 A 股市场，并购重组潮明显贴上了创新式资本运作的标签。产业资本进入 A 股的方式：（1）“PE+ 上市公司”的并购模式，达到一二级市场联动的效果；（2）“储血式”定增，大股东和产业资本主导再融资，为后续的资本运作做资金储备；（3）并购基金，产业资本提供资金和项目；（4）举牌控股，产业资本看好上市公司前景，争夺控股权。

11.1.3 2015 年 ~ 2016 年：并购重组与资本市场繁荣具有正反馈性

一方面，繁荣的资本市场给并购提供了充裕的资金来源和较高的市盈率溢价；另一方面，上市公司借助并购重组将进一步提升自身业绩（部分通过“制造”成长神话），进而促进资本市场繁荣。可以说，一个国家资本市场的成熟与否，很大程度上不在于融资额的多少，而在于这个市场的并购活动是否持续活跃和有效。如果将社会经济分为价值创造部门（实体经济）和价值再分配部门（虚拟经济），那么并购无疑是很好的借助价值再分配市场的资源来支持实体经济的价值创造。

我们做了一个指标统计，并购率 = 当年某行业发生并购重组事件数量 / 当年某行业上市公司总数（申万一级行业分类）。统计后，我们发现每年并购率前三名的公司有如下规律：2007 年 ~ 2009 年：房地产、国防军工（机械）、有色等传统周期行业；2010 年 ~ 2011 年：休闲服务、商贸等消费行业；2012 年 ~ 2015 年：传媒、计算机、通信等 TMT 新兴行业；2016 年开始又回归非银、房地产等传统行业。可以看出，并购重组热度与行业性机会息息相关，并形成"热度上升—股价上升—增发并购—业绩上升—热度进一步上升"的正反馈之中。在 2007 年 ~ 2009 年中，房地产、机械、有色等传统行业表现最为优秀，是那轮牛市中的领涨行业，我们看到这几个行业的并购重组率也是最高的；2010 年 ~ 2011 年，经济处于后 4 万亿时期，消费类公司崛起，它们的并购率开始进入行业前列；2012 年 ~ 2015 年，则是互联网新兴行业的天下，我们看到计算机、传媒、通信的并购率一直处于各行业前列；2016 年 TMT 行业并购率下滑，非银、房地产等板块并购率开始进入行业前列，股票市场机会也回到周期行业、房地产产业链上。

表 11.1：热门领涨行业当年的并购率一般较高

年份	第一名	第二名	第三名
2007	房地产	国防军工	公用事业
2008	采掘	建筑材料	有色金属
2009	国防军工	房地产	非银金融
2010	传媒	休闲娱乐	商业贸易
2011	建筑装饰	采掘	休闲服务
2012	采掘	传媒	通信
2013	传媒	计算机	电子
2014	综合	计算机	通信
2015	传媒	非银金融	计算机
2016	非银金融	传媒	房地产

数据来源：Wind

11.1.4 2016 年～2017 年：喧嚣之后回归理性

（1）首先是监管趋严

中概股回归受到关注。2016 年 5 月，中概股相关交易基本叫停，搜房网借壳万里股份、世纪华通收购中手游、银润投资非公开发行募集资金收购学大教育等都宣告终止。

跨界并购受到关注。2016 年 5 月，证监会叫停涉及互联网金融、游戏、影视、VR 四个行业的跨界定增，但从实际情况来看，采取一事一议的原则。

最严借壳标准发布，壳投资降温。

2016 年 6 月 17 日，证监会发布了关于修改《上市公司重大资产重组管理办法》的决定（征求意见稿，正式稿在 2016 年 9 月正式颁布）。对借壳控制权变更日起向收购人及其关联人累计购买资产的追溯期确定为 60 个月。对 60 个月内的借壳从上市公司自身要求、实际控制人变更认定、购买资产体量和配套融资等多个维度全面提升了借壳的严格程度。如果最终按照此方法实行，借壳实施难度将极大提升，不过能实施的借壳股价弹性也将更高。同时不构成借壳的大比例现金购买资产然后配套融资的项目会增加。

可借壳上市公司标准提升，受处罚和谴责壳公司最受伤。征求意见稿明确表示实施借壳必须满足：上市公司及其控股股东、实际控制人不存在因涉嫌犯罪正被司法机关立案侦查或涉嫌违法违规被中国证监会立案调查的情形，或者涉嫌犯罪或违法违规的行为终止已满 36 个月；上市公司及其控股股东、实际控制人最近 12 个月内未受到证券交易所公开谴责，不存在其他重大失信行为。3 年内涉嫌犯罪受到司法机关立案侦查或证监会调查处罚的，以及 1 年内受过交易所公开谴责的壳公司将不再能被借壳。

借壳两大标准均提升，擦边球式借壳将不再可行。实际控制人的认定中增加了上市公司股权分散，董事、高级管理人员可以支配公司重大的财务和经营决策的，视为具有上市公司控制权。同时购买资产体量由原来的资产总额超过上市公司控制权发生变更的前一个会计年度资产总额的 100% 以上改为资产总额、营业收入、净利润、资产净额、发行股份数五大指标任意一个超过上市公司原来的 100% 以上，或者有可能导致上市公司主营业务发生根本变化的情况。两大借壳标准，特别是第二条的大幅提升，以及再次明确创业板不能构成借壳，此前所有擦边球式的借壳都将不再可行。而对于实际控制权变更 60 个月以后的向收购人及其关联方购买大资产不再构成借壳，分两步走的借壳上市时间也被极大地拉长。

取消借壳配套融资，增加股东承诺限售期，优质借壳股价弹性将更大。征求意见稿明确借壳不能募集配套资金，这将极大地限制以发行股份 + 现金结合的方式进行的借壳，基本上只能以股份对价来购买资产进行借壳，壳资产方的股东不能通过借壳实现套现，壳资产方也不能通过借壳上市马上实现融资。上市公司原控股股东、实际控制人及其控制的关联人应承诺 3 年不转让，壳资产方除收购人及其关联人以外的特定对象应承诺 2 年不转让，新增承诺限售期将极大地减少借壳后公司的流通股本。借壳标准提升（更优质）+ 取消配套融资（摊薄更少）+ 增加股东限售期（流通股更少），成功借壳后公司的股价弹性将更大。

（2）其次受再融资新规和减持新规的两面夹击

2017 年 2 月再融资新政对外延并购资金来源的限制，2017 年 5 月减持新规对资金退出渠道的规范等，使得并购重组交易几方中利益平衡工具减少，交易难度变大。

定增严监管，多维加码规范再融资。

2017 年 2 月，证监会修订了《上市公司非公开发行股票实施细则》，同时发布了《发行监管问答——关于引导规范上市公司融资行为的监管要求》，主要从市场化定价和引导合理化融资两大方向对上市公司定增实行规范化。市场化定价方面，取消了原有的董事会决议日、股东大会决议日作为定价基准日，明确只有发行期首日可作为定价基准日。引导合理化融资方面则一是非公开发行股份数量不得超过发行前总股本的 20%；二是上市公司增发、配股、非公开的，本次发行董事会决议日距离前次募集资金（包括首发、增发、配股、非公开）到位日不得少于 18 个月；三是上市公司再融资，除金融企业外，最近一期不得持有金额较大、期限较长的交易性金融资产和可供出售的金融资产、借予他人款项、委托理财等财务性投资的情形。新规调整以是否受理作为新老划断，已经受理的再融资不受新规影响。

市场化定价，定增套利机会将减少，存量机会更值重视。定价基准日只能是发行期首日，定增底价相较于现价的折价空间将压缩，定增市场整体的折价率将继续下行。高折价率的定增套利机会将减少，定增市场投资将更加注重公司未来的成长性和长期投资价值。发行前将不再会有明确的发行底价，保增发等定增套利策略也将不再可行。新规实施以是否证监会受理作为新老划断，存量已获证监会受理的再融资项目将更受上市公司重视，高折价率、保增发等投资机会更值重视。

多维加码引导合理化融资，新发预案很受伤。为了限制过度融资、“炒概念”和套利性融资以及引导资金流向实体经济，新规新增了融资比例不超过20%、融资完成后18个月不能启动再融资、不得持有大额交易性金融资产和可供出售金融资产、借予他人款项、委托理财等条件。2014年到新规颁布之日，发行的融资定增中有411家（占比28.5%）融资比例超过了20%，其融资规模更是达到了10648亿（占比48.4%）。已发预案的融资定增中已受理不受新规影响的融资规模达1.24万亿，其中已过会和拿批文的有245家，融资规模4710亿。已发预案证监会尚未受理的有151家，融资规模2416亿，其中49家（32.5%）融资比例超过了20%，融资规模达1336亿（占比43.3%）。

定增市场系统性收益将下降，2018年定增融资规模将下滑。新发预案的折价率空间受限，2017年已发预案的存量项目竞争将更加激烈，定增折价率将继续下行从而导致定增市场系统性收益下降。新规影响再融资方案更多在2018年落地实施，2018年定增规模将下滑，定增市场将更趋于规范化。

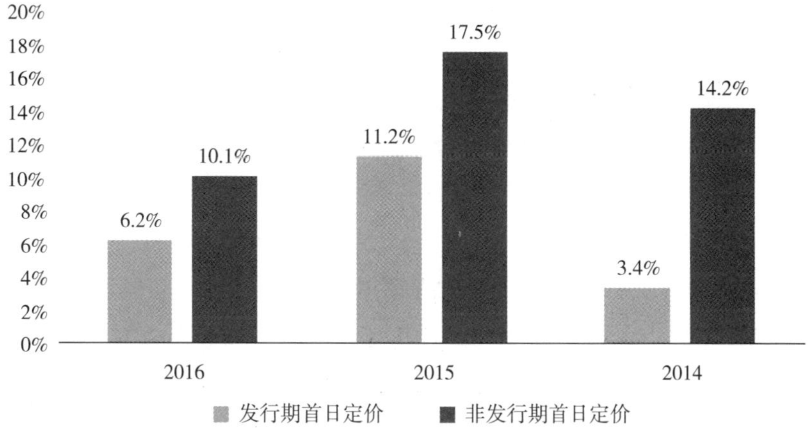

图 11.1：发行期首日定价定增发行折价率明显低于非发行期首日定价

数据来源：Wind

最严减持新规出炉，加速定增回归长期价值投资。

2017年5月，证监会发布了《上市公司股东、董监高减持股份的若干规定》，同时上交所、深交所发布配套的《实施细则》，多角度、全方位的加严规范了上市公司大股东、特定股东和董监高的减持行为。减持新规主要从拓展监管范围和新增减持要求两个方面加严了减持的规定。拓展监管范围方面，一是由原来的大股东和董监高拓展到了大股东外的首发前股东、定增股东、大宗减持或协议转让的受让方、可交换债换股股东、股票权益互换股东等股东；二是减持方式由原来集合竞价、协议转让拓展到了大宗交易、类协议转让。新增减持要求方面，一是在原有的减持限制比例下新增大股东和特定股东 3 个月内集中竞价减持不得超过总股本 1%，大宗交易减持不得超过总股本 2%，定增股东解禁后首年集中竞价减持不得超过定增股份的 50%；二是新增并加严了大股东和董监高减持的信披要求。

多角度、全方位限制集中大量减持，引导重要股东长期投资。此次减持新规将大股东外首发前股东、定增股东、大宗减持或协议转让的受让方、可交换债换股股东、股票权益互换股东等纳入监管范围，同时将大宗交易和协议转让、类协议转让的监管空白补充，一定程度上杜绝了上市公司重要股东集中清仓式减持的所有渠道。重要股东短期减持受限后将引导股东更加注重上市公司的长期投资价值。二级市场增持股票不受限制，鼓励投资者直接在二级市场交易。

新增减持要求，当年市场减持压力将大减。大股东和特定股东 3 个月内集中竞价减持均不得超过总股本的 1%，大宗交易减持不得超过 2%。这将大大减少限售股解禁后市场的减持压力，2017 年首发原股东解禁规模 9436 亿，定增解禁规模 1.43 万亿，合计 2.37 万亿，减持新规后，整体减持压力将逐步后移。

定增解禁减持同样受限，加速引导定增回归长期价值投资。定增投资者解禁后首年集中竞价减持不得低于定增股份的 50%，将进一步延长定增投资的时间周期到两年以上。投资周期的延长将导致定增市场吸引力的下降，叠加近期定增市场折价率持续低位，整体市场已开始出现浮亏的现象，定增市场资金将加速退出，作为定增流动性补偿的折价率有望提升。发行期首日定价 + 解禁后减持受限，定增项目发行难度进一步提升，定增规模将进一步缩减。定增市场在再融资新政后正在逐步回归长期价值投资，不过由于资金退出速度较慢，监管趋严项目供给有限，导致定增市场仍旧供不应求，折价率持续低位。减持新政后，定增投资周期延长将加速部分资金的退出，折价率有望回升至合理水平，加速引导定增回归长期价值投资。

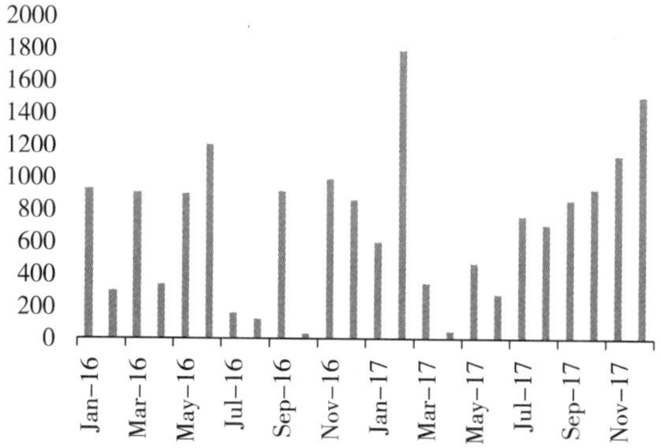

图 11.2：2017 年首发原股东解禁规模达 9436 亿

数据来源：Wind

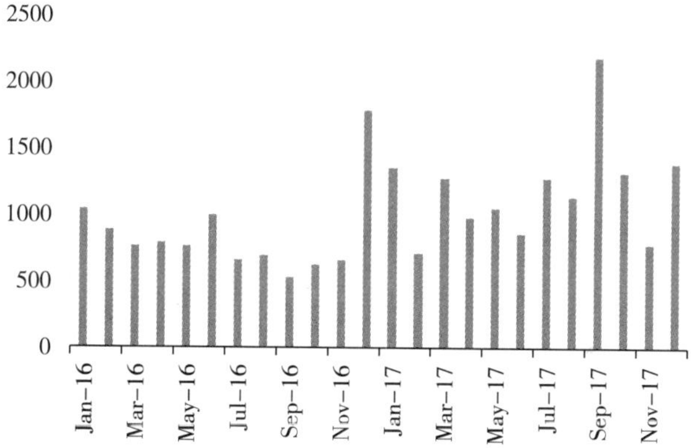

图 11.3：2017 年定增解禁规模达 1.43 万亿

数据来源：Wind

（3）最后，IPO 和并购重组存在的跷跷板效应影响

2016 年 11 月以来 IPO 发行加快，已上市停牌重组的标的或潜在并购标的改选 IPO 路线，IPO 成为很多企业的首选。当然，这里的跷跷板效应不是数量上的此消彼长，而是公司证券化路径上选择的多样化。

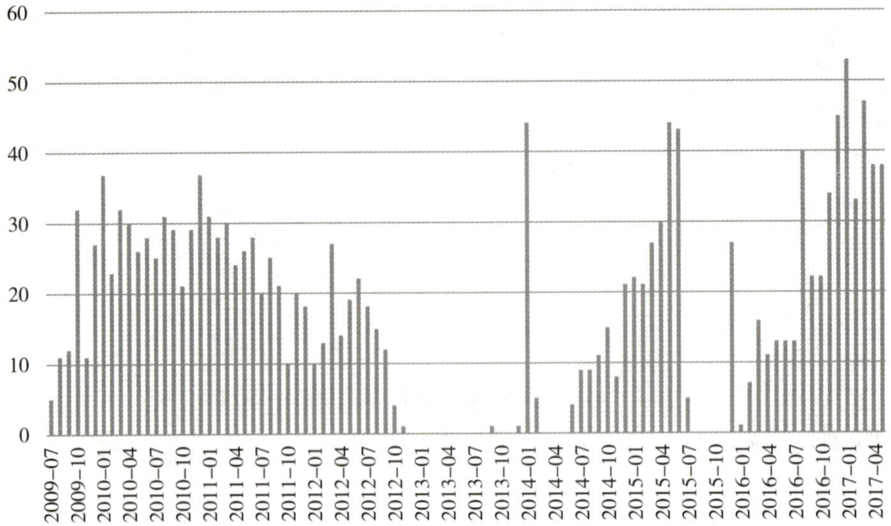

图 11.4：2009 年 7 月 ~ 2017 年 5 月 A 股 IPO 数量（家 / 月）

数据来源：Wind

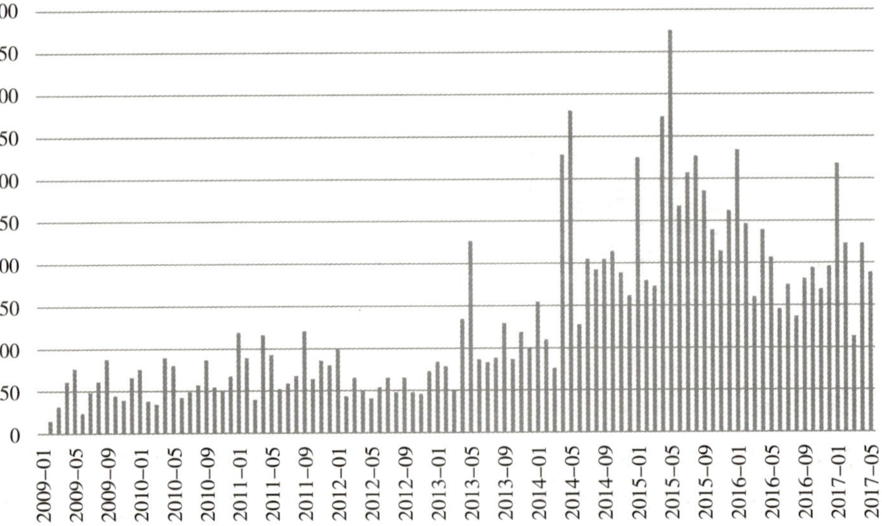

图 11.5：2009 年 1 月 ~ 2017 年 5 月 A 股并购重组数量（家 / 月）

数据来源：Wind

11.2 影响：商誉和业绩

本节导读

（1）商誉减值风险逐步暴露。2013 年以来不少公司发展大量依赖于资本驱动带来的资产负债表扩张，轻资产收购导致的高账面增值率往往会形成巨额商誉堆积。而一旦相应业绩承诺无法实现，则商誉将发生巨额减值，对股东利益产生重大影响。从 2016 年年报数据看，传媒、医药生物、计算机位列行业商誉总和前三名，都在 800 亿元以上；休闲服务、传媒、计算机行业商誉占净资产比例排名前三，像休闲服务、传媒行业这一比值都超过 20%。在业绩贡献度和商誉风险释放点上，2014 年 ~ 2016 年是并购高峰期，3 年业绩承诺集中在 2017 年之后逐步到期，后面就要真正考察并购的协同效应；（2）中小盘股外延成长性将被削弱。从数量上看，IPO 加速叠加增发并购监管趋严，导致外延并购重组数量趋势向下。如果以并购金额占板块资产比重这一指标来判断，中小创是并购重组的主战场；通过 2016 年年报数据的测算结果也表明，外延并购贡献了创业板大约 30% 的业绩增量。但从 2017 年三季报来看，经过一年多的自我调整和适应，外延并购对创业板整体的业绩贡献影响已经明显减弱，而内生增速则稳步提升。

11.2.1 商誉减持风险逐步暴露

本质上，商誉是企业拥有的一种获取超额收益的能力，是可以为企业带来经济利益的一项资产。2006 年财政部颁布的《企业会计准则》规定，非同一控制下企业合并时，购买方对合并成本大于合并中取得的被购买方可辨认净资产公允价值的差额，应当确认为商誉。企业合并形成的商誉，无论是否存在减值迹象，都应该于每年年度终了时进行减值测试。所以商誉犹如一把达摩克利斯之剑，悬在每一家并购重组公司头上。这在 2013 年以来的传媒行业表现尤为明显。传媒公司的增长，除了内生增长以外，其实很多增长是依赖于资本驱动带来的资产负债表的扩张，包括商誉 + 长期股权投资的扩张（广告企业、游戏公司），存货 + 应收账款的扩张（电视剧公司），无形资产 + 开发支出的扩张（如乐视网）。轻资产收购导致的高账面增值率会形成巨额商誉堆积在上市公司资产负债表上，一旦业绩达不到当时的业绩承诺，商誉就会发生巨额减值，将会对企业造成不可逆转的资产损失，可能导致公司数年经营成果付诸东流。从2016年年报数据来看，传媒、医药生物、计算机位列行业商誉总和前三名，都在800亿元以上；休闲服务、传媒、计算机行业商誉占净资产比例排名前三，像休闲服务、传媒行业这一比值都超过20%。

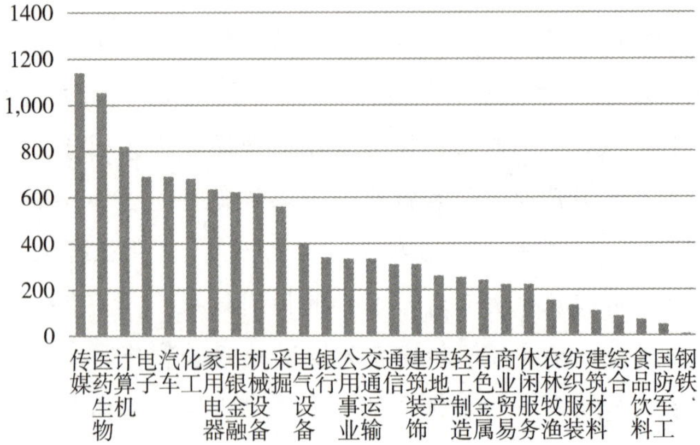

图 11.6：传媒、医药生物等行业商誉累积总值较高

数据来源：Wind

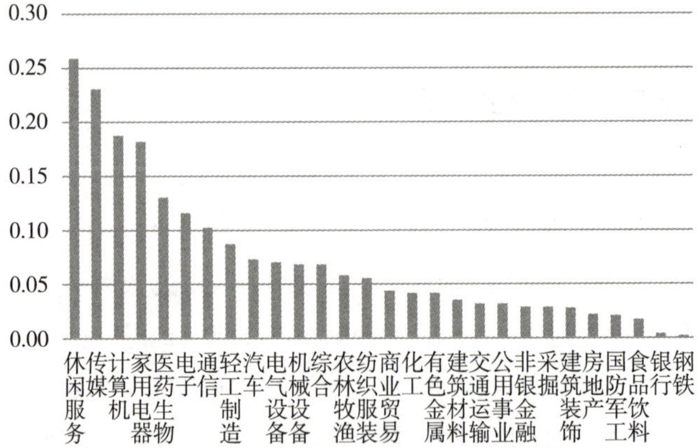

图 11.7：休闲服务、传媒等行业商誉 / 净资产比值较高

数据来源：Wind

商誉减值测试的关键在于确认被并购企业可收回金额的确认，普遍做法为FCFF（自由现金流）法，并购企业的业绩承诺完成情况是企业可收归金额是否调整的重要依据，一旦业绩承诺未完成，那么可收回金额的前提假设将极有可能被调整，从而导致可收归金额的大幅下滑。当新的可收回金额低于商誉+按购买日持续计算的可辨认净资产公允，就会导致商誉产生。

案例48：锦富技术（300128）收购迈致科技商誉减值案例

锦富技术（原名锦富新材）2014年收购了昆山迈致治具科技有限公司（以下简称“迈致科技”），交易对价为12亿元，其中10.2亿元以发行股份方式支付，1.8亿元以现金方式支付。通过本次收购，锦富技术取得标的公司75%的股权，取得的可辨认净资产公允价值份额1.45亿元，非同一控制下的企业合并形成商誉10.55亿元。本次交易的交易对方黄亚福、陈琪祥承诺迈致科技2014年、2015年和2016年实现的扣除非经常性损益后的净利润分别不低于1.2亿元、1.5亿元和1.9亿元，相应的标的资产（75%股权）2014年、2015年和2016年对应实现的扣除非经常性损益后的净利润份额分别不低于0.9亿元、1.125亿元和1.425亿元。

迈致科技2015年实现的扣除非经常损益的净利润为5924.51万元，远远小于黄亚福、陈琪祥承诺的1.5亿元，完成率仅为39.5%，因此公司2015年对迈致科技计提了2.73亿元的商誉减值。迈致科技2016年实现扣非净利润9850.76万元，完成率仅为51.85%，再次计提商誉减值2.81亿元。2015年、2016年的商誉减值损失导致公司的营业利润大幅下滑，靠营业外收支净额勉强维持微利。

我们根据相关公告对公司商誉减值的测试过程进行了还原。以2015年为例，其中减值测试中重新预测的数据是基于当年业绩完成情况与我们的合理假设，与公司实际操作或许存在一定的差异，但是结果整体的参考度较高，我们的目的在于还原资产减值的整个过程。具体来说，根据收购时的资产评估报告，把公司可收回金额预测分为两阶段（2014H2～2019，2020年及以后），按照公司自由现金流模型计算公司估值。由于2015年公司归母净利润实际完成值低于原预测值，根据审慎性原则，公司对2016年～2019年的盈利预测值也进行了下调。根据评估结果，最终的评估值为12.17亿元，少于最初预测值的15.81亿元，因此2015年计提商誉减值0.75×（15.81−12.17）=2.73亿元。2016年的情况类似，在此不再赘述。

表 11.2：锦富技术 2015 年商誉减值测试模拟

	2014 年 7–12 月	2015 年	2016 年	2017 年	2018 年	2019 年	以后年度
公司原来预测值（万元）：							
净利润	12625.71	14961.12	18921.49	21308.36	22879.55	22880.29	22880.29
			26%	13%	7%	0%	
加：利息支出（1–t）	327.87	655.73	655.73	655.73	655.73	655.73	655.73
折旧	310.48	812.14	829.52	829.52	829.52	829.52	829.52
摊销	42.23	85.55	85.55	85.55	85.55	85.55	83.87
减：资本性支出	1512	38.38	487.68	283.29	111.78	410.81	809.59
营运资本追加	7635.52	2524.07	2510.91	1900.58	1457.11	801.41	
企业自有现金流	4158.77	13952.09	17493.7	20695.29	22881.46	23238.87	23639.82
折现系数（折现率=12.9%）	0.9699	0.8853	0.7841	0.6945	0.6152	0.5449	4.224
现值	4033.59	12351.79	13716.81	14372.88	14076.67	12662.86	99854.60
现值合计	171069.20						
加：溢余及非经营资产价值	–1860.29						
减：付息债务价值	11100						
股东全部权益价值	158110.21						
调整后的预测值（万元）：							
净利润	12750.87	5924.51	9865.34	13675.86	18786.35	20028.89	20028.89
同比增速			67%	39%	37%	7%	
差额	125.16	–9,036.61					
加：利息支出（1–t）	327.87	655.73	655.73	655.73	655.73	655.73	655.73
折旧	310.48	812.14	829.52	829.52	829.52	829.52	829.52
摊销	42.23	85.55	85.55	85.55	85.55	85.55	83.87
减：资本性支出	1512	38.38	487.68	283.29	111.78	410.81	809.59
营运资本追加	7635.52	2524.07	2510.91	1900.58	1457.11	801.41	
企业自有现金流	4283.93	4915.48	8437.55	13062.79	18788.26	20387.47	20788.42
折现系数（折现率=12.9%）	0.9699	0.8853	0.7841	0.6945	0.6152	0.5449	4.224
现值	4154.98	4351.67	6615.88	9072.11	11558.54	11109.13	87810.29
现值合计	134672.60						
加：溢余及非经营资产价值	–1860.29						
减：付息债务价值	11100						

续表

	2014 年 7–12 月	2015 年	2016 年	2017 年	2018 年	2019 年	以后年度
股东全部权益价值	121712.31						

数据来源：公司公告

11.2.2 中小创外延贡献度显著减弱

从数量上看，IPO 加速叠加增发并购监管趋严，外延并购重组数量趋势向下，我们在前面做了详细分析。在业绩贡献度和商誉风险释放点上，2014 年 ~ 2016 年是并购高峰期，三年业绩承诺集中在 2017 年之后逐步到期，后面就要真正考察并购的协同效应。从板块看，主板上市公司的并购金额在绝对量上远超中小创，但从并购金额占板块资产比重的指标来讲，中小创无疑是并购重组的主战场，中小创的业绩受并购重组的影响相对更大。

以创业板为例，在政策影响的第一年，外延并购贡献了创业板 2016 年大约 30% 的业绩增量，剔除并购重组公司后创业板 2016 年净利润实际内生增速将下降至 25.22%。而从 2017 年的数据来看，51 家创业板重组公司前三季度累计实现净利润 63.27 亿元，占创业板全部公司（剔除温氏、乐视）净利润的 8.8%，对应 16Q4/17Q1/17Q2（为累计值，下同）重组公司业绩贡献占比为 14.3%/15.2%/11.4%。若以业绩增量贡献口径对比，则变化更为显著：三季度重组公司净利润较 16Q3 增加 25.73 亿元，外延净利润增量占创业板净利润增量的比重为 18.1%（对应 16Q4/17Q1/17Q2 比重为 31.9%/39.5%/26.9%）。不难看出，外延并购对创业板整体的业绩贡献影响已经明显减弱。

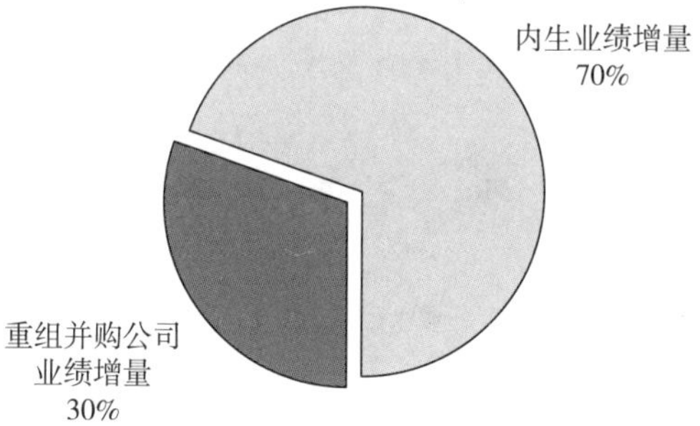

图 11.8：从 2016 年数据看，外延并购对创业板业绩增量贡献较大

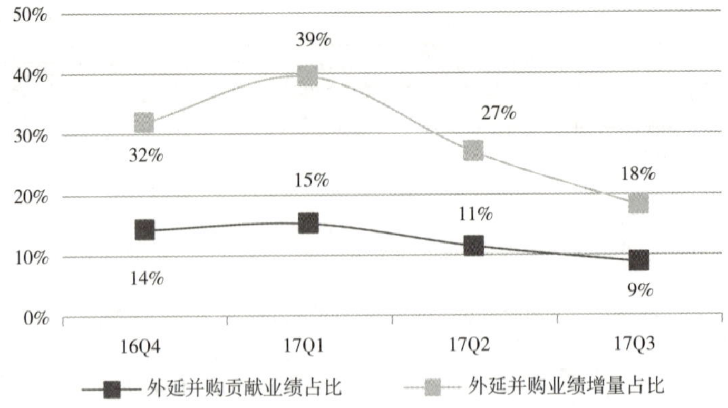

图 11.9：创业板外延并购业绩贡献占比显著下降

数据来源：Wind

而对外延并购依赖减小的硬币另一面，是创业板内生增速的稳步提高。这里，我们定义“内生”增速为剔除温氏、乐视和重组公司后剩余全部创业板公司的业绩增速。数据测算结果显示，2017 年前三季度创业板公司净利润实际内生增速达到 21.52%（对应同口径下 16Q4/17Q1/17Q2 增速为 23.98%/16.86%/20.24%），环比 2017 年前两个季度已有小幅上升。另一方面，长期以来创业板内生增速与整体增速存在较明显差异（2014 年 ~ 2016 年增速差值普遍在 8% ~ 12% 左右），即外延并购的业绩贡献在一定程度上使得创业板整体业绩增长水平出现“虚高”。而最新的三季报数据显示，创业板内生增速与整体增速之差已经由 16Q4 的接近 10% 大幅缩减为 17Q3 的 3.05%，这也意味着并购重组对创业板业绩的干扰情况已经显著减小，创业板盈利的含金量在逐步提高。

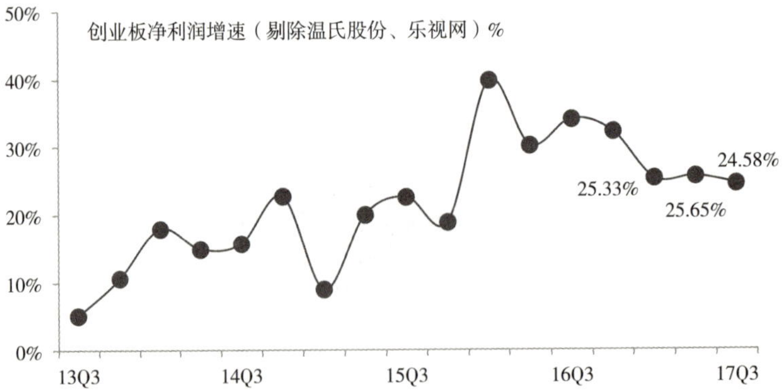

图 11.10：2017 年创业板整体（剔除温氏、乐视）盈利增速趋于稳定

数据来源：Wind

11.3 投资机会：产业并购和壳公司

本节导读

并购重组二级市场的投资机会可以分为两类：并购前公开信息、逻辑推理构建的组合投资；并购后对协同效应的把握和重新定价。我们可以从行业属性、协同效应、财务信息、舆情分析等来按图索骥，寻找具备并购基因的公司。也可以从市值、股权集中度、债权债务关系、主营等指标来判断哪些是壳公司。90% 情报来自公开信息，这是情报界的共识，在并购重组前段机会的把握上，需要借助逻辑的推理而不是内幕信息的获得。但任何并购重组都可能失败，所以对并购重组股应采取组合投资的方式来锁定收益，同时控制风险。当然即使第一次并购失败或终止，我们仍有二次上车的机会，很多行业和公司具备天然并购属性和并购需求。本章重点讨论并购前的机会把握，在上市公司公布并购重组方案后，依然存在后段投资机会，即去寻找什么样的企业在并购后能带来超预期的协同效应，给并购企业二次定价。关于公司层面并购重组投资机会的探讨，由于涉及面较广，感兴趣的读者可参阅作者的另一本著作《并购重组投资策略》。（经济日报出版社，2016 年 1 月）

11.3.1 按图索骥：寻找具备并购基因的公司

并购基因的实战指引：行业属性、协同效应、财务信息、舆情分析。（1）行业属性决定并购需求。并购需求强的行业包括预期高增长的新兴行业（如移动互联、传媒等）、细分市场增长受限谋求“双主业”的板块、区域性较强的行业（如零售、环保等）、产能过剩行业（如水泥、钢铁、医药等）。（2）协同效应影响并购动力。协同效应具体体现为生产协同、销售协同和管理协同。生产协同在产能过剩行业的横向并购和一体化纵向并购中表现较为明显。销售协同在异地扩张并购和渠道网络协同上表现较为明显。而管理协同效应主要指的是并购给企业管理活动在效率方面带来的变化及效率的提高所产生的效益，典型的如服装行业的多品牌战略并购。（3）财务信息帮忙按图索骥。可以从资金充裕（财务费用率、资产负债率）、大股东持股比例、最近有无增发再融资等指标来判断上市公司进行对外并购的可能性。（4）舆情分析透露并购动向。

在并购重组如火如荼进行的背景下，上市公司也一改原来对并购话题三缄其口的表述，借助互动易平台、投资者关系活动记录表、财报等透露公司有并购意向。从自上而下筛选的角度讲，需要借助金融工程的舆情分析工具。

关于外延并购和内生增长从投资角度还需要走出两个误区：（1）看好被并购标的未来发展而被并购公司大股东（管理层）在上市公司股份不多，怎么解决激励问题？被并购标的是否有动力超额完成业绩承诺？这种案例在A股经常见到，如诚益通（300430）收购龙之杰，诚益通由于制药装备行业属性问题增速不快，2014年~2016年归母净利润稳定在5000万出头，2016年公告收购国内康复器械的龙头公司广州龙之杰，整个康复行业受分级诊疗、降低药占比、康复项目纳入医保等驱动被市场普遍看好。龙之杰承诺2016年度、2017年度、2018年度，实现的扣除非经常性损益后归属于母公司的净利润分别不低于2718.58万元、3806.02万元、5255.93万元，2018年的承诺业绩已经与上市公司原有主体业绩相近。但本次收购完成后，原有上市公司股东梁学贤、梁凯仍合计控制上市公司38.14%股份，龙之杰一致行动人罗院龙（2.86%）、罗小兵（1.43%）、罗小柱（1.20%）、田壮（0.54%）合计股份偏低，如果投资者看好诚益通未来在康复器械领域的发展，激励问题急需解决。（2）一部分投资者对外延成长性比较排斥，我们也确实看到很多外延整合失败的案例，但如果内生增长是通过不断再融资的方式，或者业绩增长跟不上股本扩张，那么虽然市值在增长但原有股东其实并不赚钱。巴菲特说过，好的企业应该是利用现有资本为公司股东赚取超额价值，而不是要求股东不断投入。如A股的利源精制（002501），2010年上市当年年底的市值在90亿元左右，到2017年上市七年后市值120亿元，多出来的30亿元市值还比不上上市公司上市以来的直接融资金额（公司单两次定增融资就超过40亿元，而累计分红只有3.13亿元），股本增加速度比净利润增长速度还要快，长期持有的老股东很难赚钱。还有一家投资者熟悉的京东方A（000725），数次大额融资，前期业绩飘忽不定，这让京东方饱受诟病。

表11.3：利源精制直接融资历年明细

公告日期	融资方式	年度	发行价（元）	募资总额（万元）	募资净额（万元）
2017-01-20	定向增发	2017年	11.38	300000.00	295559.10
2016-03-07	定向增发	2016年	11.26	17132.31	17002.31

续表

公告日期	融资方式	年度	发行价（元）	募资总额（万元）	募资净额（万元）
2014-09-18	其他债券	2014 年	100.00	100000.00	100000.00
2013-05-24	定向增发	2013 年	11.06	144930.24	141275.32
2010-11-02	首发	2010 年	35.00	82600.00	76325.64

数据来源：Wind

表 11.4：2009 年 – 2014 年，京东方 3 次定增就融资 656 亿人民币

公告日期	融资方式	年度	发行价（元）	募资总额（万元）	募资净额（万元）
2016-03-17	其他债券	2016 年	100.00	1000000.00	1000000.00
2014-04-04	定向增发	2014 年	2.10	4571300.00	4488470.51
2010-12-10	定向增发	2010 年	3.03	904470.00	894364.71
2009-06-09	定向增发	2009 年	2.40	1200000.00	1178330.88
2008-07-22	定向增发	2008 年	5.47	225000.00	224189.75
2006-10-12	定向增发	2006 年	2.75	186000.00	185530.74
2000-12-18	首发	2000 年	16.80	100800.00	97490.00

数据来源：Wind

11.3.2 壳公司：什么样的公司容易被并购

前面我们讲了什么样的上市公司会收购第三方资产，这里则把上市公司作为被借壳对象。一直以来，ST 股是借壳方考虑的重点。但现在越来越多的小市值、绩差股正考虑主动“献壳”——在被 ST 前资产价值更高可以卖个好价钱，也有价值低估股被动“献壳”的——产业资本举牌。这两年的借壳潮源于两方面原因：一是随着注册制的逐步推出，未来壳资源将丧失价值，或大幅贬值。所以在现阶段价格合适的话，卖壳是明智的选择。另一方面，IPO 发行时缓时快（如 2015 年 6 月开始市场大幅调整后，IPO 进度就放缓了很多），而且对盈利要求较高，特别是还有大批准备回归 A 股的 VIE 结构公司。准备上市的公司如果在时间上耗不起，只能通过借壳上市的方式“曲线救国”。壳公司三个标准：第一，并购成本低，包括对市值、股权集中度、债权债务关系等方面的考量。第二，主营业务发生瓶颈的公司。第三，若上市公司二级市场的价值被低估，容易被举牌。

2017 年 11 月，江南嘉捷被 360 借壳后，市场盛传如下的六步筛选标准：（1）剔除不是同一财务顾问华泰联合证券的壳；（2）剔除创业板的壳；（3）剔除 50 亿以上的壳；（4）剔除国企壳；（5）剔除最近进行过再融资 / 增发 / 最近重组成功或失败的壳；（6）最后剔除上市不满两年的次新股。经过如此一番剔除之后，就可以成功筛选出下一个“江南嘉捷”（另外一个候选标的乔治白也迎来多个涨停）。这样的筛选标准有事后诸葛亮的味道，特别是第一条同一财务顾问就引会引来很大争议（毕竟另外几个著名的中概股回归案例巨人网络借壳世纪游轮、分众传媒借壳七喜控股，其 IPO 财务顾问和借壳财务顾问都不是同一家），但是选股思路值得借鉴，符合通过公开信息，合理推测筛选壳标的的方法。事后再看，江南嘉捷也确实是一个非常不错的优质壳股。

表 11.5：从江南嘉捷（601313）看优质壳股

	指标	公司情况
并购成本	市值	停牌前公司总市值 34.9 亿，市值不大
	股权集中度	公司前十大股东合计持有公司 50.61% 股份，除第十大股东是机构股东外，其他都是自然人股东，第一大股东金志峰持有 20.75%，持股相对分散
	债权债务关系	公司资产负债率仅 35.38%，负债不高
主营业务	业绩情况	公司一直主营电梯、自动扶梯等相关业务。2015 年、2016 年营收和净利润年年下滑，2017 年前三季度实现净利润 4483 万，同比下滑 65.59%
其他指标	处罚情况	公司及实控人不存在被证监会处罚的情形
	民企	是，执行效率相对较高
	非创业板	是，创业板公司不能被借壳

12. 定增全流程，一二级联动

12.1 从市场套利到价值挖掘

本节导读

从2006年起步，定增凭借“门槛低、高灵活度”等优势逐步发展为股权再融资的主力，并在2015年～2016年达到峰值，2015年有超过800家公司实施了定增，2016年定增金额达到1.8万亿元。2017年再融资新规和减持新规的实施是转折点，再融资新规从发行规模（不超过发行前总股本的20%）、发行定价（发行期首日定价）和融资间隔时间（董事会预案日距离前次募集资金到位日不少于18个月）三个方面对定增进行了限制，减持新规规定定增解禁首年集中竞价减持不得超过所持定增股份的50%，上市公司和投资者双方的定增积极性下降。定增规模理性回落后，将不断寻找新的供需平衡点，但其再融资的主力地位仍无法撼动，可转债、配股、优先股等融资方式因门槛相对较高，难以实现根本性替代。随着定增定价逐步市场化，未来定增折价率会向10%附近收敛，定增机会也从市场套利逐步过渡到价值挖掘，精选个股。

12.1.1 定增：从“宠儿”到“弃儿”

定增：2006年起步，2015年～2016年达到峰值

2006年《上市公司证券发行管理办法》颁布之后，定增凭借“门槛低、高灵活度”等优势逐步发展为股权再融资的主力。截止到2017年8月24日，A股共实施定增3593次，募资65219亿元。从募资次数看，主板、中小板、创业板实施定增1949次、1027次、617次，分别占比54%、29%、17%。从募资金额看，主板、中小板、创业板实施定增募集资金 48492 亿元、12701 亿元、4026 亿元，分别占比 74%、19%、6%。

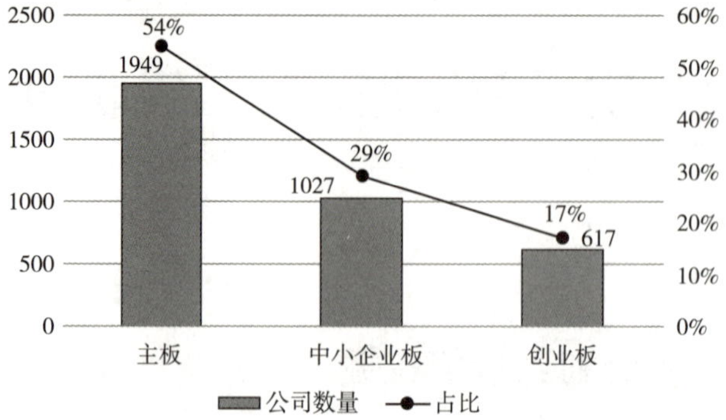

图 12.1：A 股各上市板块定增公司数量及占比

数据来源：Wind

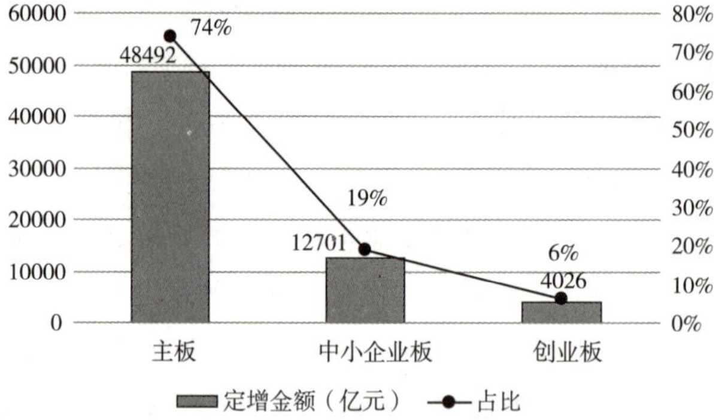

图 12. 2：A 股各上市板块定增金额及占比

数据来源：Wind

图 12.3：A 股历年定向增发公司数量及增速

数据来源：Wind

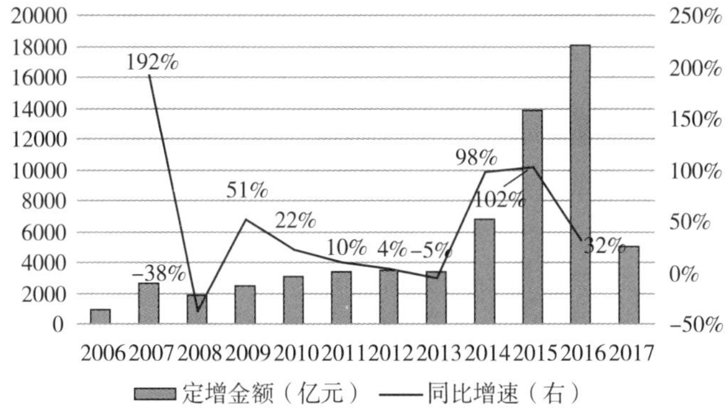

图 12.4：A 股历年定向增发金额及增速

数据来源：Wind

两次牛市增长较快，2016 年定增金额达到 1.8 万亿元。就如并购重组和资本市场繁荣具有正反馈一样，一级半的定增市场也与二级市场保持着较高的相关性。从 2006 年以来，定增整体呈现快速发展的态势，两次大牛市期间是定增发展最快的时间段。（1）2007 年我国经历了一轮大牛市，当年不论是定增公司数量还是定增金额，都取得了跨越式的发展。其中定增公司数量由 2006 年的 53 家猛增到 2007 年的 149 家，同比增长 181%；定增金额由 2006 年的 941 亿元，增加到 2007 年的 2745 亿元，增长了 192%。之后的 2008 年定增市场出现一定的缩减，定增公司数量减少 30%，定增金额减少 38%。（2）从 2013 年开始，我国创业板走牛，2014 年 ~ 2015 年整个 A 股经历了一轮牛市，定增市场也水涨船高，2013、2014、2015 年实施定增的公司增速分别达到 80%、73%、77%，2015 年达到峰值，共有 857 家公司实施了定增。定增金额则要滞后一年，2014、2015、2016 年连年大增，分别增长 98%、102%、32%，其中 2016 年达到峰值 18092 亿元。

再融资新政 + 减持新规双杀，2017 年后定增市场将理性回落

再融资新规强化市场化定价，引导合理化融资。2017 年 2 月 17 日，证监会修订了《上市公司非公开发行股票实施细则》，同时发布了《发行监管问答——关于引导规范上市公司融资行为的监管要求》。以上规定在发行规模（不超过发行前总股本的 20%）、发行定价（定价基准日取消了董事会预案公告日和股东大会决议公告日，只保留了发行期首日）、融资时间间隔（董事会预案决议日距离前次募集资金到位日不少于 18 个月）三个方面对定增进行了限制。根据 2014、2015、2016 年的定增数据（因为发行股份购买资产不受再融资新规限制，因此此处剔除掉资产认购类定增项目），大约有 30% 的公司融资比例超过 20%，大约有 10% 的公司融资间隔小于 18 个月，在一定程度上打压了上市公司的过融资需求。此外，定价基准日确定为发行期首日后，定价市场化，定增项目的折价率进一步走低，定增投资者的积极性下降。

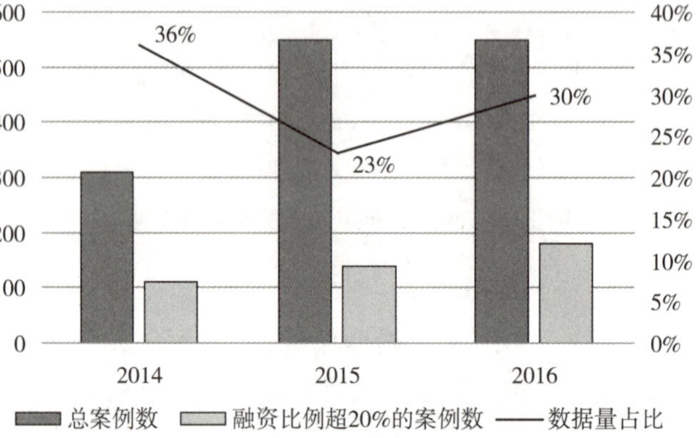

图 12.5：融资比例超过 20% 的公司约有三成

数据来源：Wind

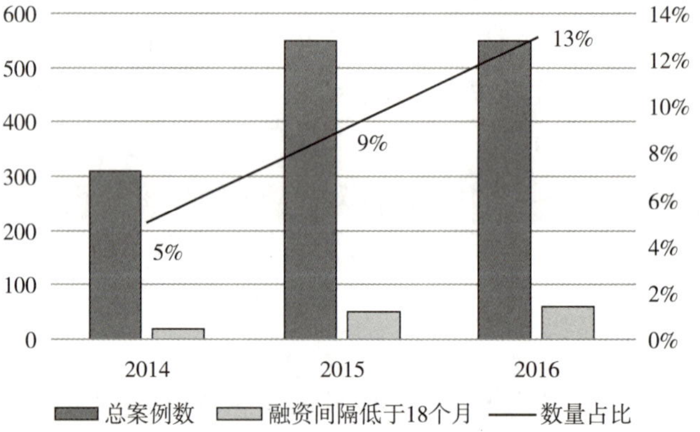

图 12.6：融资间隔低于 18 个月的公司约有一成

数据来源：Wind

减持新规致使解禁后定增股票流动性降低，降低投资者的积极性。2017 年 5 月 27 日，证监会发布《上市公司股东、董监高减持股份的若干规定》，同时上交所、深交所发布配套的实施细则，多角度、全方位地规范了上市公司大股东、特定股东、董监高的减持行为。新规从拓展监管范围和新增减持要求两方面加强限制，定增股东减持受到较大影响。新规内容包括 3 个月集中竞价减持不得超过总股本的 1%，3 个月大宗交易减持不得超过总股本的 2%，解禁首年集中竞价减持不得超过所持定增股份的 50% 等。上述规定将定增投资的时间周期延长到两年以上，致使投资者对定增市场的积极性下降。

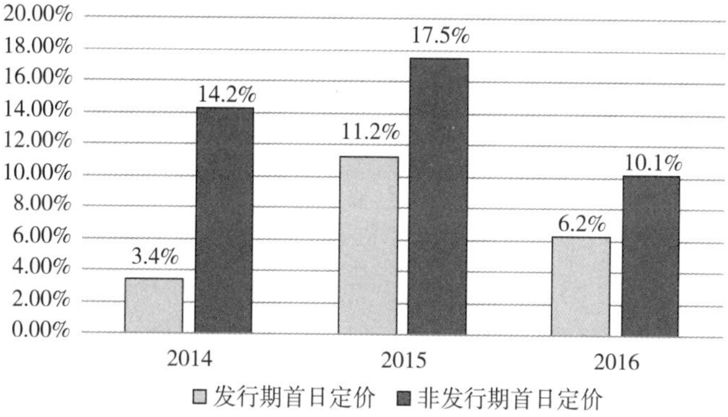

图 12.7：发行期首日定价折价率明显下降

数据来源：Wind

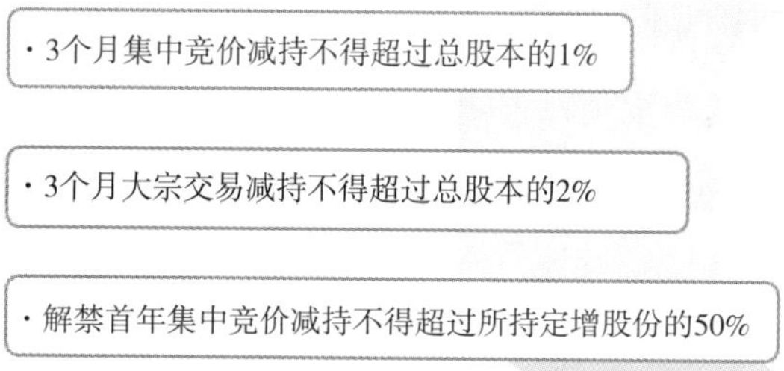

图 12.8：减持新规下，定增减持受到限制增多

数据来源：《上市公司股东、董监高减持股份的若干规定》

严监管 3.0 时代，定增规模将理性回落。在 2 月再融资新政后，不少上市公司纷纷修改再融资方案，终止定增预案并以转债预案替代，5 月的减持新规更加剧了此趋势。从图 12.9 可以看到，2017 年 3 月 ~ 7 月新发定增预案数持续减少，8 月虽有所回升，但依然处在低位。我们以实施时间为标准，估计 2017 年定增融资金额较 2016 年会有较大规模下降，全年定增融资额在 9000 亿 ~ 10000 亿左右，其中现金认购类定增约融资 5000 亿元。

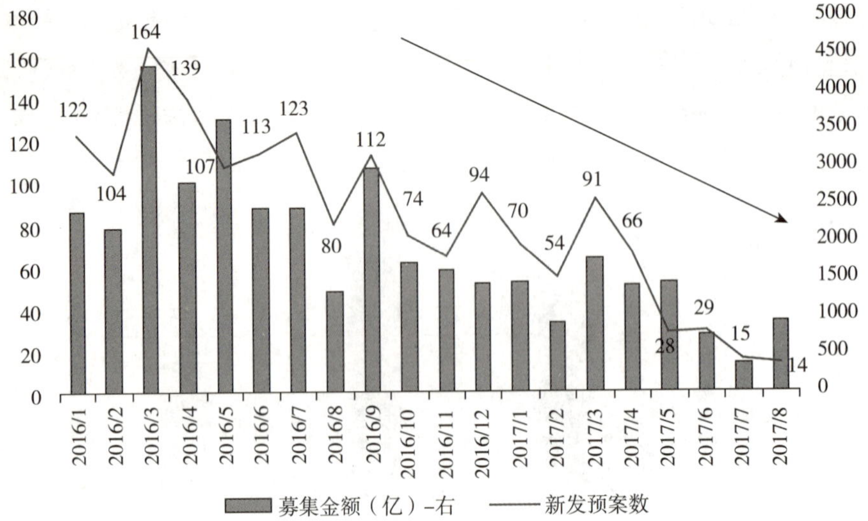

图 12.9：2016 年以来定增预案数持续减少

数据来源：Wind

定增一级半投资趋于二级化，回归价值本质，α 收益越发重要。定增收益率的影响因素包括 α（个股成长性）、β（系统收益）和折价率。发行期首日定价使折价率下滑，减持新规挤出部分定增参与资金后，折价率稍有回升。整体上看，发行期首日定价限定了定增折价率的上限，以前定增高折价的时代已经结束。而减持新规变相地延长了定增的锁定期，作为流动性的补偿对折价率的要求提升。因此，未来折价率会越来越向 10% 收敛，对于定增收益率的贡献

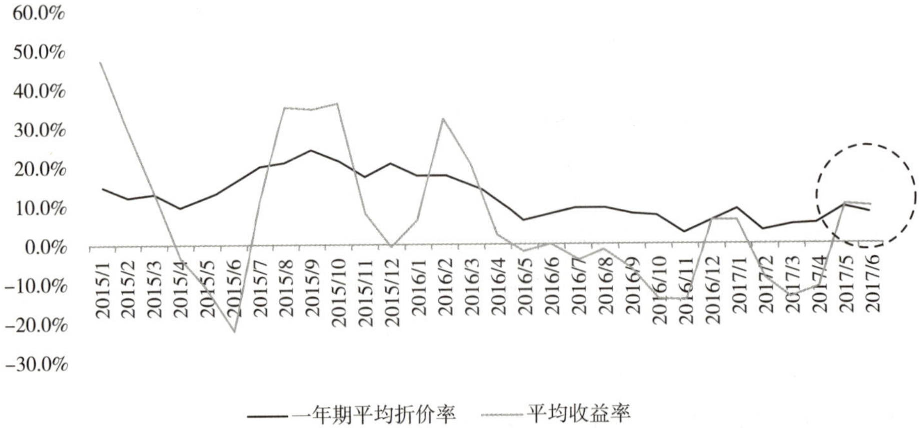

图 12.10：定增市场回归理性，折价率、收益率出现回升

数据来源：Wind

愈发趋于稳定。对 α 收益而言，一方面严监管之后本身对于定增项目监管进行了一定的筛选，项目质地相对更优，可以提升一定的 α 收益；另一方面，发行期首日定价，发行方式改变之后，定增股价表现的阶段性将由此前的在预案后到发行前表现较好转变为发行完之后表现较好（此前是定低价，发行前股价上涨好发行，新规后是发行前股价涨太多反而不好发行），对定增有 α 收益的增强。因此，定增投资回归价值投资本质，更注重业绩和估值，α 收益更加重要。

12.1.2 定增虽受限，难改再融资主力本色

定向增发是 A 股股权再融资的主力军。不考虑优先股、创业板小额快速融资，股权再融资主要有增发和配股两种方式，其中增发又分为定向增发和公开增发。截止到 2017 年 8 月，A 股上市公司共实施过 4829 次股权再融资，其中

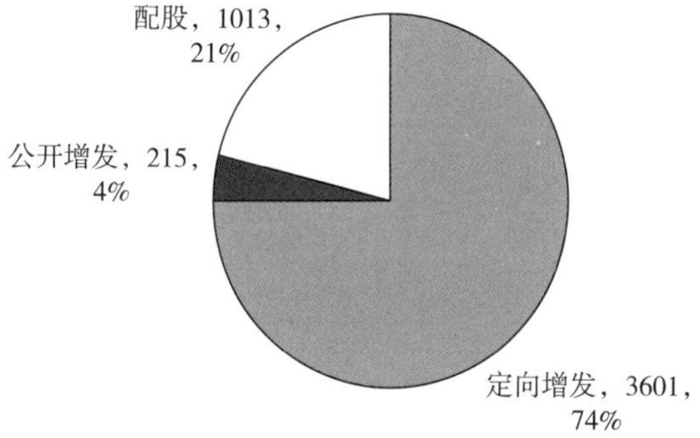

图 12.11：A 股各种股权再融资历史募资次数

数据来源：Wind

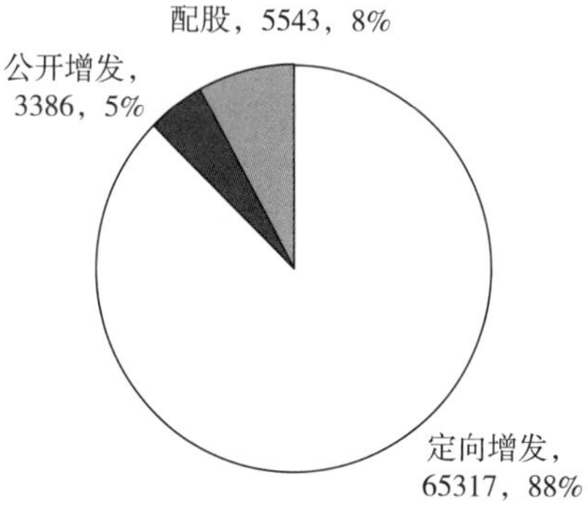

图 12.12：A 股各种股权再融资历史募资金额

数据来源：Wind

定增3601次，配股1013次，公开增发215次，分别占74%、21%和4%。A股上市公司共募集资金74246亿元，其中定增65317亿元，配股5543亿元，公开增发3386亿元，分别占88%、8%、5%。

表12.1：几种股权再融资方式发行条件的比较

基本概念	定向增发	公开增发	配股
分红要求	无相关硬性要求	最近三年以现金方式累计分配的利润不少于近3年年均可分配利润的30%	最近三年以现金方式累计分配的利润不少于近3年年均可分配利润的30%
净资产回报率	无硬性要求	最近三个会计年度加权平均净资产收益率不低于6%	无硬性要求
发行规模	原来无硬性要求，2月17日新规后发行规模不得超过本次发行前总股本的20%	无硬性要求	不得超过本次配股前股本总额的30%
发行定价	不得低于定价基准日前20个交易日均价的90%；2月17日再融资新规出台后，定价基准日明确只能为非公开发行股票发行期的首日	发行价不低于发行前20个交易日均价或前一个交易日均价	自主定价

定增要求条件较低，在三种股权再融资中占据主体。1991年~1997年，除1994年上海石化公开增发过一次外，配股是股权再融资的唯一手段；1998年~2005年，公开增发和配股并行，后期公开增发逐步取代配股；2006年《上市公司证券发行管理办法》颁布之后，定向增发因为其审核难度低、周期短，且发行条件相对较低，逐步取代公开增发，成为股权再融资最主要的工具。尽管再融资新规出台后对定增市场产生了一些限制，比如非公开发行股份不超过定增前总股本的20%，但是相比于配股和公开增发，定增优势依然明显，且具有更好的可控性。公开增发要面临分红和权益收益率的限制，且向全市场公开发行，难度颇大；配股虽然无净资产收益率的要求，但是其面向原股东配售，无增量投资者，且原股东参与配股的比例要超过70%。另外，公开增发和配股的分红和权益收益率的限制也使很多中小创企业难以满足。因此，我们认为尽管定增受到一定程度的限制，但是其依然会在股权再融资中占据主体地位。

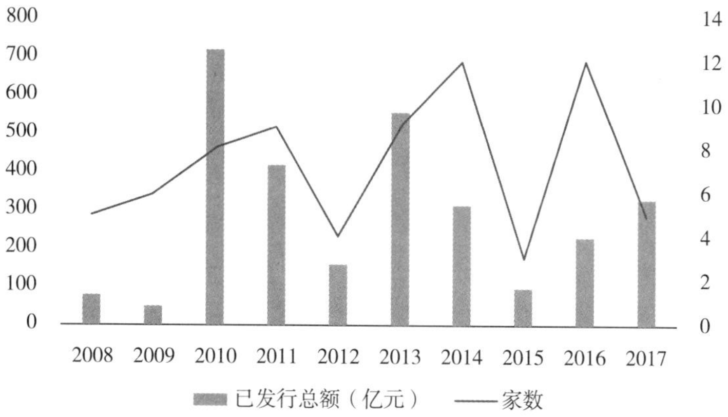

图 12.13：历史上可转债规模均不大

数据来源：Wind

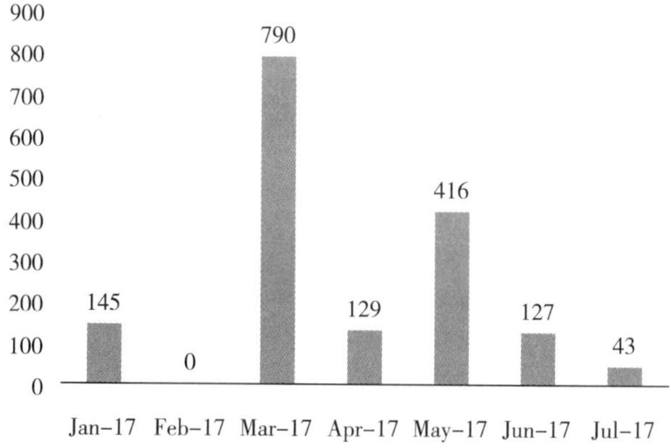

图 12.14：再融资新规后可转债融资预案暴增

数据来源：Wind

严监管下可转债、优先股受捧，融资规模有望迎来较快增长。可转债实质上是一种由债券和股票期权结合形成的融资工具；优先股和普通股一样没有期限，但是每年又像债券一样支付固定股息。以上两者兼具股权和债权特性。在再融资新规和减持新规对定增造成一定限制后，可转债（可转债转股减持不受减持新规的影响）和优先股有望发挥替代作用。2017 年 3 月开始新发可转债预案规模出现爆发式增长：2 月再融资新政发布，3 月新发可转债融资规模即达到 790 亿。2017 年优先股在前 8 个月发布 8 份预案，已接近 2016 年全年。在定增融资趋严背景下，未来可转债和优先股融资有望实现较快增长。

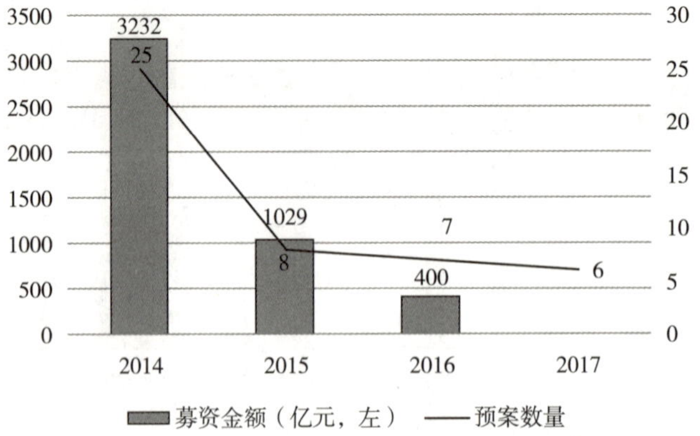

图 12.15：优先股每年预案数量及当年募资金额

数据来源：Wind

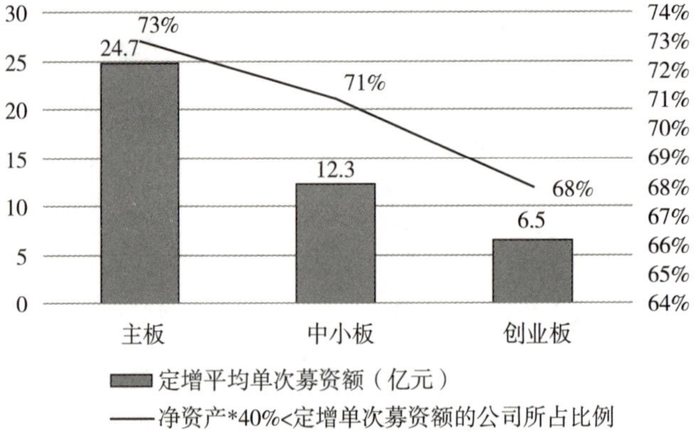

图 12.16：可转债融资受净资产规模限制

数据来源：Wind

可转债：历史上看，由于发行要求较高（最近 3 年连续盈利，3 年平均 ROE 大于 6%，发行后累计债券余额不超过最近一期末公司净资产额的 40%），可转债发行规模一直不大。尽管再融资新规后可转债融资迎来爆发，但是限于其较高的融资门槛，取代定增的可能性也不大。而从平均单次定增募资金额看，主板、中小板、创业板分别为 24.7 亿、12.3 亿、6.5 亿元。根据统计，进行可转债融资时，主板、中小板、创业板公司的净资产不能满足融到定增平均单次募资金额的公司占比分别为 73%、71%、68%。可见，可转债融资的融资额度受限严重，并且再加上三个会计年度盈利、近三年加权平均 ROE 超过 6%

的盈利限制，能满足的企业数量相对定增要少。

优先股：在 2014 年试点当年，有 25 家公布预案，23 家实施，募资 3232 亿元。但是 2015、2016 年后发布预案的公司大幅减少，分别为 8 家和 7 家。截止到 2017 年 8 月，优先股总共预案数为 46 家，银行 30 家，占比 65%，剩下建筑 4 家、地产 3 家、轻工 3 家。优先股发行条件中的一般规定要求筹资金额不得超过发行前净资产的 50%，虽然相较于可转债的 40% 有所宽松，但是对于大量轻资产公司而言，融资规模依然受限。特别规定中要求发行优先股的公司要么是上证 50 成分股，要么是用于回购股票，或者作为支付手段收购其他上市公司等限制，不是可选公司范围太窄，就是融资用途受限。

尽管可转债和优先股在再融资新政和减持新规实施后，有望部分发挥替代定增融资的作用，但由上不难看出，可转债、优先股门槛高过定增，难以实现根本性替代，定增依然是众多企业融资的主要选择。

表 12.2：可转债与优先股发行条件

分类		发行条件
可转债		（一）本次发行后累计债券余额不超过最近一期末公司净资产额的 40%； （二）最近 3 年加权平均净资产收益率平均不低于 6%； （三）最近 3 年实现的年均可分配利润不少于公司债券一年的利息； （四）连续三年盈利。
优先股	一般规定	（一）最近三个会计年度实现的年均可分配利润应当不少于优先股一年的股息； （二）已发行的优先股不得超过公司普通股股份总数的 50%，且筹资金额不得超过发行前净资产的 50%，已回购、转换的优先股不纳入计算； （三）最近三年现金分红情况应当符合公司章程及中国证监会的有关监管规定。
	特别规定	（一）上市公司公开发行优先股，应当符合以下情形之一：（1）其普通股为上证 50 指数成分股；（2）以公开发行优先股作为支付手段收购或吸收合并其他上市公司；（3）以减少注册资本为目的回购普通股的，可以公开发行优先股作为支付手段，或者在回购方案实施完毕后，可公开发行不超过回购减资总额的优先股。 （二）最近三个会计年度应当连续盈利。

资料来源：《上市公司证券发行管理办法》《优先股试点管理办法》

12.2 关注定价方式与公司行为，从定增全流程寻找机会

本节导读

定增属于一级半市场，围绕它的利益方众多，包括上市公司、大股东、定增参与机构、二级市场资金等。上市公司/大股东/管理层在定增的过程中会考虑自身的利益，也会兼顾定增参与机构的合理需求。在博弈的过程中，定增利益相关方会有不同的动机与行为，我们建议从定增全流程，通过一级半+二级联动的方式，来寻找二级市场投资机会。定增实施前：（1）定增预案公布后，上市公司为减少股份稀释，希望股价上涨，这是最常见的逻辑；（2）再融资新规后，发行期首日定价致使套利空间减少，投资者可以关注存量项目保增发的机会，市价比定增价格低5%～15%的胜率最高；（3）上市公司储血式定增往往有为未来资本运作储备资金的可能，投资者可以提前挖掘筛选。定增实施中：（1）在三年期定增项目中（新规出来后三年期项目锐减），除以董事会预案日作为定价基准日外，部分还引进了七折底价条款，上市公司为保原价发行存在压制股价的行为；（2）对于发行期首日定价的项目，折价空间小，上市公司为吸引投资者可能压制股价，降低定增参与者成本，变相提高定增“折价率”；（3）参与定增的投资者一般在询价完成之后即了解定增价格，相对二级市场投资者有一定的信息优势期，这一期间如果出现破发则存在机会。定增实施后：（1）低折价甚至溢价发行项目，尤其大股东参与时，代表其对公司前景看好，有利于提振二级市场投资者对公司的信心；（2）定增股份在锁定期内股价相比于定增价格处于折价状态，上市公司为了企业声誉和以后再融资时的便利，往往会维护股价，这同样给二级市场带来投资机会。

定增全流程安排。（1）董事会预案。公布预案的当天还会公布增发的方案，如果是非公开发行，该方案为非公开发行预案；如果是配套融资的话，则为报告书；（2）股东大会通过。大约一个月后，会通过股东大会的投票审核；（3）发审会通过。股东大会通过后，投行会尽快做材料并提交给证监会。证监会发审委需要三到四个月审核完成，未来这个时间会缩短；（4）审核通过后一个月（具体时间由证监会方面控制调节），证监会给发行批文。对于投资者来说，比较关注的会是董事会通过后披露的预案，这个预案相当于一份IPO的

招股说明书，内容上包括上市公司公开发行的原因，标的基本情况，项目预期利润的情况，等等。另一个比较重要的是方案可能会有修订稿，修订稿可能会改动发行价格和募集资金总量、资金的投向、项目的承诺利润等，所以投资者也需要紧跟方案的修订。就价格的修改而言，如果是因为分红派息改价格，修改价格可以在整个发行过程中任意时候（包括在取得批文之后）；如果是主动想修改价格，只要在发审会通过之前都可以修改，但是需要重复董事会和股东大会的批准流程。目前证监会允许上市公司上会之前调整一次价格。之后上市公司就具备了发行启动的条件，发行人和承销商即可商量什么时候可以启动发行。值得注意的一点是，分红派息期间（即从分红预告日到分红实施日）是不能实施定增的。

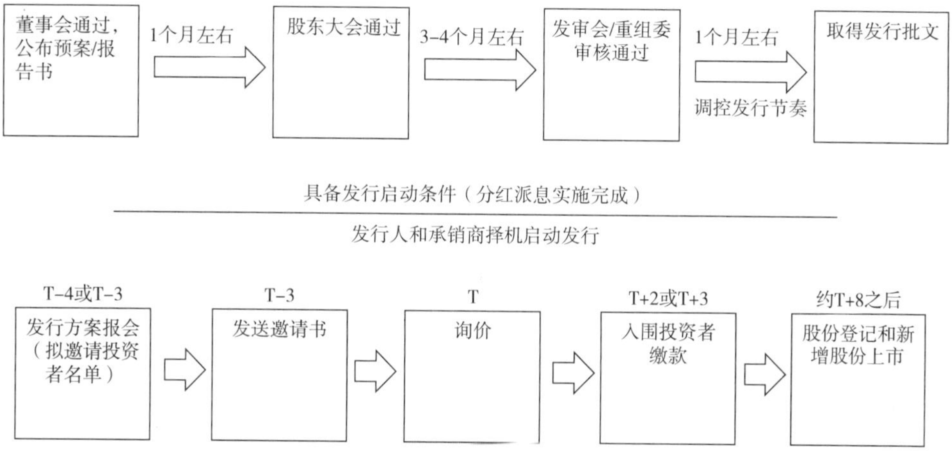

图 12.17：定增全流程图

增发发行过程的时间表：（1）首先是发行人和承销商根据投资者的认购意向，给证监会递交发行方案（包括发行的时间表、邀请书的文本、邀请投资者的名单等）。（2）T–3 日向名单内的投资者发出邀请书。根据证监会的规定，发出邀请书和询价日间需要隔两个完整的工作日。（3）T 日进行询价，当天投资者需要缴纳定金。当天晚上，承销商需要制作定价报备的结果，根据投资者报价的情况会进行定价和退售。T+1 日早上向证监会报会，证监会审核通过后，主承销商向入围的投资者发出缴款通知书。（4）投资者在 T+2 或者 T+3 日缴款。投资者缴款之后，要进行验资，律师需要出文件，进行股份登记等，所以真正上市的时候是在 T+8 日。

12.2.1 定增实施前：非首日定价保增发，储血项目挖并购

（1）预案公布后的机会：拉升股价

预案公布后：拉升股价 OR 压低股价？上市公司从自己的利益出发，在定增时对股价会有不同的希望。1）如果上市公司大股东不参与定增，或者象征性的认购一点，则为了减少原有股东股权的稀释，股价越高，对上市公司越有利，因为可以用较少的股份融到较多的资金。对于发行期首日定价的定增，在股价能够吸引到足够多的投资者的前提下，在预案公告后，上市公司短期快速拉升股价到一个较高的位置，后续定增实施时可以获得一个较高的价格，又可以避免因定增实施前临时拉抬股价而受到指责。2）如果大股东大比例（超过 50%，甚至达到 100%）认购定增股份，尤其是以现金认购时，为降低参与成本，股价越低对大股东越有利。此时公司股价一般处于底部或者相对底部位置，大股东为了低位拿到股份，可能存在压制股价上涨的行为。再融资新规出台之前上市公司可以灵活选择低位进行董事会预案，以董事会预案作为定价基准日，在低价处锁定底价。但是新规出台后，定增全部实行发行期首日定价，尽管在拿到批文后 6 个月内上市公司可以择机实施，但是相比于之前，获得低价的不确定大大增加。

（2）非发行期首日定价项目中的折价股票，存在保增发机会

再融资新政使定增套利模式生变，关注存量项目投资机会。发行期首日定价使定增市场的整体折价率下行，高折价率的套利机会将会减少，对定增参与者的吸引力下降。与此同时，发行前不会再有明确的发行底价，也使得保增发等套利策略不再可行，使二级市场投资者的投资机会减少。新规的实施以证监会是否受理作为新老分界，因此，存量非发行期首日定价项目仍将是二级市场要关注的机会。

截止到 2017 年 2 月 17 日新规时间点，已发行定增预案的 742 家公司中有 591 家已经获得了证监会受理，融资规模达到 1.24 万亿，其中已过会和拿到批文的有 245 家，总体融资规模达到 4710 亿。因此 2017 年应该重点关注这些存量项目的机会。2018 年及以后，新规对定增的影响将会显现，高折价套利机会难再现，二级市场投资保增发策略难再行。

寻找适度折价项目，保增发带来投资机会。在存量项目中，如果公司股价相对之前确定的增发价格或增发底价折价率过高，定增投资者可能更倾向于在

二级市场买入或者不再认购定增股份，这时候上市公司就面临着定增失败的风险。根据定增的流程，有两个关键点对于定增来说至关重要，一是发审委审核通过，此处决定定增方案是否通过；二是证监会批准，即拿到批文，此处决定定增的有效期。一般定增要在拿到批文的 6 个月内实施（配套融资类的为 12 个月），否则就要放弃。如果以后再想定增，则要重新申报，对上市公司来说，时间成本太高。因此，从上市公司的动机来讲，为了保证定增的顺利实施，他们有意愿采取各种措施去稳定、抬升公司股价，使得公司现在的股价向定增底价回归甚至小幅高于定增底价，以提高对定增投资者的吸引力，保证定增的顺利实施。

多维度筛选，提高保增发的胜率。我们建议从以下几个方面来考虑：1）优先选择证监会发审委已经通过或者已经拿到批文的项目，这样可以防止上市公司主动停止或者修改增发底价带来的不利影响。2）选择适度折价的个股，一般市价比定增价格低 5% ~15%。折价率过高的话，上市公司维护股价的难度太大，失败的几率很高。折价率适中，上市公司保增发的积极性大大提高，保增发成功的几率也大大提高。在 5% ~15% 范围内，折价率高、低的选择是个收益率和胜率权衡的问题，一般折价率高一些，胜率降低，期望收益率提高；反之则胜率提高，收益率降低，投资者可以根据自身实际合理选择。3）选择小市值个股。

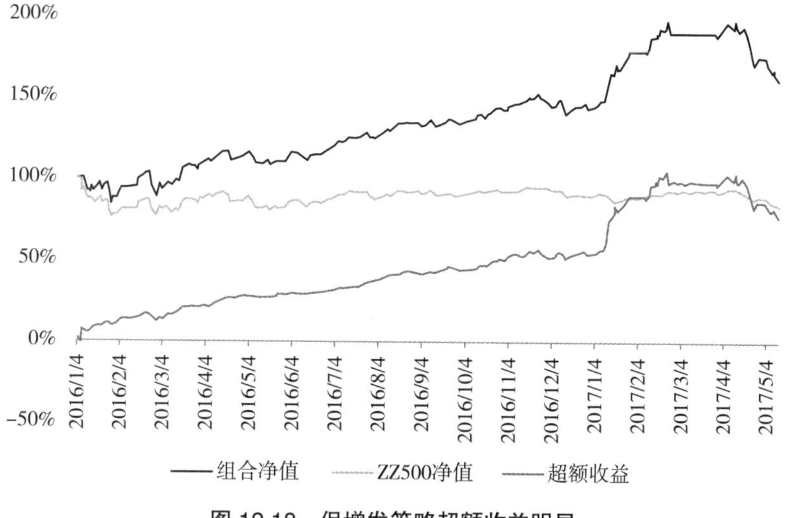

图 12.18：保增发策略超额收益明显

数据来源：Wind

我们根据市值小于100亿元、已获证监会批文、股价倒挂5%以内为条件，选出了81个标的，收益曲线如图12.18所示。其中，2016年筛选出72个标的，绝对收益率43.6%，胜率80.6%；2017年筛选出了9个标的，绝对收益12.1%，胜率77.8%。

案例49：H公司保增发

H公司于2015年8月29日发布非公开发行的预案，计划发行股份购买资产并募集配套资金。其中募集配套资金部分发行价格为不低于20.17元/股，募集资金总额不超过29.50亿元。后来公司于2016年3月26日发布公告，将发行价格由不低于20.17元/股调整为不低于16.57元/股（定价基准日调整为2016年3月26日）；募集配套资金总额由不超过29.50亿元调整为不超过29亿元。

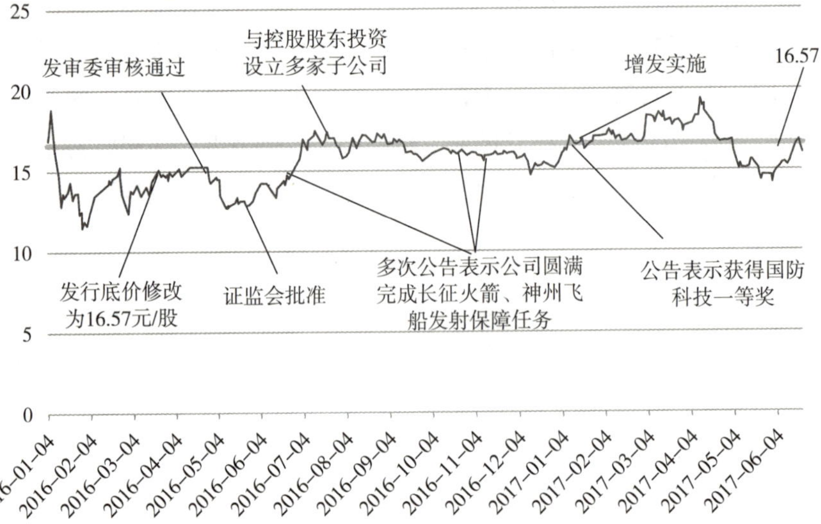

图12.19：H公司多次发布利好消息保增发

数据来源：Wind

公司2016年3月26日修改定增发行底价，4月27日定增获得发审委审核通过，5月25日拿到批文。公司在拿到批文至增发实施期间多次发布利好公告，公布诸如公司圆满完成长征七号、长征五号、神舟十一号发射保障任务，与控股股东联合投资设立多家子公司，获得国防科技进步一等奖等各类型利好消息。翻看以往公告，我们发现公司在定增实施之前的一两年内，很少发布此类公告，公司维护股价保增发的积极性可见一斑。最终公司于 2017 年 1 月 20 日实施定增，增发价格为 16.47 元 / 股（考虑分红，故比增发底价 16.57 元 / 股低），当时股价为 16.58 元 / 股，恰好略高于增发底价。

（3）储血式定增，存在外延并购动机

先定增储蓄，后择机并购。上市公司定增的目的有收购其他资产、项目融资、大股东资产注入、补充流动资金等。虽然补充流动资金表面上看起来没有想象空间，但如果有大股东积极参与，而且公司本身资产负债率又不高，则上市公司可能存在为后续资本运作提供资金储备的可能性。这种做法与政策规定有关，《上市公司重大资产重组管理办法》规定，上市公司定增收购资产必须要提交并购重组委审核，但利用自有现金进行收购，则只需要备案。先定增储血，之后寻找合适项目并购优势明显，其可以规避定增收购资产的繁琐流程，在机会出现时迅速出手，提高效率。挖掘市场上的储血项目，可在其外延式扩张时为二级市场带来不错收益。

但需要做出说明的是，由于监管趋严，目前对于补充流动资金或者偿还借款类的定增项目，如果上市公司不能拿出令人信服的证据表明公司确实流动资金短缺或者负债率过高（如与同行业公司比，流动资金短缺或负债率明显高于行业平均），定增方案很难被审核通过。因此，此类项目在严监管下，机会相对较少。但是也不能排除有些公司先定增还贷、补流，再借贷并购的可能。

12.2.2 定增实施中：投资机会取决于定价方式

（1）七折底价条款：上市公司存在压股价动机

2016 年 3 月 15 日兴业科技发布定增修订案，首次引入了“七折底价”条款。所谓七折定增底价，即在部分三年期定增的方案中，发行定价在此前惯用的董事会预案日前 20 个交易日均价 90% 的基础上，还增加了不低于发行期首日前 20 个交易日股票交易均价 70% 的限定（简称七折底价条款）。在兴业科技之后，利民股份、康得新、广晟有色、洲明科技、卓翼科技、润达医疗、渤海股份、华海药业、思创医惠、中国医药等大批三年期定增项目修订案中都引入了七折底价条款。2016 年 4 月下旬，监管部门窗口指导意见要求对三年期定增项目（再融资新规后，三年期项目锐减），原则上都要修订增加发行期首日七折底价条款，以防止价差过大，损害中小投资者利益。

董事会预案定价项目中的七折底价条款，使上市公司存在压股价行为。在出现七折底价条款后，对于三年期项目，因为锁定时间过长，所以折价率对于投资者是个很重要的考量因素。如果折价太少，可能无法有效吸引投资者。但已经确定好增发价格后，如果此价格低于发行期首日前20个交易日均价的70%，则按后者执行。一旦公司股价涨幅过大，出现上述情况的时候，上市公司为了不提高定增参与者的成本，保证按照之前确定的价格执行定增，或许实施压制股价的行为。等定增完成后，股价则存在补涨可能。

案例50：B公司定增引入七折底价

B公司2015年4月22日发布定增预案，后因市场环境原因，于2016年4月27日调整预案，引入七折底价条款。公司定增计划：（1）募集资金总额不超过89630万元，用于收购嘉诚环保55%股权和偿还全资子公司滨海水业银行贷款；（2）发行价格为15.75元/股，即不低于定价基准日（2015年4月21日）前20个交易日股票交易均价的90%；（3）同时保证，若上述发行价格低于发行期首日前20个交易日股票交易均价的70%，则发行价格调整为发行期首日前20个交易日股票交易均价的70%。

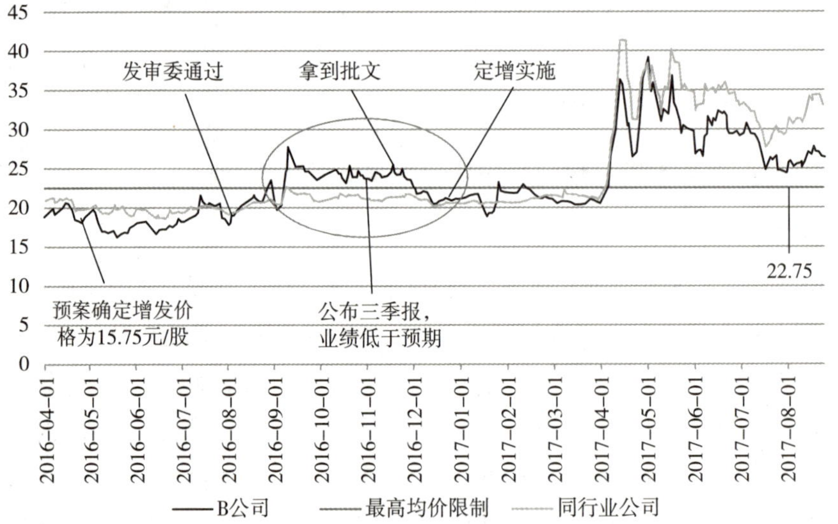

图12.20：B公司定增实施前夕股价走低

数据来源：Wind

公司若想保证以15.75元/股的增发价发行，必须保证发行期首日前20日交易均价要低于15.75/70%=22.5元/股，否则就要按发行期首日重新确定价格。公司定增方案2016年8月3日获得证监会发审委通过后，股价便开始上涨，到9月初已经超过了22.5元/股的限制价格。之后股价进入了平台整理期，但是股价持续高于22.5元/股的限制价格。

公司于10月28日发布三季报，归母净利润同比减少8.67%，对比该公司以往数据（一季报和中报归母净利润分别同比增长5.24%和16.97%）和行业可比公司的业绩情况，公司三季度的数据大幅低于预期，股价回调到22.75元/股以下。12月21日公司完成增发，发行期首日前20日均价的70%低于之前确定的发行价15.75元/股，公司得以以15.75元/股的初定价格增发。

（2）发行期首日定价：压制股价，变相提高“折价率”

再融资新规要求发行期首日定价，明牌博弈下，定增参与者能获得的折价率有限。发行期首日定价在发行策略上，与原有的底价确定的项目有所不同。投资者在三种情况下不会购买：1）利好出尽，未来上涨乏力；2）没有价差；3）大盘下行预期强烈。而作为发行人有三种发行策略：1）发行前小范围沟通；2）控制股价；3）借大盘上涨的趋势。特别是控制股价策略，上市公司为了提高定增的吸引力，顺利完成定增（也不排除保底协议等），存在压制股价的行为，待发行完成后再释放利好，从而变相提高定增的“折价率”。可关注有大股东、关联方参与的项目，投资机会相对更大。

案例51：拓日新能（002218）保底定增纠纷案

一审案号：（2012）闵民二（商）初字第1832号；二审案号：（2013）沪一中民四（商）终字第574号。基本案情：原告：浙江省宁波正业控股集团有限公司。被告：上海嘉悦投资发展有限公司，系上市公司拓日新能股东。被告：陈五奎，系拓日新能股东及实际控制人。原告与拓日新能签订非公开发行股票认购协议，约定原告以每股21元的价格认购拓日新能非公开发行的395万股股票，共计8295万元。同日，原告与两被告签订了一份协议书，该协议约定保底收益为认购成本的8%，即原告的净收益（出售全部认购股票的收益减去认购成本）若低于保底收益，嘉悦公司需在原告出售股票后三个工作日内以现金方式补足原告净收益与保底收益之间的差价，陈五奎对此补足事宜承担连带责任。

再来看拓日新能的定增过程：2010年3月3日，拓日新能发布非公开发行股票预案，本次非公开发行股票数量不超过3850万股（含本数），本次非公开发行的定价基准日为公司第二届董事会第二次会议决议公告日（2010年3月3日），发行价格不低于定价基准日前20个交易日公司股票均价的90%，即21.00元/股。公司本次非公开发行股票募集资金扣除发行费用后将全部用于增资全资子公司陕西拓日建设位于陕西省渭南市150MW非晶硅光伏电池生产线项目。2010年12月13日，非公开发行A股股票申请获得中国证券监督管理委员会发行审核委员会审核通过。2011年3月15日，拓日新能完成定增发行，定增价格为21.00元/股，10名发行对象分别为济南北安投资有限公司、富通银行、上海英博企业发展有限公司、天津证大金龙股权投资基金合伙企业（有限合伙）、无锡天地源投资有限公司、卜波、无锡滨湖企业投资担保有限公司、宁波正业控股集团有限公司（认购3950000股）、江苏瑞华投资发展有限公司、湖州天元股权投资合伙企业（有限合伙）所认购的股票限售期为12个月。本次发行对象认购的股票上市时间为2011年3月16日。

2012年3月16日，即一年限售期到期后，拓日新能收盘价16.27元（复权价），参与定增的机构亏损达20%以上，且之后拓日新能的股价继续呈向下趋势。原告宁波正业在所持股票解禁后于2012年4月17日将其认购的股票通过大宗交易方式出售，扣除交易佣金、印花税等之外，原告净收入为53825840.25元。按照原告与两被告签订的协议书约定，原告此次的净收益为−28966159.75元，保底收益应为6636000元，因此被告嘉悦公司须于2012年4月21日前向原告支付净收益与保底收益之间的差价35602159.75元，被告陈五奎对此承担连带清偿责任，但原告与两被告就补偿问题未达成一致。这就发生了前述一幕的案件：宁波正业诉至法院，要求嘉悦公司补足收益款35602159.72元及相应的违约金，陈五奎承担连带清偿责任。

最终一审判决嘉悦公司、陈五奎支付原告补偿款35602159.75元及相应的违约金。二审认定事实与一审认定一致。二审法院认为：协议书的立约三方对于原告就涉案股票的认购若产生损失时该如何进行补偿的意思表示是明确的。根据已经查明的事实，嘉悦公司和陈五奎作为当时寻求定向增发股票的上市公司拓日新能之股东以及实际控制人，出于自身利益考虑促成上市公司拓日新能完成本次增发事项，嘉悦公司和陈五奎向原告承诺补偿具有一定的合理性。系争协议书作为一份合同是独立的，并不依附于原告与拓日新能签订的认购协议，且在法院审理中亦未发现该协议书相关条款存在无效的情形，故二审法院认同一审法院的认定，认为系争协议书中有关嘉悦公司与陈五奎对原告所作之补充损失承诺为有效。

（3）信息优势期短期破发的机会

定增发行价格是定增时投资者付出的成本，代表了其对公司价值的认可，相对二级市场股价具有一定的支撑作用。尤其是对于大股东参与的定增，因为大股东作为信息优势方，他们对公司的价值有更加真实的判断。因此对于信息优势期内的破发，在二级市场存在投资机会。参与定增的投资者一般在询价完成之后即了解了定增价格，而二级市场投资者还需要等待定增投资者缴款、登记结算之后上市公告才能知道具体的定增价格。参与定增的投资者有一定的信息优势期，这一期间如果出现破发则给予二级市场买入机会。

12.2.3 定增实施后：溢价发行提信心，解禁折价存机会

（1）溢价发行，具有市场宣示意义

低折价、溢价发行项目，有利于提振投资者对公司未来发展的信心。对于以较低的折价率（小于5%）甚至溢价成功实施定增的公司来说，说明市场对于其现在的价格认可度较高，也非常看好公司未来的发展前景，尤其是产业资本参与的项目。这对于二级市场的投资者具有很大的宣示意义。二级市场投资者相较于定增股东来说，兼具成本与流动性优势（新规后，创业板溢价发行和主板中小板一样，也要锁定三年），此类项目值得关注。

案例52：上海新阳（300236）定增溢价发行

2014年9月5日上海新阳发布非公开发行预案，计划募集资金总额不超过30000万元，用于集成电路制造用300mm硅片技术研发与产业化项目，采用发行期首日定价。

公司于2016年3月10日实施定增，本次增发价格为27.98元/股，相当于询价截止日（2016年3月15日）前20个交易日均价27.67元/股的101.12%，相当于询价截止日（2016年3月15日）收盘价28.00元/股的99.93%。公司定增价格相对于3月15日前20个交易日均价处于微溢价状态。定增股份于4月16日上市交易（当时创业板溢价发行没有锁定期）。定增股份上市后，公司股价在二级市场表现突出，短短两个月，股价从4月16日上市日的37.02元/股，上涨到6月27日的53.40元/股，区间涨幅为44.2%。

（2）定增解禁前破发机会

股价与增发价格倒挂，定增解禁前后或许存在回补机会。定增投资者认购的股票一般有1年或者3年的锁定期，对于普通定增参与者的锁定期为1年。在投资者参与定增后，一般希望公司股份在解禁时，股价能高于自己参与定增的成本价，以求获得价差。对于上市公司来说，在解禁前后对公司股价诉求也较为强烈。原因可能如下：1）部分上市公司在吸引投资者参与定增时可能存在某些保底协议，如果定增参与者在股份解禁后的一段时间内不能获利退出，上市公司可能需要做出补偿，因此公司希望二级市场价格高于定增成本价；2）出于企业形象与未来融资考虑，若定增参与者能够在解禁的时候获得相对不错的收益，对上市公司的形象有利，也有利于未来再融资时能够吸引到足够的投资者；3）对于大股东本身参与定增的情况，公司控股股东自然不希望自己真金白银付出的资金在股份解禁后产生亏损。基于以上原因，上市公司有动机、有能力采取各种措施来保证在解禁时或者解禁前后公司的股价高于增发价格，以使得参与定增的投资者能够获利，这些措施包括但不限于发布利好消息、盈余管理等。基于这种考虑，我们可以选择公司股价相对于增发价格倒挂的个股，把握股份解禁前后一段时间股价回补的机会。

叠加考虑市值大小、大股东参与可以提高胜率。除了股价低于增发价格外，我们在选择标的的时候，还可以叠加考虑选择小市值个股、大股东参与等条件。因为小市值个股流通盘相对较小，上市公司市值管理的能力更强，出现破发后提振股价的成本更低更容易。对于大股东或产业资本参与的项目，往往代表着大股东或产业资本看好公司的长期发展前景，未来盈利大幅向好的可能性较大，具有中长期的机会。这样，一旦出现破发，对二级市场来说是不错的机会，因为相对大股东或产业资本，二级市场投资者存在着流动性和成本的双重优势，安全边际大大提高。因此，叠加考虑市值大小和大股东参与程度，可以提高破发后回补的成功率，降低风险。

12.3 配股和公开增发还有投资机会？

本节导读

公开增发自2015年以来未有公司实施，我们预计未来也难有突破性进展。再融资新规出台后，配股预案数量增多，未来配股有望部分取代定增，迎来一定的发展。从配股的投资机会看，配股前重在避损，配股后重在逐利。配股前：由于配股价格一般要低于目前的市价，有的甚至折价颇多，所以对于公司原有股东，要面对参不参与配股的选择。如果股东放弃配股权，因为股票配股价格要比原来的股价低，因此在配股完成除权后，放弃配股权的股东会面临损失。因此对于配股前的老股东来说，投资策略主要分为以下三类：（1）看好公司未来前景，想追加投资，可参与配股；（2）看好公司未来前景，不想追加投资，可在配股前卖出，配股完成后再买入；（3）不看好公司发展前景，卖出，避免损失。配股后：因为配股价格一般折价较多，折价20%～30%较为常见，甚至有的达到50%。因此除了在牛市高位配股的公司外，一般上市公司股价很难跌破配股价。配股价格代表了股东对上市公司的认可价格，具有重要的价格宣示效应。因此，一旦出现市价和配股价格倒挂的现象，或许是二级市场投资者买入股票的信号。

12.3.1 公开增发：基本被取代，未来亦难有发展

公开增发自1998年开始大范围实施以来，整体稳步发展，但从2015年开始已在A股市场销声匿迹。

表12.3：公开增发政策变动情况

时间	主要法律、法规	财务指标要求
1998年之前	《公司法》和《股票发行与交易暂行条例》	无具体财务指标约束
2000年5月	《上市公司向社会募集股份暂行办法》和《上市公司向社会公开募集股份操作指引（试行）》	对公开增发条件及发行方式等内容制定了指导性的标准，但无具体财务指标约束
2001年3月	《上市公司新股发行管理办法》	将上市公司分红派息作为再融资时的重点关注事项
2002年7月	《关于上市公司增发新股有关条件的通知》	三年平均净资产收益率不低于10%，且最近一年净资产收益率不低于10%

续表

时间	主要法律、法规	财务指标要求
2006 年 5 月	《上市公司证券发行管理办法》	最近三个会计年度加权平均净资产收益率平均不低于 6%
2008 年	《关于修改上市公司分红若干规定的决定》	提高拟增发公司的分红要求

A 股历史上共实施公开增发 215 次，募资 3386 亿元。从募资次数看，主板、中小板、创业板实施公开增发 189 次、26 次、0 次，分别占比 88%、12%、0%。从募资金额看，主板、中小板、创业板募资 3233 亿元、153 亿元、0 亿元，分别占比 95%、5%、0%。从平均单次募资金额看，主板、中小板分别为 17.1 亿元、5.9 亿元。可见，公开增发主要集中在主板市场。

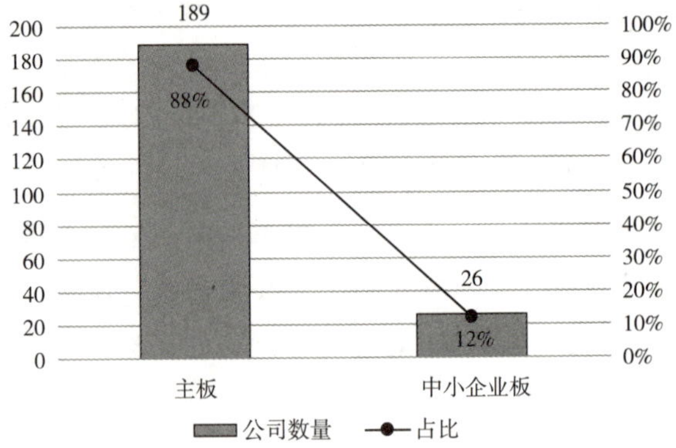

图 12.21：主板公司公开增发次数占据主体

数据来源：Wind

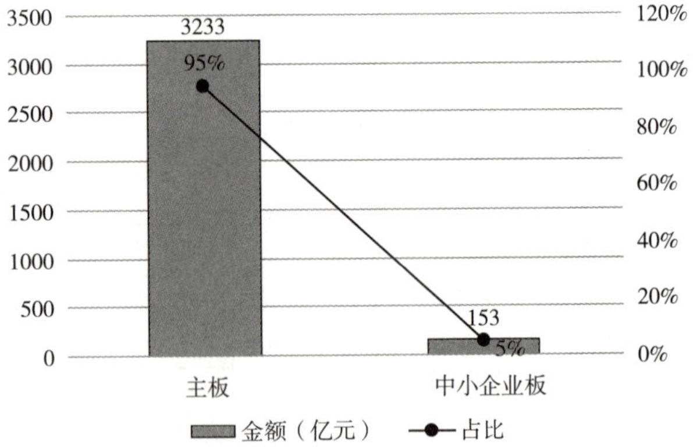

图 12.22：主板公司公开增发募资额占比 95%

数据来源：Wind

公开增发主要实施区间在 1998 年～2013 年，经历了两个快速发展期。其中 1998 年～2001 年是第一个发展期，每年实施公司数都在 25 家～30 家之间，募资金额峰值在 200 亿元左右；2004 年～2007 年是第二个发展期，每年实施公司数也在 25 家～30 家之间，但募资金额峰值远远超过第一次。2008 年之后公开增发逐步被定向增发取代。从募资公司数量看，医药生物、房地产、公用事业位于前三位，但是都未超过 20 家。从募资金额看，钢铁、非银金融、房地产募资金额位于前三位，基本为周期性行业。其中钢铁募资金额 582 亿元，非银金融募资 396 亿元，房地产募资 394 亿元。三个行业共计募资 1373 亿元，占所有行业募资金额的 40.5%。如果算上第四位公用事业的募资额 276 亿元和第五位交通运输的 208 亿元，前五大行业共募集资金 1857 亿元，占市场募集资金总额的 54.8%。公开增发的行业属性较为明显。

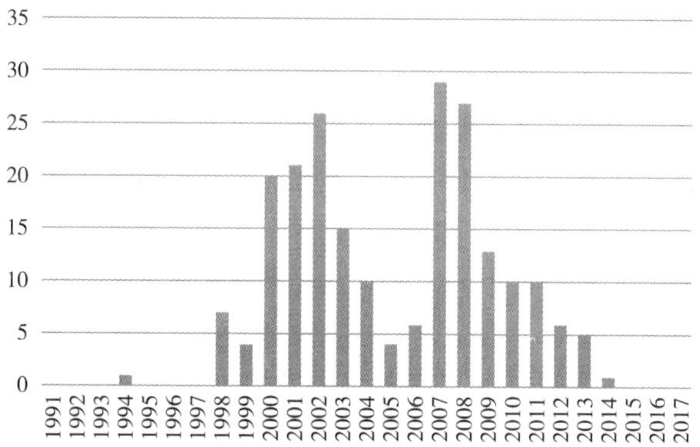

图 12.23：A 股公开增发经过两个快速发展期

数据来源：Wind

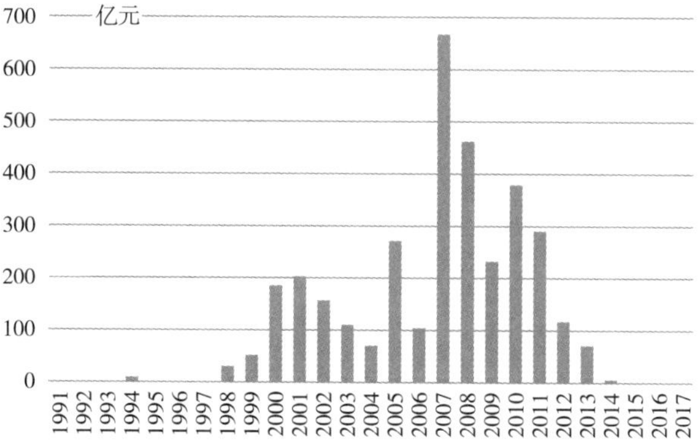

图 12.24：公开增发募资金额 2007 年达到峰值

数据来源：Wind

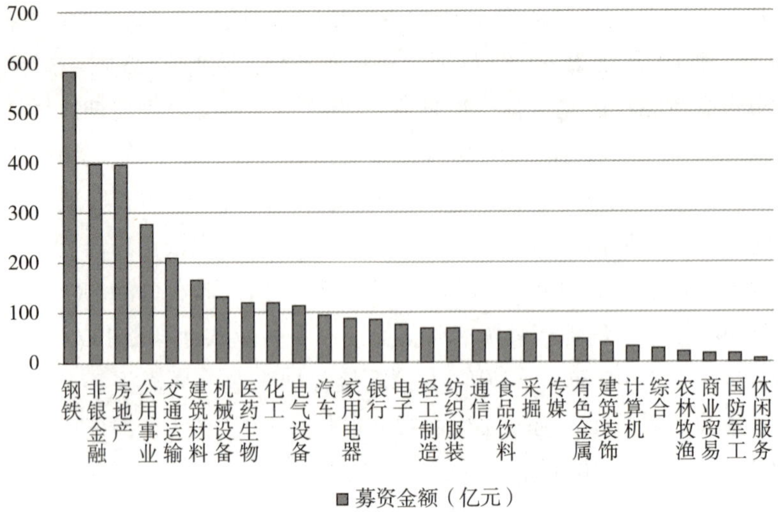

图 12.25：周期性行业公开增发募资金额居前

数据来源：Wind

公开增发自 2015 年至今未有实施案例。尽管 2017 年的再融资新规和减持新规限制了定增市场，但正如前面所述，由于公开增发过高的门槛和实施难度，其较难有突破性的发展，这里不再对其投资机会进行探讨。

12.3.2 配股：监管趋严迎利好，配前避税配后逐利

配股是上市公司向原股东发行新股、筹集资金的行为。按照惯例，公司配股时新股的认购权按照原有股权比例在原股东之间分配，即原股东拥有优先认购权。配股的流程一般包括董事会决议预案、股东大会通过、发审委审批、证监会审核、股权登记、配股缴款、股票除权、配股上市等环节。

大股东需提前公开承诺，定价自主性较高。控股股东应当在股东大会召开前公开承诺认配股份的数量。配股价格应该以刊登配股说明书前 20 个交易日公司股票收盘价的算术平均数为基数，采用市价折扣法确定，具体配股价格提请股东大会授权公司董事会在发行前根据市场情况与主承销商确定。配股价格不应低于公司最近一期每股净资产。

表 12.4：配股政策变动情况

时间	主要法律、法规	财务指标要求
1993 年 12 月	《关于上市公司送配股的暂行规定》	连续两年盈利

续表

时间	主要法律、法规	财务指标要求
1994 年 9 月	《关于执行（公司法）规范上市公司配股的通知》	最近三年连续盈利，净资产收益率三年平均在 10% 以上
1994 年 9 月	《上市公司办理配股申请和信息披露的具体规定》	最近三年连续盈利，净资产收益率三年平均在 10% 以上
1996 年 1 月	《关于 1996 年上市公司配股工作的通知》	最近三年内净资产税后利润率每年都在 10% 以上
1999 年 3 月	《关于上市公司配股工作有关问题的通知》	净资产收益率三年平均超过 10%，同时任何一年最低不能低于 6%
2001 年 3 月	《上市公司新股发行管理办法》	最近三年平均加权净资产收益率不低于 6%
2006 年 5 月	《上市公司证券发行管理办法》	最近三个会计年度连续盈利

（1）2002 年后不温不火，再融资新规后热度提升

配股在 2001 年前被很多上市公司采用，但随着公开增发（1998 年）和定增（2006 年）的相继兴起，后来逐步被取代，每年只有零星企业选择配股。截止到 2017 年 8 月，A 股共实施配股 1013 次，募资 5543 亿元。从募资次数看，主板、中小板、创业板实施配股 989 次、22 次、2 次，分别占比 97.6%、2.2%、0.2%。从募资金额看，主板、中小板、创业板实施配股募集资金 5380 亿元、143 亿元、20 亿元，分别占比 97.1%、2.6%、0.4%。可见，主板企业是实施配股的主力。从公司数量上看，1993 年 ~ 2001 年是配股盛行的时期，多数年份在 60 家以上，2000 年达到 161 家的峰值。2002 年后每年都在 20 家以下，2015 年、2016 年都没有超过 10 家。

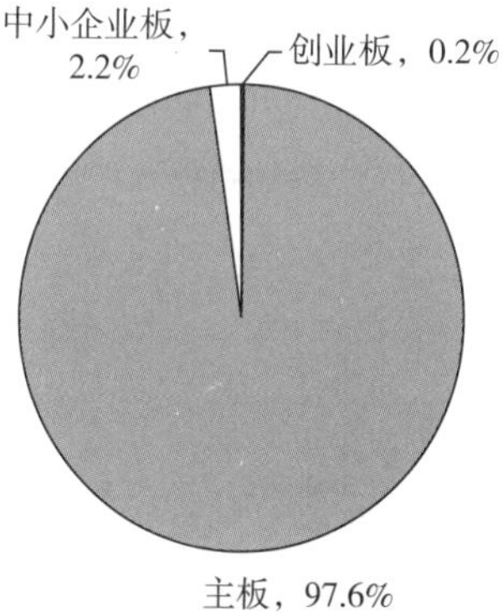

图 12.26：主板企业配股次数占主体，占比 97.6%

数据来源：Wind

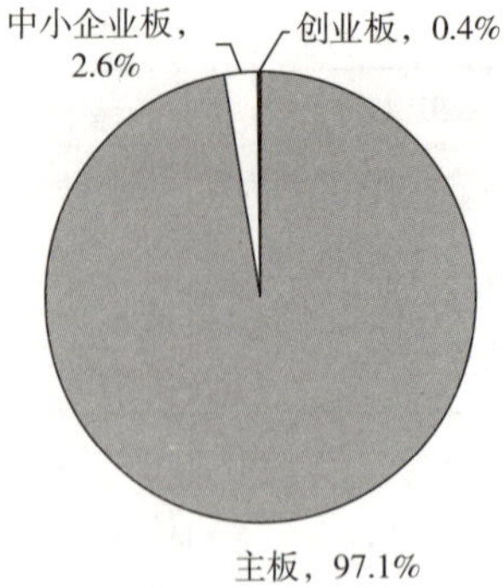

图 12.27：主板企业配股募资占 97.1%

数据来源：Wind

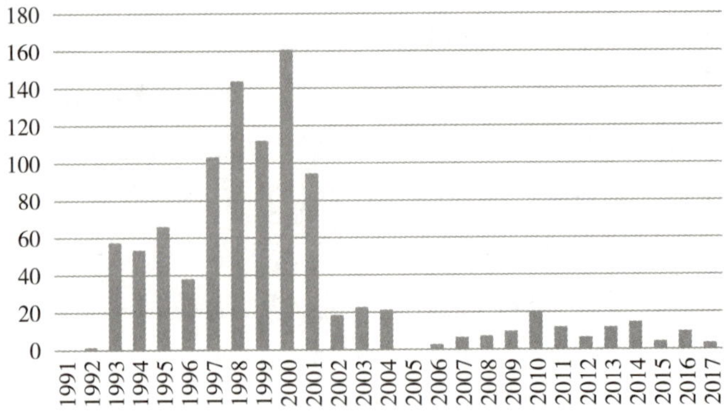

图 12.28：2002 年后每年配股企业小于 20 家

数据来源：Wind

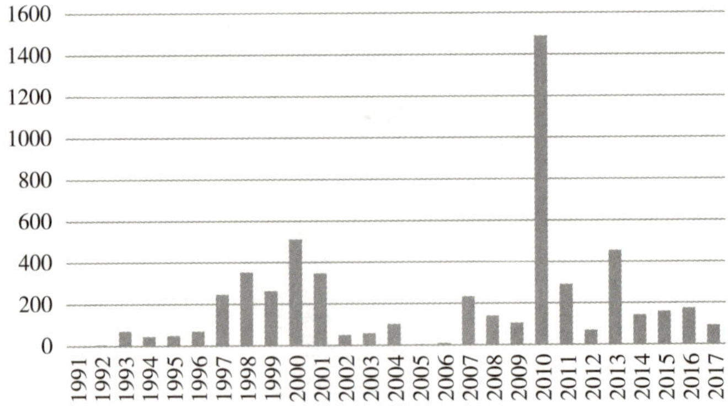

图 12.29：2010 年配股募资额达到峰值 1500 亿

数据来源：Wind

银行配股募资金额一枝独秀，占 33%。从募资公司数量看，房地产、商业贸易、公用事业配股公司数量位于前三位，其中房地产 109 家，商业贸易 94 家。从募资金额看，银行、非银金融、房地产位于前三位，分别募资 1840 亿元、353 亿元和 337 亿元。银行募资金额远远超过其他行业，占比 33%，金融（银行 + 非银金融）合计募资 2193 亿元，占比接近四成。

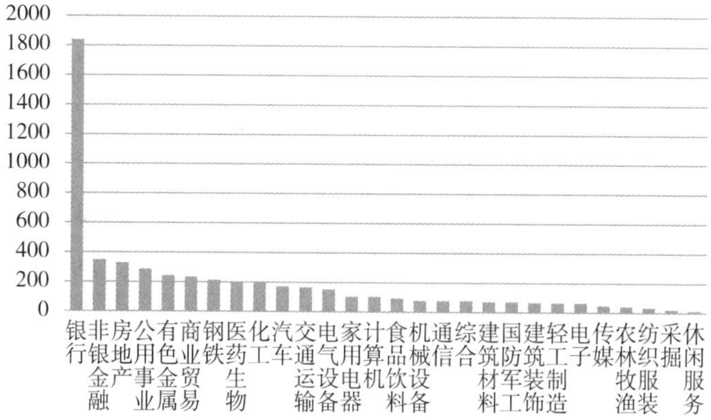

图 12.30：银行配股募资金额一枝独秀（亿元）

数据来源：Wind

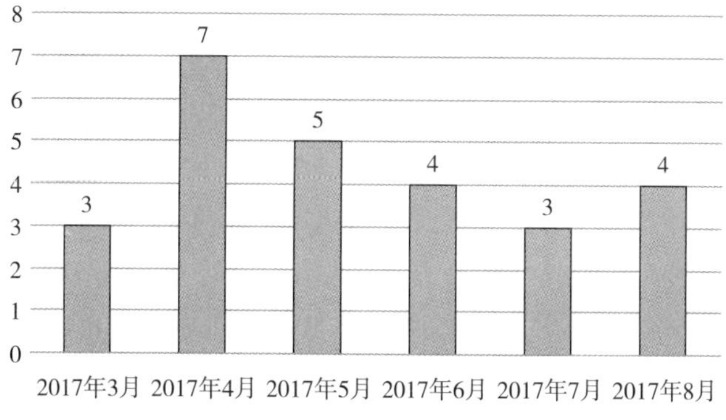

图 12.31：再融资新规后配股热度提升

数据来源：Wind

再融资新规出台后配股热度提升，但难以实现对定增的根本性取代。2014 元、2015 元、2016 年配股公司数量分别为 15 家、5 家、10 家，但是在 2017 年 2 月再融资新规出台后，发布配股预案的公司数量在增加。前 8 月已经发布预案的公司数合计已达 26 家，大幅超过前几年全年实施配股的公司数量。考虑到再融资新规对定增融资的限制、减持新规对定增股东退出的限制，配股有望部分取代定增，迎来一定发展。但是配股因没有增量投资者，再加上分红等限制，相比于定增还是有劣势。因此，我们认为未来配股会迎来一定发展，但是难以实现对定增的根本性取代。

（2）投资机会：配股前重在避损，配股后重在逐利

对于配股这种融资方式而言，我们可以从配股前和配股后两个方面进行投资机会的梳理。

配股前：参加不获利，不参加会受损

由于配股价格一般要低于当时的市价，有的甚至折价颇多，所以对于公司原有股东，要面对参不参与配股的选择。如果股东放弃配股权，因为股票配股价格要比原来的股价低，因此在配股完成除权后，放弃配股权的股东会面临损失。因此对于配股前的老股东来说，投资策略主要分为以下三类：1）看好公司未来前景，想追加投资，可参与配股；2）看好公司未来前景，不想追加投资，可在配股前卖出，配股完成后再买入；3）不看好公司发展前景，卖出，避免损失。下面以一个案例来具体分析：

案例53：华意压缩（000404）的配股方案

华意压缩2016年5月24日发布了2016年配股公开发行证券预案，2017年5月16日，公司发布配股说明书，确定本次配股以公司现有总股本559623953股为基数，按照每10股配售2.5股的比例向全体股东配售；配股价格确定为4.69元/股，仅为当日收盘价8.88元/股的53%，折价率为47%。

2017年5月31日，公司发布了配股发行结果公告：有97.47%的股东参与了配股，有2.53%的股东放弃了配股。按照配股前总股本559623953股计算，实际相当于每10股配2.4369股，每股配股比例为0.24369。股权登记日5月18日收盘价为8.58元/股。

公司股票除权价=（8.58+4.69×0.24369）/（1+0.24369）=7.82元/股

表12.5：华意压缩配股发行结果

项目	A股股东认购合计	占可配售股份总数比例
有效认购股数（股）	136372026	97.47%
有效认购资金总额（元）	639584801.94	97.47%

数据来源：Wind

对于华意压缩的所有股东来说，在配股方案最终确定后，其面临着是否接受配股的选择。对于现有股东，无非存在三种可能：1）如果股东认可公司发展前景，想进一步增加投资，则可以接受低价配股，以更低的价格（4.69元/股）进行配股，配股前后对股东自己的财富无影响，持有市值保持不变。2）如果股东认可公司发展前景，但是不想进一步增持，则股东可在配股前卖掉公司股份，配股结束后再买回。因为如果不卖，配股后股东将面临着股价下跌，财富缩水。如果股东不参与配股，则股价将由股权登记日的8.58元/股，下跌到除权日的7.82元/股，下跌8.86%，接近一个跌停。3）如果不认可公司未来前景，则卖掉股份，避免损失。

配股后：关注市价低于配股价的个股

配股价是所有股东的心理防线，上市公司会积极维护。配股价格一般折价较多，折价20%～30%较为常见，有的甚至达到50%。配股价具有重要的价格宣示效应，除了在牛市高位配股或折价较小的公司外，一般上市公司股价很难跌破配股价。而且在面对跌破配股价的时候，上市公司也可能会采取各种措施去提振股价，以维护股东的利益。

再融资新规+减持新规间接利好配股，未来可选机会有望增多。国内过去10年每年实施配股的企业数量没有超过20家，因此配股可供选择的机会少之又少，股价倒挂仅仅成为理论可能。随着再融资新规和减持新规对定增的限制，配股虽然不至于出现跨越式的发展，但是热度将比以前提升，可选公司范围扩大也增加了投资者的选择空间。因此，基于以上逻辑，可以关注市价低于配股价格或市价离配股价较近的个股投资机会。

案例54：兴业证券（601377），利用回购稳定股价

2015年1月24日兴业证券发布2015年度配股公开发行证券预案。2016年12月24日，公司发布了配股说明书：公司以总股本5200000000股为基数，照每10股配售3股的比例向全体股东配售，配售股份数量为1560000000股；配股价格为8.19元/股。2016年1月18日，配售股份上市。

自公司配售股份上市后，股价便跌破8.19元的配股价。2016年2月3日，公司发布回购股份预案。在2月23日～8月18日期间，兴业证券斥资5.4亿元多次回购公司股份，累计回购68000243股，占总股本的1.02%，公司本次股票回购购买股票的最高价为8.63元/股，最低价为7.13元/股。在回购公司股票

期间，公司股价在配股价附近徘徊。

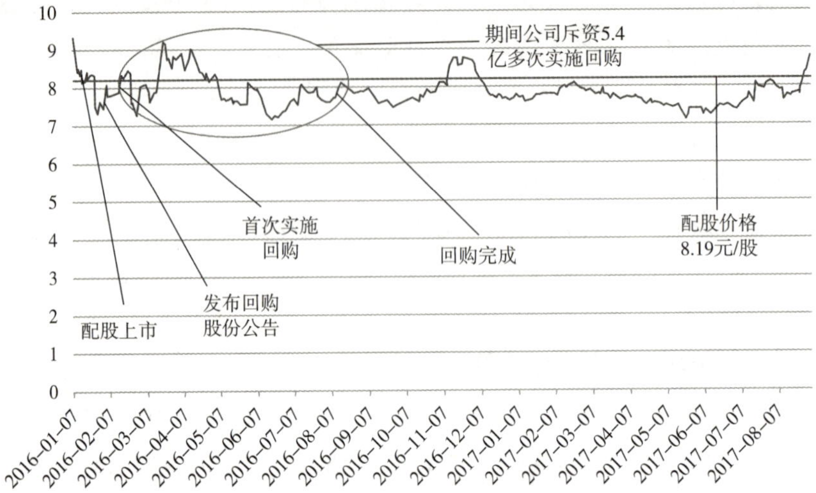

图 12.32：兴业证券在跌破配股价后利用回购稳定股价

数据来源：Wind

在公司回购结束后，公司股价也多次出现低于配股价的情况，但 8.19 元的支撑线非常坚挺。兴业证券因为配股价格相对市价折价率不高，所以出现了这种多次跌破配股价的情形，一般情况下是很少遇见的。在多次跌破配股价后，公司股价都出现回补配股价的情况，也反映了配股价这一重要价位的博弈与心理暗示效应。

表 12.6：兴业证券自配股四次跌破配股价，四次回补

区间段	价格区间	区间涨跌幅	备注
2016.1.18–2016.1.27	8.22 元 / 股 – 7.40 元 / 股	–10.0%	第 1 次下跌期
2016.1.27–2016.3.21	7.40 元 / 股 – 9.28 元 / 股	25.4%	第 1 次回补期
2016.3.21–2016.6.20	9.28 元 / 股 – 7.16 元 / 股	–22.8%	第 2 次下跌期
2016.6.20–2016.11.22	7.16 元 / 股 – 8.81 元 / 股	23.0%	第 2 次回补期
2016.11.22–2016.12.29	8.81 元 / 股 – 7.63 元 / 股	–13.4%	第 3 次下跌期
2016.12.29–2017.2.21	7.63 元 / 股 – 8.13 元 / 股	6.6%	第 3 次回补期（基本回补）
2017.2.21–2017.5.23	8.13 元 / 股 – 7.12 元 / 股	–12.4%	第 4 次下跌期
2017.5.23–2017.9.01	7.12 元 / 股 – 8.81 元 / 股	23.7%	第 4 次回补期

数据来源：Wind

13. 股票回购提振市场信心

13.1 关注大比例回购个股的机会

本节导读

股票回购：机会来自于信心修复，关注大比例回购个股的机会。2016年、2017年因大量公司实施限制性股票回购，出现回购公司股份数量大幅增加的现象。但从绝对数上看，股票回购还不是国内A股上市公司资本运作的主流选项——股票回购本质上是一次重新分配蛋糕的过程，而A股上市公司目前更多追求通过收购、再融资等方式来做大蛋糕。在股价低迷的时候，上市公司回购股票是一种稳定股价、提振投资者信心的有效方式。一方面作为信息优势方，上市公司对公司的价值有着更加全面的了解，上市公司回购一般代表了公司对目前股价低估的判断。另一方面上市公司通过股票回购提高资金使用效率，而且回购股票后要在10天内注销，总股本减少意味着每股收益的提高，有利于股价回升。投资者可以关注上市公司大比例回购股份的机会，如果预案回购最高价相对于市价有大幅溢价，则对二级市场信心的提振作用也更加明显。

13.1.1 股票回购背后的目的

股票回购是指上市公司利用现金等方式，从二级市场上购回本公司发行在外的一定数额股票的行为。公司在股票回购完成后可以将所回购的股票注销，也可以将其作为股权激励或员工持股计划的股票来源。从作用上看，上市公司回购股票有利于稳定公司股价，提高资金使用效率，防止敌意收购，同时可以作为股利分配的替代手段。按照证监会的要求，上市公司回购股份可以采用集中竞价、要约或中国证监会认可的其他方式。

股票回购和分红。上市公司既可以通过发放红利，也可以通过股票回购方式给予股东现金回报。但与发放红利不同的是，股票回购往往只是一次性事件，因此，公司宣布回购计划并不表示它已经肩负起一个增加盈利、支付更多现金的长期义务，股票回购计划的公布与红利支付也就可能包含不同的信息。

股票回购和定向增发。股票回购看上去是与定向增发相反的交易行为，但回购和定增实际上起到的作用是一样的——股票定价。

表 13.1：上市公司股票回购的作用

作用	具体内容
稳定公司股价	当公司管理层认为股票价格与公司内在价值表现不相符时，可以采取股票回购的形式向市场传递积极的信号，提振投资者信心
提高资金使用效率	如果公司有大量闲置资金且没有合适投资机会，利用现金回购可以优化资本结构，减少代理成本
防止敌意收购	上市公司会面临被收购的风险，实施股票回购可以减少流通在外的股票数量，间接提高大股东的持股比例，巩固控制权
股利分配替代手段	公司回购股票可以使总股本减少，每股收益提高，提振股价，相当于发放了股利

表 13.2：《公司法》规定可以回购股份的情形

允许回购股票的情形	回购股票的处理
减少公司注册资本	收购日起 10 日内注销
与持有本公司股份的其他公司合并	6 个月内转让或注销
将股份奖励给本公司职工	收购 1 年内转让给职工
股东因对股东大会做出的公司合并、分立决议持异议，要求公司收购其股份的	6 个月内转让或注销

数据来源：《公司法》

根据我国《公司法》，当公司出现以下情形时可以回购股票：（1）减少注册资本；（2）与持有本公司股份的其他公司合并；（3）将股份奖励给本公司职工；（4）股东因对股东大会做出的公司合并、分立决议持异议，要求公司收购其股份的。西方国家是允许上市公司存在库存股的，但是我国法律不允许库存股的存在，一般要求在回购后的一定期限内注销或转让。

13.1.2 限制性股票回购大幅增加

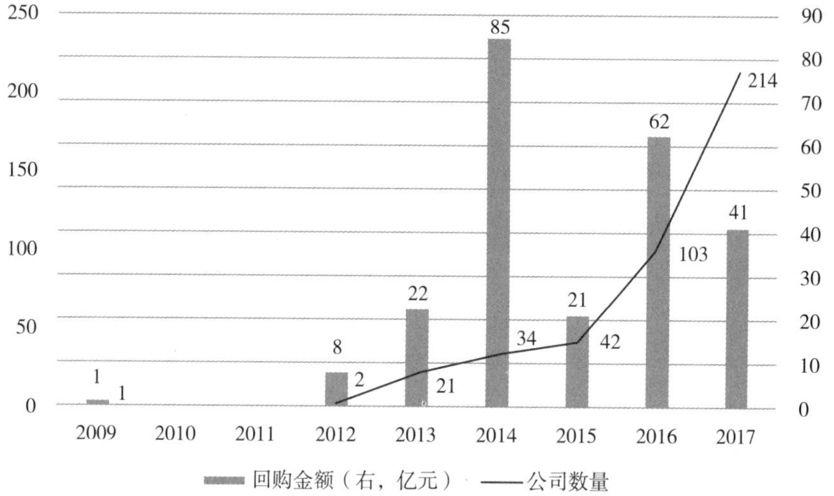

图 13.1：2016 年 – 2017 年实施股份回购的公司大幅增加

数据来源：Wind

随着股权激励计划的实施，上市公司授予了企业核心员工大量限制性股票。在股权激励中，部分员工因离职等原因不再符合激励条件，部分激励对象当年可解锁的限制性股票因业绩考核条件未达到要求而不能解锁。对于以上不符合条件的激励对象（已获授但尚未解锁的限制性股票和因业绩达不到考核要求当年未解锁的限制性股票），应由公司回购注销。2016、2017 年因大量公司实施限制性股票回购，导致出现回购公司股份大幅增加的现象。这种回购一般规模较小，所以回购总金额并未像回购次数那样爆发增长，2017 年尤其如此。

另一原因就是股灾期间回购股票计划的大量增加。作为上市公司维护股价的重要手段，回购股份一般跟承诺不减持、增持、鼓励员工增持的“兜底”等构成救市组合拳（“五选一”维稳股价方案源于市场的非理性下跌，证监会在 2015 年 7 月 10 日的新闻发布会中表示，已要求上市公司在大股东增持、回购股票、董监高增持、股权激励、员工持股计划中“五选一”推送利好）。2015 年全年共有 40 家上市公司发布回购股份公告，这其中有 38 家均于股灾期间 6 月底至 9 月密集发布。

13.1.3 大资金、大比例回购带来二级市场机会

前面已经讲到，股票回购背后的目的多种多样，有的是对股权激励中不符合要求的限制性股票、终止实施限制性股票激励计划等进行回购，有的是配合员工持股计划、股权激励等进行回购，有的是为补偿并购中的业绩承诺进行回购。这里重点关注在股价低迷时为稳定股价进行的回购。

大资金、大比例回购诚意十足，提振二级市场信心。在股价低迷的时候，上市公司回购股票是一种稳定股价、提振投资者信心的有效方式，这也成为2015年股市大幅波动中的护盘利器。同样，1987年10月美国股灾期间，花旗集团公司董事会率先通过了回购2.5亿美元公司股票的计划，短短几天，大批上市公司加入到股票回购行列，大量的股票回购公告有效阻止了股价的进一步下跌。股票回购对信心的提振作用主要有两方面：（1）作为信息优势方，上市公司对公司的价值有着更加全面、完整的了解，上市公司回购一般会在股价较低的位置，代表了公司对目前股价低估的判断。（2）按规定，上市公司回购股票后要在10天内注销，作为上市公司的利润分配方式之一，股票回购通过减少公开发行股票数量来提高每股净资产和每股净利润，在实质上有助于股价回升。实践中我们看到，很多公司回购资金总额较少，回购的股票数量也只是象征意义（多数在1%以下），拿出真金白银大比例回购的公司少之又少。因此，我们要关注上市公司拿出高额资金、进行大比例回购的公司，由于上市公司诚意足，二级市场股价表现也相对较好。另外注意，如果回购预案中的最高回购价格相对于当时的市价溢价较大，那么对二级市场投资者信心的提振更加明显。当然，最重要的还是要有良好的基本面作为支持。

案例55：科大国创（300520）：限制性股票激励计划终止回购股票

2016年8月4日，科大国创发布了2016年限制性股票激励计划。2016年9月26日公司进行了限制性股票首次授予工作：授予对象314人，授予数量407.5万股，授予价格44.25元/股。此后在2017年7月19日和28日，公司先后两次发布公告实施股票回购计划，但原因各不相同。

表 13.3：两次股票回购计划对比

年度	原因	对象数量（人）	回购数量（万股）	回购金额（万元）	回购价格（元 / 股）
第一次回购	原激励对象刘健、程旭等 10 人因个人原因已经离职	10	61.16	1230.15	20.114
第二次回购	限制性股票激励计划实施后，虽公司业绩保持稳定增长，但股票价格大幅下跌，原激励计划难以达到预期效果	304	835.34	16801.73	20.114

数据来源：公司公告

第一次回购：2017 年 7 月 19 日，公司发布公告，回购并注销部分股权激励限制性股票。其原因是公司原激励对象刘健、程旭等 10 人因个人原因已经离职，公司已办理相关离职手续。根据《2016 年限制性股票激励计划》第十三章规定"激励对象因辞职、公司裁员而离职，激励对象已获授但尚未解除限售的限制性股票不得解除限售，由公司回购注销"，公司决定回购注销刘健、程旭等 10 人已获授但未解锁的限制性股票 61.16 万股；回购价格为 20.114 元 / 股。本次公司拟用于回购的资金总额为 1230.15 万元，全部为公司自有资金。

第二次回购：2017 年 7 月 28 日，公司再次发布公告，决定终止实施限制性股票激励计划。原因是公司 2016 年 8 月推出限制性股票激励计划后，虽然公司业绩保持稳定增长，但由于股票价格大幅下跌，原激励计划难以达到预期的激励效果。因此经审慎考虑，董事会决定终止实施激励计划。本次终止股权激励计划拟回购注销 304 名激励对象合计持有的已授予尚未解锁的限制性股票 835.34 万股，回购价格为 20.114 元 / 股。本次公司拟用于回购的资金总额为 16801.73 万元，全部为公司自有资金。

上述两次回购价格的说明：公司向激励对象授予限制性股票的授予价格为 44.25 元 / 股；2017 年 7 月，公司实施了利润分配计划：每 10 股派发现金股利 1.2 元，同时以资本公积向全体股东每 10 股转增 12 股。因上述 10 位和 304 名激励对象未解锁的股份 2016 年度的现金分红目前均由公司代管，未实际派发，此次激励对象的回购注销价格为 44.25/（1+1.2）=20.114 元 / 股。

案例 56：海南海药（000566）：股份回购用于股权激励

2017 年 9 月 15 日，海南海药公告：为了进一步建立、健全公司长效激励机制，充分调动公司高级管理人员、核心技术人员及核心业务人员的积极性，公司将回购股份用于股权激励计划。本次回购股份的资金总额不低于4亿元，不超过6亿元；回购价格不超过20元/股。以回购资金总额上限6亿元测算，公司预计回购的股份约为3000万股，占总股本的比例约为2.25%。回购实施期限自公司股东大会审议通过之日起6个月内。公司在定增股份解禁日后两天发布本次回购计划，时间点耐人寻味。再加上公司实际控制人刘悉承的要约收购，公司及其控制人今年动作频频。下面我们系统梳理一下自2016年8月定增以来的相关事项：

◆ 2016年8月16日，公司实施了定增，定增价格12.23元/股，增发数量24529.84万股，大股东认购比例为53.33%。

◆ 2017年2月27日，公司停牌筹划重大事项。

◆ 2017年3月13日，公司复牌并公告称公司实际控制人刘悉承正在筹划以部分要约收购方式增持公司股份，要约收购价格为14.50元/股，要约收购数量约为13360万股，占总股本的比例为10%。所需最高资金总额为19.37亿元，来源于收购人自有资金或自筹资金以及信托融资，不直接或间接来源于海南海药及其下属公司。收购人刘悉承拟通过聚利36号信托实施本次要约收购。

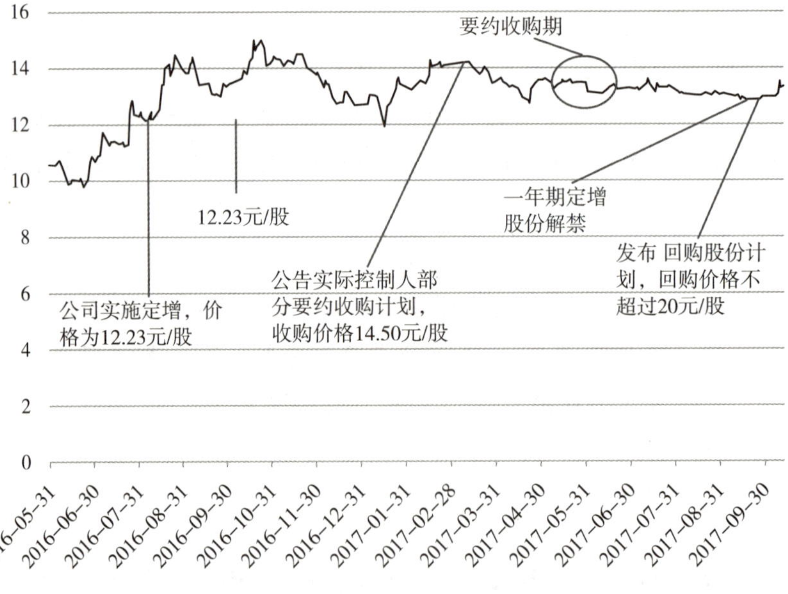

图13.2：海南海药相关事件时间路线图

数据来源：Wind

◆ 2017 年 5 月 3 日，公司发布要约收购书，要约收购有效期为 5 月 4 日～6 月 2 日。收购前刘悉承通过深圳市南方同正投资有限公司间接持有公司 32.59% 的股份，收购完成后刘悉承共持有公司 42.59% 的股份。

◆ 2017 年 9 月 13 日，定向增发机构配售部分股份解禁，占总股本比例 8.57%。

◆ 2017 年 9 月 15 日，公司发布以集中竞价方式回购股份的预案。

通过梳理我们发现：（1）公司要约收购价格 14.50 元 / 股比定增价格 12.23 元 / 股溢价 18.6%，后来实际控制人要约收购完毕，股价非但没涨，反而有所下跌，距离定增价格很近。公司在定增解禁两日后发布了回购计划，回购价格不超过 20 元 / 股，20 元 / 股的最高回购价格比当时市价 12.82 元 / 股溢价 56%，而当时市价 12.82 元 / 股比定增价格 12.23 元 / 股仅仅溢价 5%。我们认为此时发布回购计划有向市场传递积极信号的动机，也可能为了定增股份解禁后获得一个相对理想的收益率。（2）实际控制人刘悉承首先以 14.50 元 / 股的要约收购价格增持 10%，持股比例达到 42.59%，之后又以公司资金进行大比例的股份回购用于股权激励，将股份锁定在公司内部，对公司的控制力进一步增强，也为公司后续开展资本运作提供便利。

案例 57：百润股份（002568）：股票回购作为业绩补偿方式

百润股份于 2014 年筹划重大资产重组，计划通过向刘晓东等 16 位上海巴克斯酒业有限公司（以下简称“巴克斯酒业”）的股东发行股份购买巴克斯酒业 100% 的股权。公司于 2015 年 6 月 18 日办理完毕相应非公开发行股份的登记和上市手续，本次共发行股份 288000000 股。本次交易的交易对方与上市公司签署了《盈利预测补偿协议》，就业绩补偿作出如下承诺：本次重组在 2015 年 1 月 1 日至 2015 年 12 月 31 日之间实施完毕，交易对方对本次重组实施前一年、当年及其后两个会计年度（即 2014 年、2015 年、2016 年、2017 年）标的公司实际净利润数与净利润预测数的差额予以补偿。具体而言，累计实际净利润数不足累计净利润预测数的差额将以股份回购方式补偿，股份回购数将由上市公司以 1 元总价回购并予以注销。应回购的补偿股份数量按照如下公式计算：

补偿期间每年末应补偿股份数量＝（截至当年末累计净利润预测数—截至当年末累计实际净利润数）÷ 补偿期限各年累计净利润预测数 × 标的股份总数 − 已补偿股份数量

表 13.4：上海巴克斯酒业收购盈利预测与实现情况

年度	2014 年度	2015 年度	2016 年度	2017 年度
净利润预测数（万元）	22165.65	38307.67	54434.23	70643.86
实际完成数（万元）	22299.69	41394.31	−23134.31	

数据来源：公司公告

巴克斯酒业 2014、2015 年实现的净利润分别为 22299.69 万元和 41394.31 万元，都超过了预测盈利数，但是 2016 年的净利润为 −23134.31 万元，远远小于预测数，于是按照上述公式计算，得出当年应补偿股份数 =［（2014 年至 2016 年累计承诺净利润 114907.55 万元 −2014 年至 2016 年累计实际利润 40559.69 万元）÷2014 年至 2017 年承诺利润总和 185551.41 万元 × 本次交易发行股份总数 576000000 股（原为 288000000 股，2015 年转增股本：10 转 10）− 已补偿股份数量 0 股］=230795160 股。上述计算所得即为 2016 年度应补偿的股份，以上股份由公司以 1 元的价格进行回购并予以注销。上述回购注销完成后，公司总股本和注册资本相应减少。

案例 58：ST 仪化（600871，现改名石化油服）：股份回购作为重大资产重组的配套内容

2014 年 9 月 13 日，ST 仪化公告了重大资产重组预案，目的有二：一是为有效改善上市公司资产质量，恢复盈利能力，降低退市风险；二是其实际控制人石化集团为进一步优化资源配置和专业化经营，推动石油工程公司利用资本市场做大做强。在本次并购重组项目中，回购股票作为配套内容，此次回购金额巨大，成为 A 股最高金额的回购计划。其并购重组方案主要包括三部分：

◆资产出售：仪征化纤向中国石化出售其全部资产与负债，交易价格为 649142.61 万元。公司以应向中国石化收取的出售价款与向中国石化支付的回购对价相冲抵，差额部分中国石化以现金补足。

◆定向回购股份：仪征化纤定向回购中国石化持有的全部 24.15 亿股仪征化纤 A 股股份并注销。回购价格 2.61 元 / 股，回购价款合计为 630315.00 万元。

◆发行股份购买资产：仪征化纤向石化集团发行 A 股股份收购石化集团持有的石油工程公司 100% 股权。本次购买资产的交易价格为 2407549.52 万元。发行股份价格 2.61 元 / 股，发行股份数量为 9224327662 股。

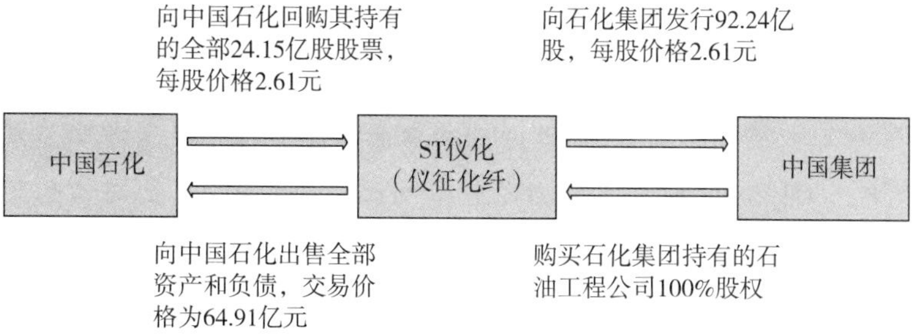

图 13.3：石化油服重大资产重组方案

数据来源：Wind

交易完成后，仪征化纤的控股股东由中国石化变为石化集团，石化集团为中国石化的母公司；石油工程公司成为仪征化纤的全资子公司，公司主业变为油气勘探工程及技术服务。

案例 59：新湖中宝（600208）：大比例回购提振股价

在股价大幅下跌后，为树立投资者信心，维护投资者利益，新湖中宝于 2016 年 1 月 19 日发布回购股份的预案：公司计划回购资金总额为 10 亿 ~ 20 亿元，回购价格不超过 5.20 元 / 股。预案估计若全额回购，将回购不少于 38461.54 万股，占公司总股本的 4.23%。公司预案回购最高价为 5.20 元 / 股，

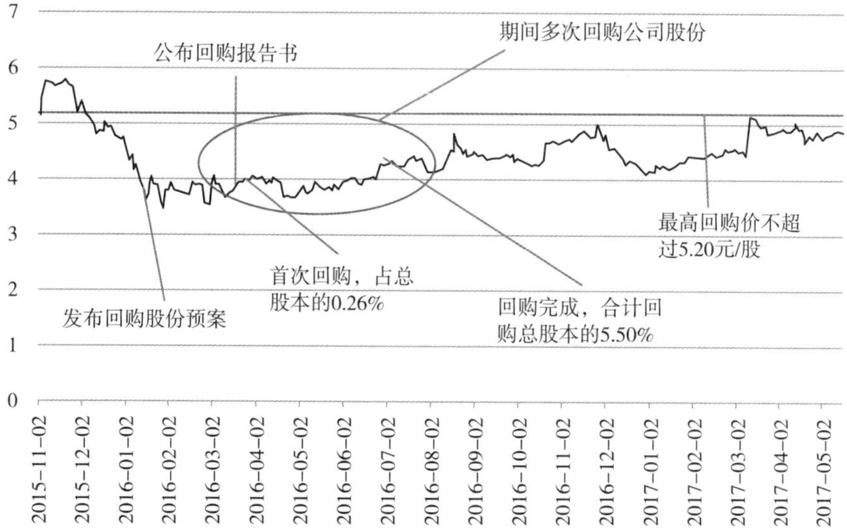

图 13.4：新湖中宝股价在回购期间稳步上涨

数据来源：Wind

相比于1月19日公告当天收盘价3.94元/股，溢价32%。从回购金额和回购价格来看，公司诚意十足。

2016年3月25日~6月27日，新湖中宝前后进行了7笔回购，累计回购股份数量为500326892股，占公司总股本的比例为5.50%。公司回购股票最高价为4.26元/股，最低价为3.71元/股，支付的总金额为19.67亿元。从公司发布回购预案到回购实施完毕，公司股价稳步提升，回购完成后较长一段时间，股价也表现较好。这反映了大比例回购对二级市场股价有较强的提振作用。

13.2 不同的信息：分红VS股票回购

本节导读

本章回归到对DDM模型分子端变量的讨论。前面讲到，上市公司既可以通过股票回购方式给予股东现金回报，也可以直接通过发放红利的方式，但分红和股票回购所蕴含的信息有所区别。（1）可以从投资者对红利本身的偏好和投资者的风险偏好，来看现实中为什么投资者偏好上市公司支付红利——红利之谜；（2）对于区别勉强盈利的公司和真正赚钱的公司，红利是一条有用的线索，如果一家公司选择高红利政策，但却没有稳定持续的现金流来支持，这家公司最终将被迫缩减投资计划；（3）对于投资者而言，应该更多地关注红利的相对变化（时间序列数据），而不是绝对数量（横截面数据），单纯地看红利的绝对数量（包括较低的分红率）对投资指导意义不大。但是投资者可以从红利的突然变动中挖掘出线索，公司的财务状况是否有变化？公司的发展战略是否有变化？红利的相对变化往往会引起股价的剧烈反应。所以在红利政策上，上市公司应努力使红利（预期）平稳变化，如果红利确实需要做大的调整，则尽可能未雨绸缪，努力确保这种行为不被市场误解。

13.2.1 股利分配政策

股利支付方式包括现金股利、股票股利、财产股利和负债股利，目前现金股利（送现金）、股票股利（送红股、公积金转增股本）是A股资本市场最为常见的分红方式。现金分红最好理解，即以货币形式支付给股东的股息红利。

股票股利中，送股是用公司的可供分配利润在提取法定盈余公积金和任意公积金后以股利形式支付给股东，转增股则是指用公司的资本公积金按权益折成股份转增，两者的股份来源不同，另外，送股和转股的区别还在于送股要缴税。财产股利是指公司以现金以外的资产作为股利分配给股东的一种股利支付形式，常见有实物股利和证券股利两种形式，实物股利即以实物形态的资产（如产成品等）作为股利支付给股东，证券股利是指公司以其他公司发行的有价证券作为股利支付给股东。负债股利是指公司以应付票据、公司债券等作为股利来代替现金发放给股东的一种股利支付形式，公司采用负债股利支付形式，股东既是投资者又是债权人。目前A股资本市场上财产股利和负债股利较少采用。

案例60：股东赠与和实物分红

南方食品（000716，现改名黑芝麻）派发黑芝麻乳产品。2013年4月，南方食品公告，将给持有南方食品1000股股份以上（含1000股）的股东，每持有公司1000股的股份赠发一礼盒装，内装12罐黑芝麻乳品尝产品，持股数量超过1000股的，则按每1000股一礼盒折算赠发，每一股东持股余数少于1000股的则不作赠饮品尝。由于公告发布是在上市公司分红预案密集发布期，资本市场很容易将“向公司股东征集新产品品尝意见”跟上市公司分红关联，认为是实物分红。事实上公司已明确将本次赠与品尝活动产生的费用约为500万元，包括产品成本及给各股东配送发运产品的物流费用，列入销售费用，从会计处理的角度将此次新品品尝跟分红撇清关系。从营销学的角度看，这是一种上市公司对新产品的市场营销手段，几乎没有花费广告和推广费用，就让非常多的投资者关注到南方食品和公司的新产品。

当月，量子高科（300149）也同步跟进。为了感谢公司的股东对公司的关心和支持，关怀股东及其家人的健康，量子高科董事会同意以免费方式赠送子公司江门市生和堂食品有限公司生产的生和堂龟苓膏产品给公司股东。登记在册的持有本公司股份的股东（除发起人股东外），每位股东赠送一份礼盒装（12杯装）龟苓膏产品。本次赠送产品的预算约为100万元，包括产品及给各股东配送发运产品的物流费用，该费用将列入公司本年度的营业外支出。

除了实物分红，上市公司还提供免费游览回馈股东。早在2007年9月，华侨城A（000069）就曾公告，时值华侨城A上市十周年之际，华侨城A定于2007年9月10日上市周年当天，分别在深圳欢乐谷和北京欢乐谷两大主题公园举办“深圳华侨城控股股份有限公司十周年股东检阅日”活动，邀请股东免费参加游园活动。证监会表示，根据公告内容，华侨城提供免费游览的对象并不包括全体股东，也不是严格按照持股比例来决定发放数量的，不符合分红的基本特征。因此，上述行为不属于分红，在性质上属于公司对股东的赠与。证监会称，根据《公司法》等规定，上市公司在有盈余的情况下，可以将弥补企业亏损、提取法定公积金后剩余的税后利润按照持股比例分配给全体股东。因此“无盈不分”和“同股同权”是公司分红的两大基本特征。至于分红的形式，法律未作限制。理论上，分红可以现金或者现金以外的其他资产形式（如股票、债券或者实物），但在实践中，比较常见的是现金或者股票形式的分红。在英美日德及我国港台地区等境外成熟市场的公司制度中，都没有关于实物分红的禁止性规定。

我们观察到的一个现象是，2012年以来A股迎来力度空前的现金分红潮。这一方面得益于监管层自上而下的推动，另一方面与审核权力逐步下放后，交易所和上市公司的博弈力量发生对比密不可分。

自上而下的推动：证监会和交易所的大力倡导。在推动现金分红、提升股东回报方面，证监会一直在规范和完善，如2011年底发布第41号公告，明确要求上市公司完善利润分配政策，积极回报股东，增强利润分配的透明度；2012年5月，证监会专门颁布《关于进一步落实上市公司现金分红有关事项的通知》，采取措施提升上市公司对股东的回报和增强现金分红的透明度。沪深两大交易所对现金分红也是大力提倡，深交所早在2011年年报披露时就发布《创业板信息披露业务备忘录第10号—年度报告披露相关事项》，明确要求创业板公司应对公司章程中有关利润分配政策的相关条款进行审视，对利润分配形式、现金分红的具体条件和比例、未分配利润的使用原则等具体政策予以明确。2013年1月，上交所发布实施《上海证券交易所上市公司现金分红指引》，在分红的信息披露、决策程序、分红标准、分红政策、鼓励措施以及事后评价和监督等方面作出了具体规定。在监管层和交易所自上而下的推动下，不难想象最近几年上市公司现金分红的积极性将超过往常。

博弈力量变化：权力逐步下放到交易所带来的改变。目前证监会正在逐渐将如上市公司再融资等的权力下放到交易所，未来也不排除新股IPO审核也将全面由沪深交易所承担，实现真正意义上的“监审分离”。在公司监管向交易所转移的背景下，虽然只是鼓励并没有强制要求的交易所现金分红指引也更加被上市公司重视。一个比较明显的特征是，对 2013 年上交所推出的如“分红率不低于 50%，给予再融资、并购重组‘绿色通道’待遇”等鼓励政策，沪市上市公司回应积极，2012 年的年报分红力度明显加大：四大行股息率均超过 5%，比 4.75% 的五年期定存利率还高；华电国际三年迎来首次分红；大商股份和王府井分红比例创历史新高；贵州茅台向全体股东每 10 股派发现金红利 64.19 元（含税），现金分红创新高……

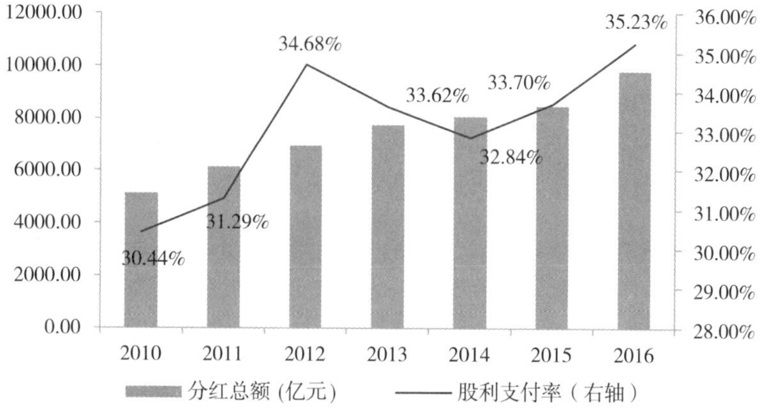

图 13.5：近几年 A 股分红情况

数据来源：Wind

13.2.2 红利之谜

对理性的投资者来讲，没必要对股利斤斤计较，毕竟 DDM 是理想化的模型，红利的不足完全可以通过股价上涨来弥补。如果我们生活在一个简单完美世界里，我们更不用纠结于上市公司是否应该分红，因为红利政策的选择对公司价值无任何影响。如 Modigliani 和 Miller（1958）“无关性理论”所指出的，在不考虑税收和交易费用的影响，且无其他市场不完善的情况下，红利和资本利得并没有什么差别，而且在红利税率高于资本利得税率（国内目前暂不征收）的情况下，减少红利反而对投资者更好。可是在现实中，投资者却更希望公司支付红利，这就是红利之谜。红利之谜既存在于海外成熟市场，也存在于 A 股市场。

对红利之谜目前还没有一个各方都能接受的普适性理论。从投资者对红利的偏好讲，Shefrin 和 Statman（1985）从心理账户、投资者自我控制等投资者行为对红利之谜进行了解释：（1）红利和资本利得是投资者投资收益的两项主要来源，对投资者而言，由于现金和资本利得是归入不同的心理账户中，因此，一美元的现金红利（理应所得）与一美元的资本利得（意外之财）对于投资者是不一样的；（2）对于缺乏自我良好控制的投资者来说，花费红利，不动本金是改善自我控制的最好方法。因此投资者在消费时，不会考虑资本利得，而将现金红利看成唯一的收入来源，这也跟“两鸟在林，不如一鸟在手”的投资思路契合。从上述角度看，投资者对红利的偏好引导了公司的红利政策，或者说公司管理者迎合投资者的红利偏好特征而制定了红利政策。

高分红股票和低分红股票都拥有一群忠实的粉丝，从投资者风险偏好来讲，如果投资者是风险厌恶的，他们就会偏好高分红的股票，因为他们错误地认为，支付股利的公司承担较小的风险。“流动性好，估值便宜，即使股票价格不涨，它的股息率也能超过银行一年期定存利率”“存银行不如买银行股”，这是我们常常听到的偏好高分红股票投资者的想法。

我们来看看上市公司发放红利向投资者提供了怎样的信息：（1）对于区别勉强盈利的公司和真正赚钱的公司，红利是一条有用的线索。如果一家公司选择高红利的政策，却没有稳定持续的现金流来支持，这家公司最终将被迫缩减投资计划。只有建立在优良业绩和稳定现金流之上的红利发送，这样的公司才能充分发挥出资金效用。因此我们可以理解为什么投资者看重红利发放所包含的信息含义，为什么公司报告的利润除非有相应的红利政策支持，才会有投资者相信。从这个角度讲，这里的信息含义跟 DDM 模型是一致的，即削减红利是负面的消息（股价下跌），增加红利则是正面的消息（股价上涨）；（2）对于投资者而言，应该更多地关注红利的相对变化（时间序列数据），而不是绝对数量（横截面数据）。高分红的公司一般财务状况比较健康，有一定的公司治理溢价——重视投资者回报，更为价值投资者所喜爱。但是也要辩证看待分红与公司成长性之间的关系。对于上市公司来说，在设定红利支付时，不仅要考虑过去的经营业绩，还要考虑公司的未来前景，某些公司之所以红利较低，是因为管理层看好公司的未来，更希望留存利润以实现公司的扩张发展。所以单纯地看红利的绝对数量（包括较低的分红率）对投资指导意义不大。但是投资者可以从红利的突然变动中挖掘出线索，公司的财务状况是否有变化？公司的发展战略是否有变化？红利的相对变化往往会引起股价的剧烈反应。所以在红利政策上，上市公司应努力使红利（预期）平稳变化，如果红利确实需要做大的调整，则尽可能未雨绸缪，努力确保这种行为不被市场误解。

13.2.3 红利税差异化征收：个人投资者倾向高现金分红

对于个人投资者[①]而言，高现金和高股票分红面临的纳税情况大为不同。

根据2012年11月财政部、国家税务总局和证监会联合发布《关于实施上市公司股息红利差别化个人所得税政策有关问题的通知》财税〔2012〕85号规定，个人从公开发行和转让市场取得的上市公司股票，持股期限在1个月以内（含1个月）的，其股息红利所得全额计入应纳税所得额；持股期限在1个月以上至1年（含1年）的，暂减按50%计入应纳税所得额；持股期限超过1年的，暂减按25%计入应纳税所得额，上述所得统一适用20%的税率计征个人所得税。红利税差异化征收在2013年1月1日起正式实施，由持股时间长短来定差别税率，改变了自2005年6月以来个人所得税按10%来征收的历史。

根据新规，持股时间长的，红利税征收税率就低，持股时间一年以上的投资者，其红利税负仅为持股一个月短炒者的四分之一，但从目前A股个人投资者的平均持股时间来看，这种优惠待遇大多数的个人投资者还享受不到。根据目前税法规定，现金分红需缴纳个人所得税，用盈余公积金派发红利、转增股本属于股息、红利性质的分配，也需要交纳个人所得税，而用资本公积金转增股本不属于股息、红利性质的分配，不征收个人所得税。我们来给投资者算笔账，以2012年年报实施利润分配方案的上海新梅（600732）为例，它的分红方案是每10股派1元（含税）送8股，假设某投资者持有1万股且持股期限在一个月以内，则其总税额达到1800元（每10股送8股，按照该股票面额1元计算，支付20%的红利税，相当于每10股要缴税1.6元的税款；再加上现金分红1元的20%红利税，即需要缴纳0.2元。整体上计算，投资者要为每10股股票支付1.8元的红利税），相比1000元的现金分红，还要倒扣800元。所以在新规执行之后，短期投资者可能面临这样的尴尬境地：如果持有高比例送股的股票，很有可能需缴纳税款不及现金分红。所以当上市公司送股派现时，单从纳税的角度看，个人投资者更倾向于少送股高现金分红的公司。

---

① 目前缴纳红利税的纳税人是个人投资者，机构投资者则获得免缴红利税待遇。

从某种意义上说，红利税差异化征收也是鼓励上市公司分红，只有让上市公司给予长期投资者以丰厚的回报，个人投资者才能注重长期价值回报，这两者是相辅相成的，这样也进一步凸显高股息率蓝筹股的投资价值。

14. 可转债中的条款博弈

14.1 债券+股票看涨期权，四大条款灵活搭配

本节导读

随着再融资新规和减持新规的实施，定增作为募资途径其“门槛低、灵活度高”的优势逐渐褪去，叠加转债发行方式由资金申购转向信用申购，可转债在近年来成功逆袭。单2017年全年就共有超过100家的A股上市公司发布可转债发行预案，规模超过3500亿元，预案数目和金额均远超过往几年。从历史数据来看，转债从董事会预案到发行平均耗时约8.7个月，可以大致推断出可转债大量上市的时间窗口。可转债市场的火爆主要源于其兼具股权和债权双重属性，可转债＝债券＋股票看涨期权。其中股票看涨期权又可以分解为：可转股条款（投资者的期权）、可赎回条款（公司的期权）、可回售条款（投资者的期权）、向下修正转股价（公司的期权）。可转债的四大条款决定可转债的价值，亦影响其正股股性的大小。其中，转股条款和回售条款是赋予投资人的期权，在特定条件下其可以将可转债转为股票或回售给发行人。赎回条款和修正条款则是赋予发行人的期权，其规定在一定条件下发行人可以主动赎回可转债或修改其转股价。

14.1.1 定增市场遇冷，可转债逆袭

2017年2月17日，证监会对《上市公司非公开发行股票实施细则》进行修订，新的再融资监管政策同时从价格、规模和融资间隔时间三方面规范上市公司定增行为，具体包括：规定定价基准日为非公开发行股票发行期的首日、

发行股份规模不得超过发行前总股本的20%、发行董事会决议日距离前次募集资金到位日原则上不得少于18个月。与此同时，证监会表示上市公司发行优先股、可转债融资将不受新规限制。同年5月，证监会发布《上市公司股东、董监高减持股份的若干规定》，新规要求定增股东解禁后首年集中竞价减持不得超过定增股份的50%，使得定增投资的周期从一年延长到两年以上。随着再融资新规和减持新规的实施，定增作为募资途径其“门槛低、灵活度高”的优势逐渐褪去。

定增市场遇冷，上市公司转向可转债融资。截至11月30日，2017年共有113家A股上市公司发布可转债发行预案，规模共计3543亿元，预案数目和金额均远超2016年全年。从历史来看，转债从董事会预案到发行平均耗时约为8.7个月，由于本次可转债行情始于3月，这样2017年年末至2018年年初将迎来可转债大量上市的时间窗口。另外，为解决可转债和可交换债发行过程中产生的较大规模资金冻结问题，5月证监会表示拟进一步完善可转债、可交换债发行方式，将现行的资金申购改为信用申购[①]。9月8日，证监会颁布修改后的《证券发行与承销管理办法》，靴子正式落地，可转债开始信用申购，可转债市

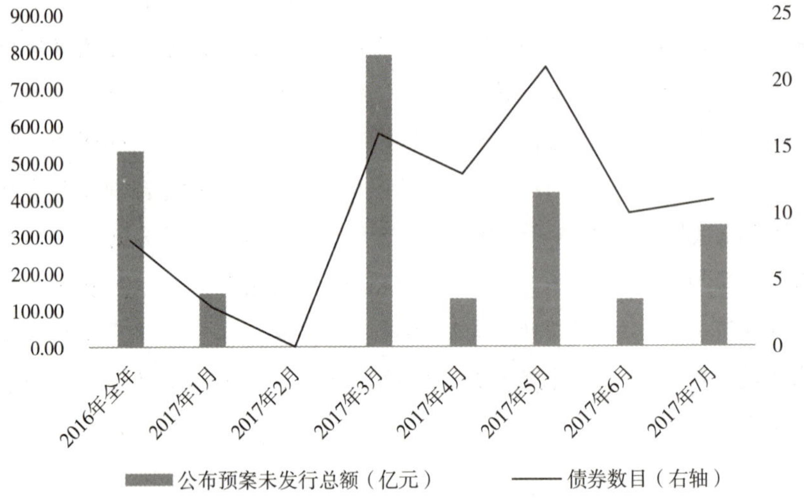

图14.1：待发行可转债于再融资新规后开始爆发

数据来源：Wind

场再次迎来利好。可转债打新陡然成为市场热议话题，由于刚实施信用申购的

① 原先可转债申购需要交纳10%-30%的定金，新规将现金申购改为信用申购，无须交纳定金，降低了参与的成本，避免了一级申购对资金面的扰动（类似新股申购）。

几只可转债上市首日都有不错涨幅，散户申购热情高涨，而上市公司大股东通过配售可转债，也可以直接卖出兑现收益。

案例 61：首只信用申购可转债——雨虹转债

东方雨虹（002271）于 2017 年 10 月 18 日晚间披露可转债上市公告书，雨虹转债（128016）上市时间为 10 月 20 日，可转债上市量 18.40 亿元（1840 万张）。（1）雨虹转债是国内首只实施信用申购的可转债，转股价为 38.84 元，也就是说，持有一张东方雨虹可转债，可向公司换 100/38.48=2.6 股东方雨虹股票。转股权利不因可转债价格波动改变，也不因东方雨虹股票价格波动改变，除非经过东方雨虹股东大会审议通过下调转股价。雨虹转债的修正、赎回、回售条款都和市场主流条款一致，以 10 月 18 日正股收盘价计算（41.29 元），转债对应的转股价值为 106 元（转债平价 = 东方雨虹股票价格 ×100/38.48）。（2）在东方雨虹 9 月 26 日晚间发布的公告中，公开发行可转换公司债券网上发行中签率仅为 0.0013%，为史上最低中签率，根据深交所提供的网上申购信息，本次网上向社会公众投资者发行有效申购户数约为 261 万户，其中中签号码共有 266866 个。（3）10 月 20 日雨虹转债上市第一天，全天涨幅达到 20.12%。

14.1.2 四大条款灵活搭配，股性债性任意选择

可转债在我国已经历 5 个发展阶段。1992 年至 1997 年为探索期，期间国内第一只上市公司可转债“宝安转债”发行，但其之后转股失败，转债市场发展陷于停滞。直到 1997 年《可转换公司债券管理暂行办法》颁布，我国转债市场才重新启动。2001 年后转债市场迎来黄金发展期，证监会颁布《上市公司发行可转换公司债券实施办法》及相关配套文件，规范了可转债的发行，发行数量开始井喷。2006 年以来，随着《上市公司证券发行管理办法》施行，发行主体大型化，中行、工行和石化转债 3 只大盘转债相继发行，转债市场存量突破千亿元大关。2017 年以来定增市场遇冷，上市公司转向可转债融资，截至 2017 年 11 月 30 日，我国上市流通的可转债有 29 只，但排队发行的可转债已超过百只，市场再次迎来大规模扩张。

表 14.1：可转债在我国已经历 5 个发展阶段

年份	标志性事件、特点
1992 年 -1997 年	深宝安在国内发行可转债，中纺机等在海外发可转债，宝安转债失败
1997 年 -2001 年	《可转换公司债券管理暂行办法》获批，非上市 3 家、上市 2 家转债，茂炼转债失败
2001 年 -2006 年	《上市公司发行可转换公司债券实施办法》发布，发展迅猛，条款改善、标准化
2006 年 -2016 年	《上市公司证券发行管理办法》施行，发行主体大型化，特别是 2010 年起发行规模放量
2017 年以来	《上市公司非公开发行股票实施细则》修订，定增市场遇冷，上市公司转向可转债融资

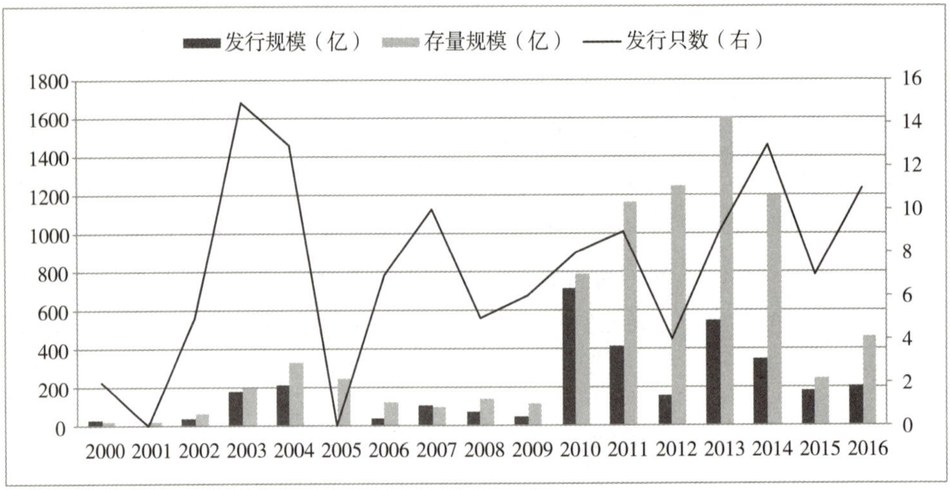

图 14.2：近几年国内转债市场显著放量

数据来源：Wind

存续可转债特点及行业分布：截至 2017 年 11 月 30 日，我国上市流通的可转债共计 29 只，存续金额达 797 亿。从发行特点来看，存续可转债大多期限较长，除格力转债外均为 6 年，发行金额总体较高，平均可达 27 亿元。从行业分布来看，可转债发行人所属行业较为分散，发行最多的行业为汽车、化工、计算机和化工，分别有 4 只、4 只、3 只和 3 只。

可转债市场的火爆主要源于其兼具股权和债权双重属性，既同普通债券一样有固定的期限和利息，在转股后又具有普通股的所有特征。对发行人来说，发行可转债成本较低，转股后可以达到类似定增的效果；对投资者来说，可转债是其参与权益投资的渠道，兼具股债属性，进退自如。

可转债的四大条款（转股条款、赎回条款、回售条款、修正条款）决定可转债的价值，亦影响其债性股性的大小。其中，转股条款和回售条款是赋予投资人的期权，在特定条件下其可以将可转债转为股票或回售给发行人。赎回条款和修正条款则是赋予发行人的期权，规定在一定条件下发行人可以主动赎回可转债或修改其转股价。

表 14.2：可转债重要条款解读（以格力转债为例）

重要条款	条款内容	备注
转股条款	进入转股期后，投资者可选择将债券按照约定的转股价转换成一定数量指定的股票。	赋予可转债股权性质
赎回条款	到期赎回条款：可转债期满后 5 个交易日内，公司将以约定价格向投资者赎回全部未转股的可转债。 提前赎回条款：在提前赎回有效期内，当公司股票任意连续 30 个交易日中至少有 15 个交易日的收盘价不低于当期转股价格的 130% 时，发行人有权按照赎回价格赎回全部或部分未转股的可转债。	有利于发行人；主要为了促进可转债转股
回售条款	在回售期内，如果公司股票任意连续 30 个交易日的收盘价低于当期转股价格的 70% 时，可转债持有人有权将其持有的可转债全部或部分按回售价格回售给发行人。	有利于投资者
修正条款	一般调整条款：当发行人因配股、增发、送股、派息、分立及其他原因引起上市公司股份变动的，应按相应公式进行转股价格的调整。 向下修正条款：当公司股票在任意连续 20 个交易日中有 10 个交易日的收盘价低于当期转股价格的 90% 时，公司董事会有权提出转股价格向下修正方案并提交公司股东大会表决。	发行人下修转股价主要为了避免回收和促进可转债转股

可转债的分解：可转债＝债券＋股票看涨期权。其中股票看涨期权又可以分解为：可转股条款（投资者的期权）；可赎回条款（公司的期权）；可回售条款（投资者的期权）；向下修正转股价（公司的期权）。发行人通过将上述条款灵活搭配，可决定可转债的纯债溢价率与转股溢价率，从而影响可转债债性股性的大小，最终达到其发行目的。一般来说票面利率高，转债溢价率较低，换股期较迟，设置较高的到期赎回价的可转债债性较强，而票面利率低，设置下修条款和较低的赎回价的可转债股性较强。需要注意的是，由于本章的研究重点是可转债正股的投资机会，因此股性较强的可转债运用下文策略的效果更好。

表 14.3：可转债债性股性指标

重要指标	指标意义及计算方法
债性指标	转债底价（纯债价值）=（转债票息 + 到期赎回价格 + 补偿利息）/ 贴现率，即可转债纯债未来现金流贴现的价值 纯债溢价率 = 转债市场价格 / 转债底价 –1，代表转债市场价格超出转债底价的比例，越小债性越强 到期收益率为投资者以当前价格买入转债并持有到期所获得的年均收益率，越大债性越强
股性指标	转债平价（转股价值）= 正股市场价格 ×100/ 转股价格，即可转债按照转股价转成股票的价值 转股溢价率 = 转债市场价格 / 转债平价 –1，代表转债市场价格超过转债平价的比例，越小股性越强

14.2 投资机会：次新股和过程套利

本节导读

次新股：在所有发行可转债的公司中，我们更加关注次新股，这是因为 23 倍市盈率发行后次新股再融资需求较大，定增发行受阻后更加容易转向发行可转债。相较于优先股、并购重组配套融资和创业板小额快速融资，可转债的发行限制对于次新股约束较少，更有可能成为次新股融资的首选方式。急迫的再融资需求释放产品供不应求或后续资本运作的信号，带来投资机会。过程套利：可转债自身体量不大，价格变动不足以对正股价格产生影响，但由于其具备转股的天然属性，就会带来正股的阶段性机会。一般来说，这种机会存在于可转债生命周期的关键时点中，伴随着条款博弈出现：（1）可转债已通过发审委审核，此时若市场对发行人认可度较高，投资者可在配售股权登记日前买入正股，待可转债完成配售股权登记后卖出，享受抢权效应带来的收益；（2）当可转债即将进入转股期时，若正股价格远低于转股价，可考虑买入正股；（3）若可转债正股价格已多日远低于转股价，即将触发修正条款，或即将触发回售条款，可考虑买入正股；（4）若可转债正股价格即将触发强制赎回条款的规定价格，可考虑在股价回调时买入正股；（5）若可转债即将到期，但并未完全转股，同时正股股价远低于转股价，可考虑买入正股。

14.2.1 次新股：可转债成再融资首选

在所有发行可转债的公司中，我们更加关注次新股，这是因为 23 倍市盈率发行后次新股再融资需求较大，定增发行受阻后更加容易转向发行可转债。急迫的再融资需求释放产品供不应求或后续资本运作的信号，带来投资机会。

自 2013 年底第四次新股发行体制改革后，新股的募资规模受限，这导致新股上市后仍有较强的再融资需求，最终表现为定增市场的火爆。2014 年以来的 852 只新股中，成功实施定增的有 121 只，其中首次定增日期距上市不足 18 个月的共有 62 只，占比为 51%。对于次新股来说，再融资新规 18 个月的限制将使其无法通过定增募资，转向可转债等其他融资手段势在必行。

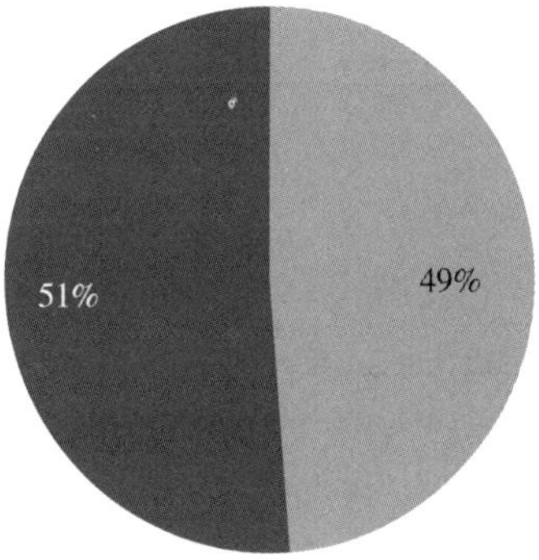

图 14.3：新股首次定增日期距上市不足 18 个月的占比达 51%

数据来源：Wind

可转债有望成为次新股再融资的首选。可转债、优先股、创业板小额快速融资、并购重组配套融资均不受再融资新规影响，但其特征各不相同。优先股多为银行发行，创业板小额快速融资发行规模不大，并购重组配套融资监管严格，相比而言，可转债关于净资产收益率超过 6% 的规定难以对次新股造成限制，次新股发行可转债有望变为常态。

次新股发债限制少，金融行业融资规模大。可转债发行的限制条件主要有两点：一是盈利，最近 3 年加权平均净资产收益率平均不低于 6%；二是规模，累计债券余额不超过最近一期公司净资产额的 40%。我们统计过 2016 年 8 月 1 日至 2017 年 4 月 1 日（4 月以后上市的次新股绝大多数还未公布中报，其一季报公布的净资产不包括 IPO 募集资金，不能作为净资产值的参考）上市的 288

只次新股，盈利方面仅白银有色 3 年平均 ROE 低于 6%，其余 287 只次新股全部符合发行要求。规模方面，若按次新股一季报末净资产额的 40% 计算，所有次新股利用可转债理论最大融资规模平均为 10.67 亿元，其中银行、非银金融等重资产行业公司的融资能力显著高于其他行业。

表 14.4：不受再融资新规影响的各类融资方式对比

	可转债	优先股	创业板小额快速融资	并购重组配套融资
发行规模	本次发行后累计债券余额不超过最近一期末公司净资产额的 40%	已发行的优先股不得超过公司普通股股份总数的 50%，且筹资金额不得超过发行前净资产的 50%，已回购、转换的优先股不纳入计算	募集资金不超过其净资产 10% 且不超过 5000 万元	发行的股份数量不超过本次发行前总股本的 20%
定价方式	初始转股价格不低于公告募集说明书日前 20 个交易日公司股票均价和前 1 个交易日的均价	机构询价	无	发行期首日定价
主要限制条件	最近 3 年加权平均净资产收益率平均不低于 6%；最近 3 年实现的年均可分配利润不少于公司债券 1 年的利息	最近 3 年连续盈利，且年均可分配利润应当不少于优先股 1 年的股息；. 最近 3 年现金分红应当符合公司章程及中国证监会的有关监管规定	无	与并购重组相同

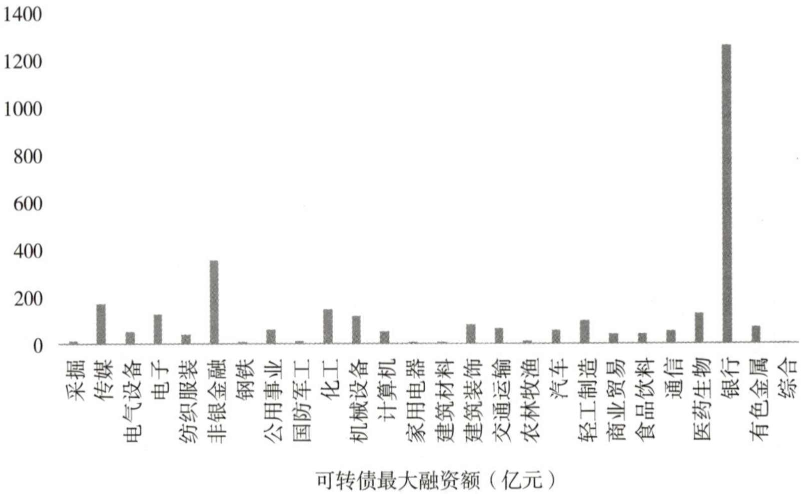

图 14.4：金融行业次新股利用可转债融资能力强

数据来源：Wind

表 14.5：不少次新股选择发行可转债的再融资方式

公司名称	股票代码	上市日期	可转债预案公告日	理论最大融资规模（亿元）	实际融资规模（亿元）	方案进度
新泉股份	603179.SH	2017-03-17	2017-05-04	4.5	4.5	股东大会通过
中原证券	601375.SH	2017-01-03	2017-04-07	48.3	27.0	股东大会通过
星源材质	300568.SZ	2016-12-01	2017-08-09	5.2	4.8	董事会预案
吴江银行	603323.SH	2016-11-29	2017-08-08	32.1	25.0	董事会预案
鼎信通讯	603421.SH	2016-10-11	2017-04-24	8.1	6.0	股东大会通过
常熟银行	601128.SH	2016-09-30	2017-03-31	42.8	30.0	股东大会通过
泰晶科技	603738.SH	2016-09-28	2017-04-28	2.4	2.2	股东大会通过
无锡银行	600908.SH	2016-09-23	2017-03-30	36.1	30.0	股东大会通过
江阴银行	002807.SZ	2016-09-02	2017-03-15	36.4	20.0	股东大会通过
花王股份	603007.SH	2016-08-26	2017-05-12	3.4	3.3	股东大会通过

数据来源：Wind

14.2.2 可转债生命周期中的投资机会把握

可转债自身体量不大，价格变动不足以对正股价格产生影响，但由于其具备转股的天然属性，发行人有动力刺激正股上涨，这就带来了正股的阶段性机会。一般来说，这种机会存在于可转债生命周期的关键时点中，伴随着条款博弈出现。特别是转债信用申购后，中签率大幅降低，打新绝对收益被压缩，更使投资者重新思考转债发行中正股波动带来的博弈正股机会。

可转债一个完整的周期从董事会预案公布开始，经证监会审核后开始老股东配售，股权登记日之前持有正股的投资者可以参与配售，此时抢权效应将带来正股的投资机会。可转债发行后，其存续期为 1 年 ~ 6 年（多数转债为 5 年），转股期一般为自发行结束之日起 6 个月后至转债到期日，一只可转债将经历转股、赎回、下修、回售中的一个或多个关键时点，在这些时点上发行人转股动机更强，正股的投资机会更大。

机会一：发行公告日（配售股权登记日前）买入正股，配售股权登记日卖出，可获得抢权效应带来的收益。

可转债发行条款中通常会赋予原股东优先配售权，由于可转债二级市场相对一级市场一般存在溢价，该权利有一定价值。投资者如果想要获得配售权，

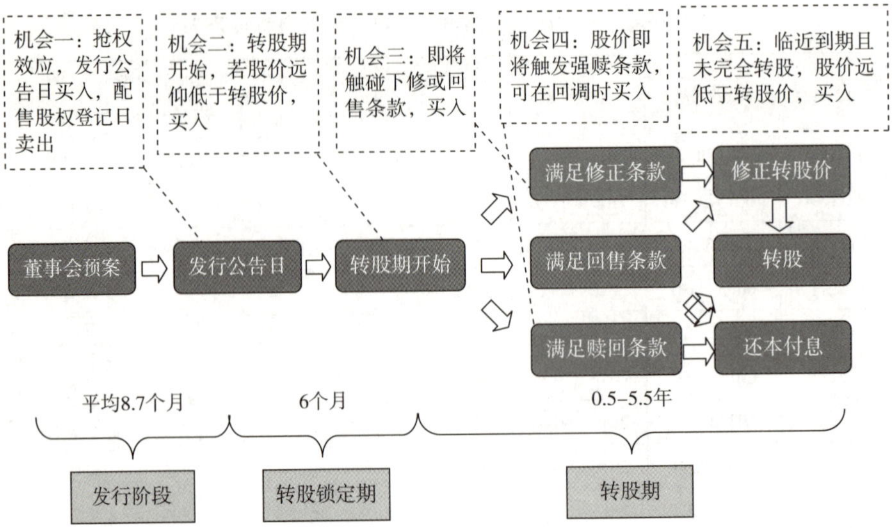

图 14.5：可转债生命周期与投资机会

只需要在配售股权登记日前买入正股即可，这会导致配售股权登记日前出现抢权效应，引发股价上涨。因此，投资者可以在发行公告日当日或次日买入被市场看好的正股，持有至配售股权登记日获得转债配售权，待配售股权登记日正股上涨后卖出获利。另外，由于多数投资者在配售可转债后会卖出正股，股价因抛压会有一波下跌，投资者应及早离场获利。如前面讲的雨虹转债，正股东方雨虹在配售股权登记日前一两天见顶。

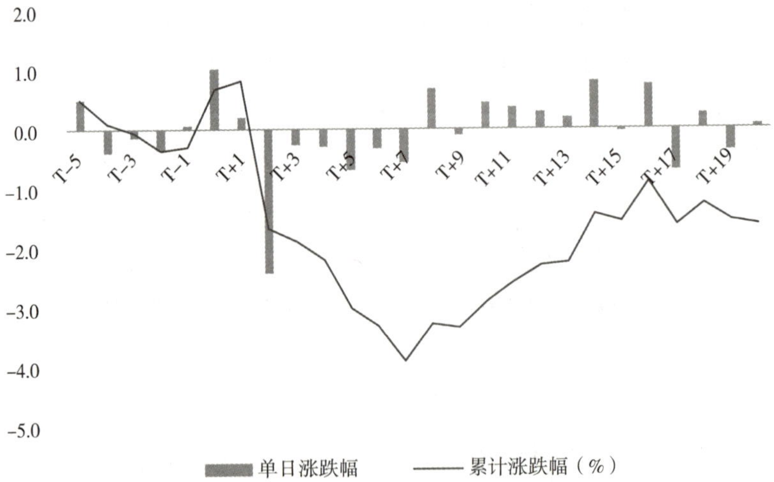

图 14.6：抢权效应明显

数据来源：Wind

采用事件研究方法进一步看抢权效应的效果，选取 2014 年以来已发行的可转债数据，设 T 为发行公告日，以 T–5 日的收盘价买入，计算发行公告日前后 25 天的单日涨跌幅和累计涨跌幅。结果显示在发行公告日前后 2 天具有明显的正收益，抢权效应得到验证。

案例 62：航信转债（110031）：抢权效应引发正股上涨

航天信息（600271）于 2014 年 7 月 17 日发布董事会预案，计划发行 24 亿元航信转债，募投方向包括金税产业升级、金融电子支付及服务、物联网技术及应用等项目，由于企业征信与电子发票进展超预期，航信转债被市场机构普遍看好。

2015 年 6 月 9 日晚间，航天信息发布《公开发行可转换公司债券发行》公告，公告中明确了股权登记日收市后登记在册的原老股东可优先认购 99.9965% 的可转债份额，每股配售金额 2.599 元，当天下午收盘价为 87.55 元，10 日股价便一路冲上涨停板，达 96.31 元，2 日内股价涨幅超过 15%，抢权效应明显。

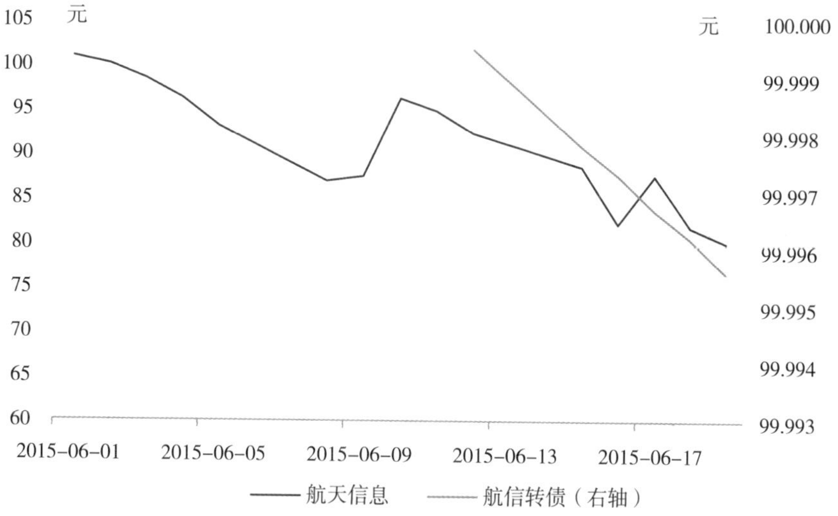

图 14.7：航信转债抢权效应存在套利机会

数据来源：Wind

机会二：当可转债即将进入转股期时，若正股价格远低于转股价，可考虑买入正股。

可转债发行半年或一年后，一般将进入转股期，这意味着投资者可以选择将可转债转换成正股，具有很强的信号意义。若正股价格远低于转股价，投资者将没有动力转股，因此发行人一般会在进入转股期后刺激股价上涨，以促使投资者行使转股权。需要注意的是，若正股价格接近于转股价或高于转股价，则发行人可能对股价上升没有更高诉求，正股价格反而有可能因转股后抛售而下跌，起不到本策略的效果。

案例 63：深机转债（125089）：进入转股期激发正股上涨

深机转债于 2011 年 7 月 15 日由深圳机场（000089）发行，该转债有效期为 6 年，转股期为 2012 年 1 月 16 日至 2017 年 7 月 14 日。临近转股期的 1 个月内，正股深圳机场的价格一直保持在 4.50 元以下，而转债的转股价为 5.66 元，正股价格远低于转股价。转股期开始后，深圳机场股价开始上涨，短短 4 天内涨幅达 5.25%，虽离转股价仍有一定距离，但转股期开启这一信号意义明显，投资者可以加以关注。

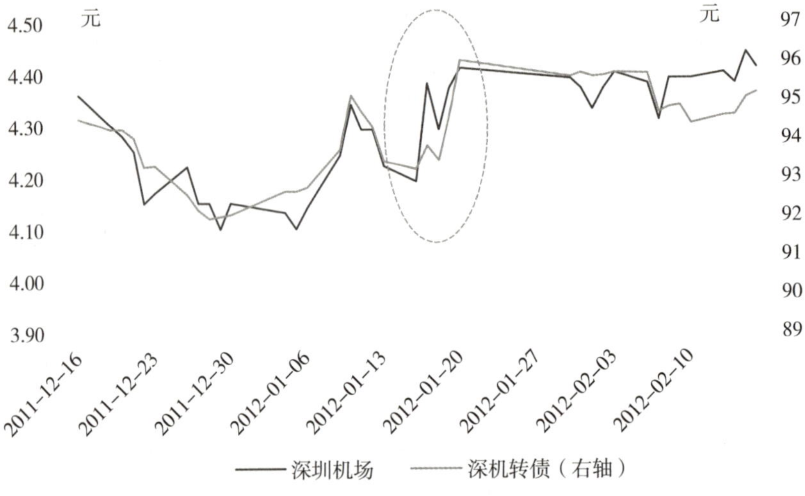

图 14.8：深机转债转股期开启，信号意义明显

数据来源：Wind

机会三：若正股价格已多日远低于转股价，即将触发修正条款，或即将触发回售条款，可考虑买入正股。

绝大多数发行人希望可转债以转股告终，避免承担还本付息的责任，因此其有保持正股价格在转股价之上的动力，也不希望看到可转债因正股价格过低而被回售。若正股价格连续多日低于转股价 80%（也有 90%），触发了修正条款，发行人可能选择向下调整转股价，或通过公布利好消息等手段刺激正股价格上涨至转股价 80% 以上。若正股价格连续多日低于转股价 70%，即将触发回售条款，发行人为了避免回售发生，同样需要刺激股价回升或下修转股价。无论出现哪一种情况，都意味着正股价格将会出现上涨。

案例 64：石化转债（110015）：下修转股价引发正股上涨

中国石化（600028）于 2011 年 2 月 11 日正式发行了规模为 230 亿元的可转债——石化转债，该转债附有特别向下修正条款，规定当正股在任意连续 30 个交易日中有 15 个交易日的收盘价低于当期转股价格的 80% 时，发行人董事会有权向股东大会提出下修转股价进行表决。

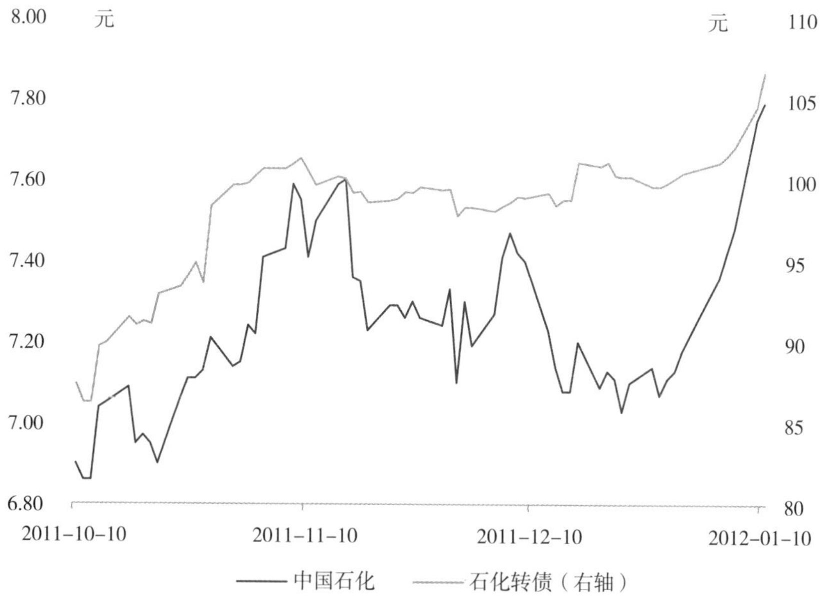

图 14.9：石化转债下修转股价，正股应声而涨

数据来源：Wind

截至 2011 年 10 月 27 日，该转债经过 2 次除息调整后的转股价为 9.50 元，而其正股中国石化的股价长期保持在 7 元以下，两者发生较大背离。当日，中国石化董事会发布《关于向下修正“石化转债”转股价格的议案》，提出为促进石化转债尽快实现转股，改善公司资产负债率，董事会建议公司根据转股价格向下修正条款修正石化转债的转股价格，并将提交2011年第二次临时股东大会审议。由于上述议案并未提及下修转股价的幅度，且股东大会召开尚需时日，市场对此普遍解读为中国石化希望传达下修转股的意愿，但不愿意以当前较低的正股价格为标准下修转股价，因此发行人有刺激股价上升的意愿。2011年10月28日至11月8日，正股股价大幅上涨，累计涨幅达到6.45%。

2011年12月15日，中国石化召开股东大会，正式通过了石化转债修正议案，转股价由原来的9.50元修正至7.28元，下修程度超出市场预期。中国石化如此大幅度地下修转股价，一方面是为了推动石化转债加速转股，另一方面也是为了石化转债二期顺利发行。市场对此反响热烈，其正股股价自7.08元一路上涨到7.79元，累计涨幅达10.03%。

机会四：若可转债正股即将触发强制赎回条款，可考虑在股价回调时买入正股。

当正股价格连续几天高于强制赎回条款的规定价格时（一般为转股价的130%），转债发行人通常为了能够在强制赎回期内促成转股，会有较强的意愿维持正股价格保持在转股价130%以上。此时若正股股价出现回调，甚至跌至转股价130%以下，投资者可以买入正股，等待正股价格重新上涨获利。

案例65：歌尔转债（128009）：触发强制赎回条款回调后上涨

歌尔股份（002241）于2014年12月20日发行了规模为25亿元的可转债——歌尔转债，该转债附有强制赎回条款，规定当正股在任意连续30个交易日中有15个交易日的收盘价不低于当期转股价格的130%时，发行人有权以可转债票面面值上浮8%的价格向投资者赎回可转债。

2017年5月24日，歌尔股份发布《关于“歌尔转债”赎回实施的第一次公告》，公告指出由于正股股价在2017年4月7日至5月19日期间已有15个交易日的收盘价不低于当期转股价格的130%，已经触发《募集说明书》中约定的有条件赎回条款，因此公司决定行使“歌尔转债”有条件赎回权，按照债券面值加当期应计利息的价格赎回全部未转股的“歌尔转债”，赎回期截至2017年6月30日。

赎回实施公告发布后，正股股价一度跌至16.98元（5月26日收盘价），与转股价格的130%非常接近。回调后正股股价开始上涨，若投资者于5月26

日买入正股，6 月 26 日以 19.95 元卖出，累计收益率可达 17.49%。

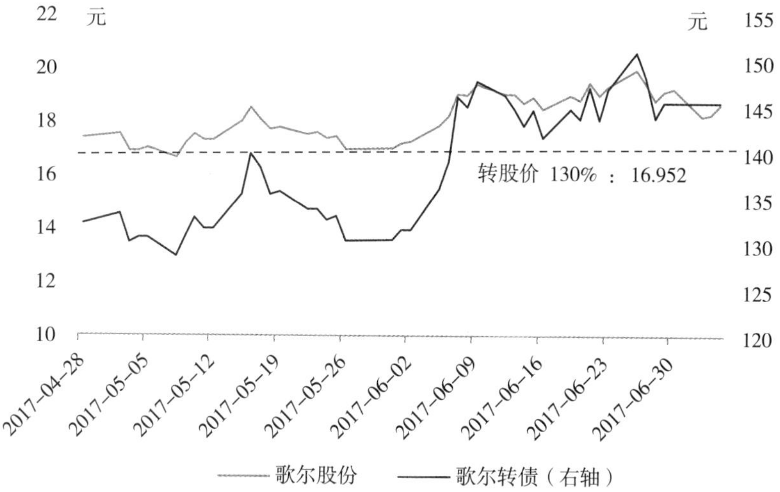

图 14.10：歌尔转债触发强赎条款，正股回调后买入获利

数据来源：Wind

机会五：若可转债即将到期，但并未完全转股，同时正股股价远低于转股价，可考虑买入正股。

对于发行人来说，如果可转债到期赎回，将面临较大的成本，因此可转债距离到期日越近，发行人刺激正股价格的意愿也越强。在可转债即将到期前的一段时间内，若正股价格远低于转股价，发行人可以通过执行下修条款下调转股价，或公布利好消息以助推正股上涨，从而促使可转债持有人转股。因此，此时买入正股，往往能获得超额收益。

案例 66：博汇转债（110007）：转债到期前正股爆发

博汇纸业（600966）于 2009 年 9 月 23 日发行了规模为 9.75 亿元的可转债——博汇转债，转债期限为 5 年，到期日为 2014 年 9 月 23 日。根据博汇纸业发布的《可转债转股结果暨股份变动公告》，截至 2013 年 12 月 31 日尚有 99.97% 的可转债未转股，此时正股收盘价仅为 4.9 元，远低于 6.16 元的转股价，发行人急需在短时间内刺激股价上升以促进转股。

2014 年 1 月 29 日和 4 月 26 日，博汇纸业相继发布《2013 年度业绩预增公告》和《重大事项停牌公告》，不断释放利好消息，股价也在上半年上涨了

12.11%，达到5.37元。但截止到2014年6月30日，仍有69.9%的可转债未转股。

2014年7月14日，博汇纸业召开2013年度股东大会，会议审议通过了《关于向下修正“博汇转债”转股价格的议案》，同意将博汇转债向下修正转股价格至5.74元/股，股价应声而起，一度上涨至6.49元，涨幅达18.68%，博汇转债最终于2014年9月23日全部完成转股。

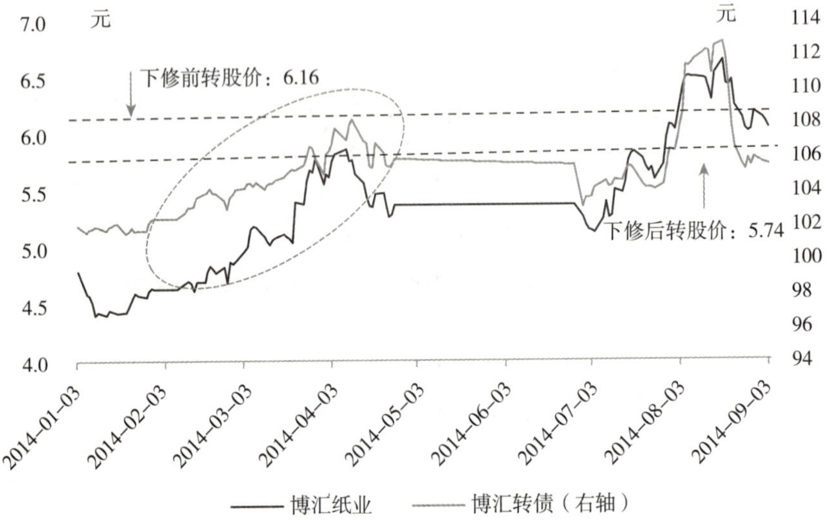

图14.11：博汇转债临近到期，发行人刺激正股上涨以促进转股

数据来源：Wind

基于以上分析，建议投资者可以关注下列五类标的：

（1）可转债已通过发审委审核，此时若市场对发行人认可度较高，投资者可在配售股权登记日前买入正股，待可转债完成配售股权登记后卖出，享受抢权效应带来的收益。

（2）当可转债即将进入转股期时，若正股价格远低于转股价，可考虑买入正股。

（3）若可转债正股价格已多日远低于转股价，即将触发修正条款，或即将触发回售条款，可考虑买入正股。

（4）若可转债正股即将触发强制赎回条款，可考虑在股价回调时买入正股。

（5）若可转债即将到期，但并未完全转股，同时正股股价远低于转股价，可考虑买入正股。

以上讲的是可转债全生命周期中正股的一些投资机会，不难发现，其中以短期套利机会为主。而对正股中长期的分析，我们还需要回归基本面，两者共振则最佳。比如前面讲到的东方雨虹，公司处于防水材料市占率加速提升期，渠道深耕、品类延伸将助力增长，股价有良好的基本面支撑。雨虹转债的发行则带来配售股权登记日前出现抢权效应，进一步拉动股价上涨。

案例 67：从可转债的角度看平安银行（000001）投资机会

资本充足率[①]是商业银行风险的重要监管指标，按照中国银监会颁布的《商业银行资本管理办法（试行）》要求，系统重要性银行，于 2018 年底核心一级资本充足率不得低于 8.50%，一级资本充足率不得低于 9.50%，资本充足率不得低于 11.50%。非系统重要性银行，2018 年底的核心一级资本充足率、一级资本充足率和资本充足率最低要求分别为 7.5%、8.5% 和 10.5%。而平安银行 2017 年 6 月底的核心一级资本充足率和一级资本充足率分别为 8.13% 和 9.05%，急需补充核心一级资本。但公司过去一年资本充足率指标不断下滑，单纯依靠盈利难以短时间内补充核心资本，因此通过借助再融资手段，可以迅速帮助平安银行提高资本充足率，同时也更好地支持公司的零售转型战略。

表 14.6：平安银行资本充足率过低

	资本充足率	一级资本充足率	核心一级资本充足率
2017 年底监管要求	11.1%	9.1%	8.1%
2018 年底监管要求	11.5%	9.5%	8.5%
平安银行 2017 年 6 月底	11.23%	9.05%	8.13%
商业银行 2017 年 6 月底	13.16%	11.12%	11.12%

① 监管资本可划分为一级资本和二级资本，其中，一级资本又可划分为核心一级资本和其他一级资本。核心资本充足率 =（核心资本 / 加权风险资产总额）× 100%。核心一级资本是指在银行持续经营条件下无条件用来吸收损失的资本工具，具有永久性、清偿顺序排在所有其他融资工具之后的特征。其他一级资本是非累积性的、永久性的、不带有利率跳升及其他赎回条款，本金和收益都应在银行持续经营条件下参与吸收损失的资本工具。一级资本包括实收资本或普通股、资本公积、盈余公积、未分配利润和少数股权。二级资本是指在破产清算条件下可以用于吸收损失的资本工具，二级资本的受偿顺序列在普通股之前，在一般债权人之后，不带赎回机制，不允许设定利率跳升条款，收益不具有信用敏感性特征，必须含有减计或转股条款。二级资本包括重估储备、一般准备、优先股、可转换债券、混合资本债券和长期次级债务。

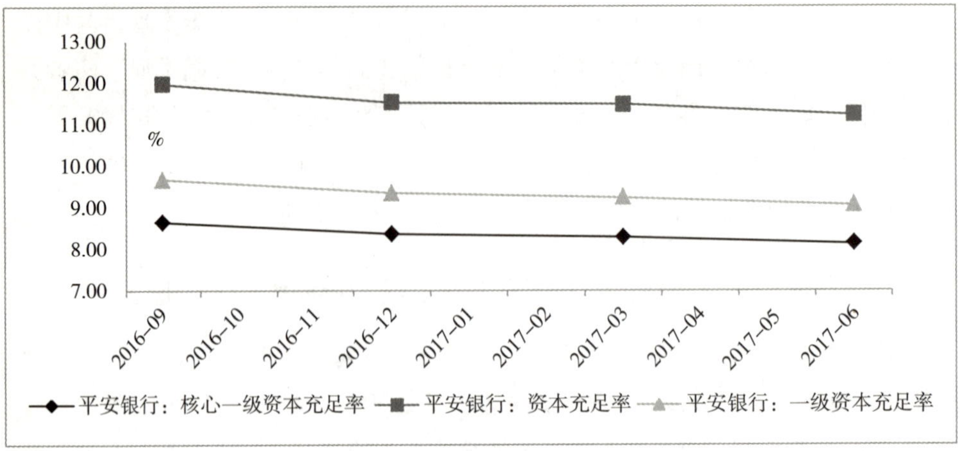

图 14.12：平安银行资本充足率不断下滑

数据来源：Wind

再融资手段选择。根据平安银行 2017 年 7 月 29 日的可转债发行预案，本次共募资 260 亿元。在定增再融资政策和规模监管收紧的背景下，如果 260 亿用定向增发的方式来募集，发行难度较大，平安银行转道用发行可转债的方式不失为明智的选择。但可转债属于债券融资，募集资金属于二级资本，必须转股后才能转为核心一级资本，因此发行人有强烈的转股动机。由于可转债发行要求初始转股价格不低于募集说明书公告之日前 20 个交易日 A 股股票交易均价和前一个交易日 A 股股票交易均价，以及最近一期经审计的每股净资产和股票面值（在实践中一般都会加上此条件），平安银行 2017 年 6 月底的每股净资产为 11.48 元，因此转股价不能低于该值。而公司 8 月 11 日中报发布时的收盘价仅为 10.02 元，从这个角度出发，上市公司有较大的诉求提振股价。从公告披露情况看，平安银行发行可转债期间的投资者接待沟通比较频繁，11 月 6 日，公司还专门在总部举办了零售专题开放日活动。同时由于 2017 年可转债市场的火爆，不排除平安银行二级市场股价（后期）还受部分套利资金进出影响（前面讲的机会一）。

当然，平安银行基本面也出现超预期的变化。公司在 2017 年年初正式提出“一个尖兵、两大能力、三新三变、四轮驱动”的零售转型落地新模式，借助集团零售业务得天独厚的条件，预计零售转型成效将持续超预期。

15. 可交债：既要选股，也要择时

15.1 可交债资本运作手段更加丰富

本节导读

我国可交换债市场于2013年起步，2016年因并购重组监管趋严和资产荒迎来爆发，2017年继续保持高位发展态势，可交换债已成为A股重要的再融资手段之一。在所有可交换债中，私募可交债因其兼具股债属性、功能丰富、发行条件和监管环境宽松，备受发行人和投资者追捧，占据了90%以上的可交换债市场。与可转债相比，可交换债条款设计更加灵活，功能更加丰富，其生命周期中的条款博弈和其条款中隐含的功能定位等都会释放上市公司的股价信号。同时，可交换债作为股债混合工具，除了股东的融资、减持等基本功能外，可交换债也可以跟上市公司并购重组、定增等结合运用，功能也从债性特征向股性特征转移。在已摘牌的可交换债中，换股和提前赎回是两种最常见的退出方式。对于正在存续期的可交换债，不同债券的债性股性各有不同，目前市场以偏债的可交换债为主。

15.1.1 可交换债大器晚成，私募EB更受追捧

上篇我们探讨了可转债正股的投资机会，本篇我们继续研究与之相近的可交换债（Exchangeable Bond）及其正股的投资机会，二者既紧密相关，又各有不同。作为股债混合工具，除了股东的融资、减持等基本功能外，可交换债还可以跟上市公司并购重组、定增等结合运用，功能也从债性特征向股性特征转移。

可交换债大器晚成，目前经历了3个发展阶段。2008年，证监会发布了《上市公司股东发行可交换公司债券的规定》，可交换债概念被首次提出，后因股权抵质押法律的缺陷而搁置。直到2013年5月，深交所发布《关于开展中小企业可交换私募债券试点业务有关事项的通知》，正式重启了可交换债的试点。同年10月，我国首只私募可交换债“13福星债”发行。私募EB的成功也推动了公募EB的发行，2014年首只公募可交换债“14宝钢EB”上市。2015年，《非公开发行公司债务业务管理暂行办法》发布，私募EB和公募EB被正式纳入统一的监管框架，可交换债市场进入快速发展期。2016年可交换债因并购重组监管趋严和资产荒迎来爆发，全年共有60只可交换债发行，远超过去3年总和。2017年市场保持稳定，前8个月共有54只可交换债发行，规模共计553亿元，较2016年略有上升。

表15.1：2015年以来可交换债市场迅速发展

时期	年份	标志性事件、特点
概念期	2008年－2012年	《上市公司股东发行可交换公司债券的规定》发布，可交换债概念被首次提出，期间虽然有公司发布预案，但没有产品推出
启动期	2013年－2014年	《关于开展中小企业可交换私募债券试点业务有关事项的通知》发布，首只私募可交换债“13福星债”、首只公募可交换债“14宝钢EB”推出
发展期	2015年以来	《非公开发行公司债务业务管理暂行办法》发布，私募EB和公募EB被纳入统一的监管框架，可交换债市场迅速发展

私募EB更受追捧。对发行人来说，私募EB除低息融资、变相减持等功能外，还可以与定增、并购重组、员工持股计划搭配使用。同时，私募EB的发行条件和监管环境较公募EB相对宽松，在再融资监管加强的背景下更受发行人欢迎。对投资者而言，私募EB作为股债混合产品，除保底收益外还提供了向上的弹性受益，成为资产荒背景下的一座金矿。多方看好造就了私募EB市场的火爆，2016年以来共有108只私募EB发行，发行规模达914亿元，远超公募EB。

表 15.2：私募 EB 发行条件更为宽松

	公募 EB	私募 EB
发行人	发行人为上市公司股东 净资产额不少于 3 亿元 近 3 年平均可分配利润大于公司债券 1 年的利息 发行后债券余额不超过净资产的 40%	发行人为上市公司股东 无其他要求
上市公司	上市公司净资产不低于 15 亿元 近 3 年加权平均净资产收益率不低于 6%	无
债券期限	1 年 – 6 年，多为 3 年以上	1 年 – 6 年，多为 1 年 – 3 年
换股期	发行结束之日起 12 个月以后	发行结束之日起 6 个月以后
融资额度	发行金额不超过质押股票市值的 70%	发行金额不超过质押股票市值的 100%
审批程序	证监会公司债、交易所预审	交易所预审
面向投资者	公众投资者和合格投资者	合格投资者

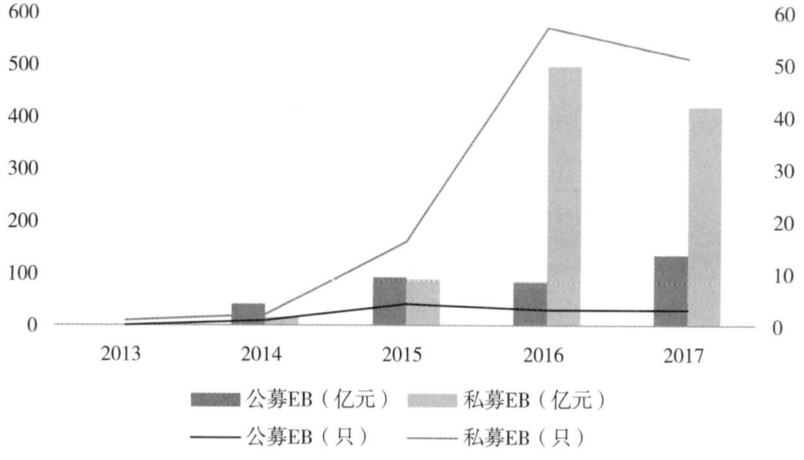

图 15.1：私募 EB 发行数量和规模远超公募 EB

数据来源：Wind

已摘牌可交换债的退出方式以换股和提前赎回为主。在可统计的 21 只已摘牌可交换债中，以全部换股方式退出的可交换债有 9 只，占比 43%；以提前赎回方式退出的可交换债有 8 只，占比 38%。换股和提前赎回已成为可交换债退出最主要的两种方式。剩余的退出方式有换股 + 到期兑付、回售、到期兑付，分别占比 9%、5% 和 5%。

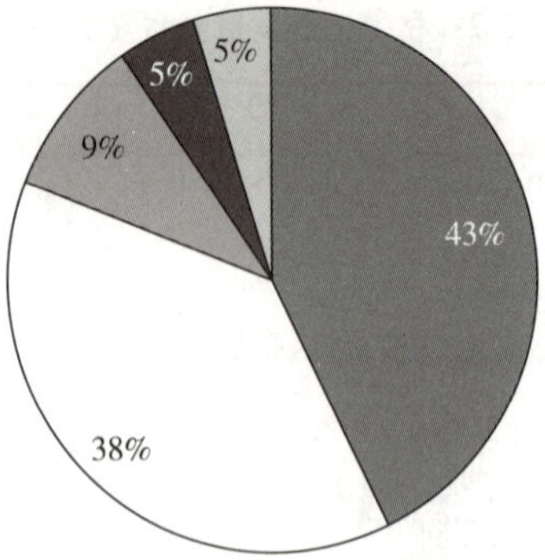

图 15.2：换股和提前赎回是最主要的两种退出方式

数据来源：Wind

存续可交换债以偏债为主。2017 年前 8 个月，我国上市流通的可交换债共计 116 只。在所有存续可交换债中，转股溢价率和纯债溢价率明显呈负相关关系（关于两个指标的解释请参看可转债章节），超过一半的可交换债纯债溢价率为负，仅有 19 只可交换债转股溢价率为负，这意味着目前偏债的可交换债较多。

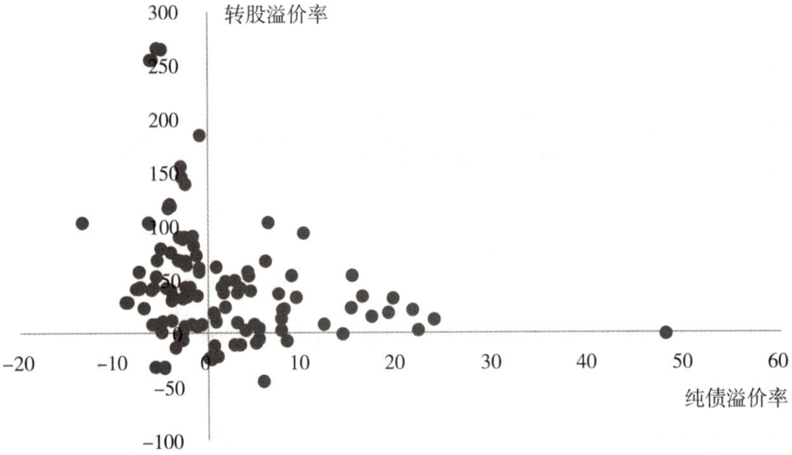

图 15.3：存续可交换债以偏债为主

数据来源：Wind

可交换债兼具股债属性，与转债各有不同。可交换债市场火爆的原因在于其兼具债性与股性，既附带票息，又可转换成股份，是广义的可转债。但与可转债的不同是，其发行人不再是上市公司，而是上市公司的股东本身，债券投资人转股得到的股票也不再是新发行的增量股票，而是发行人质押的存量股票。因此，若可交换债转股，则发行人完成了变相减持；若可交换债不转股，发行人实现低成本融资。正是因为可交债的换股标的是上市公司存量股权，而可转债的转股标的是上市公司新增股权，因此可转债 = 公司债券 + 转股期权，而可交债 = 有股票担保的公司债券 + 换股期权。

表 15.3：可交换债 vs 可转债

	可交换债	可转债
发债主体	上市公司股东	上市公司
股票来源	股东质押的存量股票	新增股票
转股影响	总股本不变	总股本增加，原有股份被稀释
抵押担保	发行人所持股份质押	第三方担保
发行目的	上市公司股东变相减持 低成本融资 套利、股权再分配等其他目的	低成本融资，一般希望转债持有人转股，避免还本付息
转股意愿	低成本融资：转股意愿弱 变相减持：转股意愿强	转股意愿强

条款设计多有创新。常见的创新条款有：发行时可交换债的标的股票可以处于限售状态，赎回条款的生效期设置在换股期之前，回售期通常较短且多为可交换债到期前 3 个月内，修正条款自动触发或只需董事会通过即可，等等。灵活的条款赋予了可交换债可变的属性，为可交换债融资、减持、套利等不同功能的实现提供了可能。

表 15.4：可交换债典型创新条款

重要条款	条款内容	备注
赎回条款	换股期前赎回条款：进入换股期前 30 个交易日，如果标的股票在任意连续 20 个交易日中至少有 10 个交易日的收盘价不低于当期转股价格的 130% 时，发行人董事会有权按照债券面值的 108% 赎回全部或部分可交换债。 部分赎回条款：在本期可交换债的整个存续期中，任意 20 个交易日中至少有 10 个交易日的收盘价不低于当期转股价格的 130% 时，发行人董事会有权赎回至多 80% 的可交换债，赎回利率为 10%。	债性较强，发行人减持意愿较低

续表

重要条款	条款内容	备注
修正条款	自动下修条款：当下修条件满足时，转股价自动下修。 向下修正条款：董事会通过即可，无需提交股东大会审议	股性较强，发行人减持意愿较高
	向上修正条款：整个可交换债存续期内，任意 20 个交易日中有 10 个交易日的收盘价高于当期换股价格的 130%，公司董事会有权上修转股价。	保护发行人利益
回售条款	回售期较短且严格，多为到期前 3 个月或 180 天内，回售条件低至转股价的 60%	保护发行人利益
补偿条款	在本期可交换债券期满后 5 个交易日内，发行人将以本期发行的可交换债券票面面值上浮 11% 的价格（含最后一期利息）向投资者赎回全部未换股的可交换债券。	债性较强，发行人减持意愿较低
其他条款	发行时可交换债的质押股票可以处于限售状态	无

15.1.2 可交换债的五大功能

股债双重属性和条款创新设计赋予了可交换债丰富的功能，除最为常见的融资和减持外，还衍生出了套利、并购重组支付工具和股权再分配等特殊功能。

（1）融资：相比常见的股权质押式回购融资，利用可交换债融资的股权质押率更高（最高可达 100%），票面利率更低（3–7%），融资期限更长（可长达 3 年），质押的股份可以处于限售期，具备很大优势。另外由于可交换的债券发行人可以是非上市公司，所以它也是非上市集团公司筹集资金的一种有效手段。

案例 68：14 海宁债（117002.SZ）：换股溢价率高，以融资为目的

14 海宁债于 2014 年 7 月 31 日由海宁国资发行，票面利率 7.3%，共募集 3.6 亿元用以补充流动资金。该可交换初始换股溢价率高达 37%，不设下修条款，且设置了换股期前的赎回条款，体现其强债性。另外发行人海宁国资为正股海宁皮城（002344）的控股股东，作为国企看重控股股东地位，减持意愿较差。可见 14 海宁债的发行目的为单纯融资。

从实际来看，2015 年 8 月该可交债进入转股期后，正股海宁皮城股价再未超出转股价，最终该债券绝大部分投资者选择到期兑付，发行人实现其融资目的。

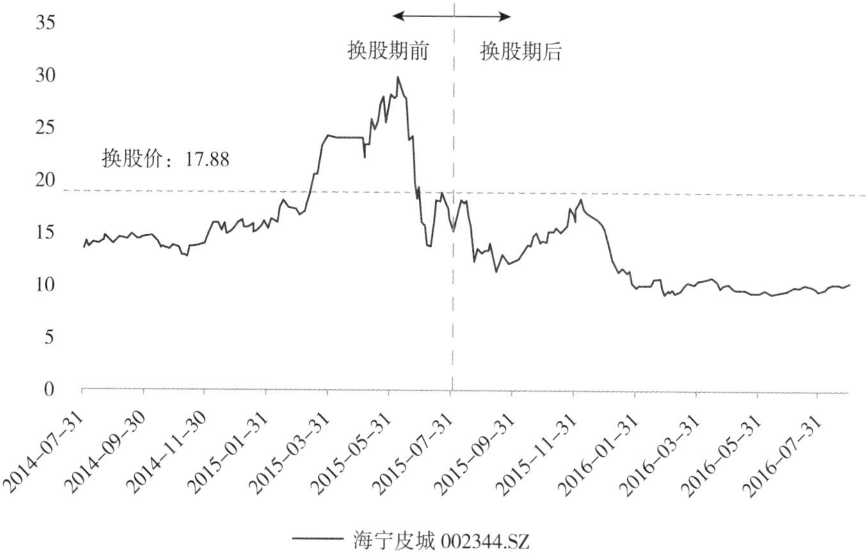

图 15.4：进入转股期后正股股价始终高于转股价

数据来源：Wind

（2）减持：相比于集合竞价、大宗交易、协议转让等传统减持手段，大股东发行可交换债可以先获得资金，再利用可交换债转股实现有序减持，避免因大量抛售股票引发二级市场股价大幅波动，可谓一举多得。

案例 69：15 宝利来（117024.SZ）：折价发行体现减持意图

15 宝利来于 2015 年 5 月 20 日由宝利来实业发行，该可交债没有设置下修条款、赎回条款和回售条款，这意味着其是否转股完全取决于正股神舟高铁（000008）的股价高低，此时初始转股价的高低将反映发行人的动机。由于该可交债初始转股价为 23.24 元 / 股，发行溢价率为 –13.51%，折价发行表明了发行人较强的减持意愿。

15 宝利来进入换股期后，因神舟高铁实施了高送转方案，除权除息后换股价格由 23.24 元 / 股调整为 7.75 元 / 股，此时正股股价为 10.54 元，相当于投资者刚刚进入换股期就存在换股收益。最终 15 宝利来全部换股，宝利来实业减持 1.09 亿股，占神州高铁总股本的 3.94%。

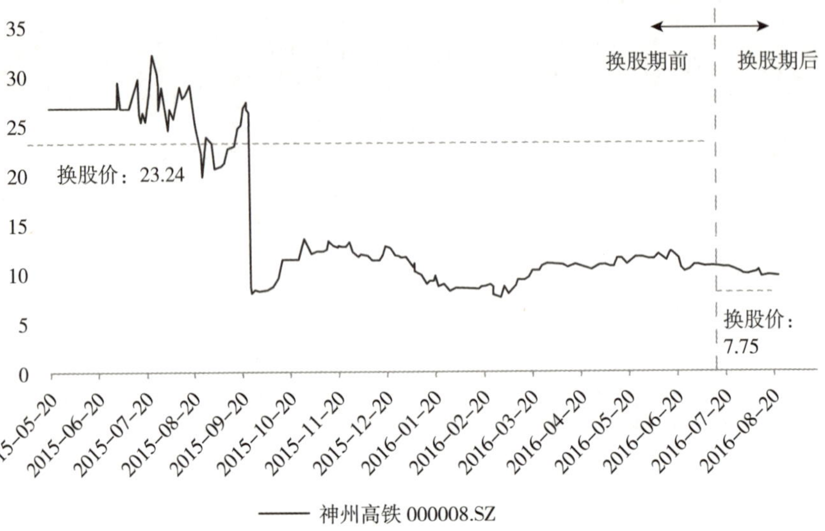

图 15.5：折价发行体现减持意图

数据来源：Wind

（3）套利：将可交换债与其他资本运作工具（如定增）相结合，可以利用低买高卖套利。以定增为例，上市公司股东可以先参与公司定增，以低价增持公司股份，然后在增持股份的基础上发行可交换债，并设立较高的转股价，待可交债转股后获取转股价与定增价之间的价差收益。应用该策略需保证定增股权登记日与可交换债换股期间距 6 个月以上，具体案例见后文投资机会部分。

（4）并购重组的支付工具：将可交换债作为并购重组中的支付工具，可以平衡收购方与出售方的利益。例如收购兼并过程中遇到资金短缺的问题时，可以在实施收购之前发行专门为收购设计的可交换债券。

案例 70：16 塞纳 01、16 塞纳 02：为艾派克并购 Lemark 一案融资 60 亿

发行可交换债 16 塞纳 01 和 16 塞纳 02 的主要目的是为艾派克（002180，现改名纳思达）并购 Lemark 一案融资。艾派克是中国打印机耗材芯片市场的龙头企业，其 2015 年总资产为 31.19 亿元，而并购对象 Lemark 总资产为 39.12 亿美元，两者体量相差 8 倍，并购资金总共需要 261.65 亿元。为成功实施并购，艾派克计划与太盟投资、君联资本联合设立开曼子公司并注资，再利用银行贷款完成最后融资。整个方案中艾派克共需出资 76.99 亿元，其中 60 亿元由控股股东塞纳科技发行 16 塞纳 01 和 16 塞纳 02 筹得，两只可交换债规模分别为

29.70 亿元和 30.30 亿元，这创造了史上最大规模的私募 EB 记录。虽然其后并购计划有一定改变，但 2 只可交换债均顺利发行并完成筹资。

（5）股权再分配：利用可交债进行股权再分配可以分为股权结构的调整和股权激励计划两类。对于前者，希望减持的股东可以向另一股东定向发行可交换债，债券转股后即可以实现持股比例的改变。对于后者，可交换债可以作为股权激励计划的一部分，由公司职工认购，在激励员工的同时无需担心增发带来的稀释效应。

15.2 投资机会：选债择时齐头并进

本节导读

寻找可交换债的投资机会，既要选债，也要择时。选债是为了挑选出以换股为目的的可交换债，其对正股上涨诉求更强，择时是为了把握最恰当的投资时点。对于选债，投资者一方面应当关注债券条款内容，尽量选择转股价溢价率较低、没有换股期前赎回条款、下修条款宽松、有换股期内上修条款的标的，另一方面要了解发行人特性，以发行人为控股股东、前期低价参与定增、所持股份解禁期与换股期重合为最佳。对于择时，投资者应注意可交债的转股、赎回、下修等时间节点：（1）当可交债即将进入换股期时，若正股价格远低于转股价，可考虑买入正股；（2）若可交债正股价格已多日远低于转股价，即将触发修正条款，或即将触发回售条款，可考虑买入正股；（3）若可交债正股价格即将触发强制赎回条款的规定价格，可考虑在股价回调时买入正股。

15.2.1 选债：从变化条款看不变诉求，从发行人特性看发行动机

把握可交换债的投资机会，既要选债，也要择时。一方面，与可转债大多以转股为直接目的不同，可交换债的功能更为多样化，包括融资、减持、套利、并购重组支付工具、股权再分配，等等。这意味着需要先明确发行人发行的动机，找到换股意图较强的可交换债，即完成选债。另一方面，股性强的可交换债也需要抓住最好的买点，可交换债的一个生命周期中会经历发行、申

购、转股、赎回、回购、下修等时间节点，把握关键时点上的投资机会可以更好地实现择时。需要注意的是，选债是本章讨论的重点，择时的相关策略与可转债类似，在此仅简要阐述。

可交换债兼具债性与股性，股性强的可交换债对其正股影响更大，正股投资机会更多。因此要实现选债的目标，就是要寻找那些股性较强且以换股为目的的可交换债。具体而言，一方面要关注该EB的条款设置，另一方面也要研究发行人的特性。

要点一：从变化条款中看不变诉求。条款直接反映了发行人对该可交换债的诉求，可交换债的条款多有创新，但万变不离其宗：

（1）初始转股价相对正股价格的折溢价情况。换股价相对正股价格过高是发行人缺乏减持动力的表现，而折价发行则表现了发行人的减持意图较为明显。在全部转股的9只可交换债中，有4只是折价发行，6只溢价率在10%以内。

（2）赎回条款的生效时间和条件。若发行人设置了换股期前的赎回条款，且条款规定发行人可以在换股期前无理由赎回可交换债，无需股价配合，这意味着其减持股份的意愿较弱。例如14沪美债的换股期前赎回条款约定，进入换股期前5个交易日内，发行人可以无理由按照债券面值的110%（含应计利息）赎回债券，这反映了14沪美债的强债性。

（3）下修条款的生效时间和条件。若可交换债不设置下修条款，则显示发行人转股意愿不强；反之，若其设置换股期前的下修条款或下修条款较易触发，则该可交换债股性较强。另外，即使下修条款较为优厚，其能否真正起作用还取决于发行人的股份质押情况和回售条款。一方面，当发行人下修转股价时，同一面额的可交换债转换股份的数量增加，发行人需要相应增加质押股份数量，若其初始质押股份数充足，其下修转股价的意愿就较高；另一方面，若该可交换债的回售成本较高，发行人可能为避免回售而选择下修，下修条款执行的可能性更高。

（4）其他特殊条款。若可交换债设置整个存续期内的向上修正条款，则该可交换债对发行人有较强的保护性。当换股期前正股股价涨幅过大时，发行人可以通过上修换股价减少减持的股份数量。若该向上修正条款的生效时间为换股期后，则其类似于赎回条款，能够有效督促债券持有人在股价上涨至上修价格前便开始转股，这意味着可交换债股性较强。例如16万泽02便设置了整个存续期内的向上修正条款，该条款将在换股期前保障发行人的利息，在换股期后有效促使可交换债换股，具备双重目的。

案例 71：15 世宝 01（117012）：下修条款宽松，下修后股价反弹

世宝控股于 2015 年 11 月 18 日正式发行了规模为 4 亿元的 2 年期私募可交换债——15 世宝 01，该可交换债附有换股期内特别向下修正条款，规定当正股浙江世宝（002703）在任意连续十个交易日中至少五个交易日的收盘价低于当期转股价格的 90% 时，发行人董事会有权决定转股价格是否修正。发行时转股价格为 36.00 元，正股股价为 37.71 元。

通常情况下，可交换债的下修条款触发条件为股价低于换股价格的 80%，该下修条款较为宽松。另外，若债券持有人将该 EB 全部转股，可换得 1111 万股股份，而世宝控股在发行时质押股份数达 2000 万股，质押股份充足，有足够的下修能力。回售条款方面，15 世宝 01 的回售期为整个换股期，且回售价格为债券面值的 110%，发行人的回售成本较高。综合以上因素，该可交换债的股性较强，发行人减持意愿较高。实际上，15 世宝 01 发行后正股股价便迅速跌至 25.28 元，并一直停牌至换股期开启。2016 年 5 月 27 日复牌后，浙江世宝便迅速发布公告下调换股价至 26.00 元，受此刺激，正股股价在 1 个月内便上涨至 32.88 元，累计上涨 30%，15 世宝 01 全部完成换股。

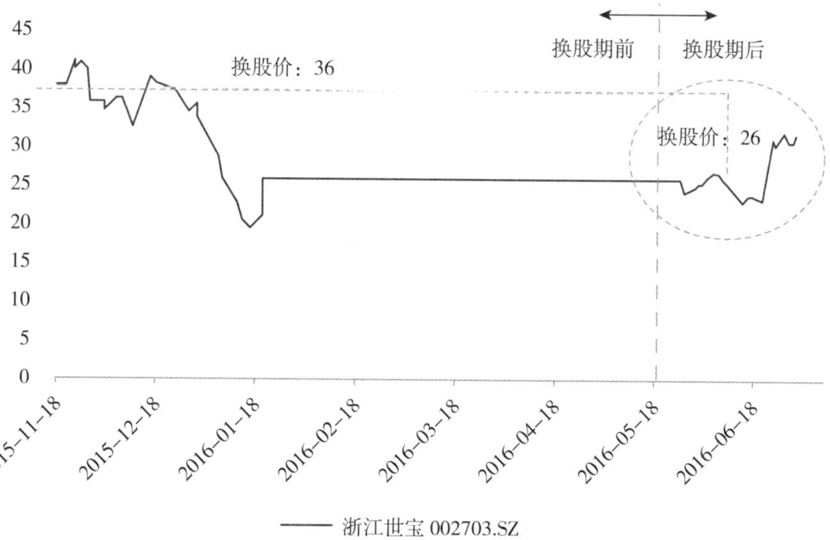

图 15.6：15 世宝 01 下修转股价，正股应声而涨

数据来源：Wind

要点二：从发行人特性看发行动机。可交换债的发行人为上市公司股东，了解其特性有利于推断可交换债的发行动机：

（1）该发行人背景和持股比例情况。就发行人背景而论，部分国企背景的大股东重视控股权，不愿意减持股份，例如14海宁债的发行人海宁国资。就发行人持股比例来说，若发行人在上市公司持股比例不高，其可能对正股价格的影响力较低，难以推动股价上涨。

（2）发行人前期参与定增情况。若发行人前期参与过上市公司的定向增发，且解禁期与该可交换债的换股期较为重合（关于反向交易的内容参见第三部分的讨论），则其发行目的可能为了减持或套利。

（3）与发行人有关的其他情况。若可交换债发行人认购了上市公司发行的可转债，则其可以通过二者转股价的差价套利，因此发行人有刺激股价上升从而转股的动力。若发行人在可交换债的换股期间恰好有限售股解禁，则发行人可能利用可交换债变相减持，其对股价上升的要求更强。

案例72：15东集EB（117029）：可交换债+定增

东旭集团是上市公司东旭光电（000413）的控股股东，其于2015年6月3日发行了规模为16亿的私募可交换债——15东集EB。该可交换债的换股期为2016年7月28日到2017年6月20日，初始转股价格为12.00元，较发行日股价折价11%，同时设有自动下修条款，显示出发行人较高的减持意图。

2015年10月15日，东旭集团参与了上市公司的定增计划，并以6.82元的价格认购了4.4亿股股份，认购价格较当日收盘价折价27%。12月15日，定增股份正式登记到账，距换股期开始日超过6个月，符合交易规定。这样一来，若15东集EB在换股期转股，东旭集团可以获取转股价与定增价之间的价差，实现无风险套利，因此其有极大的动力刺激正股股价上升。

2016年6月16日，15东集EB的转股价因除权除息调整至10.47元，此时正股价格为7.92元，远低于转股价，而距离换股期开始仅有1个月的时间。巧合的是，东旭光电在6月~7月间利好消息不断公布，如与中国光学工程学会签订战略合作协议、与美国凯途能源等公司签署战略合作协议，等等。7月28日，东旭光电股价已大涨至12.57元，最终股价的涨幅超过了80%，15东集EB全部实现了转股。

图 15.7：15 东集 EB 配合定增套利，正股进入换股期后大涨

数据来源：Wind

案例 73：16 体 EB01（117029）：股份解禁期与可交换债换股期重合，减持意图明显

16 体 EB01 的发行人为一体集团。2016 年 2 月 24 日，中珠医疗（600568）并购了一体集团持有的一体医疗 100% 的股权，并以 14.55 元的价格支付了 13076.3935 万股股份作为交易对价。经过这次并购，一体集团一跃成为中珠医疗的第二大股东，持有公司 13.5% 的股份。这批股份的解禁期从 12 到 36 个月不等，最早的 40% 的股份将于 2017 年 2 月 24 日解禁。

2016 年 8 月 25 日，一体集团将上述股份质押并发行了规模为 4 亿元的私募可交换债——16 体 EB01，该可交换债的换股期自 2017 年 2 月 27 日开始，于 2019 年 8 月 26 日结束，与其股份的解禁期高度一致。这说明一体集团希望通过可交换债完成股份减持，实现快速退出。另外 16 体 EB01 的转股价为 21.27 元，较发行日正股收盘价折价 3%，验证了发行人的减持意愿较强。

换股期前 1 个月，中珠医疗的股价始终低于 20 元。换股期开启后，信号效应激发股价上涨，股价上涨至 21 元附近。

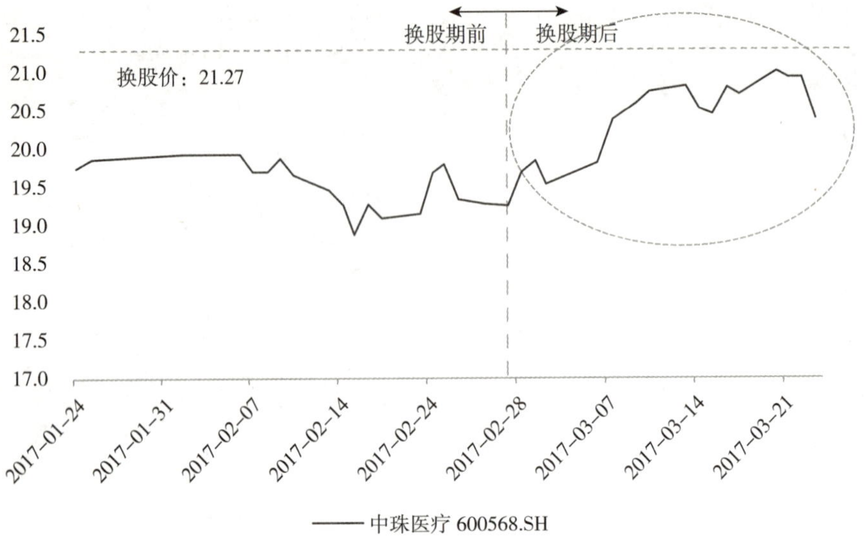

图 15.8：16 体 EB01 帮助解禁股份减持，正股进入换股期后上涨

数据来源：Wind

15.2.2 择时：把握生命周期中的关键时点

选债让我们确定投资标的，择时则能帮助我们找准投资时机。可交换债的择时方法与可转债类似，仍是从其生命周期的关键时点出发寻找投资机会。由于可交换债一般非公开发行，不具有抢权机会，且其存续时间较短，到期兑付的很少，因此其择时的机会主要有以下三类：

（1）当可交换债即将进入换股期时，若正股价格远低于转股价，可考虑买入正股。典型案例如 15 东集 EB、16 体 EB01 等。

（2）若正股价格已多日远低于转股价，即将触发修正条款，或即将触发回售条款，可考虑买入正股。典型案例如 15 世宝 01、15 名轩 03 等。

（3）若正股价格即将触发强制赎回条款的规定价格，可考虑在股价回调时买入正股。典型案例如 13 福星债等。

15.3 减持新规和反向交易的讨论

本节导读

（1）减持新规对可交换债影响有限。在减持新规上，证监会和交易所文件的表述有所不同，其中证监会和深交所主要针对可交换债换股（发行人减持）这一环节，而上交所则针对换股所得股份的减持（新股东减持）环节。就目前市场情况看，减持新规对可交换债的影响主要集中在换股所得股份减持环节，新规发布后可交换债的发行和换股节奏暂未受影响；（2）“定增 + 可交换债”需遵守反向交易规则。股东参与定增获得新股属于“买入”行为，买入的时间点为股权登记日为准；可交换债持有人换股导致股东减持属于“卖出”行为，卖出的时间点以换股期开始为准。因此可以解读为，定增股权登记日和可交换债换股期至少应相差 6 个月。在实际情况中对定增“买入”的时间点监管更为严格，不仅考虑股权登记日当天，甚至扩展到了从预案披露到增发完成的整个过程。

15.3.1 减持新规对可交换债影响有限

2017 年 5 月，证监会、上交所和深交所相继发布《上市公司股东、董监高减持股份的若干规定》及《实施细则》，该减持新规提出要将可交换债纳入管理范围，但并未公布具体细节。证监会发言人就进一步规范上市公司有关股东减持股份行为答记者问明确指出：可交换债换股、股票权益互换等类似协议转让的行为应遵守《减持规定》。适用范围内的股东协议转让股份的，出让方与受让方应在一定期限内继续遵守减持比例限制。也就是可交换债“类似”协议转让。证监会和交易所文件的表述有所不同，其中证监会和深交所主要针对可交换债换股（发行人减持）这一环节，而上交所则针对换股所得股份的减持（新股东减持）环节[①]。

若按照前者表述执行，则可交换债换股将面临“单个受让方的受让比例不

① 证监会《若干规定》明确指出，因可交换债换股减持股份的，应当按照本规定办理。深交所细则指出，因可交换债换股减持股份的，适用本细则。上交所细则指出，因可交换公司债券换股方式取得股份的减持，适用本细则。

得低于公司股份总数的5%”和“转让价格下限比照大宗交易的规定执行”两大限制，第一个限制要求债券投资者持有可兑换5%以上股份的债券数额，现实中很难达到，如果按这一规则，可交换债都没法换股。第二个限制要求转让价格不得低于大宗交易的底价（一般大宗交易折价率不超过30%），即换股价低于正股股价的70%就无法换股，这将大大影响可交换债的股性，初始换股价格都是在发行时约定好的。如果按这一规则实施，投资者还要时刻紧盯换股价格是不是已经到大宗交易的底价。所以，上述“单个受让方5%”“底价参考大宗交易下限”的规则实际操作过程中对可交换债不适用。

若按上交所的表述进行监管，则通过可交换债换股所得股份应满足“90天内集中竞价减持不超过1%，180天内大宗交易减持不超过2%”等规定，由于可交换债投资人非常分散，该限制影响有限。

就目前市场实践情况看，减持新规对可交换债的影响主要集中在换股所得股份的减持环节，因此对可交换债影响不大。

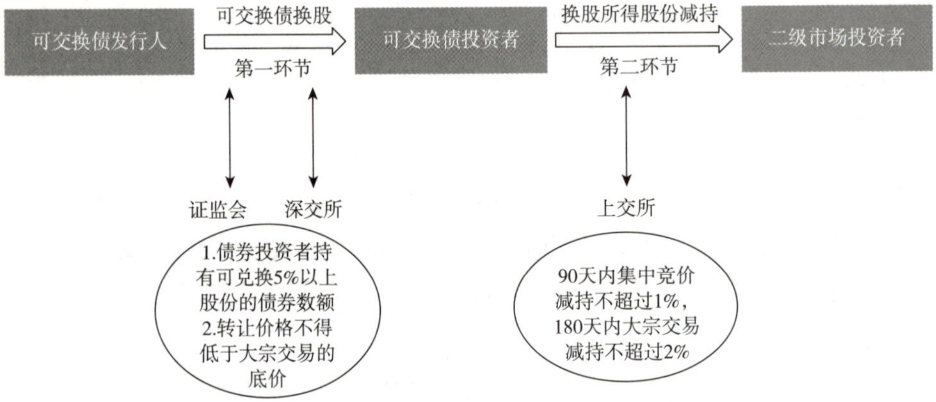

图15.9：减持新规对可交换债的影响主要集中在第二环节

可交换债发行和换股节奏未受影响。我们简单统计了减持新规后发行的10只可交换债，其中5只是在减持新规发布后过会的，发行速度未受影响。换股情况同样如此，有多只可交换债在减持新规后换股比例超过了1%，例如江西电子集团发行的16赣电EB在6月13日至6月21日完成换股874万股，占上市公司宏发股份总股本的1.64%；17亿纬E1在7月17日进入换股期后28个交易日换股比例即达4.68%。这显示减持新规对可交换债换股环节并未限制，本章介绍的可交换债正股的投资策略依然有操作空间。

表 15.5：减持新规后可交换债换股未受影响（仅列出部分）

正股名称	可交换债	换股时段	换股数量（万股）	换股比例
宏发股份	16 赣电 EB	6.13–6.21	874	1.64%
亿纬锂能	17 亿纬 E1	7.17–8.9	400	4.68%
三一重工	三一 02EB	6.1–8.9	3128	4.09%
大族激光	15 大族 01	6.7–8.16	967	0.91%

数据来源：Wind

15.3.2 “定增＋可交换债”需遵守反向交易规则

低价定增后利用可交换债高价减持已经成为一种常见的套利策略，但由于两次交易方向相反，需遵循相应的反向交易规则。根据《证券法》第 47 条规定，上市公司董事、监事、高级管理人员、持有上市公司股份 5% 以上的股东，将其持有的该公司的股票在买入后 6 个月内卖出，或者在卖出后 6 个月内又买入，由此所得收益归该公司所有。上述条款表明大股东不得在 6 个月内参与反向交易。具体而言，股东参与定增获得新股属于“买入”行为，买入的时间点为股权登记日为准；可交换债持有人换股导致股东减持属于“卖出”行为，卖出的时间点以换股期开始为准。因此可以解读为，定增股权登记日和可交换债换股期至少应相差 6 个月。从前述东旭集团的案例来看，2015 年 6 月 23 日，东旭集团（东旭光电第一大股东）发行可交换债券 15 东集 EB，初始换股价为 12 元 / 股，换股期自 2016 年 7 月 28 日开始。在此之后，东旭集团又于 2015 年 10 月 15 日参与东旭光电的定增计划，并以 6.82 元 / 股的价格认购了 4.4 亿股股份。12 月 15 日上述新增股份完成了股权登记，股权登记日与可交换债换股期间隔刚好超过 6 个月，符合反向交易相关规定，东旭集团顺利实施“定增 + 可交换债“方案。

在实际情况中对定增“买入”的时间点监管更为严格，不仅考虑股权登记日当天，甚至扩展到了从预案披露到增发完成的整个过程。例如宏达股份于 2011 年 11 月 15 日公布定增预案，但由于其大股东宏达实业曾于 2011 年 6 月 28 日通过大宗交易减持，且这次减持距公布定增预案不足 6 个月，为避免违反反向交易规则，宏达股份最终取消了定增方案。因此为确保“定增 + 可交换债”方案顺利实施，发行人应尽量推迟可交换债换股期开始时间至定增完成 6 个月后。

16. 投资者信息披露背后的诉求

16.1 自愿性信息披露

本节导读

投资者信息披露是对前述会计信息和非会计信息的一次总结回顾，但是重点放在“披露”两字。有效的投资者沟通应该基于披露有吸引力的信息，符合公司管理层所期望创造的价值。而披露的信息，或者传递的“投资故事”，应该帮助投资者更好的理解公司代表的立场，坚持以投资者需求为导向。但公司的信息披露必然发生成本，所以上市公司在自愿性信息披露上会做权衡考虑。分行业信息披露监管是以投资者需求为导向，更为科学合理、专业高效的监管模式。国内的自愿性信息披露内容可以归为五大类：（1）背景信息，包括公司的总体战略，完成目标的步骤和行动，实现战略的障碍与影响，所处行业地位，对风险因素拟采用或已采用的行动；（2）经营信息，包括公司产品的主要市场和特点，公司成本的构成和变化情况，主要产品的销量和市场占有率，公司经营和盈利能力分析，主要竞争对手分析，产品的库存情况，销售订单的情况；（3）社会责任，包括公益捐赠，社会环保信息，安全生产政策，产品和服务的质量监管；（4）预测信息，包括销售预测，盈利预测，未来现金流量预测等；（5）管理层讨论，包括销售额、销售毛利、三费、净利润等的变动及原因。

16.1.1 以投资者需求为导向的信息披露

证券研究的核心是定价，而正常的价格机制离不开真实、准确、完整、及时的信息披露。一方面，充分的信息披露是市场有效性和资产定价的基础。披露的信息，或者传递的“投资故事”，应该帮助投资者更好的理解公司代表的立场，坚持以投资者需求为导向。如果信息不完全，市场估值基础发生偏差，则必然不能形成有效价格，市场资源配置功能就会受到削弱甚至错配。另一方面，信息披露也是解决委托代理问题的基础。由于上市公司所有权与经营权两权分离，会引发管理层信息披露的问题。公司经营者极有可能利用自身的信息优势损害所有者合法权益而为自己谋利，而信息披露在缓解上述问题上起到了十分重要的作用。通过信息披露，管理层及时向市场传达内部信息，以减少信息不对称和代理成本，为投资者辨别质量优劣的公司提供依据。

投资者信息披露属于公司治理范畴。此前很长一段时间里，国内上市公司由于大股东或高管往往控制了公司的核心权力，中小股东更多的只是关注二级市场股价的波动，不曾也不能在公司治理中获取较大的发言权，中小投资者对公司的经营状况和业绩有所不满时，是用脚投票、用大量的抛售股票这种消极的方式来表达，但这样难以对大股东和管理层形成公司治理压力。在 20 世纪 90 年代开始全球范围内兴起一种股东积极主义（Shareholder Activism），这是一种通过行使股东权利而向公司管理层施压的投资策略，积极股东的诉求有财务方面的（业绩），也有非财务方面的（公司治理），积极股东希望通过行使股东积极主义行动影响公司的决策，从而实现自己的诉求。国内如 2012 年 5 月 25 日召开的格力电器（000651）股东大会上，由境外机构投资者耶鲁大学基金会联合鹏华基金联名推选的候选人冯继勇，高票当选格力电器新一届董事，母公司总裁、珠海格力集团的党委书记则以 36.6% 的得票率，被下属上市公司中小股东拒之门外。2013 年 6 月 28 日，大商股份（600694）召开 2013 年第一次临时股东大会，主要审议资产重组相关议案，虽然重仓持有的基金大多数并未出席此次会议，不过，他们通过网络投票使该议案胎死腹中。2013 年 11 月 15 日，上海家化（600315）公告，大股东平安信托方面推举的谢文坚和基金（易方达、汇添富和华商 3 家公募基金共持有公司 18.59% 股权）推举的曲建宁均顺利入选上海家化董事会，这被市场解读为机构投资者希望在董事会内达成大股东与原家化管理层的平衡。

近年来，证监会一直强调坚持以投资者需求为导向，加强信息披露监管，特别是加强上市公司核心竞争能力、主要风险、重大事项等非财务信息的披露。这些非财务信息的披露主观能动性较强，难以被验证和追究，所以其披露水平在很大程度上受外界信息需求者的影响。以投资者的需求为例。投资者总是希望能获取更多的信息据以进行投资决策，特别是机构投资者，出于盈利目的和信托责任，机构投资者对公司信息更积极更敏感，同时也可以通过股票交易用脚投票来影响公司。但公司的信息披露必然发生成本，美国会计准则委员会2001年在《改进企业财务报告：增加自愿性信息披露》中列举出自愿性信息披露的成本和收益项目。其中，上市公司（及其大股东）所需要承担的成本主要来自于：（1）信息披露行为引起的竞争劣势，由于披露了分产品毛利率、研发动向、核心技术人员构成等信息，业务模式吸引了新的竞争对手的加入或原有竞争对手的模仿；（2）由于自愿性信息披露引起的在供应商、顾客、雇员的交易中的讨价还价劣势；（3）由于自愿性信息披露引起的诉讼风险；（4）提供信息的成本，如信息收集加工的成本、信息传递发生的成本（支付给媒体的信息披露费用、印刷年报等的支出等）等显性成本。

分行业信息披露监管。目前，在信息披露实践中，上市公司主要依据证监会和交易所的各类信息披露法律法规，披露各类信息。但是，信息披露的规则体系，通常具有一般性和常规性的特点，难以完全揭示特定行业和特定上市公司的投资价值。如以零售企业为例，诸如店铺数目、员工人数、店铺每平方米销售额度、店铺每平方米租金等行业关键指标，都不属于法定信息披露的范畴。再如，医药类企业也很少愿意详细披露其研发投入、项目进展等揭示公司投资价值的重要信息。近年来，沪深交易所在逐步调整上市公司信息披露监管模式，由按辖区监管转换为分行业监管。分行业信息披露监管是以投资者需求为导向，更为科学合理、专业高效的监管模式。如养殖行业，养殖行业具有经营养殖模式差异明显、生物资产盘点难度高、行业周期性波动大等方面的特点，畜禽、水产养殖行业信息披露指引针对这些特点做出明确要求。首先，考虑到不同经营养殖模式内涵和风险不同，要求上市公司在年度和半年度报告中披露经营养殖模式的具体内容、特有风险和变化情况；第二，针对养殖行业生物资产盘点难度较大，投资者关注较多的特点，要求上市公司在年度和半年度报告中披露具体存货盘点方案和成本结转方法；第三，考虑到养殖行业终端产品价格周期性波动明显，业绩波动大，要求畜类养殖行业公司每月披露销售数量和销售收入。又有如建筑行业，土木工程建筑行业受国家政策及金融环境影响较大，同时具有工程项目实施模式较多、期限较长等特点。为此，监管也要求公司充分披露与行业相关的宏观经济形势、行业政策环境，以及主营业务的行业发展及国内外市场需求情况等，并要求公司每季度披露反映土木工程建筑行业特征的经营数据。同时还要求公司充分披露实施工程项目的业务模式，以及重大项目的施工进度和结算进度。

16.1.2 自愿性信息披露的内容

投资者信息披露从动机上讲大致可以分为强制性信息披露和自愿性信息披露。

强制性信息披露的要求和内容。强制性信息披露是指监管当局的规定，企业管理层有义务及时对重大信息进行披露，这种披露行为无论企业是否自愿都必须履行。根据证监会 2006 年颁布的《上市公司信息披露管理办法》，上市公司在进行信息披露的主要文件招股说明书、募集说明书、上市公告书、定期报告和临时报告等。其中临时报告要求“发生可能对上市公司证券及其衍生品种交易价格产生较大影响的重大事件，投资者尚未得知时，上市公司应当立即披露，说明事件的起因、目前的状态和可能产生的影响”。

表 16.1：证监会对信息披露原则中“重大事项”

（一般是指公司经营或所有权发生重大变化的事件）的说明

序号	重大事项
1	公司的经营方针和经营范围的重大变化；
2	公司的重大投资行为和重大的购置财产的决定；
3	公司订立重要合同，可能对公司的资产、负债、权益和经营成果产生重要影响；
4	公司发生重大债务和未能清偿到期重大债务的违约情况，或者发生大额赔偿责任；
5	公司发生重大亏损或者重大损失；
6	公司生产经营的外部条件发生的重大变化；
7	公司的董事、1/3 以上监事或者经理发生变动；董事长或者经理无法履行职责；
8	持有公司 5% 以上股份的股东或者实际控制人，其持有股份或者控制公司的情况发生较大变化；
9	公司减资、合并、分立、解散及申请破产的决定；或者依法进入破产程序、被责令关闭；
10	涉及公司的重大诉讼、仲裁，股东大会、董事会决议被依法撤销或者宣告无效；
11	公司涉嫌违法违规被有权机关调查，或者受到刑事处罚等；公司董事、监事、高级管理人员涉嫌违法违纪被有权机关调查；
12	新公布的法律、法规、规章、行业政策可能对公司产生重大影响；
13	董事会就发行新股或者其他再融资方案、股权激励方案形成相关决议；
14	法院裁决禁止控股股东转让其所持股份；任一股东所持公司 5% 以上股份被质押、冻结、司法拍卖等或者被依法限制表决权；

续表

序号	重大事项
15	主要资产被查封、扣押、冻结或者被抵押、质押；
16	主要或者全部业务陷入停顿；
17	对外提供重大担保；
18	获得大额政府补贴等可能对公司资产、负债、权益或者经营成果产生重大影响的额外收益；
19	变更会计政策、会计估计；
20	因前期已披露的信息存在差错、未按规定披露或者虚假记载，被有关机关责令改正或者经董事会决定进行更正；
21	中国证监会规定的其他情形。

资料来源：《上市公司信息披露管理办法》。注：上述表格重大事项很多属于证监会认定的内幕信息范畴。

与强制性信息披露不同，自愿性信息披露具有企业自主性、内容多样性、披露不确定性等特点。自主性体现在企业可以根据自身对信息重要性的判断和成本效益的比较自由选择，比如年报中按产品披露公司主营业务收入、主营业务利润的构成情况，到底哪些细分产品归纳到某个须披露的大品类中，企业的自主性很强。多样性体现在信息可以是内部环境信息，也可以是外部环境信息，可以是定量信息，也可以是定性信息。不确定体现在披露的信息与企业财务盈利的不确定相关性，以及披露的载体、格式、指标等方面。

自主性

数字企业可以根据自身对信息重要性的判断和成本效益的比较自由选择

多样性

信息可以是内部环境信息，也可以是外部环境信息，可以是定量信息，也可以是定性信息

不确定性

披露的信息与企业财务盈利的不确定相关性，以及披露的载体、格式、指标等方面

图 16.1：自愿性信息披露的主要特点

表 16.2：利亚德（300296）2016 年年报中将主营业务构成重新划分

年度	2016 年				2015 年			
业务板块	营业收入（元）	比重	同比 增长	毛利率	营业收入（元）	比重	同比增长	毛利率
智能显示	3062762106.71	69.96%	136.38%	37.03%	1295680415.74	64.06%	32.36%	42.33%
夜游经济	866934800.74	19.80%	110.60%	41.94%	411646247.57	20.35%	123.85%	37.56%
文化旅游	422154320.94	9.64%	42.13%	40.75%	297023119.28	14.69%	——	45.89%
相关其他（维修，技术服务等）	26084014.89	0.60%	42.73%	48.35%	18275276.45	0.90%	6.86%	27.98%
合计	4377935243.28	100.00%	116.45%	38.43%	2022625059.04	100.00%	71.42%	41.75%

数据来源：Wind。注：上市公司在报告业务单元的方式上仍有很大的灵活性。随着利亚德 2016 年公司战略的升级，主营业务重新划分，由原来的显示系统、LED 小间距电视、智能照明、文化传媒，调整为智能显示、景观照明、文化旅游。从上市公司角度来讲是出于业务发展需要，但对投资者来说，一定程度上增加了跟踪公司业绩的难度。

自愿性信息披露的形式主要有三种：（1）在定期报告中增加自愿性的内容。可以在管理层讨论的章节增加篇幅，除了解释一些财务数据的变化原因以外，还对行业的发展情况、供需情况、公司的经营战略、公司主要产品竞争能力、公司经营的非财务指标、政策变动和市场风险等进行充分披露，将公司实际的经营数据和财务数据相互匹配，帮助投资者更加的了解公司财务数据变化后的驱动因素。（2）组织投资者沟通会。组织财报业绩说明会，参加投资银行和证券公司组织的投资者交流会，以及接待投资者来访时，进行自愿性信息披露，并将相关投资者交流会议纪要进行公告。（3）通过临时公告以及报刊、网络等媒体增加自愿性信息披露。包括在公司信息披露指定报纸和指定网站公布以及其他一些公众传媒渠道，在公司网站开设投资者关系专栏，通过电子信箱或论坛接受投资者提出的问题和建议，设立专门的投资者咨询电话和传真，在交易所互动平台等多渠道披露自愿性信息。

欧美等发达国家跨国公司自愿性信息披露制度比较健全，一般分为战略信息、非财务信息和财务信息三种。战略信息包括公司介绍、公司战略、未来前景和研发情况；非财务信息包括董事信息、雇员信息和社会政策；财务信息包括分部信息、财务状况、外汇信息和股价信息。

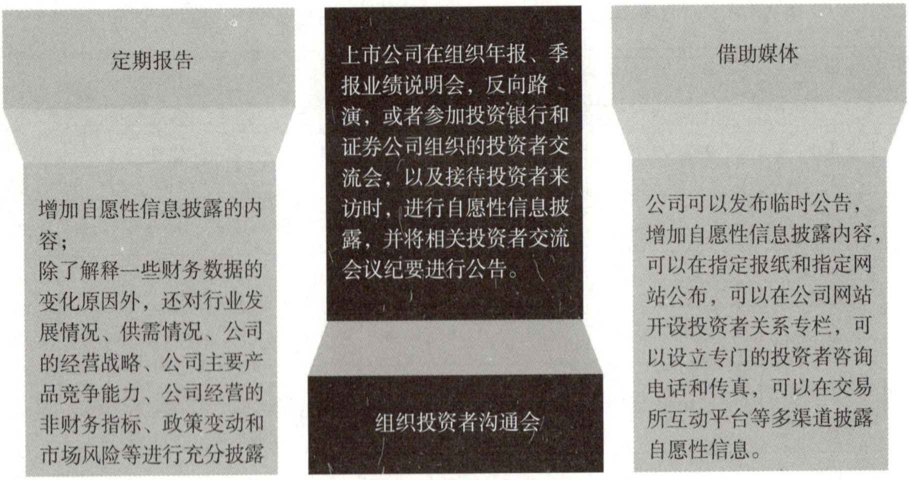

图 16.2：自愿性信息披露的主要形式

表 16.3：欧美国家跨国公司自愿性信息披露主要内容

方向	具体内容	
战略信息	公司介绍	公司的简史和组织结构
	公司战略	目标、财务业绩、市场占有率、社会责任、战略对公司未来经营的影响
	未来前景	销售收入、利润、现金流、交易的定性、定量预测，预测的基础假设
	研发情况	公司政策、人员、投入、进度、产品优势
非财务信息	董事信息	年龄、教育背景、资历、在其他公司任职情况
	雇员信息	雇员的籍贯、性别比例、解雇政策、平等待遇、人数的变化、培训费用等
	社会政策	产品安全、社会保护计划、慈善捐助、社会服务计划
财务信息	分部信息	分部资本的产量。直线职能部门的产量。竞争对手的分析、市场份额的分析
	财务状况	利润率、现金流比率、流动比率、股利支付政策变动及原因；表外信息；
	外汇信息	汇率波动给公司业绩带来的影响、外汇风险管理措施
	股价信息	市场资本及变动趋势、股东规模、股东类型

国内的自愿性信息披露内容可以归为五大类：（1）背景信息，包括公司的总体战略，完成目标的步骤和行动，实现战略的障碍与影响，所处行业地位，对风险因素拟采用或已采用的行动；（2）经营信息，包括公司产品的主要市场和特点，公司成本的构成和变化情况，主要产品的销量和市场占有率，公司经营和盈利能力分析，主要竞争对手分析，产品的库存情况，销售订单的情况；

（3）社会责任，包括公益捐赠，社会环保信息，安全生产政策，产品和服务的质量监管；（4）预测信息，包括销售预测，盈利预测，未来现金流量预测等；（5）管理层讨论，包括销售额、销售毛利、三费、净利润等的变动及原因。

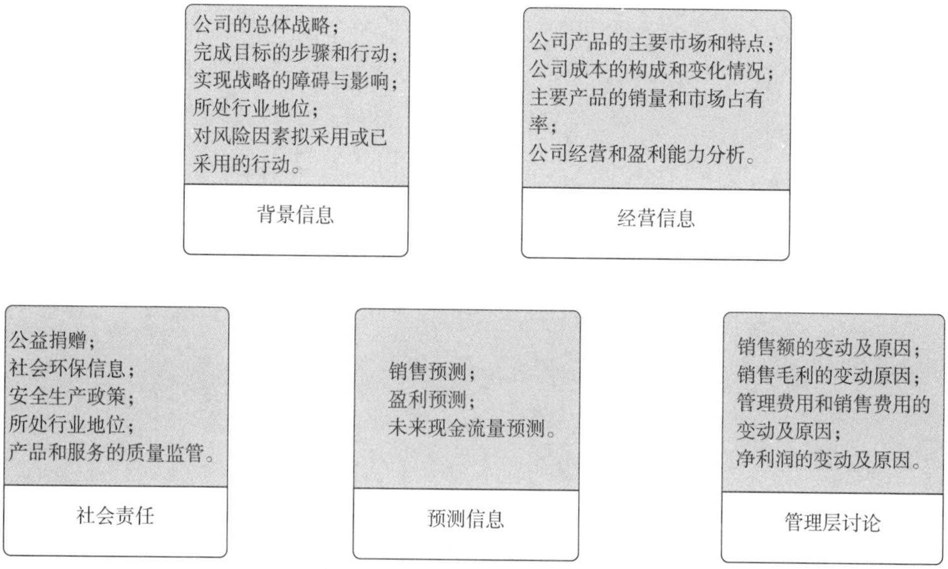

图 16.3：我国自愿性信息披露的主要内容

不一样的自愿性信息披露方式——致股东信。对于上市公司来说，给股东写封信，不仅是一种积极有效的信息披露手段，更是传播公司品牌和提升影响力的绝佳途径。每年巴菲特的致股东信为投资者津津乐道，不仅是伯克希尔·哈撒韦公司股东，全世界的投资者都将其奉为投资圣经。在 A 股市场，部分公司也开始用致股东信或董事长致辞等方式加强与投资者的沟通，一起分享成果，共同直面问题。万科（000002）在 2011 年年报中的致股东信，“这是一个似曾相识的冬天”的开头，以及“向着阳光奔跑”的结尾。新华保险（601336）2013 年年报，以《敬畏传统、拥抱变化》为题，开头便引用道家经典老子名言：“道冲，而用之或不盈，渊兮似万物之宗”。利亚德（300296）2016 年的年报以董事长的一首诗开篇，“智能显示传捷报，文化景观布局早。三年翻番顺大势，利德双赢又得道。”

案例 74：从康恩贝（600572）董事长“爱说话”看合规性信息披露

2017 年 10 月 10 日晚间，康恩贝发布公告，澄清其董事长胡季强在公开场合的不当言论——“10 年后要达到 1000 亿元，我们需保持 30% 以上的增速才行。按照预期，康恩贝今、明两年的增速将达 40% ～50%”。这句话出自胡季强 9 月 30 日在“致良知（杭州）学习会”上的致辞，后被某微信公众号、搜狐网、证券时报网以及和讯网等媒体发布或转载。由于康恩贝上半年营收增速为 –23.27%，因此该言论中的销售增速预测大幅超出市场预期，康恩贝股价也在 10 月 9 日、10 日两天上涨 5.37%。10 日晚间公司做出澄清，刊发在微信公众号的文章未经公司审核，董事长关于“10 年后要达到 1000 亿元，保持 30% 以上增速”的说法属于个人观点，而“今明两年增速达 40% ～50%”的观点是建立在剔除 2016 年上半年浙江珍诚医药并表收入做出的预测，以上 3 句话均不构成公司的预测和承诺。

“（康恩贝）10 年后销售额目标千亿”系公司董事长胡季强先生对公司未来发展中长期的设想和愿景目标。胡季强先生作为企业家，基于对中国经济中长期发展的前景，以及对国内医药行业、医药市场现状及发展前景与空间的认识和预期，根据产业发展规律，结合国外发达国家医药行业和国内类似家电行业的经验，认为国内医药行业出现制药工业销售千亿元（人民币）级别的药业企业将是可以预期的，提出了康恩贝 10 年后销售额千亿的设想与愿景目标，也以此作为努力奋斗的目标。但该愿景目标不构成本公司的预测和承诺。

“需保持 30% 以上的增速才行。”是胡季强先生根据康恩贝现阶段的经营规模水平和“10 年后销售额千亿目标”设想，按年复合增长率作的年增速估测，不构成公司的预测和承诺。

“按照预期，今、明两年的增速将达 40% ～50%”。该预期是胡季强先生根据今年以来公司的经营发展情况个人做出的，同时，比较口径是按照剔除 2016 年末公司已经出售剥离的浙江珍诚医药在线股份有限公司并表收入影响因素。根据公司 2016 年度报告，2016 年公司实现营业收入 60.2 亿元，剔除浙江珍诚医药在线股份有限公司并表收入 20.02 亿元后的营业收入为 40.18 亿元。胡季强先生的预期不构成本公司的预测和承诺。

表 16.4：A 股上市公司的“千亿市值”宣言（不完全统计）

股票名称	股票代码	千亿市值宣言
利亚德	300296	2017 年 3 月 31 日，董事长兼总经理李军在上市 5 周年暨年报发布会上宣布，力争 2019 年实现营收 140 亿元以上，市值突破 1000 亿元。
华谊兄弟	300027	2015 年 4 月 2 日，董事长王中军在投资者交流会上放言“千亿市值的目标应该很快就会实现”。
德尔未来	002631	2015 年 4 月 16 日，董事长兼总经理汝继勇宣布在未来 3 年，实现公司市值千亿的发展目标。
东华软件	002065	2016 年 6 月 29 日，董事长薛向东明确表示：“打造千亿市值的软件巨头是我们未来 3 年的发展目标。”
润和软件	300339	2017 年 1 月 7 日，其董事长兼总裁周红卫在公司 2017 年干部大会上发言，“5 年内润和软件将成为千亿市值企业，成为世界软件百强中坚企业，员工达到中产阶级收入水平。”
三七互娱	002555	2016 年 11 月 29 日，董事长杨军在由每日经济新闻主办的“2016 第五届中国上市公司领袖峰会”表示，“我们目标很清晰，就是造一个市值 1000 亿的公司。”
利欧股份	002131	2015 年 12 月 31 日，利欧数字网络副总裁刘阳则对界面新闻记者表示，利欧数字网络借助上市公司的渠道，将持续互联网营销和互联网相关产业的并购和投资，未来整体市值能达到千亿规模。
省广股份	002400	2016 年 10 月 29 日，省广股份董事长陈钿隆说，GIMC 不仅要成为国际化营销传播集团，更要持续加大平台战略的实施力度，推动业务转型升级，进一步发展成为千亿市值的国际化营销集团。
华数传媒	000156	2015 年 12 月 31 日，未来 3 年，在“新网络 + 应用”、“新媒体 + 内容”、“大数据 + 开发”三大战略的引领下，华数将实现百亿营收、千亿市值的目标。
立思辰	300010	2016 年 4 月 11 日，立思辰集团互联网教育 CEO 黄威说，“在 K12 和职业教育方面，我们都会有爆点产品推向市场。从商业目的上讲，我们希望借此实现千亿市值互联网网教育公司的目标。”
科陆电子	002121	2016 年 4 月 15 日，我们正朝着千亿市值的目标迈进。
乐视网	300104	2017 年 1 月 16 日，贾跃亭提出，数年内希望乐视网的营收和市值都达到千亿美金。
海润光伏	600401	2015 年 7 月 11 日，前董事长杨怀进抛出“打造千亿市值企业”的言论。
东方园林	002310	2016 年 12 月，何巧女公开发声称，东方园林市值“明后年（2017 年、2018 年）有望到千亿元”。其同时还透露，公司 2015 年又定了计划用 10 年时间做到 5000 亿企业。

16.2 从自愿性披露的动机出发看投资机会

本节导读

自愿性信息披露不同于强制性信息披露，监管当局并没有要求企业管理层对这些信息进行披露，但与盈余管理类似，管理层可以运用自愿性信息披露来传递信号和满足自身利益要求。如新产品发布、未到强制披露要求的订单发布、投资者调研纪要，等等。很多学术研究表明，自愿性信息的潜在收益包括增加投资者的关注，减少信息不对称，这些结果理论上都能够通过降低权益资本成本，来提升公司股权价值。需要了解公司自愿性信息披露背后的动机所在，包括：（1）控制权争夺，通过自愿性信息披露在控制权争夺战中获得竞争优势；（2）配合减持，特别是用业绩预增的方式配合减持；（3）树立企业形象，获得关注与比较优势；（4）增强市场信心，提振股价和市值；（5）提示风险，防止股价异常波动。

从投资者的角度看，信息披露通过降低股票回报的估计风险使股权资本成本下降。投资者要求的回报率和风险水平成正比，在信息不对称时，为了补偿信息不足所带来的风险成本，投资者一般要求更高的报酬率，公司就需要承担比较高的外部融资成本。上市公司通过自愿性信息披露提高披露质量，投资者主观预期回报的方差会变小，可以降低投资者在估计未来收益率时需要考虑的风险水平，从而降低投资者的投资回报率，进而降低融资成本。作为中介的分析师也可以借助上市公司自愿性信息披露提高预测的准确性，该公司可以获得更多的分析师关注，相应的，上市公司的融资成本也会降低。

从上市公司的角度，信息披露通过降低交易费用，增加股票市场的流动性降低了股权资本成本。通过自愿性信息披露提高披露质量，可以减少公司与投资者之间的信息不对称，使股票的交易成本下降，增加股票的流动性，从而降低融资成本。特别是对于坏消息，自愿性披露信息能够改善股票交易的流动性，在流动性层面提升公司股权价值。

16.2.1 控制权争夺

近年来险资举牌上市公司的案例越来越多，一般险资投资上市公司只是为了做财务投资者获得投资收益，也有“门口的野蛮人”通过不断举牌，试图获得上市公司控制权。上市公司控制权的争夺一般会牵扯三个利益集团，即新进股东、原有大股东和管理者，由于新进股东一般资金实力雄厚，原有大股东和管理层必须通过其他途径获得竞争优势，自愿性信息披露就是有效途径之一。上市公司通过自愿性信息披露，展现公司现有或未来经营业绩的预测，一方面可以增强投资者对现有管理层的信心，另一方面可以提振股价，增加新股东增持股份的难度。当然，新股东也可以在控制权争夺完成后，通过自愿性信息披露，向市场传递信心，稳定市场情绪。

案例75：宝能举牌万科A（000002），管理层积极应对

2015年7月10日宝能第一次举牌万科，万科公司公告简式权益变动报告书，称宝能系公司前海人寿通过深圳证券交易所集中交易方式增持万科公司A股552727926股，占万科公司当时总股本的5%。此后宝能系不断增持，2015年12月7日，万科公司公告详式权益变动报告书，称钜盛华通过资产管理计划购入万科公司A股549091001股，合计2211038918股，占万科公司当时总股本的20.008%，成为万科公司第一大股东。面对宝能系的步步紧逼，12月17日，（媒体公开）王石当日在北京万科发表内部讲话“不欢迎宝能系成万科第一大股东”“宝能系购买万科的钱从哪里来的”“华润做大股东的时候，在公司的治理结构上，扮演非常重要的角色”，作为对“野蛮人”举牌的积极应对。2016年3月13日，万科公告宣布引入新的战略投资伙伴——深圳市地铁集团有限公司。6月26日，钜盛华和前海人寿联合提议罢免王石等管理层，宝能与管理层控制权之争正式开始。7月2日，公司公告2016年6月份公司销售及近期新增项目情况简报，既是保持公司一直以来信息透明度，也展现公司管理层对公司业绩的重要保障作用。7月20日，万科公告称，公司确于2016年7月18日和19日向有关部门提交了《关于提请查处钜盛华及其控制的相关资管计划违法违规行为的报告》，请求相关监管机构核查钜盛华及其控制的相关资管计划是否存在损害中小股东权益。7月21日，公司发布和黑石集团交易进展的自愿性公告，宣布与黑石合作的联合收购平台已经完成对标的公司的收购，重申公司“城市配套服务商”的战略定位。7月22日，公告深圳证监局关于钜盛华的监管关注函。8月23日，公司举行网上投资者交流会，公司管理层就公司半年度业绩、未来发展及行业情况等与投资者交流沟通。8月25日，公司发布半

年报，在管理层讨论中进行自愿性信息披露，提出股权之争影响到公司正常运营，但在管理层和员工的积极努力下，公司上半年销售创历史新高、新业务稳步推进，公司首次入选《财富》“世界500强”，名列第356位。在未来发展展望中明确提出，稳定现有的队伍将是公司核心要务。由于上市公司（管理层）的多次自愿性信息披露，让市场意识到了此次举牌的合规性，提高了投资者对管理层能力的认可度，信息披露也成为管理层在万宝之争中赢得主动权的重要法宝。

案例76：宝能控制南玻A（000012），管理层集体辞职

从2015年2月开始，宝能系旗下前海人寿就开始在二级市场大量买进南玻A股份。此后前海人寿、钜盛华通过不断增持、5次举牌以及定增，挤下中国北方工业公司，最终成为南玻A的第一大股东。随着大股东与管理层的矛盾不断激化，2016年11月15日晚，南玻公告称，董事会收到董事长曾南先生、董事/CEO吴国斌先生、财务总监罗友明先生、副总裁柯汉奇先生、副总裁张凡先生、副总裁张柏忠先生、副总裁胡勇先生辞去其在南玻集团担任职务的辞职报告。从1984年起，曾南担任南玻董事总经理至今，是公司的开创者和核心人物。11月18日，上市公司发布公司近期情况说明的自愿性信息披露，提出原管理层主动辞职，公司生产运营未受影响，公司股东坚定看好公司未来发展。11月24日，发布澄清公告，澄清前海人寿破坏公司各项计划的传闻，并发布无息借款的自愿性信息披露公告，宝能系下属钜盛华愿意提供给公司20亿元无息借款，用于主业持续稳定经营。宝能系通过一系列自愿性信息披露，希望借此减轻管理层集体辞职带来的冲击，并通过自愿披露的无息借款计划，进一步稳定市场情绪。

16.2.2 配合减持

虽然监管层对大股东减持套现监管越来越严，但仍有公司会借利好消息发布之后进行减持，其中业绩预告和高送转是公司发布利好消息的重要方式。由于年报对于投资者进行投资决策最具有参考性，而在年报未发布之前，业绩预告也可以初步提供公司在报告期的财务情况，因此具有很高的参考价值。但是业绩预告除了中小板和创业板外，一般不具有强制性披露要求，又因其未经审计，可以进行业绩修正，因此会有上市公司自愿性信息披露制造利好因素，配合股东进行减持操作。从 2016 年的年报情况看，2017 年 4 月 30 日前沪深两市共 255 家上市公司进行了 2016 年度业绩预告修正，这其中有 32 家进行了股东减持，占比 12.5%。而 2017 年被曝光的山东墨龙也是采用 2016 年年度业绩“公告预增—大股东减持—公告预亏”的套路进行减持。

表 16.5：我国业绩预告信息披露原则

交易所	文件类型	具体要求
上交所（主板）	业绩预告	对于年度报告，如果上市公司预计全年可能出现亏损、扭亏为盈、净利润较前一年度增长或下降 50% 以上（基数过小的除外）等三类情况，应当在当期会计年度结束后的 1 月 31 日前披露业绩预告。如果不存在上述三类情况，可以不披露年度业绩预告。对于半年报和季度报告，也没有作强制要求
	业绩快报	公司如果已经汇总完成当期财务数据，但因为年报尚没有编制完成，可以先行对外披露业绩快报
深交所（主板）	业绩预告	预计报告期内（第一季度、半年度、第三季度和年度）出现以下情况的，应进行业绩预告：净利润为负、扭亏为盈、实现盈利且净利润与上年同期相比上升或者下降 50% 以上（基数过小的除外）、期末净资产为负、年度营业收入低于 1000 万元。
	业绩快报	鼓励上市公司在定期报告披露前，主动披露定期报告业绩快报
中小板	业绩预告	中小板业绩预告是强制性披露的，全部上市公司均要进行业绩预告，但是并没有强制要求上市公司在年报中披露一季度业绩预告。
	业绩快报	年度报告预约披露时间在 3 月份之前的公司可不披露年度业绩快报，否则需要强制性披露年度业绩快报。半年报和季报业绩快报不是强制性披露的
创业板	业绩预告	创业板业绩预告是强制性披露的
	业绩快报	年度报告预约披露时间在 3 月份之前的公司可不披露年度业绩快报，否则需要强制性披露年度业绩快报。半年报和季报业绩快报不是强制性披露的。

案例 77：高乐股份（002348）利好频发，控股股东不断减持

2013 年 5 月 28 日，高乐股份发布公告，控股股东杨氏家族持有公司 69.25% 的股份，拟在未来 6 个月减持公司股份，减持幅度或超过 5%。6 月 4 日，发布董事会关于土地的协议决议，公司拟以不低于 1.25 亿元的价格转让土地使用权，6 月 5 日，控股股东减持 1000 万股，占总股本的 2.11%。7 月 2 日，发布 2013 年半年度业绩预告修正报告，向上调整 30%，受此影响，股价两日上涨 5%。7 月 4 日，控股股东减持 1368 万，占公司总股本的 2.89%。7 月 24 日，自愿披露公司旗下手游产品和 3D 打印业务的进展，提示产品正在研发中，适

时正值手游和3D概念股成为市场热点，当日股价接近涨停，7月25日控股股东减持1448万股，占比3.06%，7月26日减持920万股，占比1.94%。至此，控股股东共计减持10%股份。

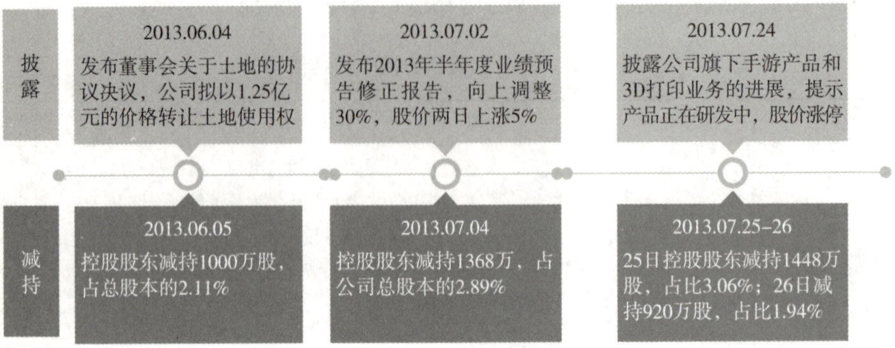

图16.4：高乐股份控股股东减持与自愿性信息披露进程

16.2.3 树立企业形象，获得关注与比较优势

股票是边际定价，是由边际投资者决定的。Coyne和Witter（《Taking the Mystery out of Investor Behavior》，2002）观察了标准普尔500公司的交易行为，根据他们的研究，在公司宣布重大事件后的一个季度内，公司特定的股价变化（板块或整体市场变动之外）约70%，可以由40至100位公司最活跃的投资者的决策所解释，这些边际股东并不一定是大股东。上市公司希望结合市场热点获得关注度，提高公司品牌影响力，从而获得更多边际投资者的注意，相对于竞争者获得比较优势。通过自愿性信息披露，潜在投资者可以进一步了解企业的实力和发展前景，相应地提升企业的市场价值。如深天马A在国际新型显示技术大会召开前夕，自愿披露全资子公司武汉天马第6代AMOLED产线点亮；珠江钢琴在G20峰会期间自愿披露旗下子品牌“珠江·恺撒堡钢琴”作为本次文艺晚会唯一指定用琴，有利于进一步提高公司高端品牌的国际影响力。

案例78：珠江钢琴（002678）自愿性信息披露为定增保驾护航

珠江钢琴最早在2016年1月19日公告了非公开发行股票的预案，但因为预案公告时，恰逢2016年初市场熔断，公司股价大幅下跌。后来公司又先后于5月6日和8月29日两次修改定增预案。公司两次修订的预案，最主要的变化在于发行底价的变化（通过改变定价基准日）。从图16.5可以看到，公司 2016 年 1 月 19 日首次发布非公开预案时，公司的股价在 16 元 / 股以上，发行底价为 14.73 元 / 股（2015 年度利润分配实施后，公司本次非公开发行股票发行价格由不低于 14.73 元 / 股调整为不低于 14.66 元 / 股；发行数量由不超过 90291921 股调整为不超过 90723055 股。）；后来因股价下跌，5 月 6 日修订预案后，发行底价定为 11.49 元 / 股；再后来股价缓慢上升，公司又于 8 月 29 日第二次修订预案把发行底价提高到 12.37 元 / 股（2016 年度利润分配实施后，公司本次非公开发行 A 股股票的发行价格由不低于 12.37 元 / 股调整为不低于 12.30 元 / 股，发行数量由不超过 88358932 股调整为不超过 88861788 股）。

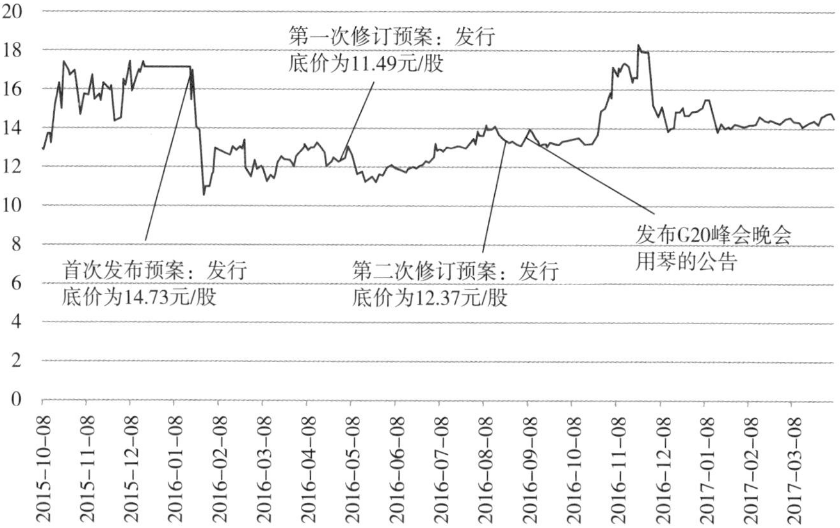

图 16.5：珠江钢琴多次调整发行底价

数据来源：Wind

公司首次公告预案确定的发行底价 14.73 元 / 股应当是公司认可的价格，但是后来随着股价下跌，公司不得不下调发行底价到 11.49 元 / 股。在发现公司股价缓慢回升后，公司又再次修订预案，把发行底价提高到 12.37 元 / 股。可见上市公司或许期望获得一个较高的定增价格，以减少股份稀释。在第二次修订预案后，公司于 9 月 5 日发布公告：公司旗下子品牌“珠江 · 恺撒堡钢琴”是杭州 G20 峰会文艺晚会的唯一指定用琴，并指出本次活动有利于进一步提高公司高端品牌的国际影响力。结合此前公司修订定增预案调高发行底价的行为，公司此次公告或许有进一步释放利好促进股价上涨的动机，以使定增价格去接近 2016 年 1 月 19 日最初确定的发行底价。2017 年 8 月，珠江钢琴完成非公开发行，只有两家投资机构有效报价，最终价格定在12.30元/股。相当于发行底价即12.30元/股的100%，相当于本次非公开发行询价截止日前20个交易日公司股票交易均价12.37元/股的99.43%。

上市公司树立企业形象的一个重要途径就是加大社会责任信息的自愿性披露。上市公司社会责任的信息披露主要内容包括产品质量、环境保护、慈善事业、社会计划、顾客满意、员工保护等方面，根据《中国A股上市公司社会责任信息披露研究（2015）》，A股上市公司社会责任信息披露水平稳步提升，并呈现了多个“第一次”的现象，上市公司社会责任报告发布数量逐年增加，报告质量不断提高，方式也日趋多样化。学术实证研究表明，经济效益好的公司承担社会责任情况比经济效益差的企业要好，国营企业及集体企业好于私营企业。同时，不少实证分析证明，社会责任不是可有可无的，它会影响到公司价值，影响投资者的决策。

我们选择2008年以来公司发布有关捐款的公告，共计189条，统计这些公司在发布公告后当天、7个交易日、30个交易日、180个交易日、365个交易日相对于大盘指数的相对涨跌幅。我们发现在短期内，这些公司相对于大盘指数并没有超额收益，当天、7个交易日、30个交易日相对于大盘指数涨跌的平均值分别是–0.23%，–0.79%，–0.91%，但是长期看，这些公司就体现出投资价值，180个交易日、365个交易日相对于大盘指数的涨跌幅分别是10.43%，28.52%，即公司承担社会责任与其可投资性有正相关性。

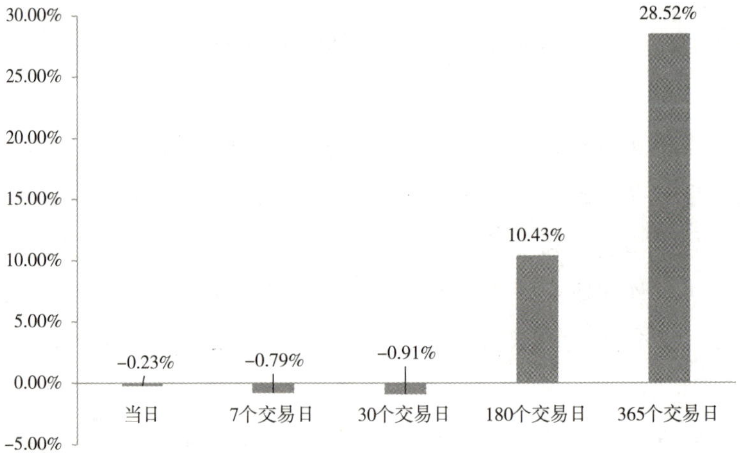

图16.6：企业发布捐款公告后股价相对于大盘指数的涨跌幅

数据来源：Wind

公司承担社会责任与其可投资性有正相关性，两者有互为因果的关系。主动承担社会责任进行慈善捐款的公司，一般现金流和业绩情况较好，具有长期投资价值，所以承担社会责任是果，具有投资价值是因。同时，主动承担社会责任也能反映出公司的企业文化和经营理念，能够减少产品质量问题、社会声誉问题、环境保护问题等带来的惩罚成本，在质量意识逐渐增强、环保压力逐渐加大的情况下，这些公司的竞争优势更好地被体现，公司也就更具有长期的投资价值。此时承担社会责任是因，具有投资价值是果。

16.2.4 增强市场信心，提振股价和市值

上市公司通过披露产品的产销量数据，研发进度，项目进程，股东追加股份限售承诺，管理层自愿降薪，股东增持股票等，来增强市场信心，提振股价和市值。

案例 79：强化信息披露，规范喊话式增持

2017 年上半年中小创股票整体低迷，6 月 2 日午间，奋达科技（002681）和凯美特气（002549）发布兜底式增持公告，两家公司的董事长纷纷倡议员工积极买入本公司股票。以奋达科技为例，公司公告收到控股股东、董事长肖奋先生提交的《关于公司内部员工增持公司股票的倡议书》，“鉴于公司良好的基本面，以及我本人对公司管理团队与公司未来持续发展的信心，公司股票投资价值已经凸显，为维护市场稳定，在此我倡议：公司及全资子公司全体员工积极买入奋达科技（股票代码：002681）股票。本人郑重承诺，凡 2017 年 6 月 2 日至 6 月 6 日期间净买入的奋达科技股票，且连续持有 12 个月以上并在职的，若因增持产生的亏损，由本人予以补偿；收益则归员工个人所有。”受此利好消息刺激，奋达科技股价迅速拉涨停。在奋达科技和凯美特气带头祭出“兜底增持”倡议后，短短一个星期，两市共有 20 多家公司的控股股东、实际控制人、董事长或总经理向全体员工承诺“兜底增持”，“兜底增持”短期带来股价上涨效应明显。在股价上涨的同时，市场质疑声不断，包括（1）这些上市公司控股股东等倡议人会否利用股价反弹进行减持；（2）倡议人倡议员工积极买入是否是为了缓解股价下跌带来的质押风险；（3）倡议人如何保证能够对兜底增持履约是现金保证还是有抵押物；（4）倡议书并没有公告员工数量、购买限额，一旦员工买入金额足够大，而倡议人需要卖出股票来履约，会否会导致公

司控股权变更，等等。面对市场的质疑声，沪深交易所也是紧急出台通知，旨在通过加强信息披露，来达到信息对称的目的。一方面鼓励上市公司员工合法增持本公司股票，另一方面也减轻了内部人对一般投资者的信息优势。在增持主体、增持期限、兜底条款等具体内容，以及倡议人补偿员工持股亏损的具体实施细则等进行了规范。同时，要求充分提示市场及公司经营层面风险、倡议人履约风险、大股东质押风险等。要求在控股股东的减持计划、质押风险、履约能力和股票购买期安排等方面进行补充披露。奋达科技在6月13日也打了补丁，发公告补充了董事长肖奋先生倡议员工增持公司股票的具体实施细则。

案例80：场外期权：大股东增持新玩法。

增持的方法好多种，如大股东增持、回购股票、董监高增持、股权激励、员工持股计划等，这是最常规的玩法，效果各异，关键看真金白银的增持力度。其次就是上述案例里讲的兜底式增持。弘信电子（300657）的场外期权增持属于大股东增持的新玩法。

作为2017年上市开板后还能持续上涨并创新高的新股之一，弘信电子一直为市场关注。在涨势未减的情况下，弘信电子实控人又抛出一份与券商的股价“对赌”。弘信电子公告称，收到公司董事长暨实际控制人李强先生通知，因看好柔性电子行业和公司前景，2017年6月29日，李强先生认购了银河金汇证券资产管理有限公司发行的银河汇达智赢7号定向资产管理计划并通过该定向计划与中国银河证券股份有限公司开展场外期权交易。根据公告，弘信电子实控人李强通过定向计划与银河证券完成两项场外期权交易，包含购买欧式看涨期权和欧式看跌期权。在该欧式看涨期权项下，定向计划向银河证券支付了期权费809.16万元。

具体条款：到期结算2018年1月5日及之后5个营业日内，银河证券根据2018年1月5日的股票结算价格，与定向计划按如下公式计算期权收益，结算时以净额结算，不涉及股票交割：1. 当2017年1月5日股票结算价格高于看涨期权行权价格时，银河证券向定向计划支付收益：合约名义本金额 *（到期结算价格 – 看涨期权行权价格）/ 期初价格。2. 当2017年1月5日股票结算价格界于看涨期权行权价格与看跌期权行权价格之间时，结算收益为0。3. 当2017年1月5日股票结算价格低于看跌期权行权价格时，定向计划向银河证券支付收益：合约名义本金 *（看跌期权行权价格 – 到期结算价格）/ 期初价格。

目前李强间接持有弘信电子3166.72万股，占总股本的30.45%，市值约合17.41亿元，而上述合约的名义本金连市值零头都不及。公司财务数据显示，2017年一季度，公司净利润为1820.75万元，同比增长578.25%，同时预计上半年净利润为3000万元～3400万元，同比增长350.69%～410.78%。8月10日，公司因筹划重大资产重组发布停牌公告。停牌期间发布2017年上半年中报业绩，公司实现营业收入826911475.96元，较上年同期增长101.42%，归属于上市公司股东的净利润38892644.53元，较上年同期增长446.69%，超市场预期。

16.2.5 提示风险，防止股价异常波动

按规定，当股价连续三个交易日收盘价格涨幅偏离值累计超过20%时，上市公司需要自查，来确认是否存在应披露而未披露的重大信息。这些信息包括但不限于重大资产重组、发行股份、上市公司收购、债务重组、业务重组、资产剥离和资产注入等，以上是必须强制性披露的信息内容。同时公司也要自查有没有需要澄清或回应的媒体报道和市场传闻，这些可以在看到股价有异常波动苗头时就可以通过自愿性信息披露向市场提示风险。2017年贵州茅台股价最高涨幅一倍有余，连破600元、700元股价大关，11月16日晚间，新华网发表题为《理性看待茅台的股价》的文章。文章中指出，支撑茅台慢牛走势的基石，是茅台业绩的稳步上升。能够坚持16年之久的慢牛，在A股市场上可谓稀世珍宝。揠苗助长的结果，必然导致不可承受之痛。短视的投机行为将对价值投资形成巨大伤害，茅台需要长期陪伴，才能给出最好的回报。贵州茅台当晚也第一时间发公告回应：公司关注到近期关于本公司的媒体报道和研究报告比较集中，本公司为此进行相关情况 说明并提示如下：一是最近市场上的一些讨论和观点，尤其是关于公司过高的目标股价及估值均不代表公司的态度，希望广大投资者和消费者理性看待，审慎决策。二是近期公司股价上涨幅度较大，公司将继续做好生产经营各项工作，也郑重提请广大投资者注意投资风险，理性投资，不要盲目跟风。

案例81：雄安概念股连续涨停，多家公司发布自愿性信息披露澄清

2017年4月1日，中共中央、国务院决定在雄安设立国家级新区，并提出这是继深圳经济特区和上海浦东新区之后又一具有全国意义的新区，是千年大

计、国家大事。此后几个交易日，多只雄安概念股票连续涨停。但过热的反应随即引发监管层的担忧，交易所从上市公司信息披露和异常交易行为两方面展开联动监管，对炒作行为进行遏制。多家在雄安没有业务开展的上市公司也进行了自愿性信息披露，向市场提示风险。

表 16.6：多家上市公司就雄安问题进行自愿性信息披露

公司	主要内容
河北宣工	截至公告日，公司未在雄安新区开展业务和存在资产。
河钢股份	截至目前公司未在雄安新区开展业务和存在资产情况
华讯方舟	设立雄安新区对公司无实质性影响。
京汉股份	公司与安新县人民政府签署了 1500 亩综合性项目开发，今后将与当地政府合作扩大至 1 万亩。截止到目前《合作框架协议》项下的土地没有交付，土地款也没有交纳，目前国家对安新县的整体规划已发生重大变化，上述框架协议的履行存在有很大的不确定性。
新兴铸管	截至目前公司未在雄安新区开展业务和存在资产。

资料来源：上市公司公告

17. 大宗交易价格隐含意图

17.1 大宗交易：限售股转让的好帮手

本节导读

将大宗交易放在本书最后一章来讲，因为大宗属于交易所信息披露范畴，上市公司在公告中不会披露。但大宗交易能反映股东的最新动向，成交价格和买卖席位背后透露了大宗交易的意图，值得投资者重点关注。国内大宗交易诞生于2002年。2008年证监会发布的《上市公司解除限售存量股份转让指导意见》规定：持有解除限售存量股份的股东预计未来一个月内公开出售解除限售存量股份的数量超过该公司股份总数1%的，应当通过证券交易所大宗交易系统转让所持股份。以上政策的推出为首发原始股东的大额股权转让提供了便利，2008年后，大宗交易的成交金额快速增加。2014年证监会虽废止了该意见，允许股东既可以通过大宗交易也可以通过集合竞价来减持股份，但大宗交易减持一步到位、避免股价冲击和限售股减持避税等优势已被投资者认可，近年来市场仍保持迅猛增长。

17.1.1 大宗交易优势明显，为限售股转让重要通道

大宗交易是针对大额交易的一种制度安排，是指达到最低限额的证券单笔买卖申报，买卖双方经过协议达成一致并经交易所确定成交的证券交易。沪深交易所对大宗交易的规定虽有所不同，但基本都是要经过意向申报、协议定价、成交申报、成交确认、清算交割等步骤，交易所当天要公布交易的信息。大宗交易对活跃大额股权转让、降低交易成本、减少大额交易对市场稳定性的

冲击等具有重要意义。

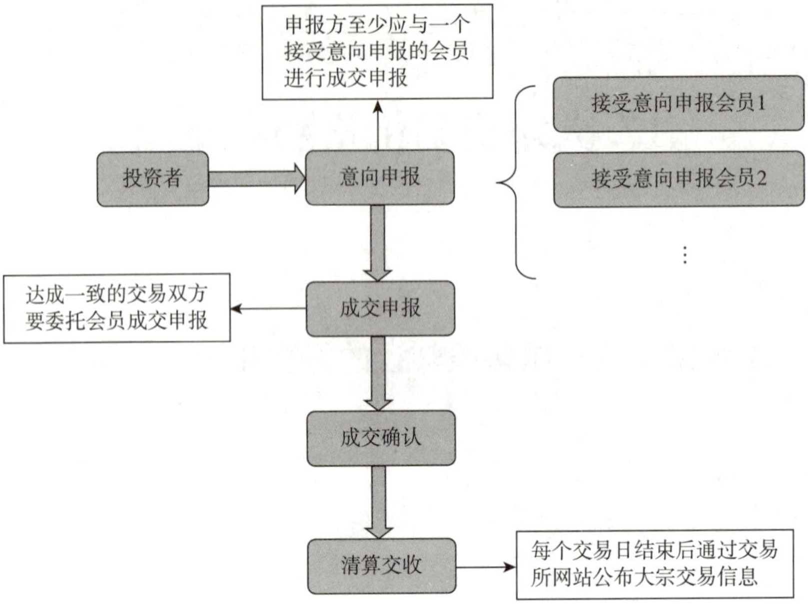

图 17.1：大宗交易程序

限售股解禁后的转让在大宗交易中占据重要地位。我国的限售股主要包括两类：一是历史上股权分置改革中非流通股转为流通股产生的限售股，二是上市公司 IPO 股东股份（大小非）和参与定增股份。这些股份数额一般较大，通过集合竞价难以快速减持，容易对二级市场股价造成冲击，并且 2017 年 5 月的减持新规限制股东 3 个月内通过集合竞价减持股份的总数不得超过 1%，因此大宗交易就成了减持的快速通道。

大宗交易减持方便快捷，兼具控制风险与避税作用。（1）方便快捷：能大规模批量减持。（2）控制风险：股价瞬息万变，因股东减持一般交易量较大，不利于减持的时候控制股价波动风险，而大宗交易只要与交易对象协议商定价，不会对股价造成较大冲击。（3）避税：2009 年颁布的《财政部、国家税务总局、证监会关于个人转让上市公司限售股所得征收个人所得税有关问题的通知》规定，自 2010 年 1 月 1 日起，对个人转让限售股取得的所得，按照“财产转让所得”，适用 20% 的税率征收个人所得税。应纳税所得额 = 限售股转让收入 – 限售股成本，为了减少应纳税所得额，可以在规则范围内压低成交价格。减持方既可以出让给自己的亲友，也可以与其他方协议定价，并签订回补协议，待底价转让后，受让方再对减持方提供一定的补偿。

17.1.2 2008 年后蓬勃发展，中小创折价率高

我国证券市场最初的投资者都是中小散户，后来随着基金公司等机构投资者占比提升，深交所和上交所分别于 2002 年 2 月 25 日、2003 年 1 月 10 日推出大宗交易制度。第一笔大宗交易是银河证券和上海金证咨询公司之间的罗牛山（000735）1980 万股股权转让。但 2008 年以前，大宗交易一直处于不温不火的状态，每年的交易案例数不足 100 家。2008 年证监会发布的《上市公司解除限售存量股份转让指导意见》规定：持有解除限售存量股份的股东预计未来一个月内公开出售解除限售存量股份的数量超过该公司股份总数 1% 的，应当通过证券交易所大宗交易系统转让所持股份。以上政策的推出为首发原始股东的大额股权转让提供了便利，2008 年后，大宗交易的成交金额快速增加。2014 年证监会虽废止了该意见，允许股东既可以通过大宗交易也可以通过集合竞价来减持股份，但大宗交易减持一步到位、避免股价冲击和限售股减持避税等优势已被投资者认可，市场仍保持迅猛增长。2016 年全年共发生大宗交易 16509 笔，金额共计 7216.10 亿元，再创历史新高。2017 年因减持新规的影响，交易数和成交量有所减少。

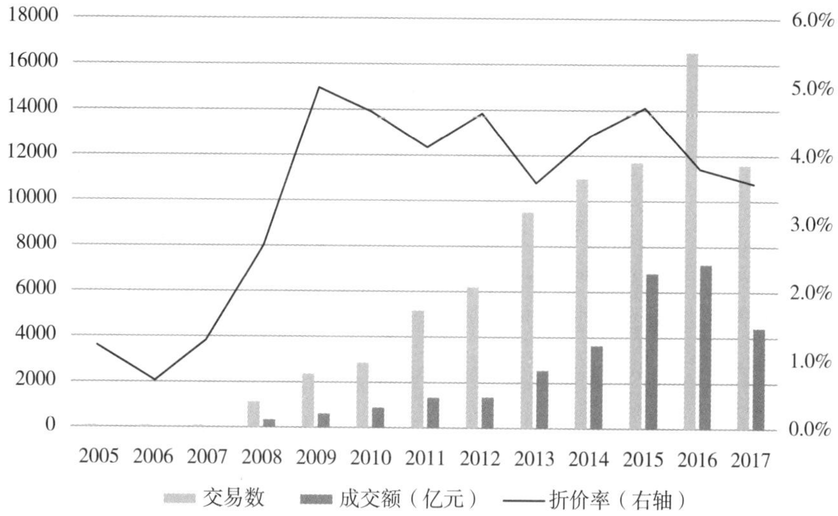

图 17.2：2008 年后大宗交易快速增长（折价率为成交量的加权平均）

数据来源：Wind

大宗交易多为折价成交。在折价率方面：经历了 2008 年 ~ 2009 年的快速上升后，基本保持稳定波动态势，整体折价率大约在 3.5% ~ 5%。2017 年，折价成交占所有大宗交易的比例达到 73%，是最主要的成交方式。其中，折价 0 ~ 5% 和折价 5% ~ 10% 的交易占比均超过 30%，平价交易仅占比 9%，有 15% 的大宗交易以 0 ~ 5% 的溢价成交，较往年有较大提升。

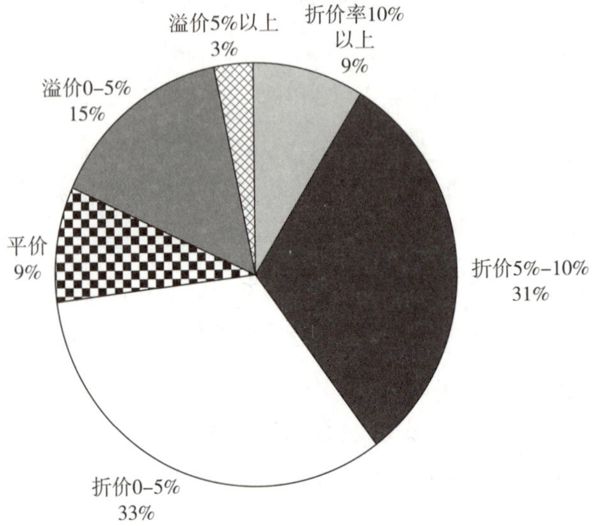

图 17.3：折价成交是大宗交易的主流

数据来源：Wind

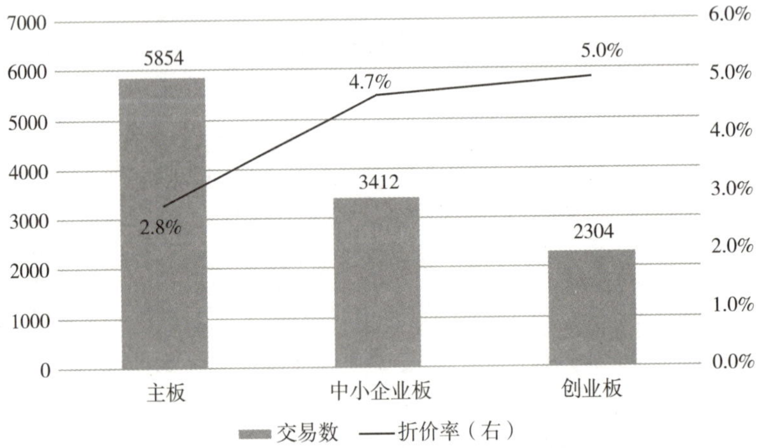

图 17.4：大宗交易中小创折价率较高（2017 年）

数据来源：Wind

主板大宗交易成交额占据半壁江山，中小创企业折价率较高。2017 年 1 月～10 月大宗交易数据中，在成交金额方面，主板、中小板、创业板成交额分别为 2277 亿元、1414 亿元、725 亿元，占比分别为 52%、32% 和 16%，主板占到一半。在折价率方面，主板、中小板、创业板的折价率依次提高，分别为 2.8%、4.7%、5.0%，与主板、中小板、创业板的风险性相符，中小板、创业板的折价率较高或许是对高风险的补偿。

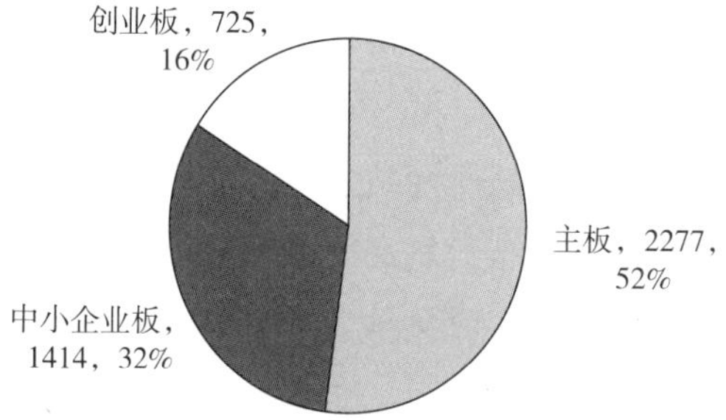

图 17.5：主板大宗交易金额占据半壁江山（2017 年）

数据来源：Wind

2017 年大宗交易市场的行业分布：大宗交易多发生在新兴行业，传媒、电子、医药生物交易额分别位居前三，其他行业则分布的较为平均。从板块分布来看，主板大宗交易案例数最多，超过50%，创业板案例个数和成交额均较低。

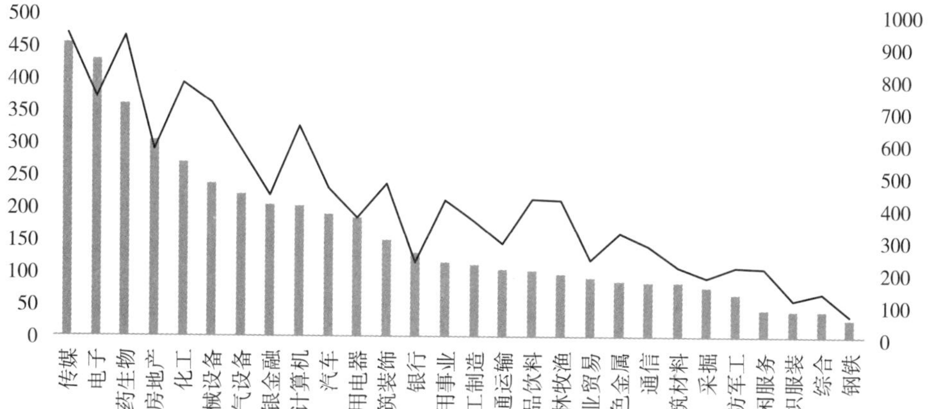

图 17.6：大宗交易多发生在传媒、电子、医药生物等新兴行业

数据来源：Wind

17.1.3 两市规则大同小异，披露信息深度内容相对有限

大宗交易的规则制度主要包括交易门槛、交易时间、交易价格、信息披露等几部分。对于 A 股而言，单笔交易数量不低于 30 万股或交易金额不低于 200 万元可以被认定为大宗交易，成交价格一般不能超过标的股票当天涨跌幅限制，且该价格不会影响二级市场股价。

沪深两市大宗交易在交易条件、申报方式、价格限制、成交处理等方面基本相同，在申报时间、信息披露方面稍有不同。沪市的申报时间比深圳更加宽泛，在 15：30–17：00 依然可以申报。而信息披露方面，深市不仅要和沪市一样在每个交易日结束后通过交易所网站公布成交信息，还要在交易时间内通过交易系统或交易所网站即时公布盘后定价大宗交易的交易信息。披露的信息内容基本是证券代码、证券简称、成交量、成交价格以及买卖双方所在会员证券营业部的名称等，深度内容相对有限。在大宗交易买卖双方的交易席位中，主要有营业部席位、机构席位、自营席位等，且买方营业部席位占据大比例，基金、保险等相对较少。由于很多股东的减持都是通过营业部渠道，所以从大宗交易席位能得到的信息有限，深度挖掘买卖双方背景难度大，很难判断交易背后的减持者和接盘者的背景。

表 17.1：上交所和深交所大宗交易规则对比

	上交所	深交所
交易条件	A 股单笔买卖申报数量应当不低于 30 万股，或者交易金额不低于 200 万元人民币	A 股单笔交易数量不低于 30 万股，或者交易金额不低于 200 万元人民币
申报方式	意向申报、成交申报、固定价格申报、其他申报	协议大宗交易：意向申报、成交申报、定价申报、其他申报 盘后定价大宗交易：与上交所“固定价格申报”类似
申报时间	意向申报：9:30 至 11:30、13:00 至 15:30； 成交申报：9:30 至 11:30、13:00 至 15:30、16:00 至 17:00； 固定价格申报：15:00 至 15:30。	协议大宗交易：9:15–11:30、13:00–15:30 盘后定价大宗交易：15:05–15:30
清算交收	（1）交易日 9:30 至 15:30 时段确认的成交，于当日进行清算交收； （2）交易日 16:00 至 17:00 时段确认的成交，于次一交易日进行清算交收。	权益类证券协议大宗交易的成交确认时间为交易日 15:00–15:30

续表

	上交所	深交所
价格限制	（1）有价格涨跌幅证券的成交申报价格，由买方和卖方在当日价格涨跌幅限制范围内确定。 （2）无价格涨跌幅限制证券的成交申报价格，由买卖双方在前收盘价格的上下 30% 或当日已成交的最高、最低价格之间自行协商确定。 （3）每个交易日 16:00 至 17:00 接受的申报，适用于当日其他交易时段接受的涨跌幅价格。	（1）有价格涨跌幅限制证券的协议大宗交易的成交价格，在该证券当日价格涨跌幅限制范围内确定。 （2）无价格涨跌幅限制证券的协议大宗交易的成交价格，在前收盘价格的上下 30% 之间确定。
成交处理	大宗交易不纳入本所即时行情和指数的计算，成交量在大宗交易结束后计入该证券成交总量	
信息披露	（一）本所在每个交易日结束后通过本交易所网站公布以下交易信息：（1）股票和基金的成交申报大宗交易，内容包括：证券代码、证券简称、成交量、成交价格以及买卖双方所在会员证券营业部的名称；（2）单只证券的固定价格申报的成交量、成交金额，及该证券当日买入、卖出金额最大五家会员证券营业部的名称和各自的买入、卖出金额。 （二）大宗交易涉及法定信息披露要求的，买卖双方应依照有关法律法规履行信息披露义务。	（一）本所在交易时间内通过交易系统或交易所网站即时公布以下交易信息：盘后定价大宗交易的交易信息，内容包括：证券代码、证券简称、价格、当日累计成交数量、当日累计成交金额以及实时买入或卖出的申报数量等。 （二）本所在每个交易日结束后通过交易所网站公布以下交易信息：（1）协议大宗交易的每笔成交信息，内容包括：证券代码、证券简称、成交量、成交价格以及买卖双方所在会员证券营业部或交易单元的名称；（2）单只证券盘后定价大宗交易的累计成交量、累计成交金额，及该证券当日买入、卖出金额最大五家会员证券营业部或交易单元的名称和各自的买入、卖出金额；（3）单只证券大宗交易的累计成交量、累计成交金额，及该证券当日买入、卖出金额最大五家会员证券营业部或交易单元的名称和各自的买入、卖出金额

资料来源：《上海证券交易所交易规则》《深圳证券交易所交易规则》

17.2 减持新规催生万亿大宗限售股市场

本节导读

减持新规出台后大股东、董监高、特定股东等限售股股东减持受限，大宗交易有望在限售股转让市场发挥重大作用。原因包括：（1）对于所有限售股东来说，3 个月内 1% 的集合竞价减持比例受限严重，但如果加上 2% 的大宗交易减持比例额度，则 3 个月内合计 3% 的减持比例可以大大满足股东的减持需求；

（2）对于定增股东来说，在解禁后12个月内通过集合竞价减持股份不得超过其持股量的50%，定增投资时间被延长到2年以上。但是之前参与定增的资金时间期限多数在1年～2年之间，且有不少项目是结构化产品，带有杠杆，到期后资金要退出。减持新规导致了持股周期和资金周期的不匹配。定增资金若想及时退出，大宗交易成为不二选择。估计限售股转让市场需求接近万亿。与定增一样，减持新规下，大宗交易的投资机会也从折价套利回归到价值投资，精选个股。限售期为6个月，挤出短期套利资金。未来的大宗交易受让方将普遍变成中长线类型，依据盈利类型大致可以分为盈亏自负型（买断式）和非盈亏自负型（买断补偿式、买入反售式等）。

17.2.1 减持新规重塑大宗交易格局，交易双方皆受影响

2017年5月减持新规＋沪深交易所实施细则规定：（1）通过集合竞价减持股份，连续3个月内不得超过公司股份总数的1%；（2）通过大宗交易减持股份，连续3个月内不得超过公司股份总数的2%，且受让方在受让后6个月内不得转让；（3）通过集合竞价减持上市公司非公开发行股份的，在解禁后12个月不得超过其持股量的50%。

从数据看，在减持新规出台的前3个月，大宗交易数量和规模出现断崖式下跌，5月大宗交易成交1262笔共519亿元，7月成交量和总额便下跌至702笔和360亿元。与此同时，折价幅度开始增大，折价率超过10%的交易占比从5月的11.57%升至7月的14.02%。面对市场严监管，买断式大宗交易、买入反售减持等种种新的“接盘方案”开始出现，大宗交易由“地上”转到“地下”。但9月以来，大宗交易回暖明显，交易数量和金额分别升至1323笔和529亿元。

（1）卖方：股东减持受限，催生万亿大宗限售股转让需求

股东减持受减持新规所限，大宗限售股转让有望迎来蓬勃发展。减持新规虽然对股东减持带来不利影响，但却并没有把减持的路径全部堵死，大宗交易有望在限售解禁股减持中发挥重要作用。原因包括：（1）对于所有限售股东来说，3个月内1%的集合竞价减持比例受限严重，但如果加上2%的大宗交易减持比例额度，则3个月内合计3%的减持比例可以大大满足股东的减持需求。（2）对于定增股东来说，在解禁后12个月内通过集合竞价减持股份不得超过其

持股量的 50%，定增投资时间被延长到 2 年以上。但是之前参与定增的资金时间期限多数在 1 年 ~ 2 年之间，且有不少项目是结构化产品，带有杠杆，到期后资金要退出。减持新规导致了持股周期和资金周期的不匹配。在后续政策出台前，定增资金若想及时退出，大宗交易成为不二选择。

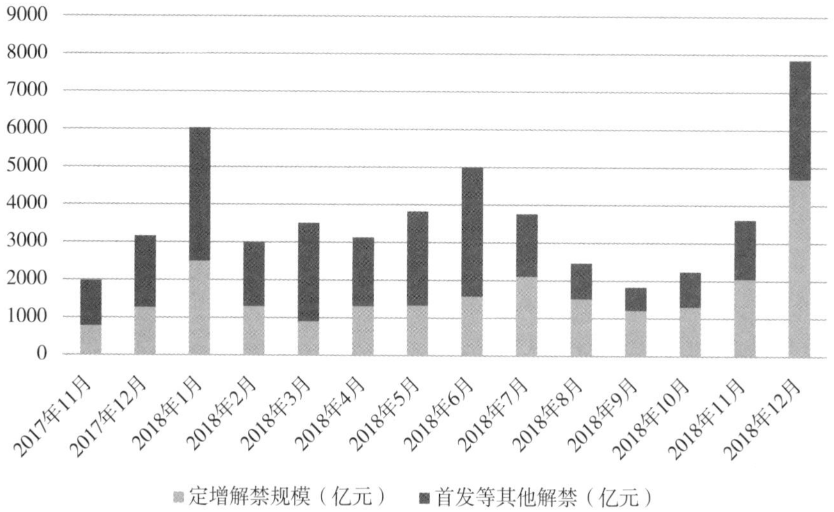

图 17.7：2018 年 12 月前限售股解禁规模情况

数据来源：Wind

限售股解禁市场规模巨大，万亿大宗减持市场待发掘。统计 2017 年 11 月 ~ 2018 年 12 月的限售股解禁项目，全部解禁市值规模有 5.1 万亿元（以 2017 年 10 月 31 日的收盘价计算）。具体到 2018 年看，定增解禁市值 2.2 万亿，首发等其他解禁市值 2.4 万亿，合计约 4.6 万亿元。按照新规，定增项目有约 1.1 万亿需要延长到 12 个月后（2019 年）减持，或采用大宗交易方式减持。除定增项目外，体量同样庞大的首发股东、董监高减持虽然没有解禁首年减持不超过所持股份 50% 的限制，但是 3 个月内集合竞价减持不超过 1%，减持规模受限，减持速度可能不甚理想。大宗交易则可以大大提高减持规模，加快减持速度。因此首发股东等减持衍生出的“大宗限售股”体量，同样不可小觑。虽然定增股份的剩余 50% 不一定全通过大宗方式在解禁当年退出，首发股东不一定都存在减持需求，但是整体而言，定增项目因为资金期限的原因，剩余 50% 股份当年通过大宗交易方式减持的刚性需求较大。参考以往经验，首发股东在解禁后部分套现的概率也很高。因此，我们估计 2018 年限售大宗减持需求规模有望达到万亿。

（2）买方：短期套利模式遭弃，中长期模式成唯一选择

减持新规出台，短期套利模式不再可取，关注点将转向中长期。减持新规要求如果限售股转让采用大宗交易方式，大宗交易的受让方在接受股份后6个月内不得转让其持有的股份。这一政策规定延长了转让后受让方的持股周期，至少为6个月，对原有大宗交易的套利模式影响巨大。此前的大宗交易从受让方来讲，存在着两种泾渭分明的模式：短期的快速套利和中长期的价值投资，且参与这两种模式的资金属性完全不一样。对于短期套利来讲，投资者一般找到股权的出让方，双方谈好一定的折价率，投资者买入后可以在几个（最快1~2个）交易日内出售，从而获取2%~3%（2010年~2016年折价率在3.5%~5%之间，考虑一定的交易成本）的折价收益。虽然每笔交易收益率不高，但是相对稳定快速且风险可控，主要靠规模取胜。并且由于持股周期短，资金的周转效率高，整体年化收益也很可观。减持新规后6个月的限售期，让大宗带来的折价安全垫不再“安全”。对受让方来说，6个月的最短持股周期偏长，股价的波动性将会加大，资金的周转速度将会大大降低，短期套利赖以生存的高周转模式被打破，没有高周转则没有高收益。因此减持新规后，大宗交易对于追求短期套利的投资者来说吸引力下降，即使给予10%的最高折价率，也难以减少其对6个月股价波动的担忧。因此，大宗交易合二为一，全部转为中长期。大宗交易受让方也将关注点从短期转向中长期，将更加关注企业的内在价值，α收益越发重要。大宗交易投资与定增投资有一定相似性，本质上都是开展有一定锁定期的股票投资，通过让渡流动性换取股票买入成本的折扣补偿。所以定增投资能力和股票研究能力是做好大宗交易投资的基础。

大宗交易热度有所下降，折价率出现波动上升。在2017年5月减持新规出台前，1月~5月每月大宗交易成交额基本保持在400亿元以上的规模。5月底新规出台后，月成交额开始出现下滑：6月~10月除了9月的成交额在500亿元以上外，其他基本都在300亿元左右。可见新规对大宗交易造成了一定的影响，月均成交额下了一个台阶。与此同时，在新规出台后，大宗交易的折价率出现较大幅度回升，从5月份的不到3%上升到9月的5%，这是对大宗交易受让方持股周期变长（从最低1天到最低6个月）的补偿。

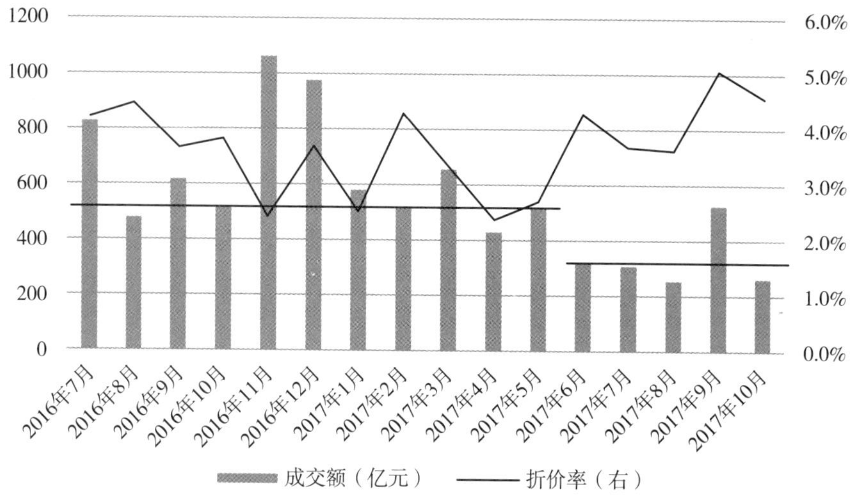

图 17.8：减持新规后大宗交易数减少，折价率上升

数据来源：Wind

大宗限售股转让市场呈现买方格局，大机构、中长线资金未来将主导市场。虽然减持新规出台后，大宗交易热度有所下降，估计与短期套利资金被挤出，中长线投资模式不成熟，市场正处在适应新政策的摸索期有关。目前月均300亿元的大宗交易成交额，估算下来一年也就在3600亿元的规模，相比于2018年限售股转让近万亿的需求，买方市场规模远远不足。减持新规一方面限制了集合竞价减持，提高了大宗交易减持的需求，另一方面挤出了短期的套利资金，暂时性的打压了供给。预计未来一段时间，大宗限售减持市场将呈现买方格局。随着市场度过对政策的摸索期，资金方探索出相对成熟的中长期投资模式，市场资金供给会逐步增加。整体而言，持股周期的延长对大宗交易受让方的投研能力有了更高的要求，具备较强投研能力、资源整合能力的大机构、大资金有望成为主导。原来做定增交易的投资者，既有选股能力又有资金，未来有可能会成为大宗交易市场新的参与者。如2017年10月13日，财通基金推出了市场上第一只大宗交易折价策略公募基金——财通多策略福鑫定开混合基金，首募规模为4.34亿元。财通基金号称“定增王”，在定增市场受限后，新发的财通福鑫采取“大宗 + 打新”策略，通过精选大宗交易标的获得项目折价，再以既有仓位参与打新。同时还将灵活把握可转债、定增及定增事件驱动等再融资机会。

17.2.2 新规后制胜之道：盈亏自负 VS 股东补偿

大宗交易 6 个月限售期给大宗交易受让方带来了不确性，传统短期套利模式被打破。未来新的大宗交易模式将会更加复杂，将呈现以下特点：（1）持有时间延长，至少 6 个月；（2）保底、对赌等花式玩法可能会陆续兴起。整体来看，未来的大宗交易受让方将普遍变成中长线类型，依据盈利类型大致可以分为盈亏自负型（买断式）和非盈亏自负型（买断补偿式、买入反售式等）。

表 17.2：大宗交易模式

类型	特点
买断式	与定增投资类似，以机构投资者为主体，由机构投资者自负盈亏，因此对机构的投研能力有着很高的要求。此类模式下，投资者主要从“折价 + 择时 + 择股 + 组合”四维度分析出发
买断补偿式	大宗交易价格给予一定折价，如果大宗交易接手方退出时达不到目标收益，限售股出售方需要对接手方做出差额补偿。
买入反售式	不限折扣，实质是高折扣的股权质押，类似保底定增，具备融资功能。

（1）买断式：“折价 + 择时 + 择股 + 组合”四位一体挖掘机会

此种模式下，限售股大宗交易投资与定增投资类似，以机构投资者为主体，价值判断为基础，由机构投资者自负盈亏，因此对机构的投研能力有着很高的要求，大机构可能会成为这个模式的主导。此类模式下，投资者主要从“折价 + 择时 + 择股 + 组合”四维度分析出发：1）折价：一定的折价率为大宗交易投资者提供安全垫；2）择时：参与时间与点位的选择会影响 β 收益；3）择股：对于个股 α 的精选是获得超额收益的关键；4）组合：进行组合投资，有利于分散风险。

因此，一定程度上，我们可以将限售股大宗转让定位为机构对限售大宗股的再次定价。限售股大宗交易投资的折价率最高可达 10%，虽然比目前一年期定增的折价率稍低，但是与定增相比，其限售期减半到 6 个月，还是具备较强吸引力的。未来定增和限售股大宗投资可能存在着相互替代的作用，两者的权衡主要考虑两个方面：1）相对于限售期而言两者折价率的比较优势，即在不同限售期下考虑两者哪个折价率更有吸引力；2）股份来源，即所选择的标的是不是有定增项目或是不是有股东计划减持，如果没有定增只能选择限售股大宗交易，如果暂时没有股东大宗减持的话，只能看有没有定增的计划。不过整体而言，股东大宗减持的概率要比公司有定增项目的概率大很多。

（2）其他：代持、补偿、融资玩法众多

除了以上大宗交易受让方自负盈亏的情形外，还有很多其他玩法，但是整体特点就是盈亏不完全由自己决定，大宗交易股份的出让方也会对其负责，补偿、对赌等方式都可引入其中，具体包括但不限于以下两种：1）买断补偿式：价格有一定折价，接手方会定一个目标收益率，如果达不到，限售股股东需要做出补偿，不足差额；2）买入反售式：即不限折扣，实质是高折扣的股权质押，类似保底定增，具备融资功能，类似固定收益模式。

案例 82：掌趣科技（300315）“大宗 + 期权”锁定大宗交易价格

掌趣科技在 2017 年 6 月 20 日晚间发布公告称，为引入重要战略合作伙伴腾讯，控股股东姚文彬先生拟通过大宗交易向林芝腾讯（为深圳市腾讯产业投资基金有限公司的全资子公司）减持 55417497 股股份，占公司总股本的 2.00%。本次转让交易安排得非常详细。姚文彬与林芝腾讯于 6 月 20 日签署了大宗交易协议，约定自协议生效之日起至 7 月 15 日（含当日）内，林芝腾讯和 / 或其另行指定的关联方将以大宗交易方式分批买入姚文彬持有的掌趣科技 2.00% 股权，其中第一笔交易 2604.62 万股，对应 0.94% 股权，第二笔交易 2937.13 万股，对应 1.06% 股权。大宗交易的交易价格经双方协商确定为当次交易申报日前一交易日掌趣科技股票收盘价的 90%。从交易结构来看，为对冲交易风险，姚文彬先生认购国富期货有限公司的“国富期货金诚 123 号资产管理计划”，与中国国际金融股份有限公司签署收益互换相关协议；林芝腾讯亦与中国国际金融股份有限公司签署收益互换相关协议。该大宗交易协议签订前一交易日公司的收盘价格为 8.84 元 / 股，实际交易中通过收益互换这种衍生品交易的方式，双方提前放弃了未来具体交割时标的股份价格向上或向下的浮动收益，体现了双方对整个交易按照 8.84 元 / 股的定价，保证了交易的确定性。为保证前述协议履行，双方均向中国国际金融股份有限公司交付了一定金额的初始合格履约保障品，大宗交易实际交割时按照大宗交易约定价格全款交易，本次交易不带有融资性质。

最终的减持实施情况是，实际控制人姚文彬分别于 6 月 26 日、6 月 30 日以 7.96 元、7.49 元通过大宗交易减持，协议成交价分别是按照申报前一日收盘价的 90%，价格符合原先约定的规定。此次掌趣科技通过“大宗 + 期权”方式锁价减持可以实现三方共赢：1）掌趣科技停牌期间被多重利空因素困扰的情况下（很可能造成公司复牌补跌），大股东可以用停牌前已经确定的价格减持，提前锁定套现金额；2）对于接盘方来说，赌的是股价上涨，即股价上涨越多，相对来说，其接盘的成本越低；3）从市场影响来看，锁价减持可以给市场带来明确预期，有利于稳定股价。

17.3 剖析交易目的，从量价、交易席位中寻找机会

本节导读

大宗交易只披露了价格、成交量、交易席位等信息，深度内容相对有限，二级市场投资者可结合公司基本面和其他公司事项探究股东大宗交易减持的真实目的，发掘大宗交易二级市场的投资机会。本章总结了 4 种确定性较强的投资机会：（1）大幅折价交易 + 股价低位，如果高折价交易发生在低位，则不一定代表股东对公司未来的发展不看好，很可能为限售股股东避税而非减持，因此对股价有支撑作用；（2）连续溢价交易 + 大额成交，溢价多为对特殊信息或控制权转换的补偿，会对股价形成利好，接盘方或认为公司股价存在低估；（3）机构大宗吸筹：机构通过大宗交易大量吸筹，代表其对后市乐观，投资者可以适当参与，此时配合大额溢价等条件投资确定性将更强；（4）大股东披露增持计划，利用大宗交易增持可以凸显其对未来股价的信心。

探寻大小非股东大宗交易行为，剖析其减持真实意图。上市公司的大小非进行大宗交易减持，目的有以下几种：（1）公司价值高估，高位套现；（2）资金周转困难，迫于财务压力套现；（3）过桥减持；（4）避税；（5）引进其他投资者。高位套现和迫于财务压力套现相对容易理解，股东选择过桥减持的方式，更大的目的在于降低监管对减持灵活度的影响。如果上市公司重要股东直接自己减持，每次减持需要履行信息披露义务，相当繁琐，但是通过大宗交易转给第三方后，除了在大宗交易时进行一次披露外，只要代持方持股满 6 个月，后边随时随地都可以减持，灵活度大大增加。避税则是通过低位或者高折价减少股票转让收入，降低纳税额。

价格隐含交易意图，需要重点关注。大宗交易的价格是其关键信息之一，反映了买卖双方不同的交易心态和投资逻辑。价格存在着折价、溢价和平价 3

种状态，每种情况背后则有自己的内涵。一般来说，折价交易是最常见的，折价一般被视为是对接盘方流动性的补偿；溢价交易较少，但是也会发生，代表了大宗交易的买方愿意付出比市价高的成本去获得股份，要么代表其认为目前股价低估，要么代表其迫切需要获得股份。一个是价格上的认可，一个是时间上的急迫。平价交易则代表交易价格与市价相等，单从价格上看不出买入者的态度。因此这里主要从价格的溢价和折价两方面来考虑相关投资机会。

通过分析股东减持的目的和折价 / 溢价所代表的不同内涵，本文总结了 4 种确定性较强的投资机会，并详细剖析其背后的交易逻辑。

表 17.3：大宗交易的四类投资机会

投资机会	信息披露	交易逻辑
机会一	大幅折价交易 + 股价低位	限售股股东避税而非减持
机会二	连续溢价交易 + 大额成交	特殊信息补偿或控制权转换溢价
机会三	机构大宗吸筹	机构投资者看好未来股价
机会四	大股东披露增持计划	大股东利用大宗交易增持凸显信心

17.3.1 折价交易：区分“真折价”还是“假折价”

低位高折价交易，可能存在避税动机。折价交易的情况，如果发生在高位，很可能就是股东在减持套现，这是“真折价”现象。上市公司股东，相对外部投资者拥有信息优势，他们对公司的价值往往有着更真实的认识。因此对于高位折价大金额的交易，是股东减持套现的概率居大。但是如果高折价交易发生在低位，则不一定代表股东对公司未来的发展不看好，很可能只是股东采取的避税操作。这种情况下，股东可能把股份通过大宗交易转让给自己的亲友，抑或转让给第三方机构帮自己代持。这种“过桥大宗交易”有着高折价 + 低位的特点，因为我国法律规定限售股解禁后的转让需要对其收益部分征收 20% 的个人所得税，股东进行低位高折价大宗减持，可能仅仅是想降低转让收益，降低应上缴的个人所得税，这种折价是进行避税的“假折价”。股东可以以低价将限售股转让给关联方或投资者，待股价上涨后再伺机将流通股转回或在二级市场高价抛出，上涨部分收益免税。该逻辑成立常有两个特征，一是大幅折价成交，即最大限度地降低应纳税额；二是大宗交易时股票的股价处于一段时期内的低点。

案例 83：J 公司高管与配偶高折价大宗减持

J 公司时任董事、高管韩某在 2014 年中报是第 4 大股东，持股 585 万股，占总股本比例为 2.25%。根据深交所董监高及其相关人员股份变动信息，他在牛市初期 2014 年 9 月 26 日和 9 月 29 日先后两次通过大宗交易减持，减持数量分别为 34 万股和 42 万股，折价率分别为 10.04% 和 9.97%（相对前日收盘价）。值得注意的是这两次大宗交易的对手方为韩某的妻子曹某。后来曹某通过竞价交易在 11 月份多次进行减持。避税套利的目的非常明显。此前韩某和妻子曹某便进行过此种具有“对倒”性质的大宗交易，其妻子接手大宗交易后，也多次通过二级市场集合竞价进行抛售。

案例 84：兴民智通（002355）大宗交易大幅折价成交以避税

2013 年 4 月 23 日，兴民智通连续完成 7 笔大宗交易，成交价为 6.36 元，折价率均为 10%，合计成交量达 1567.52 万股，卖出席位和买入席位分别为华泰证券盐城人民中路营业部和机构专用席位。其中，卖出地江苏盐城是业内有名的税收优惠地区，个人限售股转让所得税中的地税返还比例可达到 9 成。1 天后兴民智通又发生一笔大宗交易，成交量恰为 1567.52 万股，只不过这一次

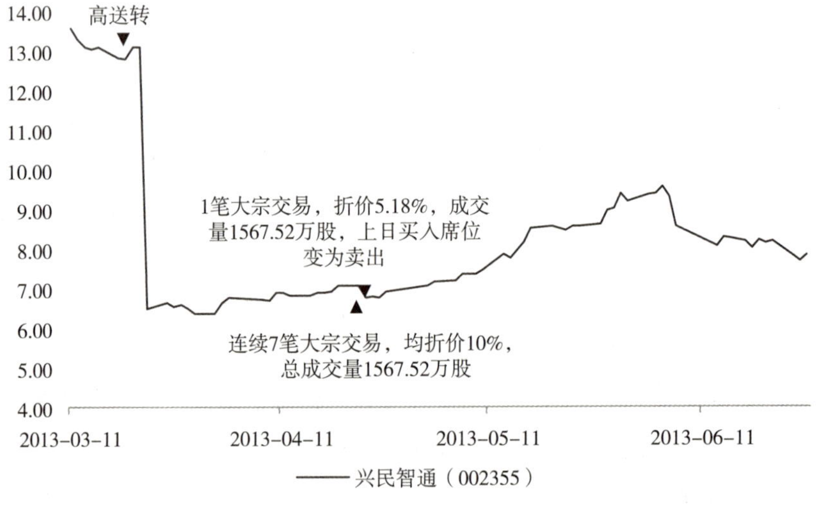

图 17.9：兴民智通大宗交易折价成交以避税，次日转回形成投资机会

数据来源：Wind

卖出方变为了机构专用席位，接盘方为华泰证券上海新村路营业部，成交价为

6.41 元，仅折价 5.18%。从一前一后两次大宗交易可以看出，大幅折价成交很有可能是个人限售股为避税而刻意压低成交价格，券商则在其中扮演了“桥”的角色，为股东寻找到了税收优惠地完成交易，并在第二天将流通股转回。

另一方面，由于兴民智通在 3 月刚刚实施完 10 转 10 派 0.3 的高送转方案（可参看《4.2. 高送转和大小非解禁避税》，这是一套避税组合拳），股价正处于近期低点，此时进行大幅折价的大宗交易更有利于避税。由于大宗交易折价成交的逻辑并不是限售股减持，仅仅是为了避税需要，从结果看，公司股价在后续 1 个月内上涨 38.91%（市场预期公司有动力高位卖出？填权行情？）。

17.3.2 溢价交易：关注成交金额和频率

大额溢价交易，或存价值低估可能，有利于提振市场信心。对于溢价的交易，应该重点关注个股溢价交易的频率与交易金额。如果某段时间只是偶尔的一两笔小额溢价大宗交易，则对投资判断的意义不是很大。如果在某个时间段出现密集的或者大额的溢价交易，且买入方为机构专用席位的话，该股可能存在着机会。溢价成交背后有两个原因，一是特殊信息补偿；二是控股权转换溢价。前者指投资者掌握了一些市场尚未了解的利好信息，认为投资该股票有利可图，但从二级市场买入将延误时机，因此选择利用大宗交易溢价成交，一步到位；后者指投资者利用大宗交易谋求企业的控股权，因此高成交价中包含有一定的控股权价值。上述两种逻辑均代表对公司未来股价的看好，二级市场一般也会有积极反应。

但需要注意的是，小额成交的溢价交易往往具有很强的迷惑性，其目的可能是通过溢价自买自卖来博取市场的关注，从而推高股价出货，此时的股价往往没有基本面支撑，不适合机构投资者长期投资，可以通过“溢价大宗交易成交额 / 当日二级市场该股票总成交额 >0.5”的指标进行筛选。

案例 85：新日恒力（600165）多次大额溢价交易，引来一波行情

新日恒力是一家以钢丝绳为主营产品的公司。2017 年 1 月 23 日，新日恒力发生一笔以 12.38 元成交、总额达 6943 万元的大宗交易，成交价格较前一日收盘价 11.85 元溢价 4.47%，而当日二级市场成交额仅为 3745 万元。1 月 24 日，公司又有一笔总额达 9904 万元、溢价 3.34% 的大宗交易完成，同样成交额超过了当日二级市场成交额的二分之一。再进一步，二次大宗交易的买入方均为光大证券某营业部，可以推测投资者急于持有新日恒力的股票，并且不惜以高额溢价成交。

1 月 25 日，新日恒力发布公告称其控股子公司宁夏华辉新三板挂盘已获得受理，此利好也推动股价一路上涨，2 月 14 日股价已涨至 15.88 元，较 1 月 23 日累计上涨 32.55%。

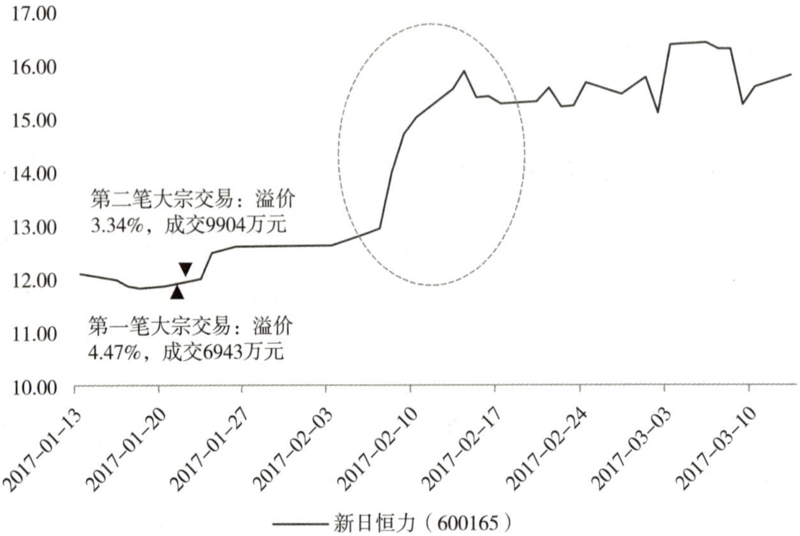

图 17.10：新日恒力大额溢价交易透露股价上涨信号

数据来源：Wind

17.3.3 机构大宗吸筹，后市机会明朗

前面分别从折价和溢价角度，结合其他方面的因素探讨了相关投资机会。对于机构席位频繁现身大宗交易买方的个股，不论其是折价还是溢价，连续大宗吸筹的表现或许都代表着机构投资者对公司未来前景的看好。如果配合大额溢价等条件则投资确定性将更强。

案例 86：分众传媒（002027）机构通过大宗交易吸筹

分众传媒股价自 2016 年 11 月达到阶段性高点后，便进入下降通道。然而到 2017 年 2 月，该股的大宗交易接手方频频出现机构的身影，2 月份机构通过大宗交易合计买入量达到 3.54 亿股，占流通 A 股的比例为 6.1%。公司股价此后也在 3、4 月份开始企稳。到了 8、9 月份，大宗交易的频率和数量都出现了快速增加，8、9 两月买入席位为机构的大宗交易成交量分别占流通 A 股的 3.4% 和 6.6%，合计 10%。在此期间，公司股价上涨态势明显。

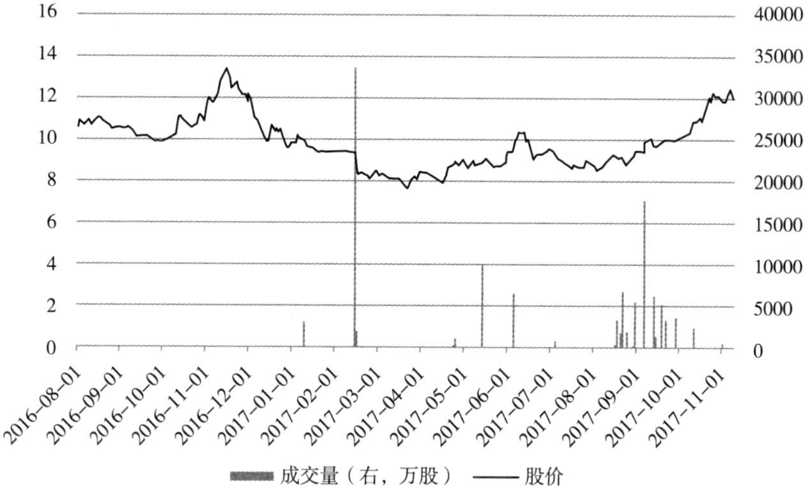

图 17.11：机构通过大宗交易大量吸筹，分众传媒股价企稳回升

数据来源：Wind

表 17.4：2017 年后机构通过大宗交易大比例买入分众传媒公司股票

月份	大宗交易次数	成交量（万股）	占流通 A 股比例
2017 年 1 月	17	3000	0.5%
2017 年 2 月	32	35424	6.1%
2017 年 3 月	0	0	0.0%
2017 年 4 月	2	1086	0.2%
2017 年 5 月	21	10000	1.7%
2017 年 6 月	10	6500	1.1%
2017 年 7 月	7	750	0.1%
2017 年 8 月	54	19543	3.4%
2017 年 9 月	95	38397	6.6%
2017 年 10 月	16	2300	0.4%
合计	254	117000	20.1%

数据来源：Wind。注：11 月 28 日，分众传媒董事长江南春在接受《每日经济新闻》在内的媒体采访时表示，分众传媒从中概股私有化过来，财团减持开场压力比较大。目前整个减持在稳定有序进行，实际减持股东也多为财务投资人。

17.3.4 大股东借助大宗交易增持

大股东增持是对公司未来发展充满信心的体现，一般会对股价形成利好。常见的增持方式主要有集中竞价与大宗交易两种，前者将对股价形成直接的拉升作用，后者以间接影响为主。另外，有时大股东增持会伴随着其他股东减持，此时不能将其归结为限售股解禁减持的利空消息，而应更关注其中蕴藏的投资机会。

案例 87：阳光电源（300274）大宗交易溢价增持凸显大股东信心

2017 年 6 月 15 日，阳光电源发布公告称控股股东曹仁贤计划未来 6 个月内增持不低于 100 万股、不超过总股本 2% 的股份，增持方式包括但不限于集合竞价和大宗交易等。7 月 13 日，阳光电源发生一笔成交量 892.57 万股的大宗交易，其中成交价为 11.95 元，较上日收盘价 10.86 元溢价达 10%。后经公司 14 日发布的公告解读，上日发生的大宗交易正是控股股东的增持行为，而高溢价交易也显示出其对公司未来股价的信心。果然，其后公布的半年报和三季报业绩均超出市场预期，股价也一路上升，截至 10 月 31 日，较拟增持公告发布日已上涨高达 76.44%。

图 17.12：阳光电源控股股东利用大宗交易增持，显示对股价信心

数据来源：Wind

致　谢

本书的部分内容和框架来自我的个人公众号“金钜策股”中的每周脱口秀策股系列。在本人从事中小盘研究工作过程中，不断有朋友鼓励我搭建起中小盘的研究框架体系，虽心向往之，但卖方研究强度大、节奏快，难有精力做系统梳理。2017 年年底，我从国泰君安证券离职，中间时间相对完整充裕，便对自己从事的中小盘研究作了阶段性的总结和反思。本书很多思想来自过去多年与优秀投资者和卖方同行们的交流讨论，得益于国泰君安研究所黄燕铭所长的指导。

2017 年年底，我受潘向东博士邀约加盟新时代证券，出任研究所所长一职，组建百人卖方研究团队。研究所也得到叶顺德董事长等公司领导的大力支持，新时代证券研究所未来将致力于为资本市场提供一流的研究价值服务，致力于成为国内一流的卖方研究平台。

特别感谢黎泉宏、黄泽鹏、任浪、杨文健、王潜、赵悦如等在本书写作中提供的支持，感谢家人的默默付出和支持。限于时间和水平，本书难免有不足之处，恳请读者批评和指正。

孙金钜

于丁酉年冬

图书在版编目（CIP）数据

读懂上市公司信息：中小盘研究框架探讨 / 孙金钜著. -- 北京：经济日报出版社，2018. 5

ISBN 978 - 7 - 5196 - 0327 - 4

Ⅰ. ①读… Ⅱ. ①孙… Ⅲ. ①上市公司 - 会计信息 - 研究 - 中国 Ⅳ. ①F279. 246

中国版本图书馆 CIP 数据核字（2018）第 073526 号

读懂上市公司信息——中小盘研究框架探讨

作　　者	孙金钜
责任编辑	郭明骏
责任校对	徐建华
出版发行	经济日报出版社
社　　址	北京市西城区白纸坊东街 2 号 A 座综合楼 710
邮政编码	100054
电　　话	010 - 63584556（编辑部）　63588446（发行部）
网　　址	www. edpbook. com. cn
E - mail	edpbook@ sina. com
经　　销	全国新华书店
印　　刷	中国电影出版社印刷厂
开　　本	710 × 1000 mm　1/16
印　　张	23. 25
字　　数	388 千字
版　　次	2018 年 5 月第一版
印　　次	2018 年 5 月第一次印刷
书　　号	ISBN 978 - 7 - 5196 - 0327 - 4
定　　价	68. 00 元